企业社会责任基础教材

（第二版）

主　编：彭华岗

副主编：钟宏武　张　蒽

中国华侨出版社

北　京

图书在版编目（CIP）数据

企业社会责任基础教材 / 彭华岗主编. —2版. —北京：中国华侨出版社，2019.9

ISBN 978-7-5113-7956-6

Ⅰ. ①企… Ⅱ. ①彭… Ⅲ. ①企业责任—社会责任—教材 Ⅳ. ①F272-05

中国版本图书馆CIP数据核字（2019）第165603号

●**企业社会责任基础教材（第二版）**

主　　编 / 彭华岗

副 主 编 / 钟宏武　张　蕙

责任编辑 / 姜薇薇　桑梦娟

版式制作 / 大燃图艺

经　　销 / 新华书店

开　　本 / 710毫米×1000毫米　1/16　印张：22.5　字数：495千字

印　　刷 / 北京久佳印刷有限责任公司

版　　次 / 2019年10月第1版　2019年10月第1次印刷

书　　号 / ISBN 978-7-5113-7956-6

定　　价 / 188.00元

中国华侨出版社　　北京市朝阳区静安里26号通成达大厦3层　　邮编：100028

法律顾问：陈鹰律师事务所

发行部：（010）64443051　　传　真：（010）64439708

网　址：www.oveaschin.com　　E-mail：oveaschin@sina.com

如发现印装质量问题，影响阅读，请与印刷厂联系调换。

编 委 会

主 任

彭华岗　国务院国资委秘书长，中国社科院大学（研究生院）工商学院 MBA 教育中心
　　　　特邀教授，中国社会责任百人论坛发起人

副主任

钟宏武　中国社科院教授，中国社会责任百人论坛秘书长，责任云研究院名誉院长
张　蕙　中国社科院教授，中国社会责任百人论坛执行秘书长，责任云研究院首席专家

成 员（按姓氏音序排列）：

晁　罡　华南理工大学工商管理学院教授
陈宏辉　中山大学岭南学院教授
崔　征　全国总工会社会联络部社会组织处二级调研员
邓国胜　清华大学公益慈善研究院副院长
黄晓蓓　北方工业大学经济管理学院副教授
蓝　屹　华润集团秘书长、办公厅主任
李　慧　内蒙古伊利实业集团股份有限公司公共事务经理
李鹏程　内蒙古蒙牛乳业（集团）股份有限公司副总裁
刘庆华　中国电力建设集团有限公司办公厅副主任
刘小军　跨国公司可持续发展高级经理
刘洋河　国家开发投资集团有限公司党群工作部主任
马　燕　责任云研究院执行院长
乔　璐　内蒙古伊利实业集团股份有限公司企业事务副总监
沈洪涛　暨南大学管理学院教授
孙孝文　南方周末中国企业社会责任研究中心主任
苏志远　中国黄金集团有限公司企业管理部总经理
陶志勇　全国总工会研究室副主任
汪　杰　责任云研究院院长
王　海　中国电力建设集团有限公司办公厅副处长

王红梅　中国移动通信集团有限公司发展战略部总经理

王娅郦　责任云研究院执行院长

魏　薇　内蒙古蒙牛乳业（集团）股份有限公司
　　　　集团事务部媒体传播总经理

魏秀丽　北方工业大学经济管理学院副教授

魏耀东　华润（集团）有限公司办公厅副主任

文雪莲　中国移动通信集团有限公司发展战略部战略企业策划处经理

谢宝康　国家开发投资集团有限公司党群工作部新闻中心副主任

叶　润　中国南方电网有限责任公司党建工作部（企业文化部）副主任、团委书记

叶　云　东风汽车集团有限公司党委工作部品牌传播室业务主任

张伟元　中国南方电网有限责任公司党建工作部（企业文化部）主管

赵宪庆　东风汽车集团有限公司党委工作部品牌传播室副主任

周祖城　上海交通大学安泰经济与管理学院教授

朱念锐　中国黄金集团有限公司企业管理部品牌管理处处长

序 言

习近平总书记早在 2007 年就指出，只有富有爱心的财富才是真正有意义的财富，只有积极承担社会责任的企业才是最有竞争力和生命力的企业。也正是从那时起，中国企业开始深刻把握企业经营规律、经济社会发展规律和国际竞争与合作规律，企业社会责任建设一日千里，成为改革开放四十年发展成就的鲜明注脚。

励精图治、勤奋耕耘，中国企业社会责任发展呈现四个特征

第一，有"法"可依，企业社会责任进入前所未有的政策激励阶段。国务院国资委印发《关于中央企业履行社会责任的指导意见》和《关于国有企业更好履行社会责任的指导意见》，科学地、系统地、持续地推动了中央企业和国有企业社会责任工作。中国证监会在新版《上市公司治理准则》中要求上市公司贯彻落实创新、协调、绿色、开放、共享的发展理念，弘扬优秀企业家精神，积极履行社会责任。此外，工业和信息化部指导组建中国电子工业标准化技术协会社会责任工作委员会，发布《中国电子信息行业社会责任指南》；国家市场监管总局印发《直销企业履行社会责任指引》；中国银保监会颁布《关于加强银行业金融机构社会责任的意见》《关于保险业履行社会责任的指导意见》。政策供给和储备不断丰富，并完善，有力地推动相关行业和类型企业积极履行社会责任。

第二，有"矩"可循，企业社会责任进入前所未有的标准规范阶段。国际来看，2010 年年底，国际标准化组织推出社会责任国际标准 ISO 26000，在全球范围内统一社会责任的定义，明确社会责任的原则与核心主题；2015 年，联合国继千年发展目标之后，提出 2030 年可持续发展目标（SDGs），为各国政府、企业和公民擘画了通向美好未来的奋斗目标；2015 年，香港联交所推出升级版的《环境、社会及管治（ESG）报告指引》，并于 2017 年开始对环境、社会两个范畴相关议题的信息披露同时执行"不遵守就解释"要求；2016 年，全球报告倡议组织发布 GRI 标准，并于 2018 年全面取代 G4 指南。国内来看，2015 年，CBT36000《社会责任指南》《社会责任报告编写指南》《社会责任绩效分类指引》三项社会责任国家标准正式出台；2017

年，中国社科院推出《中国企业社会责任报告指南（CASS-CSR4.0）》。标准引领下的中国企业社会责任，规范、快速、深入发展。

第三，有"为"可鉴，企业社会责任进入前所未有的质量提升阶段。社会责任管理方面，中铝集团创新实施社会责任"管理模块"与"负面清单"，推动社会责任融入企业战略和日常经营；东风汽车"十二五""十三五"时期连续制订和实施社会责任"润计划"，并组织开展东风企业社会责任月；华润集团探索"以编促管"模式，推动集团和下属单位实现企业社会责任报告编写发布全覆盖。社会责任实践深入方面，恒大集团投入 130 亿元扶贫资金和 2100 多名各级员工在乌蒙山腹地——贵州省毕节市开展脱贫攻坚；中国平安投入 100 亿元发起"三村工程"项目，致力于实现贫有所助、学有所教、病有所医；近千家中国企业建立公益 / 慈善基金会，体系化、制度化地开展慈善公益活动。中国社科院发布的《企业社会责任蓝皮书（2018）》显示，过去十年，我国 300 强企业（国有企业 100 强、民营企业 100 强、外资企业 100 强）社会责任发展指数从 2009 年的 15.2 分提升到 2018 年的 34.4 分，整体社会责任发展水平有了明显提升。

第四，有"梦"必达，企业社会责任进入前所未有的建功立业阶段。党的十九大宣告了中国特色社会主义进入新时代，提出科教兴国、人才强国、创新驱动发展、乡村振兴、区域协调发展、可持续发展、军民融合发展七大发展战略，助力人民群众日益增长的美好生活需要。一代人有一代人的长征路，企业履行社会责任亦是如此。优秀企业和企业家应提前谋划、充分准备，在工业转型、消费升级、"一带一路"等时代洪流中，在"全面建成小康社会，实现第一个百年奋斗目标"的历史背景下，重新思考企业存在的价值以及如何在未来的商业竞争中实现新的增长和可持续发展，脚踏实地、久久为功。

责任之道、大道当然，企业履行社会责任要处理好四类关系

第一，从空间上，树立全球化格局，兼顾国内与海外。近年来，随着"一带一路"建设的加快推进和实施，中国对外直接投资发展迅猛，已跃居为世界第二大对外投资国。中国企业在更广泛、更深入地参与到世界经济体系的过程中，必将面临诸多不同于国内的责任风险与挑战，如政治体制、法律体系、经济水平、民族宗教、文化风俗等方面的差异，这些风险与挑战并非一朝一夕能够解决，但它将直接或间接制约着中国企业能否顺利"走出去"。有鉴于此，中国企业需革新思路，树立全球化和世界公民思维，在履行好国内责任的基础上，将共生共赢理念拓展至海外，不断强化海外履责意识和能力，并将此作为推动中国企业实施"走出去"战略和进行全球化布局的重要手段与途径。

第二，从时间上，立足长远发展，平衡长期和短期。可持续发展的一个核心概念是时间，从不同的时间维度去思考社会责任议题会得出不同的答案，甚至可能是截然不同的答案。由于竞争激烈、资源短缺等原因，很多中国企业的经营还处在为立足和短期的生存而挣扎的阶段，尚无暇考虑长远的可持续发展问题，因而难免存在不少短视行为。越来越多的研究表明，公司社会表现与其财务表现之间存在不同程度的正相关关系，且没有迹象显示公司的社会投资会降低股东价值。因此，企业的战略决策要考虑和平衡眼前利益和长远发展，用发展的视角去看待节能减排、慈善公益、品质保障等社会责任议题，以负责任的经营来实现自身的有序成长、基

业长青。

第三，从内容上，关注实质议题，厘清全面与重点。一般来说，企业社会责任所涉及的内容和议题具有广泛性，包括员工关爱、供应商管理、安全生产、股东价值、环境保护等，并且这些议题随着社会进步和企业发展阶段的不同，会存在一定程度的动态变化，这往往使得企业无所适从，难以及时调整和应对。对此，企业需要找准定位，在守住法律和社会底线要求的基础上，按照一定时间周期，通过识别核心利益相关方的期望和诉求，以及对企业长远发展的重大影响，筛选出本企业核心社会责任议题，并根据筛选结果及时调整企业的履责重点，实现企业经济社会价值的最大化。

第四，从方式上，创新传播思路，把握内容与形式。如今，发布社会责任报告已经成为许多企业的共识，报告发布的周期越来越短，形式也与时俱进，由纸质版、电子版报告进阶为微信版、H5版、视频版、简版等。作为信息披露的有效工具，社会责任报告在企业的公开透明、利益相关方沟通方面扮演着重要的角色，但也逐渐呈现出诸如"内容空洞""形式乏力""报喜不报忧"等与发布报告初衷相背离的问题。今后，企业在进行社会责任信息传播时，要时刻把握社会责任信息披露的目的是与各利益相关方的沟通和交流，不仅要做到内容全面、准确、及时等，还要有效利用新媒体等手段，创新传播思路，达到"内塑品质，外树形象"的效果。

不忘初心、继续前进，新时代赋予企业社会责任新价值

如何理解企业社会责任的价值是开展社会责任工作的首要问题。长期以来，企业开展社会责任工作或以满足监管要求为先，或以塑造品牌形象为要，或以提升管理水平为本。新时代，企业社会责任价值已经大大超出企业层面，成为重塑中国政府、市场与社会关系，实现经济、社会、环境综合价值最大化的重要抓手。

第一，企业社会责任成为治国理政的重要内容。党的十八届三中全会指出，以规范经营决策、资产保值增值、公平参与竞争、提高企业效率、增强企业活力、承担社会责任为重点，进一步深化国有企业改革，企业社会责任第一次写入党的文件；党的十八届四中全会提出"加强企业社会责任立法"，企业社会责任成为"依法治国"的重要组成部分；党的十八届五中全会强调增强国家意识、法治意识、社会责任意识，并提出了"创新""协调""绿色""开放""共享"的发展理念；党的十九大把防范化解重大风险、精准脱贫、污染防治等企业社会责任核心议题作为全面建成小康社会决胜期必须打赢打好的"三大攻坚战"，从满足人民群众日益增长的美好生活需要的高度，统筹部署和推进。

第二，企业社会责任成为凝聚共识的重要支撑。21世纪以来，特别是2006年以来的10多年间，政府部门、社会团体、研究机构、社会公众和新闻媒体等多方力量，从发展理念、政策导向、标准建设、理论研究、品牌保护等维度，不断构建和完善企业履行社会责任的内容与生态。企业应秉承"创新""协调""绿色""开放""共享"的发展理念，转型升级，做强做优，实现高质量发展；实实在在、心无旁骛地做一个主业，为社会提供优质的产品与服务；深入贯彻执行"精准扶贫、精准脱贫"基本方略，立下愚公移山志，打赢脱贫攻坚战；坚持"绿色青山就是金山银山"，珍惜资源，保护环境，集约发展……企业履行社会责任成为新时代的要求，企业的需要，人民的期盼。

第三，企业社会责任成为国际交往的重要名片。2015 年，联合国通过《2030 年可持续发展议程》，中国政府随即颁布《落实 2030 年可持续发展议程中方立场文件》，制定《中国落实 2030 年可持续发展议程国别方案》，发布《中国落实 2030 年可持续发展议程进展报告》；2016 年，全国人大常委会批准中国加入《巴黎气候变化协定》，成为第 23 个完成批准协定的缔约方；2016 年，习近平在中共中央政治局第三十一次集体学习时强调，我国企业走出去既要重视投资利益，更要赢得好名声、好口碑，遵守驻在国法律，承担更多社会责任。2018 年，习近平在中非合作论坛北京峰会开幕式上的主旨讲话中提出"支持成立中国在非企业社会责任联盟"。中国政府和企业高举社会责任的大旗，与世界人民一道，营造人人免于匮乏、获得发展、享有尊严的光明前景，建设合作共赢的人类命运共同体。

分享责任、凝聚力量，共同构建可持续发展的未来

印度著名小说家普列姆昌德曾说，责任感常常会纠正人们的狭隘性，当我们徘徊于迷途的时候，它会成为可靠的向导。英国首相丘吉尔认为，高尚、伟大的代价就是责任。当前，各国商学院纷纷设立社会责任课程。在中国，企业社会责任也越来越受到教育培训部门的关注。2009 年 5 月，全国 MBA 商业伦理与企业社会责任（案例）教学研讨会颁布《关于工商管理硕士（MBA）研究所培养过程的若干基本要求》，规定 MBA 教育项目"课程设置、教育环节或课程内容中应该包含有企业社会责任和商业伦理教育的具体内容和明确要求"，并于 2009 年开始在上海交通大学安泰管理学院、北京大学光华管理学院、中山大学岭南学院、浙江大学管理学院、西安交通大学管理学院、华东理工大学商学院、南开大学商学院、西南财经大学光华校区连续 10 年召开全国 MBA 商业伦理与企业社会责任教学研讨会。越来越多教学机构将企业社会责任纳入教学环节，培育新时代的商业人才。教学之外，大量企业管理人员也通过社会责任的专业培训来统一认识、更新理念、积累知识、提升技巧，以更好地管理复杂的社会、环境议题，应对多元的挑战。

2010 年 9 月，中国社科院企业社会责任研究中心在中国社科院研究生院 MBA 项目上开设了中国 MBA 第一个企业社会责任必修课，并于 2011 年汇编出版了授课老师讲义集——《分享责任》，在中国企业社会责任课程教材的建设上迈出第一步。2012 年，为进一步提升教材的系统性，中心组织编写了《企业社会责任基础教材（第一版）》，实现了国内企业社会责任教材"从无到有"。7 年后的今天，企业社会责任的理论与实践、制度与环境都发生了巨大变化，编写和出版一套完整、系统、扎实、前瞻的企业社会责任教材，可谓恰逢其时，不仅可以满足当下学术界和政策界的研究需要，满足高等院校企业社会责任及相关专业的教学需要，还可以满足广大社会责任从业者的学习需求。

本套教材的策划开始于 2018 年，于 2019 年 2 月正式启动。2019 年 2 月 22 日，《企业社会责任基础教材（第二版）》编写启动暨研讨会在中国社科院召开，来自国务院国资委、中华全国总工会、中国社科院、清华大学、上海交通大学、中山大学、华南理工大学、暨南大学、北方工业大学、南方周末中国企业社会会议责任研究中心、责任云研究院和华为等国内著名学府、研究机构和企业的 15 名专家出席会议。会议确定了教材编写的原则：一是理论体系合理。教材在企业社会责任统一规范的理论框架下编写，概念清晰，体系完备，结构合理，涵盖从理

论到方法再到应用的方方面面。二是内容充实新颖。教材充分参考和借鉴国内外最新理论研究成果，结合中国企业社会责任发展的实践展开分析和说明。三是线索清晰简洁。教材基本定位于教学用书、学习用书，在对相关研究成果进行整理时，力求重点突出、简明扼要。四是形式通俗易懂。教材尽量避免艰深难懂的语言，并配有大量内容翔实、生动的案例和图片，便于读者理解和学习。

我们期待《企业社会责任基础教材（第二版）》的出版能够推动企业社会责任相关专业的教学和科研工作，也希望这套教材的出版能起到抛砖引玉的作用，为我国企业社会责任制度建设和学术研究贡献一份绵薄之力。让我们携手开启责任新时代，共同开创美好新未来，这样的希望，是理论界的，更是企业界的，是中国的，更是世界的。

国务院国资委秘书长　彭华岗

2019 年 6 月

目 录

第 1 章
企业社会责任的概念和主要理论

本章导读

　　1953 年，企业社会责任之父 Howard R.Bowen 首次提出"商人的社会责任"这一概念，标志着企业社会责任概念和理论的发端。世纪之交，联合国发起"全球契约"倡议，呼吁企业支持人权、劳工、环境和反腐败领域的十项普遍原则，以推动企业负责任的公民意识，参与应对全球化的各项挑战。2010 年，国际标准化组织正式发布《社会责任指南》国际标准 ISO 26000，在全球范围内统一了社会责任的定义。2015 年，我国发布了《社会责任指南》《社会责任报告编写指南》和《社会责任绩效分类指引》国家标准体系。联合国发布《我们共同的未来》报告，提出了"可持续发展"的概念，指明了企业社会责任的目标。企业公民将公民观引入企业社会责任概念。三重底线模型基于财务学的"底线"思维，沿着经济、环境和社会三个维度来评价和衡量企业社会责任。

　　企业社会责任思想是一个涉及经济学、法学、管理学、伦理学、社会学、政治学等众多学科的命题，各学科领域也为企业社会责任提供了多视角的理论基础。利益相关者理论回答了"企业应该为谁承担责任"的基本问题，明确了企业社会责任的方向，找到了正确衡量企业社会责任表现的方法。企业社会责任金字塔结构界定了企业社会责任的内涵，以及企业经济责任、法律责任、伦理责任和慈善责任的相互地位。资源基础理论是将企业社会责任视为获取异质性资源的关键，从而形成企业持久竞争优势的源泉。合法性理论强调企业履行社会责任以获得利益相关者的期许或认同，最终提高企业的组织合法性。企业声誉是企业过去一切行为及结果的综合体现，企业社会责任活动在培育企业声誉的同时，通过声誉资本实现价值创造。竞争战略之父 Michael Porter 提出战略型企业社会责任和创造共享价值的理论，将企业承担社会责任视为取得可持续竞争优势的战略机遇，明确企业和社会相互依存，商业决策和社会政策都需要遵循"共享价值"原则。

　　企业社会责任与商业伦理既有密切的联系，也存在一定的区别。本章最后概述了商业伦理的概念和特征以及基本矛盾，并在此基础上分析了企业社会责任与商业伦理的异同之处，通过义利观的视角阐述了中国传统商业伦理思想。

（1）掌握企业社会责任的基本概念，了解社会责任的国际和国家标准。

（2）理解企业社会责任相关理论及其与企业社会责任的关系。

（3）识别企业的利益相关者并对企业的利益相关者进行分析。

（4）学会运用社会责任战略管理的理念与方法指导企业创新实践。

2018 年 3 月，脸书（Facebook）被爆出将超过 5000 万用户的个人信息资料泄密给英国一家名为"剑桥分析"（Cambridge Analytica）的公司。这些被泄露的信息当中包括了用户的姓名、性别、年龄、爱好、种族、家庭住址、工作经历、教育背景、人际关系等详细信息。这一事件引起了国际社会的广泛关注，Facebook 因未能履行保护用户信息数据的责任而受到谴责。众多网民在另一个社交平台 Twitter（推特）上频繁发文，呼吁"删除脸书"。Facebook 的股价在一周之内累计下跌超过 13%，市值蒸发 750 亿美元，并受到监管机构的调查。

不久之后，Facebook 创始人 Mark Zuckerberg 在媒体发布题为"我们有责任保护你们的信息。如果做不到，我们就不配提供服务"的署名道歉信，承认对 Facebook 数据泄露事件负有责任，并表示将采取一系列措施保障用户的信息安全。但投资者对该事件的反应依然很强烈。

2018 年 4 月，Eaton Vance Corp. 旗下子公司 Calvert 研究管理公司（Calvert Research and Management）抛售 Facebook 股票，公司 ESG（环境、社会和治理）分析师 Emma Doner 认为，Facebook 可能严重侵犯了用户隐私权，这一点与 Calvert 的投资原则相违背。5 月 8 日，Domini Funds 副总裁 Adam Kanzer 致信 Facebook，说 Domini Impact Equity Fund 公司准备抛售 11.1 万股 Facebook 股票。Pax World Funds 总裁 Joe Keefe 表示，Pax ESG Beta Dividend Fund 会对 Facebook 进行评估，看看它是否有资格继续留在投资组合中。

1.1 企业社会责任的概念

1.1.1 基本概念

1.1.1.1 企业社会责任概念的确立

经济学家 Howard R. Bowen 发表于 1953 年的划时代著作《商人的社会责任》（*Social Responsibilities of the Businessman*）被公认为标志着现代企业社会责任概念构建的开始。当时正是现代公司迅猛发展的时期，大公司在社会中的崛起引起了人们的关注，大公司两权分离产生了委托代理关系，管理者资本主义也逐渐形成。20 世纪 50 年代正式确立现代企业社会责任概念是时代的必然和历史之所趋。

Bowen 定义"商人的社会责任"为"商人具有按照社会的目标和价值观去确定政策、做出决策和采取行动的义务"。Bowen 对社会责任的理解包含三部分重要内容：一是强调承担企业社会责任的主体是现代大公司；二是明确企业社会责任的实施者是公司管理者；三是明晰企业社会责任的原则是自愿。

Bowen 的社会责任概念明确区分了公司和管理者在社会责任中的定位：公司是社会责任的主体，管理者是社会责任的实施者。随着现代公司的出现以及所有权和经营权的分离，受托思想从企业领导者扩展到管理者。

1978 年，Bowen 发表了"商人的社会责任——二十年后"一文，对自己早年提出的企业社会责任概念中的"自愿原则"进行了修正。他认为，自愿的社会责任已不再能有效地约束公司，很多迫切的社会问题，如种族平等、减少污染、保护自然资源以及产品质量等，不能仅仅依靠公司自愿承担社会责任来解决。

Bowen（1953）提出的企业社会责任概念引发了大家对企业社会责任概念的热烈探讨，后人将其推崇为"企业社会责任之父"。不少学者在 Bowen（1953）的基础之上进一步发展和完善了企业社会责任的概念。

✐ 资料链接

企业社会责任之父Howard R.Bowen

Howard R.Bowen（1908—1989）是一位杰出的经济学家和教育家。他于 1935 年从艾奥瓦大学获得博士学位后就在艾奥瓦大学商学院任教。第二次世界大战期间，Bowen 被美国商务部聘请为众议院筹款委员会（House Ways and Means Committee）和参议院财政委员会（Senate Finance Committee）的首席经济学家。1964 年到 1969 年，Bowen 担任艾奥瓦大学的第十四任校长。之后，Bowen 作为经济学教授受聘于加州克莱蒙特大学，直至去世，他一直是该大学的名誉教授。

1.1.1.2 "全球契约"的十项原则

1999 年 1 月，在瑞士达沃斯世界经济论坛年会上，时任联合国秘书长的科菲·安南（Kofi Annan）正式提出了"全球契约"（UN Global Compact）计划，倡导企业遵循包括人权、劳工标准和环境三个方面共九条原则，并于 2000 年 7 月在联合国总部正式启动。在 2004 年"全球契约"举行的首次领导人峰会上，增加了反腐败的内容，形成了目前的十条原则。这些基本原则来自《世界人权宣言》《国际劳工组织关于工作中的基本原则和权利宣言》《关于环境和发展的里约宣言》以及《联合国反腐败条约》。"全球契约"的十项原则具体如表 1-1 所示。

表 1-1 "全球契约"的十项原则的基本内容

人权	1	企业应该尊重和维护国际公认的各项人权
	2	企业绝不参与任何漠视与践踏人权的行为
劳工标准	3	企业应该维护结社自由，承认劳资集体谈判的权利
	4	彻底消除各种形式的强制性劳动
	5	消除童工
	6	杜绝任何在用工与行业方面的歧视行为
环境保护	7	企业应对环境挑战未雨绸缪
	8	企业应主动增加对环保所承担的责任
	9	企业应鼓励无害环境技术的发展与推广
反腐败	10	企业应反对各种形式的贪污，包括勒索和行贿受贿

"全球契约"的目的是通过集体行动的力量推动企业负责任的公民意识，从而使企业界参与应对全球化的各项挑战。它所关注的问题包括了一个负责的企业行为应具备的基本原则，即企业公民应该实施什么样的行为以推动社会的发展，政府以及联合国应该采取什么机制去加强本国以及全球的社会治理，民间社会团体又应该如何监督和推进企业的社会责任的发展。

"全球契约"是一项自愿的企业公民意识倡议，它有两个相互补充的目标：一是使"全球契约"及其各项原则成为企业战略和业务的组成部分；二是推动主要利益相关者之间的合作，促进伙伴合作关系，以支持联合国的各项目标。为实现上述目标，"全球契约"通过政策对话、学习、地方机构和项目来推动和鼓励企业参与。"全球契约"使企业界与联合国机构、政府、劳工和民间组织联合起来，支持人权、劳工、环境和反腐败领域的十项普遍原则。

1.1.1.3 社会责任的国际标准

2010 年 11 月 1 日，国际标准化组织（International Organization for Standardization，简称 ISO）对外宣布即日起正式发布 ISO 26000《社会责任指南》（ISO 26000：2010，Guidance on social responsibility，简称 ISO 26000）。这是首个国际社会责任标准，第一次在全球范围内统一了社会责任的定义并阐明了社会责任的特征属性。

ISO 26000 对社会责任进行了如下定义：

"组织的决策和活动对社会、环境产生影响并应负有责任，可采取如下透明的、道德的行为：

——促进可持续发展，包括社会的健康和福利；

——考虑利益相关者的期望；

——遵守相应法律并符合国际行为规范；

——将责任融入组织并落实到组织关系中。"

由上述定义可以看出，ISO 26000 将企业社会责任（CSR）概念拓展为社会责任（SR）。社会责任适用于所有以不同形式存在的组织。这一观点认为，所有组织均有责任促进可持续发展，而非仅限于商业领域。ISO 26000 适用于所有私立、公立和非营利部门的组织，这将使社会责任产生更为广泛的影响。

利益相关者则是指"关注组织一切战略决策或行为活动的个人或群体"。利益相关者关系是指"为组织与一个或多个利益相关者之间对话沟通创造条件的活动，该活动旨在为组织决策提供信息畅通的基础"。

ISO 26000 阐明了社会责任的特征属性。首先，社会责任的基本特征是组织将社会环境等因素融入决策制定中，并就其决策和活动对社会环境造成的影响承担责任。其次，社会责任包含对更为广泛的社会期望的理解。再次，利益相关者的确认和参与是社会责任的基础。最后，社会责任应该是组织战略不可或缺的组成部分，并与组织指定的所有适当级别的责任和义务相联系。

1.1.1.4 社会责任的国家标准

2015 年 6 月 2 日，国家市场监督管理总局（原国家质量监督检验检疫总局）和国家标准委员会联合发布了 GB/T 36000—2015《社会责任指南》、GB/T 36001—2015《社会责任报告编写指南》和 GB/T 36002—2015《社会责任绩效分类指引》三项国家标准，自 2016 年 1 月 1 日起实施。这是我国社会责任领域第一份国家层面的标准性文件，统一了对社会责任的认识和理解，并阐明了社会责任的特征属性（见图 1-1）。

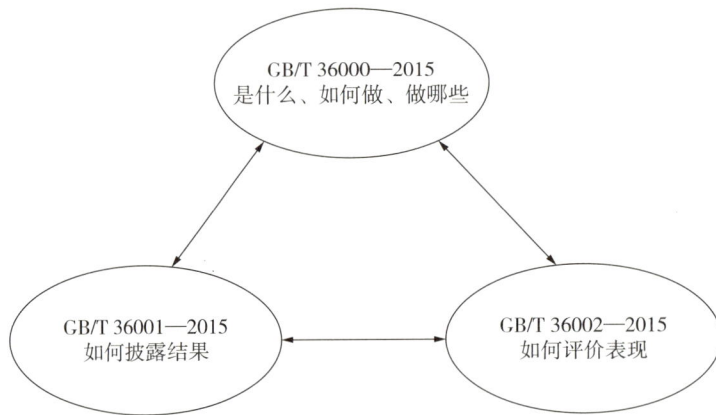

图 1-1 我国社会责任体系的结构

《社会责任指南》对社会责任进行了如下定义：

"组织通过透明和合乎道德的行为为其决策和活动对社会和环境的影响而担当的责任。这些行为：

——致力于可持续发展，包括社会成员的健康和社会的福祉；

——考虑了利益相关者的期望；

——符合适用的法律，并与国际行为规范相一致；

——被融入整个组织并在组织关系中实施。"

组织是指"对责任、权限和关系做出安排并有明确目标，由人与设施结合而成的实体或团体"；合乎道德的行为是指"符合特定背景情况下被公认为正确或良好行为准则的行为"；环境是指"组织运行所处自然环境，包括空气、水、土地、自然资源、植物、动物、人和太空及其相互之间的关系"；可持续发展是指"既满足当代人需求又不损害后代人满足其需求的能力的发展"；利益相关者则是指"其利益可能会受到组织决策或活动影响的个人或团体"；国际行为规范是指"源自国际习惯法和公认的国际法原则以及所有国家或绝大多数国家认可的政府间协议中，关于对社会负责任的组织行为的期望"。

延伸阅读

《社会责任指南》确立了社会责任的七个原则，即担责、透明、合乎道德的行为、尊重利益相关者的利益、尊重法治、尊重国际行为规范以及尊重人权。

我国社会责任国家标准的编制原则

为了保持与国际接轨，保证国际交流的有效性，同时也考虑到标准内容应符合我国社会责任发展实际这一具体情况，标准起草组——中国标准化研究院决定修改采用 ISO 26000: 2010《社会责任指南》国际标准。我国社会责任国家标准的编制原则如下：

（1）非等效采用 ISO 26000: 2010。ISO 26000: 2010 是迄今为止最具系统性、最为完整的社会责任体系，无论从其编制周期来看，还是从其广泛的代表性和权威性来看，这份标准在 ISO 的历史上均是空前的，我国参与制定了该标准。社会责任国家标准原则上采用重新起草法，非等效采用 ISO 26000: 2010 编制原则，保证了我国社会责任话语体系在最大程度上与国际保持一致。

（2）只做减法不做加法。本着文本内容应符合中国国情且尽可能简化精练的原则，针对 ISO 26000: 2010 内容较多且大量重复、可读性和可操作性欠缺等一系列问题，在非等效采用 ISO 26000: 2010 时，按"只做减法不做加法"的原则进行处理，同时相应置换或直接删除不符合我国国情的技术内容。

（3）不用于认证目的。与 ISO 26000: 2010 一致，我国社会责任国家标准是一个不适用于认证的标准，供组织自愿选择使用。

1.1.2　相关概念

1.1.2.1　可持续发展

联合国世界环境与发展委员会（World Commission on Environment and Development，简称WCED）在 1987 年发布的研究报告《我们共同的未来》（*Our Common Future*）中，提出了"可持续发展"的经典定义，即"可持续发展是既满足当代人的需要，又不对后代人满足其需要的能力构成危害的发展。它包括两个重要的概念：一是'需要'的概念，尤其是世界上贫困人民的基本需要，应将此放在特别优先的地位来考虑；二是'限制'的概念，技术状况和社会组织对环境满足眼前和将来需要的能力施加的限制"。

1992 年 6 月，联合国环境与发展大会在巴西里约热内卢召开。大会通过了《里约热内卢环境与发展宣言》，即著名的《里约宣言》。《里约宣言》中详细制定了可持续发展的 27 项原则。这些原则旨在使全人类的各种理性需求得到满足，每个人都能得到充分发展，自然资源与生态环境得到合理的保护，并且不对其他人的生存和发展构成威胁。这些原则被概括为公平性、可持续性和共同性。公平性原则强调代际公平、代内公平和人与自然的公平；可持续性原则是指人类的经济活动和社会的发展不能超过自然资源与生态环境的承载力；共同性原则指出要实现可持续发展必须依靠全球共同的联合行动。

2015 年联合国发展峰会通过了《2030 年可持续发展议程》，确立了全球可持续发展的 17 大目标共 169 项具体指标。17 大目标分别为：消除贫困、零饥饿、良好的健康与福祉、优质教育、性别平等、清洁饮水和卫生设施、经济适用的清洁能源、体面工作和经济增长、产业以及创新和基础设施、减少不平等、可持续城市和社区、负责任消费和生产、气候行动、水下生物、陆地生物、和平正义与强大机构、促进目标实现的伙伴关系。

可持续发展是所有人关于经济、社会、环境的共同目标，它可以用以总结广泛的社会期望，组织需要考虑这些社会期望并做出负责任的行动。因此，组织社会责任的首要目标就是促进可持续发展。但社会责任与可持续发展并不能等同。

1.1.2.2 企业公民

企业公民概念的核心和本质就是"公民权"。公民权是公民拥有的对于"生命、自由和财产的"天赋权利。传统上，关于公民权的讨论都是针对个人而言的，那么公司是否具有个人公民的权利？公司在社会中是否起到像个人公民一样的作用或者承担与个人公民相同的责任？企业公民是否意味着公司可以像个人一样拥有公民身份？企业公民概念给出了三个不同的答案，即公司是公民；公司像公民；公司管理公民权。

公司是公民。企业公民就是将公司理解成社会中的公民。公司是有权利和义务的法人，事实上，就像是他们经营所在国家的"公民"。公司在拥有权利的同时，对其行为的后果承担责任。所以，企业在社会中既有权利也有义务，个人公民的概念可以扩展为企业公民。

公司像公民。从法律地位来看，公司并不是公民，但是另一方面，公司和公民一样参与社会治理，与政府和社会组织合作并管理个人公民权利，所以公司"像"公民，是一种"隐喻"的公民。

公司是公民权的管理者。企业公民并不是说公司是公民，也不是说公司像公民，而是说公司在公民权管理中起到积极的作用。政府与公司在管理公民权的作用方面发生转换有三种情况：第一，政府停止管理的公民权，这时公司可以进入（也可以选择不进入）这个真空地带。例如，在一些发展中国家或者转型国家出现政府失灵时，大公司就会保护社会的公民权。第二，政府还未曾管理到的公民权。例如一些跨国公司采取行动保障发展中国家的雇员最低工资和资助失学儿童等。第三，超出一国政府能力所及的全球性公民权。例如全球市场问题或环境问题，跨国公司可以发起或组成跨国机构来管理这些事务。

21世纪世界经济的显著特征之一就是全球化。全球化又将企业公民概念扩展为全球企业公民（Global Corporate Citizenship）。全球企业公民包括两重含义：一是全球化促使公司承担起部分公民权利管理职能；二是约束跨国公司在全球性经营活动中遵从不同国家的社会规范和期望。

⭐ **案例**

万科的公司公民实践

作为中国房地产开发企业的领跑者，万科早在2006年就率先倡导企业公民的理念。万科将企业2006年度主题词定为"变革先锋，企业公民"，并在年度报告中表示，希望以这样一种方式，"引领行业承担企业公民的社会责任、促进与社会的和谐、赢得社会的尊重"。2007年，万科系统规划了未来万科的企业社会责任大纲，将其融入企业发展战略，并在董事会成立企业公民委员会，设立企业公民办公室负责企业公民事务，全面支持万科履行企业公民责任。

万科对企业公民意义的理解主要包含三个层次：一是要意识到房地产行业在城市化进程中对社会和环境带来的负面影响，并督促自己用更有效的经营和额外的工作来减少高速发展对社会和环境的冲击，并给予关怀或作出弥补。二是在于企业自身的不断完善，并且传播这种善，从透明的治理结构、拒绝商业贿赂，到提高产品质量、保护员工及消费者利益，万科的行动在企业公民理念下得到升华，并被越来越多的企业所接受。在2008年度的企业公民报告中，万科引用了约翰·多恩的名言阐述了对企业公民意义最高层次的理解："谁都不是一座岛屿，自成一体，每个人都是广袤大陆的一部分。任何人的死亡都使我受到损失，因为我包孕在人类之中。"三是作为自然和社会的一分子，充分认识自己的决策、行动和产品所产生的影响，积极回应利益相关者的诉求，成为一个负责任的企业公民，最终在自然和社会中求证存在和发展的意义，将是企业的终极意义，万科正以此为目标继续前行。

1.1.2.3　三重底线

John Elkington在1995年提出了"三重底线"（Triple-Bottomline）概念。"三重底线"分别代表了企业在社会、经济和环境三个方面的业绩表现，如图1-2所示。从经济学角度来说，"底线"指的是在投资或者经济资本上的回报，"三重底线"可以定义为"沿着资金、环境和社会三个维度来评价和衡量对资本投资的回报"。从企业角度来说，"三重底线"是企业谋求可持续发展的一种战略管理模式，可持续性应该是基于这三个资本来源产生一个积极和平衡的回报。

（1）经济业绩

企业首先应该做到健康经营、良性发展。一个企业最大的社会责任就是让企业健康发展，为社会创造更多价值。一个成功的企业应该能够创造收益，建立永续的经营模式。经济业绩反映了企业的经营活动为利益相关者所创造或分配的财务价值以及所带来的经济附加值。

（2）社会业绩

社会业绩需要企业关注自身内外的人文环境建立。内部需要考虑对员工的福利待遇以及企业社会责任文化的传播教育，采用人性化管理，做到以人为本。外部应该重视企业与供应商、消费者、政府等社会大众的社会责任形象建立，与各利益相关者和谐共处。

（3）环境业绩

面对资源紧缺、环境恶化的现状，企业需要加强自然保护力度并大力宣传环保理念。此外，企业还要尽可能地使产品做到健康、安全，通过生产绿色产品来迎合消费者日渐强化的环保意识。

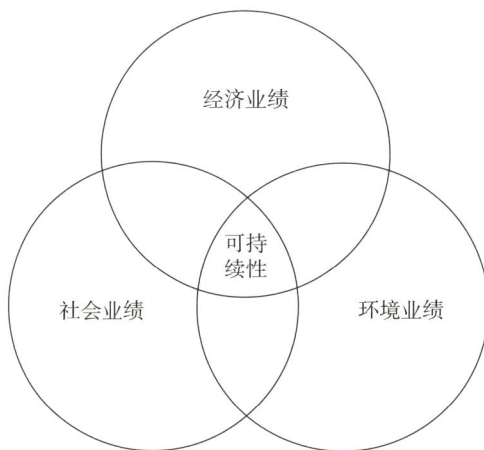

图 1-2　三重底线

1.2　企业社会责任的理论基础

1.2.1　利益相关者理论

利益相关者理论回答了企业社会责任研究中最紧要的问题之一，即"企业应该为谁承担责任"，明确了企业社会责任的方向，并且找到了正确衡量企业社会责任的方法。企业社会责任业绩是根据企业是否满足多重利益相关者的需要来加以衡量，原来泛泛而谈的企业社会责任现在可以通过它与利益相关者的关系得到明确，从而可以通过对利益相关者利益的衡量来判定企业社会责任的表现。

1.2.1.1　相关利益方的界定

利益相关者理论的鼻祖 Freeman 给利益相关者下了一个日后成为经典的定义："一个组织里的利益相关者是可以影响到组织目标的实现或受其实现影响的群体或个人。"图 1-3 列出了 Freeman 眼中的企业利益相关者。

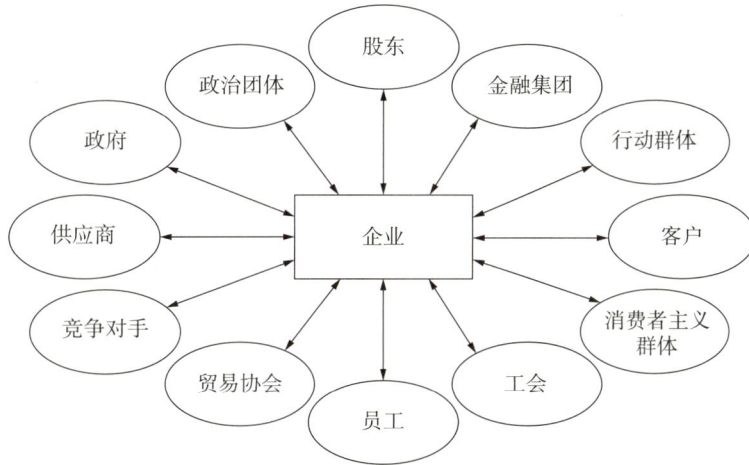

图 1-3 企业的利益相关者

Clarkson 等人将利益相关者分为第一层级利益相关者（primary stakeholders）和第二层级利益相关者（secondary stakeholders）。第一层级利益相关者是指企业生存和持续经营不可或缺的人，通常包括股东、投资者、员工、客户、供应商和政府及社区等。第二层级利益相关者是指左右或影响企业，或者受企业左右或影响的人，包括媒体和其他在企业具有特殊利益者。可以明显地看出，第一层级和第二层级利益相关者的划分主要是根据利益相关者在企业中的作用而定的。前者对企业的生存至关重要，没有他们，企业必将受到严重损害。反之，企业的生存虽也受到第二层级利益相关者的影响，但并不取决于这一部分人。

1.2.1.2 相关利益方的特征

Mitchell 等强调了利益相关者的三个关键特征：权力（power）、合法性（legitimacy）和紧迫性（urgency）。权力是指："具有得到他们所希望结果的能力"，合法性是指："社会所接受和预期的结构或行为"，紧迫性是指："利益相关者要求即刻关注其利益的程度"。根据这三个关键特征，Mitchell 等将利益相关者分为 8 类，可用图 1-4 予以描绘。

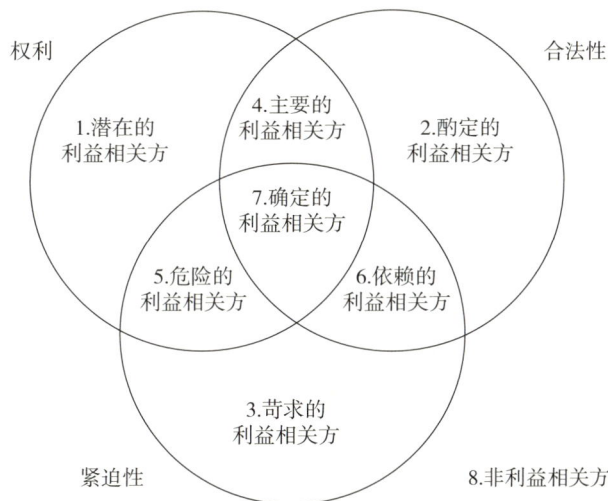

图 1-4 基于三个关键特征的利益相关者概念

资 料 来 源：Mitchell, K., B. Agle, and D. J. Wood, 1997, Toward a Theory of Stakeholder Identification and Salience：Defining the Principle of Who and What Really Counts, Academy of Management Review, Vol.22（4），p.874.

在理解利益相关者的特征时要注意三点：其一，利益相关者的关键特征是以他们与企业的关系为基础的，也就是说，相关利益的性质和环境的状态决定了利益相关者的关键特征；其二，利益相关者的关键特征是针对企业管理者来说的，只有获得管理者关注的关键特征于利益相关者而言才有其实质意义；其三，利益相关者的关键特征是变动的、客观存在的，而不是固定的、主观决定的。

企业社会责任概念虽然经过数十年的发展，由于缺乏理论上的指导与支持，概念中的"社会"一词一直含糊不清，企业应向谁承担责任没有明确的方向。因此，当利益相关者理论在20世纪90年代逐渐成熟之后，为企业社会责任概念带来了至少三方面的变化：第一，清晰了概念中"社会"一词的含义；第二，明确了企业社会责任的方向；第三，找到了衡量企业社会责任的正确方法。

1.2.2　企业社会责任金字塔结构

Carroll 提出了一个包含经济责任、法律责任、伦理责任和慈善责任的企业社会责任结构，形成了著名的企业社会责任金字塔结构，如图 1–5 所示。

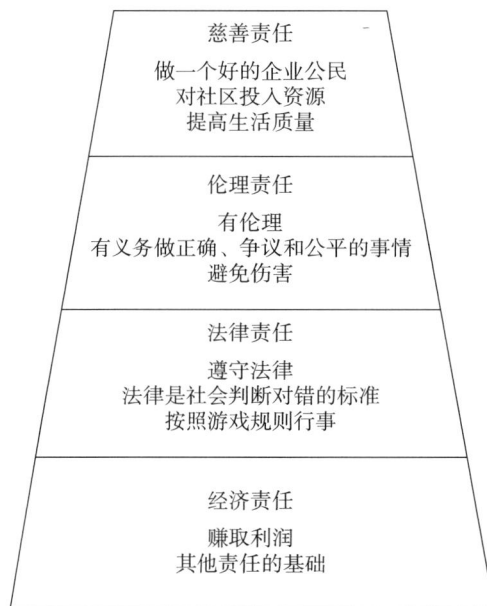

图 1–5　企业社会责任金字塔结构

资料来源：Carroll，Archie，B.，1991，The Pyramid of Corporate Social Responsibility：Toward the Moral Management of Organizational Stakeholders，Business Horizons，7-8，39-48，p.42，fig.3.

在企业社会责任的金字塔结构中，经济责任是指企业作为整个社会的基本经济单位，其基本作用是通过生产满足消费者和社会需求的产品与服务来赚取利润；法律责任是指企业不仅需要为股东创造最大利润，同时还需要在法律和法规的要求下运作。Carroll 列举了经济责任的几个重要方面以及美国企业必须遵守的法律责任。如表 1–2 所示。

金字塔结构中的伦理责任包括"反映消费者、员工、股东和社区认为是正确的、正义的或者是尊敬或保证利益相关者道德权利的标准、规范和期望"；慈善责任包括"为成为一个社会期望的好企业公民而做的一系列活动"，是企业自愿和自由决定承担的活动。伦理责任和慈善责任列示在表 1-3 中。

表 1-2 企业社会责任金字塔结构中的经济责任和法律责任

经济责任	法律责任
1. 企业在利润最大化原则下运作	1. 在法律规定和政府期望下运作
2. 追求尽可能多的利润	2. 遵守联邦政府、州政府和地方政府的法规
3. 保持竞争优势	3. 企业是遵守法律的企业公民
4. 保持较高的运作效率	4. 成功企业是履行了其法律责任的企业
5. 成功企业是能获得持续利润的企业	5. 企业提供的产品与服务至少满足了最低的法律要求

资料来源：Carroll，Archie，B.，1991，The Pyramid of Corporate Social Responsibility：Toward the Moral Management of Organizational Stakeholders，Business Horizons，7-8，39-48，p.40，fig.1.

表 1-3 企业社会责任金字塔结构中的伦理责任和慈善责任

伦理责任	慈善责任
1. 企业运作与社会道德观念和伦理规范期望一致	1. 企业运作与社会的博爱和慈善期望相一致
2. 认可与尊重被社会所接受的新道德标准	2. 资助高尚的表演艺术
3. 防止为完成企业目标而在伦理标准上做出让步	3. 企业的管理者和员工都在他们自己的社区内参加志愿者和慈善活动
4. 企业公民应该做符合道德和伦理的事情	4. 资助私人和公共教育机构
5 认识到企业的诚实和企业伦理行为不仅仅是遵守法律和法规	5. 自愿资助旨在提高社区生活质量的项目

资料来源：Carroll，Archie，B.，1991，The Pyramid of Corporate Social Responsibility：Toward the Moral Management of Organizational Stakeholders，Business Horizons，7-8，39-48，p.41，fig.2.

企业社会责任金字塔描绘了企业社会责任的四个部分：经济责任位于金字塔的最底层，这意味着经济责任是其他三方面的基础；由于法律是社会判断对错的标准，企业应当遵守法律；随后是企业的伦理责任，伦理责任最基本的要求是做正确、正义和公平的事情，以及避免或者减少对利益相关者（员工、客户、环境等）的伤害；最后，企业应当成为一个好的企业公民，这是企业的慈善责任，慈善责任希望企业将财力和人力资源投入社区，提高生活的质量。

1.2.3 资源基础理论

1.2.3.1 资源基础理论的主要思想

资源基础理论（Resource Based Theory，简称 RBT）是 20 世纪 80 年代以来具有广泛且深远影响的战略管理理论流派。20 世纪 80 年代以来，基于资源的企业理论逐渐代替了传统的基于产品的企业理论。

资源基础理论认为，企业是各种资源的集合体。由于各种不同的原因，企业拥有的资源各不相同，具有异质性，这种异质性决定了企业竞争力的差异。企业在资源方面的差异是企业获利能力不同的重要原因，也是拥有优势资源的企业能够获取经济租金的原因。

资源基础理论中所讨论的资源实际上是一种广义的资源，它包括企业所能控制的、能实施并形成提高效率与效益之战略的所有资源，包括有形资源和无形资源两大类。有形的资源具有很强的通用性和可转移性，因而是企业生产经营活动必不可少的，但很难为企业创造更高的价值，无法成为企业竞争优势的来源。无形资源具有较强的专用性，能在企业经营活动中创造出较高的价值，在发挥企业竞争优势中起着重要的作用。

资源基础理论所关注的资源是作为企业持久竞争力来源的异质性资源。所谓的异质性资源应当满足以下四个特性：①有价值；②稀缺；③不能完全被仿制；④其他资源无法替代。拥有这些特性的资源如果无法在企业之间完全流动，那么将成为企业形成竞争优势、实现战略管理的基础，即"战略资源"。

1.2.3.2 资源基础理论与企业社会责任

根据资源基础理论，企业特有的异质性资源是竞争优势的关键，显然，企业社会责任同时符合这些条件。

（1）企业社会责任是有价值的。从内部收益来看，企业投资于社会责任将有助于在企业文化、技能等方面形成新的资源和能力，而这些内部获得的资源和能力将更有效地使用原有资源。从外部收益来看，企业社会责任有助于企业及其员工与社区建立良好的关系；有助于建立企业声誉资本，从而提高企业对供应商和政府等利益相关方的吸引力，降低交易成本，获取更优的产品价格。

（2）企业社会责任是企业生成稀缺资源的原因。①高水平的人力资源是稀缺的。通过企业社会责任所获得的企业良好声誉和对待员工负责任的行为会吸引和培养高素质的人力资源。②高层次的组织资源也是稀缺的。企业在履行社会责任过程中能获得有效的组织制度和结构、流程管理模式以及组织文化环境等。③高层次的关系资源更是稀缺的。关系资源，如信誉、品牌，不是所有企业都能拥有的，知名的品牌相对较少，属于稀缺资源。企业与利益相关方的良好关系也属于稀缺资源。

（3）企业社会责任是难以模仿的。组织资源和关系资源是在企业内部经历长期的积累而逐步形成的，这一过程会受到特定历史条件的影响，而这些特定历史环境是难以复制的。例如组织文化中包含的价值观、信仰等因素是难以描述、只能感知的，组织文化的形成需要经历独特的历史，也需要融合组织成员的独特个性，因此组织文化都是独特的和难以被模仿的。人力资源是可流动的，从表面上看它是容易被模仿的资源。但是，人力资源只有在与企业环境融合起来才能真正创造价值。人力资源具有企业专用的成分，而专用性人力资源是难以模仿的。

（4）企业社会责任是难以替代的。信誉是一种无形资产，它能建立起客户对企业的强大信心，这种信心源自内心的信任，而需要依靠合同或担保建立起来的信心其实源自内心的不信任。企业与利益相关方之间的关系是复杂的社会经济和文化环境共同作用的结果，这种关系资本在本质上并无替代物。

企业社会责任是一种战略资源，它具有有价值、稀缺、难以模仿和难以替代的特点。根据资源基础理论，可以认为企业社会责任将有助于企业获得竞争优势。

1.2.4 合法性理论

1.2.4.1 组织合法性的概念

对合法性进行系统研究并使其成为现代政治学核心概念与主流范式的，是社会学家 Max Weber。Weber 提出，每一个社会活动系统的存在都取决于它是否有能力建立和培养对其存在意义的普遍信念，这种信念就是其存在的合法性。后来的学者把"合法性"引入组织与企业的研究中。Parson（1960）最早界定了组织合法性的概念，他认为组织合法性是在共同社会环境下，对组织行动是否合乎期望的恰当的一般认识和假定。组织合法性研究将合法性看作是一个组织的价值体系与其所在的社会制度之间的一致性。一个组织如果看上去不是信奉社会所认同的目标、方法和结果的话，那么这个组织是不可能成功，甚至是无法存在下去的。Suchman（1995）给出了关于企业合法性的一个比较权威的定义，认为企业合法性是指在一个由社会构建的规范、价值、信念和定义的体系中，企业的行为被认为是可取的、恰当的、合适的一般感知和假定。

1.2.4.2　企业社会责任与组织合法性

企业社会责任是获得组织合法性的重要方式和途径。

组织合法性来源的本质是利益相关者控制着组织赖以生存所必需的资源。Hybels（1995）认为，组织合法性来源包括国家与政府、公众、金融机构、媒体这四类关键利益相关者，并且这四类利益相关者均控制着组织所必需的一部分资源。Deephouse 和 Scott（2008）将组织合法性来源概括为三类：一是社会，包括拥有标准制定权、证书颁发权的组织以及具有权威的个人或组织，如律师、会计师等；二是媒体，由于其不仅能为组织提供合法性，更可以通过引导公众舆论影响组织合法性；三是组织间的关联，例如兼任董事和高声誉组织间的战略联盟等。Ruef 和 Scott（1998）认为，组织合法性来源是包括内部与外部两方面可以对组织进行合法性评估的利益相关者。其内部来源包括员工、经理、人力资源专家、董事会成员等；外部来源包括政府、许可证颁发机构、资助机构、知识分子、专业组织、工会、商界、公众舆论及媒体等。

企业的行动是否能使组织真正获得合法性，取决于其表现是否符合利益相关者的期许或认同。因此，企业社会责任承载着企业行为能否满足利益相关者期望的使命。企业通过主动履行社会责任，可以向利益相关者传递其积极改善社会绩效的努力，以获得利益相关者理解与支持，最终提高企业的组织合法性（Suchman，1995）。

1.2.5　声誉理论

1.2.5.1　企业声誉与声誉资本

企业声誉的概念是基于利益相关者对企业的总体认识、态度和评价。Fombrun 和 Shanley（1990）将企业声誉定义为，公众对企业以往行为和未来前景的感性评价，它描述了企业与关键竞争对手相比的整体吸引力。Laufer 和 Coombs（2006）则认为，企业声誉是企业外部长期形成的，对企业遵守承诺、满足利益相关者预期的评价。有学者将企业声誉定义为，随着时间的流逝，利益相关者根据自己的直接经验、企业的行为以及其主要竞争对手的相关信息对企业做出的全面综合评价，这种评价基于利益相关者的直接经验、有关企业的行为以及与其他主要竞争对手相比的信息和任何其他形式的沟通和符号（Gotsi 和 Wilson，2001）。

Kevin T. Jackson 在 *Building Reputation Capital* 一书中首次提出了声誉资本的概念。他认为声誉资本是企业的重要战略资本，是一种无形资本，通过利益相关者的决策为企业创造价值。声誉资本主要体现在企业声誉对企业的产品溢价、顾客购买倾向、投资价值及交易网络四个方面的影响。良好的声誉能够增强人们对企业的信任和信心，使消费者感觉企业的产品质量优良，愿意为此付出溢价；还能够影响顾客的购买意向和忠诚度，影响企业的短期收益。同时，良好的声誉还能够增加企业的无形资产，使企业更具有投资价值，其交易网络的质量也能得到进一步的提升，影响企业的长期市场价值。

1.2.5.2　企业社会责任与声誉

企业社会责任与企业声誉密不可分，一方面企业社会责任活动是培育企业声誉的基本战略工具之一，企业社会责任声誉是企业声誉的重要维度，企业社会责任行动能够增强企业声誉资本。另一方面企业社会责任通过声誉资本实现价值创造。良好的企业声誉能吸引高素质的雇员为企业高效率地工作，制造高质量的产品或服务，提高消费者的满意度和忠诚度，实现企业的当前价值；投资者看到企业良好的声誉资产及竞争潜力，必然乐于投资这类企业，实现对企业未来价值的良好预期；声誉还能吸引高素质的供应链上下游企业，影响社区、政府、非政府组织，为企业营造良好的竞争环境，成为企业实现价值的保障。企业价值得到提升，有能力增加对声誉的投资，这些投资又将转化成新的社会责任战略，实现良性循环。

1.2.6　战略管理理论

进入 21 世纪后，企业逐渐将承担社会责任视为企业创造与社会共享的价值、取得可持续竞争优势和发挥积极社会影响的战略机遇，把履行社会责任纳入企业的战略管理体系之中。管理思想家、"竞争战略之父"Michael Porter 提出战略型企业社会责任以及创造共享价值的理念。

1.2.6.1　战略型企业社会责任

战略型企业社会责任是企业将承担社会责任视为企业取得可持续竞争优势和发挥积极社会影响的战略机遇，打造企业的社会责任竞争力，从而获取竞争优势，为企业的可持续发展奠定坚实的基础。战略型企业社会责任包括由内及外和由外及内两个维度。

（1）由内及外的价值链模型

在这一模型中，Porter 把企业的价值活动分为两类：基本活动和辅助活动。基本活动包括：内部物流、运营、外部物流、营销和销售及售后服务；辅助活动包括：采购、技术开发、人力资源管理和企业基础设施。

企业在日常运营过程中会对社会产生影响，即产生"由内及外"的联系。企业价值链上的每一种活动都会与外界发生联系，继而带来或积极或消极的社会影响。企业价值链对社会的影响囊括了企业的经营选址、采购、资源利用、生产、物流、产品分销等所有业务活动过程，具体如图 1-6 所示。

价值链模型可用于企业自检，即通过详细检查价值活动，发现与企业社会责任正面或负面相关的问题。企业需要对这些问题按优先次序进行排列，并尽力解决可能产生负面社会影响的问题。

（2）由外及内的竞争环境钻石模型

Porter 认为，决定企业竞争力的有四个因素：生产要素（投入）条件、需求条件、相关和配套行业、企业的战略及竞争所处的环境。

在企业活动给社会带来影响的同时，社会环境也会给企业施以或好或坏的影响，即产生"由外及内"的联系。每个企业都在其特定的竞争环境中运作，这种环境会影响其战略执行能力。社会环境就是一种重要的竞争环境要素，如果确保企业在健康的社会环境中运作，对企业和社会都会有积极的影响。Porter 的竞争环境钻石模型将社会环境对企业竞争力的影响概括为企业所处环境、当地需求条件、企业生产要素投入条件和相关配套行业四个关键要素，具体如图 1-7 所示。

* 和大学的关系 * 合乎道德的研究活动 * 产品安全 * 原材料资源的保护 * 回收再利用	* 财务报告制度 * 政府规定 * 经营透明度 * 政策游说	* 教育和职业培训 * 安全的工作环境 * 员工多样化和公平就业 * 医疗保险及其他福利 * 薪酬政策 * 员工解雇政策	* 采购和供应链活动 * 某些生产要素的使用 * 自然资源的利用

企业基础设施
人力资源管理
技术开发
采购

内部物流　运营　外部物流　营销和销售　售后服务

* 运输造成的影响	* 排放物和废弃物 * 生物多样性和生态影响 * 能源和水资源使用 * 工人安全保障和劳资关系 * 有害材料	* 包装的使用和处置 * 运输造成的影响	* 营销和销售 * 定价策略 * 客户信息 * 隐私保护	* 报废产品处置 耗材处理 * 顾客隐私保护

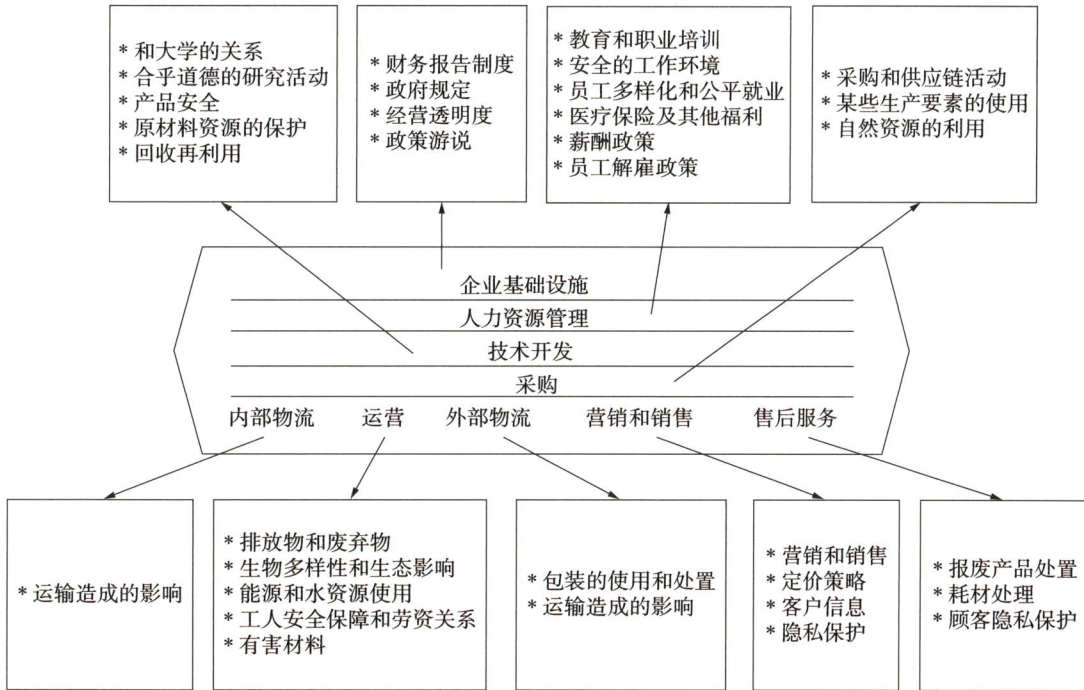

图 1-6　由内及外的价值链模型

资料来源：Porter M E, Kramer M R, Zadek S, 2007, Redefining Corporate Social Responsibility, Harvard Business Review, Vol.12（2）, p.7.

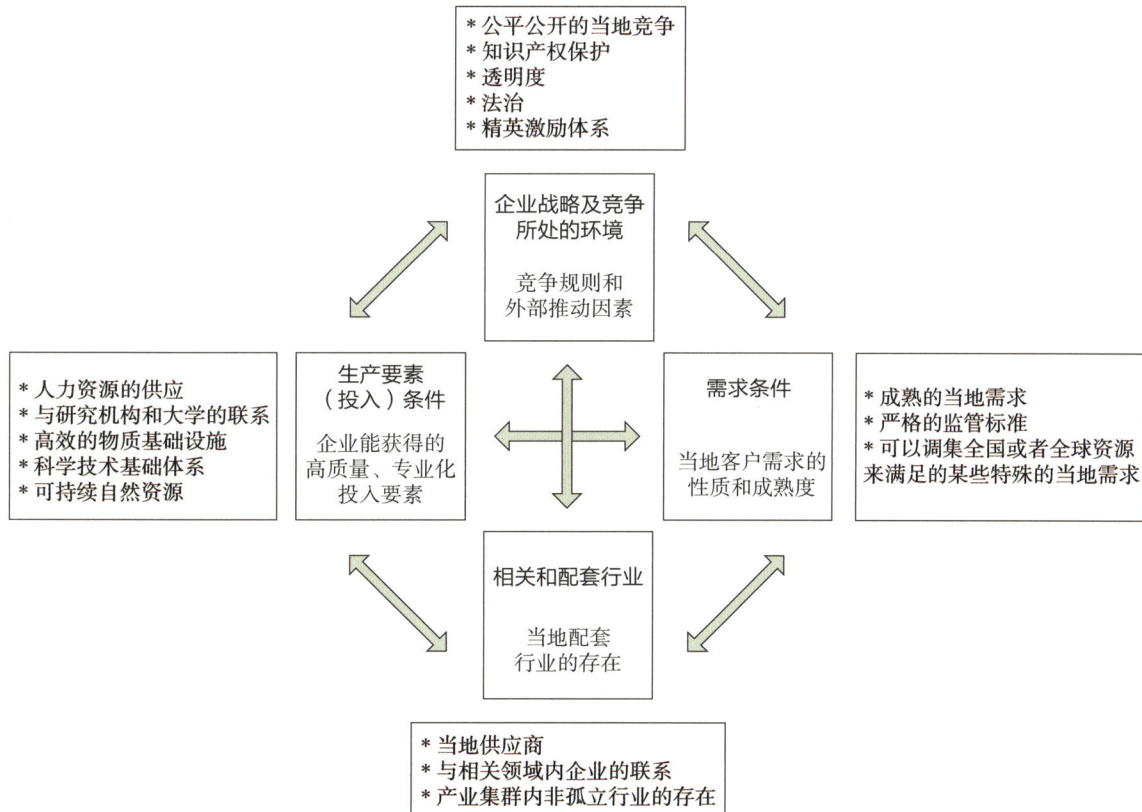

* 公平公开的当地竞争
* 知识产权保护
* 透明度
* 法治
* 精英激励体系

企业战略及竞争所处的环境
竞争规则和外部推动因素

* 人力资源的供应 * 与研究机构和大学的联系 * 高效的物质基础设施 * 科学技术基础体系 * 可持续自然资源	生产要素（投入）条件 企业能获得的高质量、专业化投入要素	需求条件 当地客户需求的性质和成熟度

* 成熟的当地需求
* 严格的监管标准
* 可以调集全国或者全球资源来满足的某些特殊的当地需求

相关和配套行业
当地配套行业的存在

* 当地供应商
* 与相关领域内企业的联系
* 产业集群内非孤立行业的存在

图 1-7　由外及内的竞争环境钻石模型

资料来源：Porter M E, Kramer M R, Zadek S, 2007, Redefining Corporate Social Responsibility, Harvard Business Review, Vol.12（2）, p.8.

钻石模型可用于企业挖掘责任竞争优势，即从外部环境变迁出发，找到一些有利于塑造企业竞争力的社会与环境问题，并在解决社会与环境问题的过程中提升企业竞争力。由于外部环境变迁涉及因素过多，Porter 并不提倡企业对社会问题的考察面面俱到，企业仅需要抓住对自己最有利的一两点。

1.2.6.2　创造共享价值

战略型企业社会责任包括以上由内及外的维度和由外及内的维度，两者相辅相成，而创造共享价值的机会就蕴藏其中。Michael Porter 针对企业社会责任提出了创造共享价值的理念。他认为，企业的竞争力与它所在社区的健康紧密相连。成功的企业需要健康的社区作为土壤，以创造产品需求、提供重要的公共资产和有利的经营环境；而健康的社区则需要成功的企业为居民提供就业机会、提高生活水平和创造社会财富。企业和社会相互依存，意味着商业决策和社会政策都需要遵循"共享价值"原则。

（1）共享价值的概念

共享价值的概念，可定义为一种企业的政策及营运方式，它们在增强企业竞争力之余，还能改善企业所在社区的经济与社会环境。

共享价值追求的是扩大经济与社会总价值，它采用了一个新的视角来看待企业和社会之间的相互关系，即不再把企业的成功和社会的福利看作一个此消彼长的零和游戏，而是兼顾两者。从战略角度看，如果企业将它们手中的资源、专业知识和洞察力投入对社会有利的活动中去，履行社会责任就有可能成为企业实现战略目标、赢得可持续竞争优势和推动社会取得巨大进步的重要动力，并促使企业践行与社会共生的现代企业理念，使自己最终发展成为社会企业。

共享价值的概念，让我们看到了许多有待满足的新需求、有待推出的新产品、有待服务的新顾客，以及设定价值链的新方式。而且，创造共享价值产生的竞争优势，往往比一般成本与品质的进步更持久，也将打破模仿及零和竞争的循环。

企业社会责任主要考虑声誉，跟企业业务仅有非常有限的关系，长期来说，很难找到充分的理由支持，因此难以维持。创造共享价值则跟企业的获利能力与竞争地位密切相关，它利用企业独特的资源与专长，借由创造社会价值，去创造经济价值。

企业社会责任　⟵⟶　创造共享价值	
√价值：行善	√价值：相对于成本的经济与社会效益
√公民义务、慈善、永续性	√为企业及社会同时创造价值
√自行决定该怎么做，或是回应外部压力	√竞争行为不可或缺的一部分
√与利润极大化无关	√与利润极大化密不可分
√议程取决于个人喜好及对外报告的要求	√议程取决于企业具体情况，于内部产生
√成效受限于企业足迹及企业社会责任预算	√整家企业的预算必须重新编列
例子：公平贸易采购	例子：改造采购方式，以提高品质与收益

图 1-8　创造共享价值与企业社会责任的对比

资料来源：Kramer MR，Porter M，2011，Creating Shared Value，Harvard Business Review，89（1/2）：62-77，p.76.

（2）创造共享价值的方法

企业要创造共享价值，有三种关键方法：重新构想产品与市场、重新定义价值链中的生产力、在企业所在地区建立产业支援群聚。

方法1：重新构想产品与市场。对企业来说，创造这种共享价值的第一步，是找出企业产品包含，或可能包含的所有社会需求、效益与公害。这种机会并非固定不变，而是随着科技演变、经济发展，以及社会要务的转变而不断改变。持续探索社会需求，可帮助企业发现，在传统市场推行产品差异化，以及重新定位的新机会，并看出以往忽略的新市场潜力。

方法2：价值链生产力再定义。企业的价值链必然影响众多社会议题，同时也受这些议题影响。具体包括：改变能源消耗与物流改变；改变资源使用；改变采购；改变配销模式；改变员工生产力；以及改变地点。

方法3：促进地方群聚发展。企业生产力及创新能力极受群聚（clusters）影响。所谓群聚，是指某领域的业者、相关企业、供应商、服务提供者和物流基础设施，都集中在某一地区。群聚并不都由企业组成，还包括像学术课程、产业组织，以及标准组织等机构。群聚也仰赖所在社区的各种公共资产，例如，学校与大学、干净的水、公平竞争法、品质标准，以及市场透明度。

创造共享价值的三种方法相辅相成。例如，强化群聚可帮企业增加在地采购，减少供应链分散的程度。企业为了推出满足社会需求的新产品，或是服务遭忽视的市场，必须在生产、行销、通路等价值链环节上推陈出新。而新的价值链布局，将促使大众对下列各领域产生需求，这些领域包括：节能、保护资源、支援员工的设备与技术。

（3）通过创新创造共享价值

Pfitzer等（2013）构建了通过创新同时实现社会和商业价值的实用模型，指导企业在实践中依靠五个相互加强的要素推行共享价值的理念。

一是植入社会目标：创造共享价值需要将社会使命植入企业的文化并且调配资源发展能解决社会问题的创新。在某些情况下，这实际上是重新强调企业最基本的社会使命。

二是明确社会需求：清晰的需求定义使得企业能从一开始就深入掌握商业模式。因为他们知道有多少人受到了他们寻求问题解决的影响，以及在解决过程中涉及的经济和其他问题。如果一个企业不投入时间和资源，以对一个社会问题取得深入的理解，它就无法规避采用无效办法的风险。

三是衡量共享价值：想要实现可扩展的社会和商业价值的企业需要能监控自身的进程。企业可以采用三个步骤：第一，评估商业和社会价值；第二，建立中间环节评估指标并监控进程；第三，评估创造的共享价值。

四是建立最佳的创新结构：与传统业务整合；创造一个半自治单元；获取慈善组织或政府的支持；资助外部企业家。

五是与外部利益相关者共同创造：与利益相关者紧密联系以确认一个问题的所有维度，并设计和实施计划，是在商业世界中广为使用的方法。我们研究的企业也在采用同样的办法，他们谨慎地与了解社会需求和执行战略时的利益相关者合作。这些利益相关者可能包括政府、基金、大学、非政府组织和其他企业。

要创造社会和商业价值，所有五个要素——社会目标、明确需求、衡量指标、正确的创新结构和共同创造——都是关键的，并且能相互加强。许多领先的企业正通过有意识地运用这五个要素在创造共享价值上取得成功。

1.3 商业伦理

现代商业伦理（Business Ethics）的概念产生于西方国家，20世纪80年代引入中国，有多种不同的译法，如，商业伦理、商务伦理、经营伦理、企业伦理等。

1.3.1 商业伦理的概念和特征

1.3.1.1 商业伦理的概念

商业伦理是指在商业经营活动中，商业组织及其成员处理内外部利益关系的善恶价值取向，以及必须遵循的行为准则、道德规范与行为实践的总和，是一般社会伦理在商业活动中的具体体现和运用（周祖城，2015）。

商业伦理由商业伦理意识、商业伦理关系和商业伦理活动三部分组成。

（1）商业伦理意识。商业伦理意识是商业伦理的主观方面，指在商业活动中形成并能反过来影响和作用于商业活动的道德心理、道德思想、观点和理论体系，体现着商业企业及其个人对客观的商业道德关系以及对处理这些客观的道德关系的原则规范的理解。商业伦理意识可以区分为商业伦理思想意识和商业伦理规范意识两个方面。商业伦理思想意识指人们在商业活动中对于商业伦理原则规范的认识水平，和通过商业伦理教育、个人商业伦理修养所达到的一定的商业伦理境界，包括商业伦理观念以及据此而形成的商业伦理情感、信念、意志、理想、理论体系等。商业伦理规范意识指商业企业和个人在商业生活中的言行举止所依据的一定的行为准则和标准，包括商业伦理原则和规范等。

（2）商业伦理关系。商业伦理关系是连接商业伦理意识和商业伦理活动之间的一座桥梁，是指商业企业组织和个人在商业活动过程中按照一定的商业伦理观念和原则规范而形成的商业企业组织内外的各种社会关系，主要可分为个人与个人、个人与集体、集体与集体三种关系类型。商业伦理关系建立在一定的利益和义务的基础之上，并以一定的伦理规范和活动形式表现出来。

（3）商业伦理活动。商业伦理活动是指商业组织和个人在一定的商业伦理意识指导和支配下而进行的商业伦理实践和行为，包括商业组织的群体活动和个人活动。其基本活动形式是按照一定的商业伦理原则和规范，通过善恶、荣辱、正义与否等价值评价来调节个人之间、个人与集体和社会之间的各种利益关系。此外，根据一定的商业伦理体系和道德理想对商人所进行的伦理教育、修养和对商业行为是非善恶的辨别等，也是商业伦理活动的重要表现形式。

由商业伦理意识、商业伦理关系和商业伦理活动构成商业伦理的有机系统。其中，商业伦理意识是其主观方面，它既是商业伦理关系形成的思想前提，又是商业伦理活动的支配力量；商业伦理活动是其客观方面，它不仅是商业伦理意识形成的现实基础，而且也是商业伦理关系得以表现、保持、变化和更新的重要条件；商业伦理关系是主观与客观的统一，它并不是作为某种主观的事物属性或行为本身而存在的，但它的存在又不能简单地归结为纯粹个人的主观世界，它既是商业伦理意识的现实表现，又是以商业伦理活动为载体，并且制约着商业伦理活动。三者既相对独立性，又相互联系、相互制约，形成商业伦理的有机体系。

企业社会责任与商业伦理有密切的联系。从内容上看，狭义的企业社会责任主要是指伦理道德责任。在企业社会责任概念提出之前，企业必然要承担经济责任和法律责任，因为这是企业自身利益之所在，企业所忽视的正是伦理道德责任。企业社会责任主要是针对伦理道德责任。可见，企业社会责任与商业伦理在本质上是一致的，要求企业遵从伦理道德。从对象上看，企业社会责任所指向的利益相关者与商业伦理要处理的关系也是一致的。

企业社会责任与商业伦理之间也存在一定的区别。商业伦理强调权利与义务两个方面，企业社会责任则只注重责任；商业伦理是双向的，企业社会责任是单向的；商业伦理旨在明确怎样正确处理好企业与利益相关者的关系，企业社会责任重在回答企业在社会中应尽什么样的责任；商业伦理还包含员工的职业道德规范，企业社会责任则不涉及个人的责任。

1.3.1.2　企业的商业伦理内容和特征

企业作为主体的商业伦理涉及内容众多，可以按照不同的逻辑进行分类（刘可风等，2011）。

（1）按照企业形成的主要利益关系，包括企业与顾客关系的伦理问题、企业与供应者关系中的伦理问题、企业与竞争者关系中的伦理问题、企业与政府关系中的伦理问题、企业与社区关系中的伦理问题、企业与环境关系中的伦理问题、企业与投资者关系中的伦理问题、企业与管理者关系中的伦理问题，企业与员工关系中的伦理问题，员工与员工关系中的伦理问题等。

（2）按企业主要职能，包括采购、研究开发、生产、营销、财务、人事、后勤、管理等活动中的伦理问题。具体有：采购中的伦理问题、研究开发中的伦理问题、生产中的伦理问题、营销中的伦理问题、财务中的伦理问题、人事中的伦理问题、后勤中的伦理问题、管理中的伦理问题等。

（3）按典型的伦理问题，包括产品安全性、广告真实性、不正当竞争、性别歧视、环境污染、回扣、对企业忠诚与检举不道德经营行为、做假账，等等。

（4）按基本伦理范畴，包括公正、平等、诚实、自由、守信等是重要的伦理范畴。

企业的商业伦理需要承担以下五方面的任务：一是，描述企业道德现状，提升企业道德水准；二是，明确企业道德规范，引导企业健康发展；三是，对企业及其成员的行为进行道德评价，提高企业道德修养的自觉性；四是，探索新颖的既符合企业道德又能给企业带来利益的经营管理模式；五是，造就"道德的个体"，形成正确的金钱观，树立良好的企业道德风尚。

企业作为主体的商业伦理具有以下特点：

第一，企业的商业伦理是关于企业及其成员行为的规范。虽然企业是由个人组成的，但企业的行为却不能简单地表述为单个成员的行为之和，企业有自己的目标、利益和行为方式。当一个人问企业应该做什么，企业的道德责任是什么，就意味着企业本身被看成一个"道德角色"或"道德个人"。当然，具体工作毕竟是由企业成员来做的，在讨论企业应该遵守的行为规范时，实际上也提出了单个成员所应遵守的行为规范，如管理者、技术人员、生产人员、营销人员、财务人员、后勤人员等的行为规范。

第二，企业的商业伦理是关于企业经营活动的善与恶、应该与不应该的规范。指导企业及其成员行为的规范有许多，有技术规范，如不准戴手套操作车床，有礼节规范，如对来访者以礼相待。企业伦理是关于善恶的规范。企业伦理告诉人们哪些经营活动是善的和应该的，哪些活动是恶的和不应该的。究竟什么是善的经营行为，什么是恶的经营行为，正是企业伦理学所要讨论的。一般而言，"人们总是把那些有利于自己、他人及社会群体的行为和事件当成是善，而把那些有害于自己、他人及社会群体的行为和事件当成是恶"。

第三，企业的商业伦理是关于怎样正确处理企业及其成员与利益相关者关系的规范。"道德的基础是利益，其核心内容即是调整利益关系"。那么，在企业经营中存在哪些利益关系呢？首先，企业从事经营活动需要内部各层次、各部门员工的共同努力。同时，企业是个开放系统，它与外界存在着各种联系，因此，企业的关系可分为内部关系和外部关系两类。其次，人们生活在世界上必然地产生两种关系：一是人与人之间的关系，二是人与自然的关系，通常说的伦理关系是指前者，而后者也可以进行善恶评价，因而也应该包含在伦理关系中。

第四，企业的商业伦理是通过社会舆论、传统习俗、内心信念和内部规范来起作用的。企业伦理与法律都是调节企业及其成员行为的重要手段，但两者在调节方式上有重大的差别：法律是统治阶级依靠国家机器等强制力量执行的，体现了强制性和外在性；而道德则依靠社会舆论、传统习俗和内心信念而起作用，体现了自觉性和内在性。企业内部可以制定出具体的伦理守则，对模范遵守守则者，予以表扬加薪、晋升等，而对违反守则者予以批评减薪、降级乃至除名。

1.3.2　商业伦理的基本矛盾

商业伦理面对的最基本的矛盾是经济和伦理之间的关系，它包括两个方面：一是二者是否一致；二是何者优先。

首先，二者是否一致。主张经济与伦理一致性的观点认为，经济与伦理说到底是一个问题的两个方面：在现实的企业中，既没有脱离伦理关系的纯经济关系，也没有脱离经济关系的纯伦理关系；企业的生产和生产过程是人的素质包括道德素质的物质体现；道德是企业的无形资本，企业的经营效益与经济成就是人的道德价值观念的物化，是既定的伦理关系和伦理精神的结晶；企业人追逐利润和利益的行为实质上是他们追求人生价值实现的物质表达方式；而所有道德观念其实是人们经济关系、利益关系的集中反映。正是因为经济与伦理在本质上是一致的，企业伦理才得以成立。主张经济与伦理不一致的观点认为，在具体的企业实践中，二者往往是不可兼得的，甚至是冲突的：企业在竞争性的经济制度中面临巨大而残酷的竞争压力，没有时间和空间从容地考虑道德问题，甚至为了获得竞争优势而不惜降低道德水准，因此只要竞争存在一天，企业就隐含着悖德的冲动；企业组织结构和组织文化也局限和弱化了企业人的道德意识，在经济利益、职务角色、潜规则面前，人们最可行的选择是道德沉默和道德回避；以行政权力作为资源配置的主要手段的社会环境也制约着企业的决策和行为，甚至逼迫企业不得不放弃道德准则。正是为了解决经济与伦理的矛盾冲突，企业伦理才有存在的必要。

其次，企业决策中经济与伦理何者优先，存在"伦理优先于利润"和"利润优先于伦理"

两种针锋相对的观点。前者认为，企业做任何决策首先要进行伦理分析，考虑其是否符合道德，如果符合，再考虑是否赢利。后者认为，企业决策毕竟是经济决策，而非道德决策，首先要做的是经济分析，只有在经济上确认可行之后，再代入伦理分析，以提高企业决策的伦理质量。大多数人所持的是后一种观点。

延伸阅读

Berle与Dodd关于企业社会责任的论战

1931 年，Berle 在《哈佛法律评论》上发表"作为信托权力的公司权力"一文，标志着历史上最著名的关于公司社会责任论战的开端。Berle 认为，管理者只是公司股东的受托人，而股东的利益总是在其他对公司有要求权的人的利益之上。

对此，哈佛大学法学院的 Dodd 表示了不同的看法。Berle 文章发表后的第二年，Dodd 在《哈佛法律评论》上发表了著名的"公司管理者是谁的受托人？"一文。Dodd 在文中提出了一个更宽泛的受托原则。Dodd 决不认同公司存在的唯一目的是为股东创造利润。他说，公司作为一个经济组织，在创造利润的同时也有服务社会的功能。 Dodd 指出，问题的关键在于，管理者是谁的受托人？是公司还是股东？他认为，尽管没有清晰的证明，但是我们的法律传统更倾向于将公司看作是由信托人管理的机构，这些信托人首先是机构的信托人而不是机构成员的信托人。

Berle 在紧随的一期《哈佛法律评论》上立即做出了回应，文章的题目就是"公司管理者是谁的受托人：一点说明"。他同意 Dodd 提出的公司负有社会责任的观点，认为公司的管理者以及那些控制着大公司的人更像是工业社会里的君王和大臣而不是执行者和商人。但是，这只是理论，不是实践。Berle 指出，在一套清晰合理的对其他人的责任机制建立之前，仍然应该强调管理者对股东的责任。从以上的阐述来看，Berle 并不反对管理者应该对股东之外的要求者承担社会责任，而且他在早几年还曾说明这些潜在的要求者包括债权人、管理者、顾客、员工以及社区。他之所以坚持管理者只是股东的受托人，原因在于他担心削弱管理者对股东的受托责任会使得管理者在追求广泛的社会目标的过程中权力不受限制。

在 Berle 回应 Dodd 时，他和 Means 的《现代公司与私有财产》一书已经付印。在这本书中他们实际上已经接受了 Dodd 提出的宽泛的信托原则，认同现代公司不再是一个私人经营单位，而是已经成为一个机构。社会可以要求现代公司不只是服务其所有者或控制者而是要服务整个社会，管理者必须平衡社会不同团体的各种要求，并根据公共政策而不是私人贪婪的原则给每个团体分配公司收入的一部分。

有趣的是，在 Berle 改变其想法的同时，Dodd 也改变了自己的初衷，转而接受 Berle 早期的观点。1942 年，Dodd 在回顾 20 世纪 30 年代那场关于管理者受托责任的讨论时，他写道："在 1932 年的春天……我过于草率地提出，应该发展一种宽泛的观点，建议公司管理者在一定程度上作为劳动者和消费者的受托人。正如

Berle 先生立即指出的，这里涉及的法律上的困难是很明显的。"Dodd 之所以会改变想法，用他自己的话说是因为"过去十年所发生的事情"。从 1932 年到 1942 年的十年间，美国罗斯福政府的新政大量地干预经济活动，同时由于工会和消费者团体的努力，法律通过了一系列新的条例来保护劳动者和消费者的利益。所以 Dodd 认为，既然这些利益团体已经加强了他们相对于公司的法律地位，那么他们的受托人就是律师。也就是说，在社会责任可以借由法律保护来实现的情况下，公司不需要再承担相应的社会责任。

1954 年，Berle 在《20 世纪的资本主义革命》一书中总结了这场源于 30 年代的讨论："20 年前，我和已故的哈佛大学法学院的 Dodd 教授有过一场争论，笔者认为，公司的权力是对股东的受托责任，而 Dodd 教授主张，这种权力是对整个社会的受托责任。这场争论以赞同 Dodd 的观点结束（至少到目前为止）。"当然，这里 Berle 所赞同的是 Dodd 在 20 年前的观点。在这本书中，Berle 再次强调了公司的社会责任："在这个革命的世纪，有理由认为，美国的公司不是经营单位而是一种社会组织。"1960 年 Berle 在《现代社会中的公司》一书的再版序言中再次说道："现代管理者不仅仅是为了利润最大化经营企业，事实上并且法律也确认，他们是一种社会制度的管理者。"

可惜的是，Dodd 没有能够看到这场讨论最后的结果，他于 1951 年与妻子一起在一场车祸中不幸丧生，时年 63 岁。

思考题

企业应该承担社会责任已成为主流思潮，但反对之声却从未止息。在公司社会责任思想的批判者中，现代货币主义理论的奠基人、1976 年诺贝尔经济学奖的获得者 Milton Friedman 最具代表性和影响力。他在众多的著述中曾多次论及社会责任问题，都无一例外地坚持批判的立场。在他的名著《资本主义与自由》中专门有一章讨论"垄断和社会责任"，其中他明确地批评说："有一种越来越被普遍接受的观点，认为公司的管理者和工会的领导人在满足他们的股东或成员的利益之外还要承担社会责任。这种观点在根本上错误地认识了自由经济的特点和性质。在自由经济中，企业有且仅有一个社会责任——只要它处在游戏规则中，也就是处在开放、自由和没有欺诈的竞争中，那就是要使用其资源并从事经营活动以增加利润。"Friedman 对公司社会责任的抨击归于一点，就是公司社会责任思想是对自由经济的根本颠覆。作为新自由主义经济学的代表人物，Friedman 在其学术生涯中极力倡导经济自由主义，反对政府干预。他曾经说过，"很少有思潮像要求公司管理者去接受社会责任而不是为股东赚取尽可能多的钱这样，彻底地动摇我们自由社会的根基"。

阅读上述资料，结合本章内容回答下述问题：

（1）你是否同意 Friedman 的观点？

（2）你认为企业是否应该承担社会责任？

参考文献

[1] Ackerman, Robert W., and Bauer, Raymond, 1976, Corporate Social Responsiveness: the Modern Dilemna, Reston Publishing Company, Inc.

[2] Bowen, Howard R.. 1953. Social responsibilities of the businessman. New York: Harper & Row.

[3] Bowen, Howard R.. 1978. Rationality, legitimacy, responsibility: Search for new directions in business and society. Epstein, D. M. & Votaw, D. (ed). California: Goodyear Publishing Company, Inc.

[4] Carroll, Archie B.. 1999. Corporate social responsibility: Evolution of a definition construct. Business & Society, 38(3), 268 ～ 295.

[5] Carroll, Archie, B., 1991, The Pyramid of Corporate Social Responsibility: Toward the Moral Management of Organizational Stakeholders, Business Horizons, 7 ～ 8, 39 ～ 48.

[6] Donaldson, T., 1999, Response: Making Stakeholder Theory Whole, Academy of Management Review, Vol.24 (2), 237 ～ 241.

[7] Epstein, Edwin M., 1987, The Corporate Social Policy Process: Beyond Business Ethics, Corporate Social Responsibility, and Corporate Social Responsiveness, California Management Review, Vol.29, 99 ～ 114.

[8] Fombrun and Shanley, 1990, What's In a Name? Reputation Building and Corporate Strategy, Academy of Management Journal, Vol.33, 233 ～ 258.

[9] Frederick, William C., 1986, Toward CSR3: Why Ethical Analysis is Indispensable and Unavoidable in Corporate Affairs, California Management Review, Vol. 28(2), 126 ～ 141.

[10] Frederick, William C., 1994, From CSR1 to CSR2, Business and Society, Vol.33(2), 150 ～ 164.

[11] Freedom and philanthropy: An interview with Milton Friedman. 1989. Business & Society Review, 71, 11 ～ 18.

[12] Freeman, R. E., 1984, Strategic Management: A Stakeholder Approach, Pitman Publishing Inc.

[13] Freeman, R. E., 1999, Response: Divergent Stakeholder Theory, Academy of Management Review, Vol.24 (2), 233 ～ 236.

[14] Friedman Milton. 1970. Social responsibility of business. In "An economist's protest: Columns in political economy". 1972. New Jersey: Thomas Horton and Company. 177 ～ 179.

[15] Gotsi M. and Wilson A. M., 2001, Corporate Reputation: Seeking a Definition Corporate Communications, An Internationa Journal, Vol.6, 24 ～ 30.

[16] Hybels, R.C., 1995, On Legitimacy, Legitimation, and Organization: A Critical Review and Integrative Theoretical Model, Academy of Management Journal, Special Issue: Best Papers Proceedings, Vol.1, 241 ～ 245.

[17] Jawahar, I. M., and Mclaughlin, G. L., 2001, Toward a Descriptive Stakeholder Theory: An Organizational Life Cycle Approach, Academy of Management Review, Vol.26(3), 397 ～ 414.

[18] Jones, T. M., 1995, Instrumental Stakeholder Theory: A Synthesis of Ethics and Economics, Academy of Management Review, Vol.20(2), 404 ～ 437.

[19] Jones, T. M., and Wicks, A. C., 1999, Convergent Stakeholder Theory, Academy of Management Review, Vol.24(2), 206 ～ 221.

[20] Kramer M R, Porter M., 2011, Creating Shared Value, Harvard Business Review, 89(1/2): 62 ～ 77.

［21］Laufer and Coombs, 2006, How Should a Company Respond to a Product Harm Crisis? The Role of Corporate Reputation and Consumer Based Cues, Business Horizons, Vol.49, 379～385.

［22］Logsdon, Jeanne M., 2004, Global Business Citizenship: Application to Environmental Issues, Business and Society Review, Vol. 109（1）, 67～87.

［23］Michael E. Porter, Mark R. Kramer, 2006, Strategy & Society, Harvard Business Review, December.

［24］Michael E. Porter, Mark R. Kramer, 2011, Creating shared value, Harvard Business Review, January-February.

［25］Milton Friedman. 2002（1962）. Capitalism and freedom. Chicago: The University of Chicago Press.

［26］Mitchell, R. K., Agle, B. R., and Wood, D. J., 1997, Toward a Theory of Stakeholder Identification and Salience: Defining the Principle of Who and What Really Counts, Academy of Management Review, Vol.22（4）, 853～886.

［27］Moon, Jeremy, Crane, Andrew, and Matten, Dirk, 2005, Can Corporations Be Citizens? Corporate Citizenship as a Metaphor for Business Participation in Society, Business Ethics Quarterly, Vol. 15（3）, 429～453.

［28］Parsons T., 1960, Structure and Process in Modern Societies.

［29］Pfitzer M, Bockstette V, Stamp M., 2013, Innovating for Shared Value, Harvard Business Review, 91（9）: 100～107.

［30］Porter M E, Kramer M R, Zadek S. 2007, Redefining Corporate Social Responsibility, Harvard Business Review, 1: 2007.

［31］Post, James E., and Mellis, Marilyn, 1978, Corporate Responsiveness and Organizational Learning, California Management Review, Vol.20（3）: 57～63.

［32］Preston, Lee E., and Post, James, E., Private Management and Public Policy: the Principle of Public Responsibility, PRETICE-HALL, Inc., Englewood Cliffs, N.J.

［33］Ruef M. and W. R. Scott, 1998, A Multidimensional Model of Organizational Legitimacy: Hospital Survival in Changing Institutional Environments, Administrative Science Quarterly, Vol.43, 877-904.

［34］Sethi, S. Parkash, 1975, Dimensions of Corporate Social Performance: An Analytical Framework, California Management Review, Vol. 17（3）: 58～64.

［35］Suchman M. C., 1995, Managing Legitimacy: Strategic and Institutional Approaches. Academy of Management Review, Vol.20, 571～610.

［36］Swanson, Diane L., 1995, Addressing a Theoretical Problem by Reorienting the Corporate Social Performance Model, Academy of Management Review, Vol.20（1）: 43～64.

［37］Swanson, Diane L., 1999, Toward an integrative Theory of Business and Society: A Research Strategy for Corporate Social Performance, Academy of Management Review, Vol.24（3）, 506～521.

［38］Weiner, Joseph, L., 1964, The Berle-Dodd Dialogue on the Concept of the Corporation, Columbia Law Review, Vol. 64（8）, 1458～1467.

［39］Wijnberg, N. M., 2000, Normative Stakeholder Theory and Aristotle: The Link Between Ethics and Politics, Journal of Business Ethics, Vol.25, 329～342.

［40］布莱尔著，张荣刚译，1996，所有权与控制：面向21世纪的企业治理探索，北京：中国社会科学出版社.

［41］李纪明，2009，资源观视角下企业社会责任与企业绩效研究——一个理论框架及其在浙江的实证检验，浙江工商大学博士学位论文：67～92.

［42］刘光明，2008，新商业伦理学，北京：经济管理出版社．

［43］刘可凤，龚天平，冯德雄，2011，企业伦理学，武汉：武汉理工大学出版社．

［44］沈洪涛，沈艺峰，2007，企业社会责任思想：起源与演变，上海：上海人民出版社．

［45］周祖城，2015，企业伦理学，北京：清华大学出版社．

第 2 章
全球企业社会责任发展

本章导读

　　企业社会责任已经是一个全球性的话题，而不是局限于某一个国家、某一个地区的问题。本章首先勾勒全球企业社会责任发展的概貌，然后介绍企业社会责任在美国、欧洲、日本的发展历程及其特点。本章还介绍了联合国"全球契约"、社会责任国际指南 ISO 26000 及联合国可持续发展目标 SDGs 的主要内容。

　　全球企业社会责任是伴随着经济全球化和跨国公司的不断壮大而逐渐发展的。从企业生产守则运动到经济合作与发展组织（OECD）制定的《跨国公司行为准则》，再到社会责任国际组织（SAI）制定的 SA8000 标准，企业社会责任在全球范围内得到了重视。

　　美国是企业社会责任概念的发源地。总体来看，美国企业承担社会责任的范围比较宽泛，注重从立法的角度来引导企业承担社会责任。与美国相比，欧洲对企业社会责任的关注较晚，但以欧盟国家为代表的欧洲企业社会责任运动发展迅速，其中尤以欧洲责任消费运动和责任投资运动为典范，逐渐成为世界企业社会责任运动的领先者。在经历了四个阶段的发展历程之后，日本企业承担社会责任现在已经进入了发展成熟阶段。在推进企业社会责任行动时，日本既具有全球化视野，也注重本地化实践。日本企业普遍秉承"内外有别，于己有利"的责任观，遵纪守法重新成为日本企业承担社会责任的核心内容。

　　2000 年正式启动的联合国"全球契约"强调企业需要在经营过程中承担社会责任，在人权、劳工、环境和反腐败四个方面的十项原则中享有全球共识。联合国全球契约组织实行会员制，是连接联合国与企业界、非政府组织和其他利益相关方的桥梁。在实际运行过程之中，联合国全球契约组织非常注重企业社会责任的本土化实践，如加强和开展伙伴关系、地方网络、政策对话和学习、全球领导人峰会等活动。

　　2010 年 11 月 1 日，国际标准化组织（ISO）在瑞士日内瓦国际会议中心向全球发布了社会责任国际标准《社会责任指南：ISO 26000（第一版）》，引起了全世界的广泛关注。ISO 26000 共分 8 章，围绕着组织社会责任的总体目标，系统回答了以下关于组织社会责任的五个基本问题。ISO 26000 是 ISO 的首个社会和道德领域标准，但它的本质是一个非强制性的指南，是一个非管理体系的标准，有其适用范围。

2015 年联合国提出的可持续发展目标（SDGs）旨在从 2015 年到 2030 年以综合方式彻底解决社会、经济和环境三个维度的发展问题。SDGs 共有 17 项目标，涵盖了消除贫困、消除饥饿、减少不平等、负责任消费和生产、气候行动等多方面内容。自 2015 年发布以来，联合国可持续发展目标 SDGs 已经在全球范围内产生了重要影响，尤其是对企业承担社会责任活动起到了积极的推动作用。

学习目标

（1）熟悉企业社会责任在美国、欧洲、日本的发展历程及其特点。
（2）熟悉社会责任国际指南 ISO 26000 的性质特征与内容结构。
（3）熟悉联合国可持续发展目标 SDGs 的主要内容。

导入案例

宜家集团于 1943 年创建于瑞典，现已成为全球最大的家具、家居用品企业，销售的产品品类多达 10000 个，在全球 29 个国家 / 地区拥有 350 多个商场，其中在中国大陆有近 30 家商场。宜家的物美价廉和优质服务，很大程度上源自公司在每个环节的精心思考，源自公司对企业社会责任的坚守。为了在全球化经营的战略指引下，确保公司产品的品质和特色，宜家制定了采购行为准则，即宜家家居物品采购方式（The IKEA way on Purchasing Home Furnishing Products，IWAY）。具体来说，IWAY 分为三大领域，即外部环境、社会责任与工作条件、木制产品。在这三大领域之中，又细化成 19 个方面，从环境改善、地面污染、童工问题到环境保护、种植人造林等，都有非常详细的规定。在贯彻实施 IWAY 的过程中，宜家公司摸索出了一整套行之有效的做法，包含传授、审核、改进、认证等方面。

IWAY 体系通过持续改善、定期重新审核等方式，保证了高水准的社会责任的供应商与宜家公司携手前行、持续发展。

2.1　全球企业社会责任发展概述

20 世纪 80 年代以来，随着经济全球化发展和跨国公司的不断壮大，各国劳资关系力量处于一种极端不平衡的状态，经济全球化的同时伴随着贫穷的全球化，劳工权益保障日益成为世界性的社会问题。在这一背景下，企业社会责任运动在欧美发达国家发起，并逐渐演变成一股世界性潮流。

企业社会责任运动最主要的一种形式是"企业生产守则运动"。该运动要求公司特别是跨国公司等企业，必须以国际劳工标准为依据来制定和实施工资、劳动时间、安全卫生等劳工标准。企业的生产守则最初是在劳工组织和消费者的压力下，跨国公司为保持企业形象而设立的有关企业内部劳工标准方面的自律性规则，其目的着眼于改善劳工状况。但是跨国公司自身制定的生产守则，一定程度上服从于其商业利益，实施状况很难得到社会监督。因此，在多重力量的推动下，生产守则运动开始由跨国公司自我约束的内部生产守则向社会监督的外部生产守则转变。

1976 年经济合作与发展组织（OECD）制定了《跨国公司行为准则》，这是迄今为止唯一由政府签署并承诺执行的多边、综合性跨国公司行为准则。这些准则虽然对任何国家或公司没有约束力，但要求更加保护利害相关人士和股东的权利，提高透明度，并加强问责制。据经济合作组织（OECD）统计，到 2000 年为止，全球共有 246 个生产守则，其中 118 个由跨国公司制定，92 个由行业协会和贸易协会制定，32 个由非政府组织制定，4 个由国际组织制定。如今，全球各种类型的生产守则已经超过 400 多个。由商贸协会、多边组织或国际机构制定的生产守则主要在美国、英国、澳大利亚、加拿大、德国等地，其中最有影响的是由"社会责任国际"（SAI）于 1997 年制定的 SA8000 标准。由美国的社会责任国际（Social Accountability International，简称 SAI）制定的社会责任标准认定 SA8000 包含了九个要素：公司不应支持使用和使用童工；公司不得使用或支持使用强迫性劳动；公司应该提供安全、健康的工作环境；公司应该支持结社自由和集体谈判权；公司不得从事或支持歧视；公司不得支持或从事惩戒性措施；公司应该遵守工作时间的规定；公司应该达到最低工资标准；公司应该制定社会责任和劳动条件的政策。支持 SA8000 的企业将把它作为选择供应商和合作伙伴的重要考量。

一些跨国公司为了树立品牌形象，纷纷响应 SA8000 标准，而且也要求其产品配套企业和合作企业都要遵守这些守则，从而将"企业社会责任运动"扩展到了包括中国在内的广大发展中国家。另外，助推跨国公司企业社会责任发展的另一强大力量就是欧美的非政府机构。非政府组织作为民间监管机构，用不同的方式向跨国公司施加压力，例如公开抗议、联合抵制、分析和监测企业活动等。非政府组织这些行动，使得跨国公司不得不积极采用自律和全球行为守则的政策，进而使得跨国公司也因此成了企业社会责任全球化的主要助力。如今，企业社会责任在欧美发达国家的发展，已从当初以处理劳工冲突和环保问题为主要功能，上升到实施企业社会责任战略提升企业国际竞争力的阶段。

总体而言，企业社会责任兴起于西方，随着跨国公司的全球化经营而实现了企业社会责任实践活动的全球化扩展。与此同时，越来越多的新兴发展中国家认识到了企业社会责任的重要性，并且不少国家开始将披露企业社会责任报告列入法律规定，逐渐融入接受、倡议和实施企业社会责任的潮流之中。

2.2 发达国家的企业社会责任

2.2.1 企业社会责任在美国

2.2.1.1 美国企业社会责任的发展历程

美国是企业社会责任概念的发源地，美国企业社会责任的发展历程可以归纳为三个阶段。

第一阶段从 20 世纪初至 60 年代。20 世纪初，随着工业革命的完成及其对美国经济的迅速推进，垄断现象不断出现，经济权力日益集中到少数人手里，从而引发种种严重问题。企业为了牟取高额垄断利润，在对待工人时残酷无情，引发了轰轰烈烈的社会进步运动，涉及劳工、控制铁路运价、市政改革和新闻领域的"揭发黑幕"等。

一些美国大公司的恶劣行径引起了美国社会的不满和政府对企业态度的变化。一些组织和个人开始呼吁企业承担社会责任，强调企业作为一分子承担社会责任的合理性和必要性。20 世纪早期的美国企业逐渐不再对其社会责任抱冷漠的态度，它们开始主动捐款，资助社区活动和红十字会事业，帮助当地政府完善义务教育和公共健康制度。

20 世纪 50-60 年代，更多的公司意识到"权利带来责任"。这一时期，美国的企业界逐渐形成一种观点，认为企业在为股东创造利润的同时，也应当通过捐助或承担社会项目来回报社会和公众。企业的慈善捐赠，从长远而言，有利于公司的运营、改善公司的环境、提高公司的形象。企业的捐助行为也得到了法律上的认可。到 1960 年，美国已有 46 个州通过了公司法，允许企业从事慈善活动。

第二阶段从 20 世纪 60 年代至 90 年代。20 世纪 60 年代，美国企业在实践中履行社会责任的步伐越来越快，范围也越来越广，涉及消费者权益保护、环境保护等内容。20 世纪 60 年代，随着美国消费者自身维权意识的提高，消费者开始采取实质性的行动维护自身的权益，消费者运动的规模进一步扩大。美国政府支持消费者的维权运动，1962 年 3 月 15 日，美国总统肯尼迪在《关于保护消费者利益的总统特别国情咨文》中，率先提出消费者享有的四项基本权利，即安全的权利、了解的权利、选择的权利和意见被听取的权利。1969 年，尼克松总统又提出消费者的第五项权利：索赔的权利。消费者权利的提出，使消费者运动进入了新的阶段，美国联邦政府和州政府都设立了消费者保护机构。在政府、消费者和市场等外部环境的压力下，美国公司的经营理念发生了很大改变，更加关注顾客需求，在为顾客提供高质量产品的同时，也提供更加优良的服务，在获取利润的同时也主张履行更多的社会责任。1989 年，美国成立了第一个全国性的消费者组织——美国消费者同盟。

在这一阶段，美国企业开始逐步重视企业环境保护的责任。20 世纪 60—70 年代发生于美国的环境保护运动，无论就其规模、大众参与程度还是政府干预的力度等诸多方面都是空前的，它对美国环境保护事业的影响也是绝无仅有的。这场运动首先由生态科学家和知识界人士发起，继而美国公众和政府广泛参与并将这一运动推向高潮。在民间环保运动的强大压力下，美国政府开始把环境保护作为政府工作的重心之一，并加大了环境立法和执法的力度。除了继续保护森林、土地和荒野等自然资源外，美国政府环境保护工作的重心开始转向治理工业污染，特别是空气污染、水污染和化学污染。环保工作主要以议会立法的形式表现出来，1969年，美国国会批准了《国家环境政策法案》，随后20年间有数百项环境法规出台。1970年，美国国家环保局重新整编，成为美国最重要的政府管理实体之一，它不仅是国家重大环境保护工程的制定者和实施者，而且负有国家环境法规的执行和监督责任。

第三阶段从20世纪90年代至今。20世纪90年代初期，美国劳工部及人权组织针对成衣业和制鞋业发动了"反血汗工厂运动"。利用"血汗工厂"生产产品的美国服装制造商Levi Strauss被新闻媒体曝光后，为挽救其公众形象，制定了第一份公司生产守则。在劳工人权组织及消费者的压力下，许多知名公司也都相继制定了自己的生产守则，逐步演变为"企业生产守则运动"。在劳工组织、人权组织等的推动下，生产守则运动由跨国公司"自我约束"的"内部生产守则"逐步转变为"社会约束"的"外部生产守则"。20世纪90年代以来，这种"外部约束"进一步演变为第三方的社会监督和组织认证，即按照以国际劳工标准制定的准则，对企业的劳动状况进行监督并予以认证。在美国，比较有影响力的生产守则制定和监督认证的组织有公平劳工协会（Fair Labor Association，简称FLA）、社会责任国际（Social Accountability International，简称SAI）等。

21世纪初，接连不断发生的企业丑闻引起了公众对企业社会责任的反思，这次企业社会责任运动的核心主要集中在"诚信"方面。作为对安然、世通等公司财务欺诈事件的反应，2002年美国国会参议院银行委员会主席萨班斯（Sarbanes）和众议院金融服务委员会主席奥克斯利（Oxley）联合提出的会计改革法案——《2002年上市公司会计改革与投资者保护法案》，经布什总统2002年7月30日签署成为正式法律，即《萨班斯–奥克斯利法案》（Sarbanes—Oxley Act）。该法案体现了美国立法对商业活动中要秉持信任、独立、责任和正直精神的要求。近年来，美国社会监督机构加大了企业社会责任的审计力度，旨在全面、广泛地了解和掌握企业履行社会责任的情况，督促企业开展有关工作，保护各利益相关方的利益。越来越多的美国公司开始发布企业社会责任报告或可持续发展报告，接受全社会的监督。据毕马威公司（KPMG）调查，2002年，美国前100强企业中有38家企业发表了独立的企业社会责任报告或可持续发展报告，报告的形式从原来纯粹的环境报告变成包括经济、环境和社会责任等内容翔实的综合报告。

2.2.1.2　美国企业社会责任发展的特点

随着美国经济、社会的发展，美国在企业社会责任领域已经取得了长足的发展。总体来讲，美国企业社会责任的发展具有以下两个明显特点：

第一，企业承担社会责任的范围比较宽泛。从20世纪30年代美国经济大萧条开始，经过60年代消费者运动、环保运动和责任投资运动的兴起，直到90年代以后对企业诚信问题的高度关注，美国企业社会责任的涵盖范围涉及企业的多个利益相关者，如股东、管理者、员工、供应商、分销商、金融机构、竞争对手、新闻媒体、自然环境、社区等，这表明美国企业已经深刻地认识到企业必须通过回应利益相关者的利益要求、承担相应的社会责任来获得持续成长。与此同时，美国企业关注的社会责任话题也很丰富，既有守法经营、公平就业、反对歧视、安全生产等企业内部责任问题，也有消费者保护、环境保护、动物保护、责任投资、慈善捐赠等企业外部责任问题，体系比较健全。

第二，美国注重从立法的角度来引导企业承担社会责任。多年以来，美国不断推进立法来促进企业承担社会责任，特别是在税法、公司法、环保法、劳动法、消费者保护法等领域成效显著。1921年美国《税法》规定，实施慈善捐赠的个人纳税者可享受扣减所得税的待遇，但对作为纳税者的公司还未有类似的优惠规定。1936年，美国国会又修改了《国内税收法典》，明确规定公司慈善、科学、教育等方面的捐赠可予扣减所得税，扣减数额最高可达公司应税收入的5%。这就进一步为企业社会责任的落实提供了利益上的法律激励机制。

在环保立法方面，早在1899年联邦政府就出台了《垃圾管理法》，防止企业向航运河道倾倒垃圾。关于水污染控制法，全面的联邦立法是在1945年的《联邦水污染控制法》；1955年的《大气污染控制援助法》是美国国会制定的第一部联邦空气污染控制法，该法经多次修改，1970年又正式称为《清洁空气法》。在"二战"后美国联邦政府的环境法律体系中，《国家环境政策法》是环境保护的一部综合性立法，它对后来的美国环境立法具有一般性的指导意义。在劳动保护方面，1935年7月美国国会通过了《全国劳工关系法》（又称《瓦格纳法》），该法规定设立国家劳工关系局，专门负责判断和阻止不公平对待劳工的做法，保护劳工组织的权利；该年还通过了《社会保障法》，它由老年社会保险、失业社会保险、盲人补偿、老年补助和未成年补助五大项目组成，形成了保障劳动者生活的"社会安全网络"。1938年国会通过《公平劳动标准法》，建立了最低工资制和最高工时制，并禁止16岁以下的童工。1962年通过的《人力开发培训法》、1970年通过的《职业安全与卫生法》、1975年通过的《综合就业与培训法》，为美国企业保护员工的利益提供了基本的法律保障。

在消费者保护方面，美国更是陆续出台了多项法律，大力促进企业承担产品质量责任。美国于1930年成立了食品和药品管理局（Food and Drug Administration，FDA），这是美国管制食品、药品和化妆品的专门机构，保障美国消费者的健康和安全。1946年美国颁布了《商标法修正案》，加强对商标的管理；1960年，联邦贸易委员会制定了更为详细的《商业管理规则》，要求卖主向买主提供合同副本；1972年国会还通过了《消费品安全法》，并设立了消费品安全委员会，管理有潜在危险的消费品的生产和销售避免消费者遭伤害。此外，国会还颁布了一系列保护消费者权益的法令，如《交通汽车安全法》《毒品包装法》《食品和药品法案》《联邦食品、药品和化妆品法案》《联邦反海外腐败法案》等。

总而言之，美国政府充分发挥了它在推进企业社会责任中的规制作用，通过立法不断加强企业社会责任。近几十年来，美国政府不断地通过完善各种法令，从产品安全、消费者保护、环境保护、公平竞争等方面约束以及规范企业的行为，有力地推动了企业社会责任的实践。

2.2.2 企业社会责任在欧洲

2.2.2.1 欧洲企业社会责任的发展历程

与美国相比，欧洲对企业社会责任的关注较晚。但自20世纪90年代以来，以欧盟国家为代表的欧洲企业社会责任运动发展迅速，其中尤以欧洲责任消费运动和责任投资运动为典范，逐渐成为世界企业社会责任运动的领先者。

总体来讲，欧洲企业社会责任的发展经历了以下两个阶段：

第一阶段从 20 世纪 70 年代至 90 年代末。在 20 世纪 70 年代之前，企业社会责任的概念在欧洲基本上是闻所未闻。究其原因，英国学者爱普斯坦（Epstein）认为，以英国为例，一方面英国公众持股公司的主要任务是获取经济利益，另一方面英国政府长期介入经济和社会生活，这就使得公司在履行社会责任方面缺乏用武之地。自 20 世纪 70 年代以后，受美国的影响，英国等国家逐渐开始关注企业社会责任问题。1973 年，英国政府发表的公司白皮书涉及企业社会责任内容，要求公司经营者首先要确保公司成为良好的法人，并要求把社会责任作为公司决策过程中的一项重要内容。此后，英国不断通过立法和政策引导，从慈善救助、创造就业、产品质量监管、改善工作环境、关怀职工健康等多个领域来促进企业承担社会责任。

在英国的带领下，欧洲其他许多国家纷纷开始关注企业社会责任问题。1995 年，时任欧盟委员会主席雅克·德洛尔就呼吁，欧洲的公司作为一种自愿性的贡献，应该不断地制定和实施有关企业社会责任的政策。1996 年，雅克·德洛尔倡导成立了欧洲企业社会责任协会（CSR Europe），为推进欧洲企业承担社会责任奠定了基础。2000 年召开的欧盟里斯本峰会（Lisbon Summit）高度关注企业社会责任问题，强烈呼吁欧盟各企业能够关注可持续发展，进一步创造更好的、更多的就业机会，增强社会凝聚力，争取到 2010 年使欧洲成为最具竞争力和最充满活力的知识经济体。由此，欧洲企业之间、企业界与政府之间，以及企业与其利益相关方之间的讨论，围绕着企业社会责任这一核心展开。同年 6 月，欧盟采纳社会政策议程（Social Policy Agenda），强调企业社会责任在改善工作环境以适应新经济中发挥作用的重要性。

欧洲企业社会责任发展的第二阶段从 21 世纪初至今。2000 年 3 月，欧盟明确了两个目标：一是加强企业社会责任宣传，推动各方认识企业社会责任；二是提高政府透明度，促进企业承担社会责任。2001 年 7 月，欧盟委员会向欧洲议会提交了"欧洲企业社会责任框架绿皮书"，正式引入了"企业社会责任"的概念，并提出如何倡导和促进企业社会责任，共同建立企业社会责任的欧洲政策架构。绿皮书把企业社会责任定义为企业的一种概念，"自愿把社会和环境影响整合到商业运作和与利益相关者的交互中"，实现可持续发展。2002 年 10 月，欧委会举办欧洲多利益相关者的企业社会责任论坛（European multi-stakeholder forum on CSR），旨在就企业社会责任在欧洲范围内建立对话和信息交流机，交流实践经验和评估指导方针。论坛的 19 个利益方，即 19 个组织代表充分表达意见，达成了广泛的一致，并于 2004 年 6 月向欧委会作总结报告，推动欧盟建立新的企业社会责任战略。

迄今为止，欧盟所有国家都制定了企业社会责任战略，并得到了各国国内产业界、利益相关方、非政府组织等多方面的支持。2005 年，欧洲企业社会责任协会发布了"企业社会责任：欧洲发展路线图"。2006 年 3 月，欧盟通过企业社会责任政策声明，把企业社会责任列入经济增长和就业发展战略的核心，作为营造友好的欧洲商业环境的重要组成部分。目前，欧洲议会正在就规范欧洲跨国公司在发展中国家业务好的社会标准、实行企业环保和社会行为报告制度的可行性进行磋商。

2.2.2.2　欧洲企业社会责任发展的特点

经过多年的发展，尤其是近 10 年来，欧洲的企业社会责任取得了很大进展，并且形成了以下三个明显特点：

第一，欧洲政府普遍高度重视推进企业社会责任工作。欧盟自 20 世纪 90 年代中期以来就把推动企业社会责任作为一项重要工作，可持续发展和企业社会责任都被列在公共政策议事日程的前列。英国政府在 1998 年推出"道德贸易计划"，集合商界、劳工和非政府组织，共同讨论公司供应链中工作条件问题的标准和监控方法。2000 年，英国政府任命了专门负责企业社会责任的内阁部长，还通过了《企业运作与财务审查法案》，要求企业发布社会责任报告。2001 年 3 月，英国首次公布了《企业社会责任政府报告》，提出了政府促进企业社会责任工作计划，包括推动企业履行社会责任、扩大企业履行社会责任的范围，促进企业社会责任国际化，并通过政府来协调企业的社会责任政策。2002 年，英国政府建立了公司责任指数，其涵盖的四个关键领域包括社区活动、环境保护、销售市场、工作场所。通过对不同公司在这四个方面的表现进行评价，促进企业改善其对社会和环境的影响。2004 年 7 月，英国贸工部设立了英国企业社会责任学院，它专门培养有企业社会责任管理技能的经理人。

在德国，经济合作与发展部是负责开展企业社会责任的主要官方机构，政府提供推动社会责任活动的绝大部分经费。近年来，该机构在推动企业社会责任方面开展了一系列活动，如组织社会各利益相关方讨论企业社会责任的履行问题，推动行业协会和企业按照国际劳工标准、本国法律法规制定社会责任标准。瑞典政府把企业社会责任作为政府工作的一个部分，推进企业承担社会责任、支持和保障经济社会可持续发展，已经成为瑞典的国家战略。法国政府制定了有关政策，鼓励企业合作伙伴之间诚信经营、互惠互利，并提供财政支持，鼓励企业可持续发展。欧洲的其他一些国家，像意大利、丹麦、爱尔兰、荷兰、德国等也都根据各自的国情，采取多种措施，积极推动企业承担相应的社会责任。

第二，非政府组织（NGO）在欧洲推行企业社会责任的进程中扮演着十分重要的角色。这些非政府组织的一部分是对企业实施 CSR 进行推广和提供咨询服务的专业化国际组织，比如欧洲企业社会责任协会、英国的社会和伦理责任协会，丹麦政府创建的哥本哈根中心等；另一部分则主要作为利益相关者而存在，如欧洲雇主联盟、欧洲工会联盟、英国的道德贸易行动；还有一部分是非常成熟的行业组织和协会，在各自的领域十分活跃且工作卓有成效，如荷兰的洁净成衣运动、欧洲外贸协会等，它们既作为业内从业者的利益代言人，又采取各种措施规范会员企业的自律行为；既为政府制定行业政策提供咨询，又注意保持与欧盟及欧洲其他公共组织和社会团体的关系。遍地开花、各型各色的非政府组织既各司其责又紧密联系，为推进欧洲企业加深对社会责任的理解、提供履行社会责任的技能培训、交流企业社会责任信息、规范约束企业行为起到了不可替代的作用。

第三，欧洲企业承担社会责任特别关注消费者责任和投资责任。近年来欧洲消费者越来越关心商品的质量和生产过程，其原因一部分来自食品引起的健康危机，"疯牛病""口蹄疫""转基因食品"这些字眼使消费者变得越来越挑剔。在此背景下，企业越来越关注产品质量，注重为消费者提供健康、安全、环保的消费品，否则就可能被消费者唾弃。洁净成衣运动（CCC）就是一个很好的例子。CCC 是一个欧洲自愿网络组织，1990 年在荷兰发起，在奥地利、比利时、法国、德国、意大利、荷兰、葡萄牙、西班牙、瑞典和瑞士等 11 国设有附属工作组。CCC 目前的工作重点是促进绿色消费（如在产品上张贴生态标签和有机标签等）和道德消费

（如在商品上张贴公平贸易标签和道德标签等），号召责任消费者通过购买这些产品支持这些产品的生产者，或通过拒绝购买以反对不符合行为守则的产品。

此外，不断高涨的社会责任运动也影响了欧洲的投资者，他们发起了社会责任投资（Socially responsible investment，SRI）运动，倡导投资者在考虑投资对象的经济绩效的同时，把环境、社会和公司治理因素引入投资分析和决策过程中，在金融市场遵守可持续发展原则。2001 年，欧洲社会责任投资论坛（European Social Responsible Investment Forum）成立，旨在探讨如何将社会、环境、道德、公司治理融入欧洲金融服务，以期在金融市场提倡可持续原则。2006 年 4 月，联合国全球契约在纽约发布了"责任投资原则"，来自欧洲投资机构的领导者签署了该项原则，承诺在受托人职责范围内，将环境、社会等因素整合到所有政策和实践中，敦促投资机构适当披露相关信息，各种报告履行该原则所采取的行动和有关进展情况，从而促进该原则在投资领域的认同和应用。截至 2006 年，欧洲社会责任投资的市场资金容量约为 1 万亿欧元，占欧洲基金管理总量的 10%~15%，其中以西班牙和奥地利的发展最快，社会责任投资正在被机构投资者所主导的欧洲投资市场逐渐接受。

2.2.3　企业社会责任在日本

2.2.3.1　日本企业社会责任的发展历程

日本企业社会责任的发展历程可以分为以下四个阶段：

第一阶段：自发阶段，自 17 世纪至 20 世纪 40 年代。对于日本来说，企业社会责任是一个"舶来品"，但是其蕴含的思想和实践在日本已经有几个世纪的历史。早在 17 世纪日本江户时代，近江商人就有一句"三方有利"的商训，即商业活动要对卖方有利、对买方有利和对社会有利。其中对社会有利就是企业社会责任思想的体现。明治天皇时期，日本的民族伦理中便存在企业社会责任的内涵。这些植根于日本文化中的经商之道，自发影响了近代日本企业家的社会责任观。

第二阶段：反思阶段，自 20 世纪 50 年代至 70 年代初。企业社会责任的说法在第二次世界大战之后才被正式引入日本，1960 年 Bowen（1953）的《商人的社会责任》一书被译为日文，企业社会责任开始在日本企业界传播。但那时还没有形成正式的企业社会责任观念。当时为了增强日本的国际竞争力，日本社会一直对本土企业比较宽容。经济活动处于最优先的地位，对企业的外部规制并不严密间接导致发生了大量严重的环境污染事件，如，甲基汞中毒事件、煤烟引起哮喘病、铬污染引起"疼痛病"，使日本民众受到极大的伤害。这些灾难性的事件引起了日本社会对商业行为的广泛反思，日本政府也出台了一系列的措施来监督企业的环境保护行为，推动企业承担更多的社会责任。

第三阶段：兴起阶段，自 20 世纪 70 年代至 80 年代。20 世纪 80 年代，日本对美国的投资额、出口额迅速增长，贸易摩擦也日益加剧。由于当时正处于"企业社会责任"大讨论的风口浪尖，加上日本企业社会责任理论的不成熟，各界对日资企业的产品质量、低价销售的策略批评声日益高涨。在这种背景下，日本成立了社团法人海外活动事业联合会，旨在帮助日本的海外投资者在当地树立良好形象，协调与当地各利益相关者关系。经过大约十年时间的艰苦工作，日本开始真正适应企业社会责任的浪潮，并开始系统研究和推进企业承担社会责任。

第四阶段：发展成熟阶段，自 20 世纪 90 年代至今。到了 20 世纪 90 年代，泡沫经济破灭使许多日本企业生存困难，也改变了很多日本人的价值理念和思维方法，经营者变得更为浮躁，道德水准下滑，逐利性增强，导致企业丑闻再度频发。表 2-1 总结了近年来日本爆发的企业社会责任事件。在网络经济时代，互联网信息技术的进步加快了这些企业丑闻的传播速度，扩大了其影响范围。丑闻给日本企业带来的打击越来越大，影响企业声誉，重挫企业股价，直接造成许多企业高管下台，甚至导致企业破产。为了防范可能的丑闻，保护企业，也为保住自己的位置，明智的企业高管开始积极主动地推行社会责任实践。

表 2-1　近年来日本企业社会责任事件一览表

时间 / 年	事　件
2000	雪印乳业食品集体中毒事件 东京电力伪造核电站检查记录事件
2002	日本火腿（NIPPONHAM）子公司的牛肉制假事件 三井物产两名雇员贿赂外国政府官员事件
2004	软银（SOFTBANKBB）发生了超过 450 万件个人信息泄露事件 三菱汽车公司引发一系列召回骚动 西武铁道（KOKUDO）发生有价证券报告造假事件
2005	日航飞机故障频发 嘉耐宝（KANEBO）数年的巨额经营数据作假，经营者与会计师被捕 JR 西日本（福知山线）列车脱轨颠覆事件
2006	活力门公司（Livedoor）的经营者涉嫌违反证券交易法被捕
2007	赤福株式会社篡改保质期 Meat Hope 生产掺假牛肉
2008	日本各大造纸企业被指虚报废纸使用率
2010	丰田"踏板门"风波
2011	福岛核电站泄漏 九州电力操纵听证
2017	神户制铁公司产品型号和质量造假
2018	马自达、铃木和雅马哈发动机三家公司在整车尾气和燃效测定试验中篡改测定值

到 2003 年，日本企业社会责任工作开始走向成熟。在组织架构上很多企业开始设立专门负责企业社会责任的机构，把原来分布于企业各个部门的一些慈善捐赠和公益活动进行整合，实行统一的规划和管理。与此同时，一些制造企业开始定期发布企业社会责任报告，实现了信息的公开透明。于是企业社会责任一词开始频繁出现在日本媒体报道中，2003 年主要媒体报道企业社会责任的频数达 172 件，到 2004 年媒体报道达 626 件，翻了两番。《新闻周刊》（日本版）、日本经济新闻、《东洋经济周刊》等著名媒体还发布了各自的"CSR 排行榜"，引发了社会的讨论，激起了企业的关注。

日本经济团体联合会在 2003 年 10 月成立了"社会责任经营分科委会"，并于 2004 年 5 月修改通过了《日本经团联关于企业行动宪章》，提出了 10 条企业行动准则，使企业落实社会责任的工作进一步得到强化。正是由于长期以来一些杰出的企业家的积极倡导和实践，形成了许多日本企业自觉履行社会责任的经营理念，并引领着日本企业的发展方向，使日本拥有了一大批历经百年长盛不衰的企业。

2.2.3.2　日本企业社会责任发展的特点

总体来看，日本企业社会责任的发展具有以下三个特点：

第一，在推进企业社会责任行动时，日本既具有全球化视野，也注重本地化实践。日本地处亚洲，具有明显的东方文化色彩；日本经济发达，较早融入了全球一体化的浪潮之中。因此，日本企业社会责任实践中，较好地将国际视野与本地实践结合起来。日本企业认为承担社会责任是企业走出国门、开展国际化经营中不可缺少的组件，各国在企业社会责任领域的进展是日本企业经营应关注的重大课题。因此，日本企业不断向欧美派出考察团，了解国际最新进展，收集相关信息。在亚洲，日本企业还与中国、印度、越南、印度尼西亚等国家建立了年度对话机制，密切关注各国 CSR 的进展。在全球化思考的同时，日本也很重视本地化的探索。日本 CSR 专家认为，CSR 不具有跨文化适用性，各个国家和地区的区域特性会使 CSR 实践差异很大，日本企业应探索自己特色的 CSR 观和实践方式，还要积极参与国际标准的制定，"要由我们自身来绘制全球 CSR 的航海图"，以此确保本国企业的利益。日本理光、索尼、欧姆龙等大企业参加了国际标准化组织社会责任标准（ISO 26000）的历次研讨，并做了重要的发言。

第二，日本企业普遍秉承"内外有别，于己有利"的责任观。日本企业普遍认为，企业承担社会责任有"责任主体"的问题，企业主要是承担好与自己密切相关的社会责任，不必过多考虑别的企业的社会责任问题。在此背景下，很多日本大企业在承担社会责任时，可能会将具有资本联系的财团企业也纳入其责任管理的范畴，但是很少有大企业会将与自己有业务关系的上下游供应商、分销商也纳入责任管理的范畴，实施供应链责任管理，这与欧美大企业对供应链企业实施的责任审计和"验厂"有很大差别。

日本企业较少关注供应链社会责任管理的主要原因有两点：一是许多日本企业认为，从道义角度来讲，CSR 应秉承"分内"原则，大企业应该勇于承担自己的责任，做好分内的事，将本来应该自己承担的责任转嫁给中小型的供应商是在推卸责任。从现实角度来看，利用自己的优势地位要求供应商企业（很多是中小企业）遵守过高的 CSR 标准，是强者对弱者的强加行为，也会引起供应商的不安和不满。二是日本公众普遍有一种"对自己的安全非常在意，对自己是否有利非常在意，但对其他国家发生了什么并不去考虑"的心态。由于很多中小供应商都在发展中国家，因此，这些企业即使存在社会责任缺失问题，对日本社会和环境也没有直接影响。在这种"内外有别，于己有利"的责任观的影响下，日本企业对供应链社会责任管理并不积极。

第三，遵纪守法重新成为日本企业承担社会责任的核心内容。"遵纪守法"一直被日本企业家奉为颈上的基本准则，也是企业社会责任的核心内容。1974 年，日本修改《商业法修正案》，引入了企业社会责任概念。同年，日本《当代词汇百科全书》中也出现了企业社会责任这个词，当时的企业社会责任内涵仅限于遵纪守法和风险管理。此后，随着经济社会的发展，日本对企业社会责任实践的理解是从狭义向广义演变的，环境保护、慈善捐赠、责任投资都受到企业的关注。近年来日本发生的众多商业丑闻给企业家们带来了危机，守法合规又重新成为责任实践的核心内容。日本许多企业将 CSR 视为一种"类似保险"的投资，希望通过 CSR 行动来尽量减少企业经营对社会的负面影响，或者在产生负面影响时努力将影响降低到最低程度。在当今日本，CSR 等于守法合规，CSR 等于风险管理的观点比比皆是。日本经团联 2005 年的调查显示，企业优先的社会责任实践中，遵纪守法以 97% 的赞同率高居榜首。因此，日本 CSR 又被称为"企业自身端正姿态的 CSR"。

2.3 联合国全球契约

2.3.1 联合国全球契约发展背景及起源

伴随着高科技的迅速发展，世界经济格局也发生了深刻的变化。全球化的进程，为世界经济的发展带来机遇，也带来了挑战。传统产业结构不断更新重组，人们的传统观念也发生了深刻的变化，各国的文化在不同程度上受到各种因素的冲击。经济全球化在加快世界经济发展，促进国与国之间的经济技术合作的同时，其负面影响也日趋严重。南北差距、贫富悬殊、失业、自然资源破坏、生态环境恶化等严重社会问题，正引起各国的严重关注和不安，各种非政府组织掀起一个又一个抗议浪潮。

在这种背景下，在 1995 年召开的世界社会发展首脑会议上，时任联合国秘书长科菲·安南提出了"社会规则""全球契约"的初步设想。1999 年 1 月在达沃斯世界经济论坛年会上，科菲·安南提出了"全球契约"计划，并于 2000 年 7 月在联合国总部正式启动。安南向全世界企业领导呼吁，遵守有共同价值的标准，实施一整套必要的社会规则，即"全球契约"。

全球契约动员工商界成为解决方案的组成部分，呼吁工商界以自主的行为，遵守商业道德、尊重人权、劳工标准和环境方面的国际公认的原则，通过负责的、富有创造性的企业表率，建立一个推动经济可持续发展和社会效益共同提高的全球机制，从而给世界市场以人道的面貌。

2.3.2 联合国全球契约组织及其本土化实践机制

"全球契约"是在经济全球化的背景下提出的，其任务是构筑一个包容性的可持续发展的全球经济。它强调企业需要在经营过程中承担社会责任，在人权、劳工、环境和反腐败等四个方面的十项原则中享有全球共识。这些原则分别来源于《世界人权宣言》《国际劳工组织关于工作中的基本原则和权利宣言》《关于环境与发展的里约宣言》《联合国反腐败公约》等。《全球契约》的十项原则具体参见第 1 章第 1 节。

为了落实实施联合国全球契约，2000 年成立了联合国全球契约组织。该组织是目前世界上最大规模和最具影响力的旨在推进企业可持续发展和社会责任的联合国机构，是连接联合国与企业界、非政府组织和其他利益相关方的桥梁。

联合国全球契约组织实行会员制。会员主体为企业，同时契约组织还接受商业协会、非政府组织、学术机构、基金会、城市等成为会员。目前，全球契约组织已经有来自 162 个国家的 9727 家企业加入，覆盖区域包含非洲、美洲、亚洲、欧洲、大洋洲等多个区域，在中国的成员包括中国石化、华为、伊利、联想、国家电网、海尔等企业。迄今为止，联合国全球契约组织联合各地方组织围绕全球可持续发展主题及企业社会责任主题已累计发布 62000 多份公众报告。

在实际运行过程之中，全球契约组织始终致力于企业社会责任的本土化实践。全球契约地方网络机构遍布于 80 多个国家，通过这些网络组织，参与成员可以采取集体行动，加深对十项原则的理解和实施，同时构建和参与有利于解决本地优先议题的合作伙伴项目。全球契约组织通过各种与本土化实践结合的机制实现"全球契约"十项原则的主流化发展，推动联合国发展目标的实现。这些机制包括：伙伴关系、地方网络、政策对话和学习、全球领导人峰会等。

（1）伙伴关系。伙伴关系是公营和私营各方之间的自愿合作关系，所有参与者同意为实现某一共同目标合作，或进行某一特定工作，分担风险、责任和分享资源与惠益。在过去近 20 年里，联合国一直致力于发展伙伴关系，动员民间学术组织、政府部门和企业的创新技术、程序、筹资机制、产品、服务和技能，以创造财富和就业机会，并发展和供应负担得起的商品和服务。伙伴关系的领域涉及经济增长、粮食安全、环境保护、全球健康等联合国多方面的工作。全球契约组织鼓励其成员企业与联合国机构、政府和有关机构发展伙伴关系，以推动实现更广泛的联合国目标。据全球契约组织的调查，已有 75% 的企业参与各种各样的伙伴关系项目。迄今，伙伴关系在 13 个国家设立 93 个学习倡议中心，创造了 17000 余个就业机会。参与联合国契约的伙伴关系，可以彰显企业在克服全球化所带来的负面影响方面所做的努力，从而树立和提升企业社会责任地位与影响。

（2）地方网络。地方网络是由参加全球契约的企业和机构组成的国家或地区性的协调与管理机构，致力于在特定的地区或行业部门里促进"全球契约"及其各项原则。地方网络有助于全球契约在不同的国家、文化和语言背景中扎下根基并帮助管理全球契约迅速扩大组织影响。目前，全球契约组织在亚洲、中东、非洲、欧洲和美洲已建立 100 多个地方网络。地方网络在业务上直接接受联合国全球契约的指导并严格遵守全球契约的规定进行运作，但活动形式灵活多样，活动领域既涉及全球契约十项原则的方方面面，又符合各地方的实际情况和需要。如哥伦比亚地方网络开发的"跟踪十项原则进展 – 自我评估工具"，西班牙地方网络发布的"反腐败指南"，荷兰地方网络的"将人权融入商业：实用指南"，韩国地方网络进行的"韩国公司支持千年发展目标研究"等都被列为全球企业地方网络最佳实践。中国网络自 2011 年 11 月成立以来，将培训和推动企业加入全球契约作为首要任务，推动了中国工商银行等 40 多家企业加入全球契约，通过各种方式向近 1000 家企业宣传了"全球契约"和撰写进展报告的有关知识，动员企业参加国际可持续发展论坛等活动，向世界展示了中国企业履行社会责任的形象。

（3）政策对话和学习。全球契约组织每年在世界各地组织各种会议和研讨会，就普遍关系的社会责任问题进行讨论并形成结论和建议。"企业与可持续发展""在工作场所消除歧视促进平等"等话题将企业界、联合国各机构、劳工组织和非政府组织汇集在一起，为当今各种问题制订解决方案出谋划策，这种活动能够促进多方利益相关者的信任和互动，并对决策者开展的宣传活动提供支持。

全球契约组织还鼓励各公司与"全球契约"、地方网络或其他参加者举行各种会议和研讨会分享全球契约的成功范例和经验。这种国际性区域性的学习活动有助于知识分享，同时也有助于宣传全球契约的各项原则。

（4）全球领导人峰会。全球契约组织每三年举办一次领导人峰会，与会人员包括来自全球的成员企业的首席执行官、劳工组织、新建社会和联合国机构负责人，以及政府高级官员，共同探讨所取得的进展，并为本倡议制定未来的战略方针。全球契约领导人峰会由联合国秘书长主持，鼓励与会者参与对话学习活动，分享各自在应对挑战和困境方面的经验，并持续就未来优先事项相关材料的编写工作做出贡献。

全球契约组织的系列国际化及本土化实践在推动全球化朝积极方向发展，促进全球可持续发展问题解决的同时，也为参与"全球契约"组织及相关活动的公司提供了与外部组织学习交流合作的平台，推动公司将发展视野扩大到社会范畴，使公司商业机会最大化的同时也更易树立正面的企业公民形象。

2.4 社会责任国际指南ISO 26000

2.4.1 社会责任国际指南ISO 26000概述

2010 年 11 月 1 日，国际标准化组织（ISO）在瑞士日内瓦国际会议中心向全球发布了社会责任国际标准《社会责任指南：ISO 26000（第一版）》，吸引了全世界的目光。虽然在 ISO 26000发布之前，国际社会已经有数量众多的自愿性社会责任倡议和标准，但 ISO 26000 无疑是迄今为止全球范围内最为全面和权威的社会责任国际指南。

制定一套有关社会责任的国际性标准或者指南，使得全球各种类型的组织在承担社会责任方面有一个统一的框架和评判指南，这是自 20 世纪 80 年代以后就引发国际社会高度关注的话题。从 20 世纪 80 年代开始，欧美国家兴起社会责任运动，并逐渐发展成为声势浩大的缓和协调矛盾的全球性运动。国际社会责任运动以企业为载体，最初源于关注消费者权益的消费者运动，随后扩展到保护环境、保障人权、消除贫困、遏制腐败、创造社会公平、缩小发展中国家与发达国家间劳工待遇等诸多方面，成为促进全球可持续发展的重要思潮。在这样的全球背景下，国际标准组织（ISO）决定设立战略顾问组（SAG），下属的消费政策委员会具体负责对社会责任标准化的市场需求和可行性进行研究。由此，一个由 ISO 主持的、全球范围对社会责任标准化的讨论和开发进入起步阶段。

社会责任国际指南 ISO 26000 从研究立项至正式发布历时近 10 年，并经历了三个重要阶段：筹备阶段（2001 年 4 月至 2005 年 2 月）、制定阶段（2005 年 3 月至 2010 年 9 月）和发布阶段（2010 年 11 月）。其中在制定阶段，ISO 就召开了八次重要会议，每次会议都形成一个阶段性成果，并将各方面意见吸纳进标准，以实现不断的调整和改进（见表 2-2）。

表 2-2　ISO 26000 的制定历程

阶段	版本	时间	事件	具体内容 [①]
筹备阶段	——	2001 年 4 月	提出社会责任议题	国际标准化组织在消费者政策委员会上提出企业的社会责任议题
	——	2004 年 6 月	确定标准编号	国际标准化组织决定制定一个适用于包括政府在内的所有社会组织的社会责任指导性文件（标准），赋予的标准编号为 ISO 26000
制定阶段	——	2005 年 3 月	第一次会议	巴西萨尔瓦会议，社会责任工作组正式成立，ISO 26000 的起草工作开始进入实质性工作阶段
	WD1 版	2005 年 9 月	第二次会议	泰国曼谷会议，形成 WD1 版工作草案。就设计规范达成一致，建立任务小组，处理评注 1200 条
	WD2 版	2006 年 5 月	第三次会议	葡萄牙里斯本会议，形成 WD2 版工作草案。建立为增加参与人数和提高可信度的运作框架，讨论非英语国家参与者的困难。处理评注 2040 条
	WD3 版	2007 年 1 月	第四次会议	澳大利亚悉尼会议，形成 WD3 版工作草案。讨论如何清楚地描述指南，使之适合所有组织，如何最佳识别利益相关方，如何指导使用者在供应链上的行为。处理评注 5176 条
	WD4 版	2007 年 11 月	第五次会议	奥地利维也纳会议，形成 WD4.1 和 WD4.2 版工作草案。建立新的草案集成任务小组，讨论供应链关系的处理、第三方评价的作用以及国家或者当地法律与国际行为规范有冲突时问题的处理。明确组织应该报告 7 个社会责任的核心主题。处理评注 7225 条
	CD 版	2008 年 9 月	第六次会议	智利圣地亚哥会议，形成 CD 版委员会草案。讨论草案是否会被视为非关税贸易壁垒，草案适应于政府机构的程度，国际规范和协定在世界各地的适用性。处理评注 5231 条
	DIS 版	2009 年 5 月	第七次会议	加拿大魁北克会议，形成 DIS 版标准草案。讨论在环境和消费者问题中是否包括预警原则，在公平运营实践中是否包括公平处理供应链中实施社会责任的成本和利益，如何处理过去、现在，或者将来其他有关社会责任的倡议和工具等。处理评注 3411 条
	FDIS 版	2010 年 5 月	第八次会议	丹麦哥本哈根会议，形成 FDIS 版最终草案。讨论 ISO 26000 中引用现有认证标准和自愿性倡议的程度，国际法律与文件表达的国际规范不一致问题等。处理评注 2400 条。2010 年 9 月，共有来自 99 个国家的 450 多名专家对 FDIS 版最终草案进行投票，获 93.5% 支持率
发布阶段	IS 版	2010 年 11 月	正式发布	在位于瑞士日内瓦的国际标准化组织正式发布

资料来源：李伟阳，肖红军：《ISO 26000 的逻辑——社会责任国际标准深层解读》，第 23-24 页，北京：经济管理出版社，2011。

　　ISO 26000 指南的制定采用了典型的多利益相关方共同参与的方法，将利益相关方确定为

[①]　孙继荣：《ISO 26000——社会责任发展的里程碑和新起点》，载《WTO 经济导刊》，2010 年第 10 期。

所有会受标准影响或者可以影响标准的群体，并划分为六个组：（1）产业组：所有工业行业的生产，贸易、批发、进出口企业和代表它们的协会，也包括中小型企业协会；（2）政府组：国家政府、国家级或世界地区级的监管机构；（3）消费者组：国家消费者协会或国际消费者协会；（4）劳工组；（5）非政府组织组；（6）科技、支持和服务组：大学、研究机构及支持、服务企业等。六组利益相关方分别参与 ISO 26000 社会责任工作组和本国对口委员会。此外，工作组还强调了发展中国家的参与。从工作组到每一个专题任务组，必须由发展中国家和发达国家各选择一位专家共同领导。虽然这不能从根本上改变发展中国家参与不足的情况，但从一定意义上说，对发展中国家的参与起到了促进的作用[1]。

2.4.2　ISO 26000 的内容与结构

ISO 26000 共分 8 章。从内容上看，总体上可以将它分为三个层次：正文的第 1 章、第 2 章、第 3 章和第 4 章是指南的基础性内容；正文的第 5 章、第 6 章和第 7 章是指南的核心内容；第 8 章为附录（附录 A、附录 B），提供了社会责任自愿性倡议和工具示例、缩略词和参考文献。各章的内容概要如表 2-3 所示。

表 2-3　ISO 26000 内容概要

章节	标题	内容描述
第 1 章	范围	规定适用范围，给出特定限制和例外情况
第 2 章	术语和定义	给出所用关键术语的定义
第 3 章	理解社会责任	描述影响了社会责任发展并将继续影响其性质和实践的重要因素和条件；阐述社会责任概念——什么是社会责任及其如何用于组织。本章包含中小型组织使用本国际标准的指南
第 4 章	社会责任原则	介绍和阐释社会责任原则
第 5 章	认识社会责任和利益相关方参与	阐述两大社会责任基本实践：组织对其社会责任的认识；利益相关方的识别和参与。本章为组织、利益相关方和社会三者间关系，认识社会责任核心主题和议题以及组织的影响范围提供指导
第 6 章	社会责任核心主题指南	阐释社会责任核心主题和议题，针对每一个核心主题，本章就其范围、与社会责任的关系、相关原则与考虑以及相关行动与期望提供指导
第 7 章	社会责任融入整个组织指南	提供将社会责任在组织中付诸实践的指南。本章包括：理解组织的社会责任，将社会责任融入整个组织，有关社会责任的沟通，提升组织的社会责任可信度，审查进展、提高绩效及评估社会责任自愿性倡议
附录 A	社会责任自愿性倡议和工具示例	提供关于社会责任的自愿性倡议和工具的不完全清单，这些倡议和工具涉及一个或多个社会责任核心主题或者将社会责任融入整个组织
附录 B	缩略词	包括本国际标准所用的缩略词
——	——	参考文献

资料来源：《社会责任指南：ISO 26000（第一版）》。

---

[1]　张俊峰：《ISO 26000 的性质与起草过程》，载《中国工业报》，2010 年 11 月 4 日。

ISO 26000 的结构关系如图 2-1 所示。

| 范围　第1章
针对所有类型组织的指南，不论其规模和地点 | 社会责任两大基本实践　　　　　　　　　　　　第5章
认识社会责任 ⟷ 利益相关方识别和参与 | 最大化组织对可持续发展的贡献 |

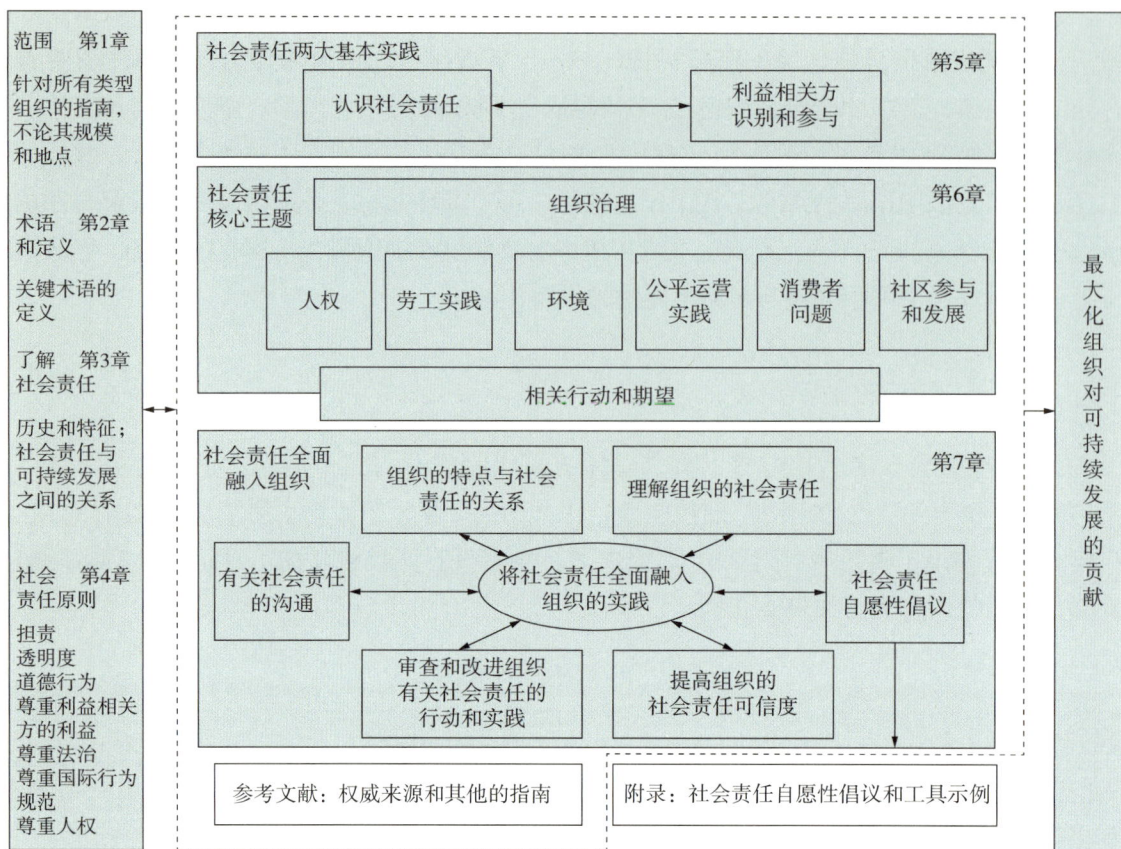

图 2-1　ISO 26000 结构示意图

资料来源：《社会责任指南：ISO 26000（第一版）》。

综观 ISO 26000 的内容和结构，它围绕组织社会责任的总体目标，即最大化组织对可持续发展（相互依存和相辅相成的社会、经济和环境目标）的贡献，系统回答了以下关于组织社会责任的五个基本问题。

第一，什么是组织社会责任。ISO 26000 认为，社会责任是指组织通过透明的、道德的行为，为其决策和活动对社会和环境所产生的影响而承担的责任。这些行为致力于可持续发展，包括健康和社会福祉；需要考虑利益相关方的期望；还应当遵守适用的法律，并与国际行为规范相一致；必须融入整个组织之中，并在组织关系中得到践行。

第二，组织为什么要践行社会责任。ISO 26000 认为，组织实践社会责任有四大动因：一是天然的道德动力，即组织自然产生的道德追求；二是回应社会期望的结果，即社会对"对社会负责任的组织行为"有着广泛和强烈的期望，组织有责任对社会期望做出回应；三是组织与社会关系演进的结果，即组织活动对社会和环境的影响日益广泛和深入，同时社会对组织活动的监督与制约也日益加强，维护和谐的组织与社会的关系，对可持续发展至关重要；四是维护组织自身利益的选择，对社会负责任的组织行为，对组织的健康成长和发展至关重要。

第三，组织实践社会责任要考虑哪些核心主题及其议题。ISO 26000 指出，为界定组织的社会责任范围，识别相关的议题并设定优先事项，组织宜处理 7 大核心主题：组织治理、人权、劳工实践、环境、公平运营实践、消费者问题、社区参与和发展。每个核心主题都包括一系列社会责任议题，共 37 个议题，具体分布如表 2-4 所示。社会责任议题是动态的，目前 ISO 26000 在各核心主题中阐述的社会责任议题，反映的只是当前国际社会的普遍期望。未来，随着社会期望的变化，可能会出现更多的社会责任议题。

表 2-4　社会责任核心主题及其议题一览表

核心主题和议题	ISO 26000 对应章节
核心主题：组织治理	6.2
核心主题：人权	6.3
议题 1：尽责审查	6.3.3
议题 2：人权风险状况	6.3.4
议题 3：避免同谋	6.3.5
议题 4：处理投诉	6.3.6
议题 5：歧视和弱势群体	6.3.7
议题 6：公民权利和政治权利	6.3.8
议题 7：经济、社会和文化权利	6.3.9
议题 8：工作中的基本原则和权利	6.3.10
核心主题：劳工实践	6.4
议题 1：就业和雇佣关系	6.4.3
议题 2：工作条件和社会保护	6.4.4
议题 3：社会对话	6.4.5
议题 4：工作中的健康与安全	6.4.6
议题 5：工作场所中人的发展与培训	6.4.7
核心主题：环境	6.5
议题 1：防止污染	6.5.3
议题 2：资源可持续利用	6.5.4
议题 3：减缓并适应气候变化	6.5.5
议题 4：环境保护、生物多样性和自然栖息地恢复	6.5.6
核心主题：公平运营实践	6.6
议题 1：反腐败	6.6.3
议题 2：负责任的政治参与	6.6.4
议题 3：公平竞争	6.6.5
议题 4：在价值链中促进社会责任	6.6.6
议题 5：尊重财产权	6.6.7
核心主题：消费者议题	6.7
议题 1：公平营销、真实公正的信息和公平的合同行为	6.7.3
议题 2：保护消费者健康与安全	6.7.4
议题 3：可持续消费	6.7.5

续表

核心主题和议题	ISO 26000 对应章节
议题 4：消费者服务、支持和投诉及争议处理	6.7.6
议题 5：消费者信息保护与隐私	6.7.7
议题 6：基本服务获取	6.7.8
议题 7：教育和意识	6.7.9
核心主题：社区参与和发展	6.8
议题 1：社区参与	6.8.3
议题 2：教育和文化	6.8.4
议题 3：就业创造和技能开发	6.8.5
议题 4：技术开发与获取	6.8.6
议题 5：财富与收入创造	6.8.7
议题 6：健康	6.8.8
议题 7：社会投资	6.8.9

资料来源：《社会责任指南：ISO 26000（第一版）》。

第四，组织应该如何实践社会责任。ISO 26000 认为，组织实践社会责任需要满足四大要求：一是始终坚持贯彻社会责任七大基本原则，即担责原则、透明度原则、道德的行为原则、尊重利益相关方的利益原则、尊重法治原则、尊重国际行为规范原则、尊重人权原则；二是始终坚持贯彻社会责任两大基本实践，即认识社会责任、利益相关方的识别和参与；三是始终坚持立足组织实际，围绕社会责任七大核心主题及其 37 个议题确认和落实组织的社会责任问题；四是始终坚持将社会责任融入整个组织。

第五，组织可借鉴哪些社会责任倡议和工具。虽然 ISO 26000 明确指出："一个组织并不需要通过参加任何一项倡议，或者采用任何一项工具，使自己变得具有社会责任感。"但是，ISO 26000 还是在附录中列出了一份自愿性社会责任倡议和工具的不完全清单。在附录 A 中，ISO 26000 详细梳理了 76 个与社会责任相关的倡议和工具，其中政府间倡议 8 个、多利益相关方倡议 23 个、单个利益相关方倡议 10 个、行业倡议和工具 35 个。组织在实践社会责任时，可以在对这些倡议和工具的有效性、可靠性、合法性和代表性等关键特征进行全面评估的基础上，参考借鉴或选择采用部分社会责任倡议和工具。对于这些社会责任倡议和工具，ISO 26000 明确指出，在自愿的前提下，并经过组织的严格评估，组织参加、参考或采用特定的自愿性社会责任倡议和工具对组织的发展是有用的。

2.4.3　ISO 26000的性质特征

ISO 26000 具有以下几个明显的性质特征：

（1）ISO 26000 是 ISO 的首个社会和道德领域标准

ISO 以往制定的标准主要涉及工程技术领域，如产品、材料、服务和系统等方面，为全球工程技术提供统一的技术规范。社会责任领域作为 ISO 标准的新兴领域，使 ISO 将其工作范围延伸并扩大到国际社会政治经济和伦理道德领域，是国际标准化组织首次对社会和道德领域标准化的尝试。ISO 26000 将社会责任定义为："组织通过透明和道德的行为，为其决策和活动对社会和环境的影响而承担的责任。"该定义从最大化组织对可持续发展的贡献的高度统一了现有的社会责任概念，是国际社会责任领域发展的新的里程碑。ISO 26000 所强调的透明和道德的组织行为并不是传统意义上所理解的组织应承担的经济责任、法律责任和道德责任，而是强调组织的担责意愿，对社会负责任的组织行为，以及将社会责任融入整个组织的意愿。

（2）ISO 26000 是一个非强制性的指南

ISO 26000 的标题即为"社会责任指南"，说明了该标准的非强制性。在 ISO 26000 的适用范围阐释中，该标准作为指南的情况也一再被提到，如"本国际标准为所有类型组织，无论其规模大小和所处何地，提供指南"。在英文版 ISO 26000 标准中，并未使用传统 ISO 标准用语中表示"要求"的词汇"应（shall）"，而是使用表示"推荐"的词汇"宜（should）"，这说明指南性的国际标准不是指要求，而是指推荐或建议。在《ISO/IEC 导则》第二部分中，"推荐"被定义为"文件内容的表述，用于表达在几种可能性中推荐一种特别合适的、无须提及或排除其他可能性。或者表达行动过程是推荐的，但不是必须要求的，或者表达（用于否定形式）不被赞成，但是不被禁止的某种可能性或行动过程"。

（3）ISO 26000 是一个非管理体系的标准

ISO 26000 标准在其适用范围中明确指出："ISO 26000 国际标准不是管理体系标准。"不过，它也包含了管理体系标准的部分特征，包括：①广泛的适用性，即标准规定的所有要求是通用的，适用于各种类型、不同规模和提供不同产品的组织。ISO 26000 社会责任指南为所有类型组织，无论其规模大小和所处何地均提供指导。②体系的完整性，即标准强调的管理体系特别注重体系的系统与完整。ISO 9000 和 ISO 14000 作为典型的管理体系标准，体系结构全面完整，涵盖质量管理和环境管理的各个方面。ISO 26000 对社会责任的体系建构也十分完整，核心定义通过七大主题全面阐释，通过一个统一框架说明组织社会责任的推进方法。③管理的可操作性，即标准针对组织管理的操作层面提供指导，具有很强的现实意义。ISO 26000 的操作性很强，对于初涉社会责任的组织可以帮助其巩固社会责任理念，为进一步推进社会责任打下基础，对于已有一定基础的组织可以帮助其将社会责任融入整个组织，有助于更好地管理和践行社会责任。

2.4.4 ISO 26000的适用范围

自 2010 年颁布伊始，ISO 26000 在全世界范围内产生了广泛的影响。不过，在实际应用该指南时，需把握好其适用范围。

（1）ISO 26000 适用于所有类型的组织

ISO 26000 将普遍流行的"企业社会责任"概念拓展到针对所有类型组织的"组织社会责任"。ISO 26000 中对组织的定义是："对责任、权限、关系做出安排并有明确目标的实体或人与设施的集合。"因此，包括企业、政府（不包含履行国家职能时的政府）和非政府组织在内的所有组织均是 ISO 26000 标准的适用对象。其中，需要特别强调的是，政府作为组织的一种，有其特殊性，ISO 26000 在对组织的注释中提到："组织不包含履行国家职能时的政府，如行使立法、执法和司法权利，为实现公共利益而制定公共政策，或代表国家履行国际义务等。"这说明政府在其行使制定法律、执行法律、行使司法权、履行职责以制定符合公众利益的政策或遵守国家的国际义务等主权职责时并不适用 ISO 26000 标准。通过将适用对象扩大到所有组织，ISO 26000 标准将会推动各种不同类型的组织最大化对可持续发展的贡献，不断扩大社会责任的实施和影响范围。该标准也会成为包括企业在内的各种组织推进社会责任的有力工具，同时也会成为社会各界监督各种类型组织的具体行为的有力工具。

（2）ISO 26000 不适用于认证

ISO 26000 标准在其适用范围中明确指出："ISO 26000 标准不试图用于也不适用于认证目的、法规和合同用途。任何进行 ISO 26000 认证的提议或通过 ISO 26000 认证的声明，均是对本国际标准意图和目的的错误表达及误用。既然本国际标准不包含要求，任何此类认证均不表明符合本国际标准。"这与 ISO 9000 质量管理体系标准和 ISO 14000 环境管理体系标准有着很大的不同。这两个得到广泛认可和应用的管理体系标准都是认证性，也是各种组织谋求社会认可其质量管理和环境管理绩效的重要手段。但是社会责任问题有着非同一般的复杂性、敏感性和发展的不均衡性，而且在理论和逻辑自洽性方面也存在着很大的挑战，并不适合以认证形式推广。因此，ISO 选择以指南形式发布社会责任标准。

（3）ISO 26000 不能替代相应的国家义务

ISO 26000 标准在其引言中明确指出："政府组织，如同任何其他组织，可能会希望使用本国际标准，但无论如何，本国际标准并不试图替代、变更或以任何方式改变国家的义务。"这说明，政府可以适用本标准，但该标准无法替代国家相关义务。政府作为社会责任问题的适用对象，在 ISO 26000 标准中首次体现，因此其复杂性和关注度也不断提升。ISO 26000 指南将社会责任与国家义务区分开，明确标准中的社会责任不能替代国家相关义务，这有助于排除其他诸多因素的影响，真正突出社会责任核心概念的贯彻实现。

（4）ISO 26000 无意替代其他自愿性倡议或工具

ISO 26000 标准在适用范围中提到："指南旨在促进社会责任领域的共识，并且补充社会责任的其他文件和倡议，而不是代替它们。"可见 ISO 26000 标准不是对其他社会责任倡议与工具的替代。在 ISO 26000 标准附录 A 中"提供了关于社会责任的自愿性倡议和工具的不完全清单，这些倡议和工具涉及一个或多个社会责任核心主题或者将社会责任融入整个组织"。ISO 26000 标准强调，"资料性附录 A 旨在为帮助使用者理解和使用本国际标准文本提供附加信息，其本身既不构成标准的组成部分，也未被本国际标准文本所引用"。

（5）ISO 26000 不得作为 WTO 义务依据

ISO 26000 标准在适用范围中明确指出："本国际标准旨在为组织提供有关社会责任的指南，可用作公共政策活动的一部分。然而，就建立世界贸易组织（WTO）的《马拉喀什协议》的目的而言，本国际标准无意被解读为'国际标准'、'指引'或'建议'，也无意为推测或发现某一行动符合世界贸易组织义务提供依据。并且，本国际标准也无意为法律诉讼、投诉、辩护或任何国际、国内或其他诉讼程序的其他主张提供依据，或作为国际习惯法的演变证据而被引用。"这表明，ISO 26000 标准不能作为 WTO 国际贸易组织义务的依据，体现了 ISO 26000

标准作为独立的社会责任指南，不希望参与到发展中国家与发达国家在贸易方面的敏感问题中。通过将社会责任问题普适化、统一化，以实现更广泛的接纳度。

（6）ISO 26000 的应用要考虑多样性和差异性

ISO 26000 标准在适用范围中明确指出："在应用本国际标准时，建议组织要考虑社会、环境、法律、文化、政治和组织的多样性以及经济条件的差异性，同时尊重国际行为规范。"并且，标准还强调："本国际标准旨在帮助组织对可持续发展做出贡献；在承认遵守法律是任何组织的基本义务及其社会责任重要部分的同时，鼓励组织进行超越而不只是满足于遵守法律。"由此可见，ISO 26000 标准在应用时需要考虑多样性和差异性。面对世界各国不同的政治、经济和自然环境，以及全球使用的各类自愿性倡议和工具，ISO 26000 标准强调以推动组织为可持续发展做出最大化贡献为目标，坚持开放性、包容性和灵活性。

2.5　联合国可持续发展目标SDGs

2.5.1　SDGs概述

2015 年 9 月 25 日，联合国可持续发展峰会在纽约总部召开。联合国 193 个成员方在该峰会上正式通过一项名为"2030 年可持续发展议程"的决议，其中 17 项可持续发展目标（Sustainable Development Goals，简称 SDGs）就是这项议程的核心。可持续发展目标旨在从 2015 年到 2030 年间以综合方式彻底解决社会、经济和环境三个维度的发展问题，敦促所有国家（包括发达国家和发展中国家）都认识到在全球范围内改善健康与教育环境、消灭不平等、应对气候变化并努力保护我们的海洋和森林等行动的重要性，进而转向可持续发展道路。

在 2015 年的这个会议上所制定的这些可持续发展目标将从 2016 年一直延续到 2030 年，也就成了全世界所有国家未来十几年工作的基础。

2.5.2　SDGs的主要内容

目标一：消除贫困。SDGs 的首要目标是在世界各地消除一切形式的贫困。实施社会保护制度，帮助灾害易发国家减轻灾害影响，并在面临巨大经济风险的时候提供资助，以逐步消除贫困。

目标二：消除饥饿。消除饥饿，实现粮食安全、改善营养和促进可持续农业。如果我们要为今天 9.25 亿饥饿人口和预计到 2050 年新增的 20 亿人口提供营养，全球粮食和农业系统必须要做出深刻的改变。农业投资对于提高农业生产力至关重要，可持续粮食生产系统对于减轻饥饿的危害是必要的。

目标三：良好健康与福祉。确保健康的生活方式、促进各年龄段人群的福祉。尽管各国在增加预期寿命和减少儿童、孕产妇死亡等方面取得了长足的进步，但是这一领域的工作还任重道远。要实现到 2030 年将非传染性疾病造成的过早死亡人数减少三分之一的目标，还需采取更为有效的技术，使用清洁的烹饪燃料，并开展吸烟危害教育活动。人类还需通过为卫生系统提供更高效的资金，改善环境卫生和个人卫生，提高医疗可及性，以及提供减少环境空气污染的更多技巧，有助于在挽救数百万人的生命方面取得重大进展。

目标四：优质教育。确保包容、公平的优质教育，促进全民享有终身学习机会。缺乏优质教育的原因在于缺乏训练有素的教师、学校条件不佳以及农村儿童机会公平问题。为了给贫困家庭的儿童提供优质教育，需要在教育奖学金、师资培训、学校建设和改善学校饮用水及电力设施方面进行投资。

目标五：性别平等。实现性别平等，为所有妇女、女童赋权。让妇女和女童获得教育、保健、体面工作并参与政治经济决策，将促进经济可持续发展，造福整个社会和人类。实施关于工作场所性别平等、根除针对妇女的有害做法的新法律框架，对于消除世界上许多国家普遍存在的性别歧视至关重要。

目标六：清洁饮水和卫生设施。人人享有清洁饮水及用水是我们所希望生活的世界的一个重要组成部分。改善环境卫生和饮用水的供应，需在撒哈拉以南非洲、中亚、南亚、东亚以及东南亚部分发展中国家的地方一级增加投资，加强管理当地的淡水生态系统和卫生设施。

目标七：经济适用的清洁能源。确保人人获得可负担、可靠和可持续的现代能源。继续努力将可再生能源纳入建筑、交通和工业的终端应用中。公共和私营部门也应增加对能源的投资，关注建立监管框架和创新的商业模式，以促进世界能源体系的变革。

目标八：体面工作和经济增长。促进持久、包容、可持续的经济增长，实现充分和生产性就业，确保人人有体面工作。要实现可持续的经济发展，社会各界需创造条件为人们带来高质量的工作，并在不破坏环境的前提下刺激经济的发展。加大对贸易、银行业和农业基础设施的投入，也能帮助全球最贫困的地区提高生产力和降低失业率。

目标九：产业创新和基础设施。建设有风险抵御能力的基础设施、促进包容的可持续工业，并推动创新。投资基础设施对于实现可持续发展、促进诸多国家社区发展来说至关重要。历史经验表明，生产率与收入的增长、人类健康与教育水平的提升都离不开基础设施投资。因此要加大投资在制造业中占主导地位的高科技产品，以提高效率，同时要关注发展移动电话服务，增强人与人之间的联系。

目标十：减少不平等。减少国家内部和国家之间的不平等。为减少收入不均，建议各项政策在原则上具有普适性，但要兼顾贫困和边缘化群体的需求。因此要扩大对发展中国家出口商品的免税待遇并延长优惠期限。在国际货币基金组织中增加发展中国家的表决权比例。要通过技术创新，帮助移民工人降低汇款成本。

目标十一：可持续城市和社区。建设包容、安全、有风险抵御能力和可持续的城市及人类住区。到2030年，城市人口预计增加到50亿，因此要应对城市化的挑战，高效的城市规划和管理方法不可或缺。快速城市化所面临的挑战，如固体废物的安全清除和管理，可通过既能让城市不断繁荣和发展，又能提高资源的利用及减少污染和贫困的方式解决，例如增加城市废物收集服务。

目标十二：负责任的消费和生产。确保可持续消费和生产模式。可持续的消费和生产旨在实现"生产更多、更好、更节省"，在提升生活质量的同时，通过减少整个生命周期的资源消耗、退化和污染，来增加经济活动的净福利收益。可持续消费和生产也要求从生产到最终消费这个供应链中各行为体的系统参与和合作，包括通过教育让消费者接受可持续的消费和生活方式，通过标准和标签为消费者提供充分的信息等。

目标十三：气候行动。采取紧急行动应对气候变化及其影响。为了加强对气候变化威胁的全球应对，各国需要遵守和执行《巴黎协定》。在该协定中，所有的国家达成共识，致力于将全球气温升幅控制在2℃以内。截至2018年4月，已经有175个缔约方批准了该协定，10个发展中国家已经提交了国家适应计划，以应对气候变化。

目标十四：水下生物。保护和可持续利用海洋及海洋资源以促进可持续发展。海洋保护区需要进行有效管理并且配备充足资源，同时需要建立相关法律法规，切实减少过度捕捞、海洋污染和海洋酸化。

目标十五：陆地生物。保护、恢复和促进可持续利用陆地生态系统、可持续森林管理、防治荒漠化、制止和扭转土地退化现象、遏制生物多样性的丧失。由人类活动和气候变化引起的毁林和荒漠化，为可持续发展带来重大挑战，并影响到千百万人的生计和脱贫努力。全世界需要进一步努力，加强对森林的管理，抗击荒漠化。

目标十六：和平、正义与强大机构。促进有利于可持续发展的和平和包容社会，为所有人提供诉诸司法的机会，在各层级建立有效、负责和包容的机构。国际凶杀、暴力侵害儿童、人口贩运和性暴力仍然是很大的问题，为解决这些挑战和构建一个更加和平、包容的社会，亟须制定更加有效透明的规则和全面、切实的政府预算。

目标十七：促进目标实现的合作伙伴。加强执行手段、重振可持续发展全球伙伴关系。一项成功的可持续发展议程要求政府、私营部门与民间社会建立起互相合作的伙伴关系。这些包容性伙伴关系基于共同的目标：把人民和地球放在中心位置。不论在全球层面、地区层面抑或国家层面、地方层面，这些包容性伙伴关系都不可或缺。

2.5.3　SDGs的进展与影响

自2015年发布以来，联合国可持续发展目标SDGs已经在全球范围内产生了重要影响，尤其是对企业承担社会责任活动起到了积极的推动作用。联合国每年公布一份年度《可持续发展目标报告》，总结迄今为止在世界范围内开展的SDGs目标落实情况，明确取得进展的领域以及亟须采取进一步行动的领域，确保不让任何国家在承担社会责任、形成可持续发展方面掉队落伍。

2018年《可持续发展目标报告》[①]发现，冲突和气候变化是导致越来越多的人面临饥饿和被迫流离失所的主要因素，也限制了普遍获得基本饮用水和卫生服务目标的进展。报告指出，冲突现在是全球18个国家粮食不安全的主要驱动因素之一。而全球饥饿人口则从2015年的7.77亿增至2016年的8.15亿，增加了约3800万人。2017年世界经历了有史以来损失最严重的北大西洋飓风季节，使全球因灾难造成的经济损失超过3000亿美元。报告还指出，与10年前相比，更多的人过上了更好的生活。在过去20年中，世界上每人每天生活费不到1.90美元的工人的比例大幅下降，从2000年的26.9％降至2017年的9.2％。2000年至2016年，5岁

---

① 2018年《可持续发展报告》，https://unstats.un.org/sdgs/files/report/2018/TheSustainableDevelopmentGoalsReport2018-ZN.pdf。

以下儿童死亡率下降近 50%，而在最不发达国家，电力覆盖的人口比例增加了一倍多。然而，2015 年仍有 23 亿人无法获得基本的卫生服务，8.92 亿人继续露天排便。2016 年仍有 2.16 亿例疟疾病例在世界范围内发生。

这份报告的其他发现包括：世界各地的童婚率继续下降。在南亚，2000 年至 2017 年，女孩童年结婚的风险下降了 40% 以上；生活在城市的每 10 个人中就有 9 个人呼吸污染的空气；2016 年，在无电状态下生活的绝对人数降至 10 亿这一象征性门槛；土地退化威胁到 10 多亿人的生计。

在联合国可持续发展目标的呼吁下，所有国家（不论该国是贫穷、富裕还是中等收入）都应积极行动起来，在促进经济繁荣发展的同时保护地球。在这一进程中，全球范围内的企业负有不可推脱的责任。企业需要理解联合国可持续发展目标的重要意义，发挥各自的经营优势，在促进经济增长，遏制气候变化，保护自然环境，解决教育、卫生、社会保护和就业机会等方面发挥积极作用，为人类实现可持续发展做出应有的贡献。

延伸阅读

企业社会责任投资的全球发展

20 世纪 90 年代，全球经济的高速发展伴随着严重的社会问题，投资者也会在投资过程中关注企业是否承担了社会责任。随着社会责任投资产品的多样化以及投资者数目和类型的增加，越来越多的投资者开始使用社会责任投资（Social Responsible Investment，SRI）的概念。在近 20 年的发展中，世界各国对社会责任投资的意识不断增强，虽然欧洲与美国仍是全球社会责任投资最活跃的地区，但是社会责任投资已经在全球范围内得到了快速发展。

2018 年初，全球社会责任投资在全球 5 个主要市场中（欧洲、美国、日本、加拿大、澳大利亚与新西兰）达到 30.7 万亿美元，两年内增长了 34%[1]。全球社会责任基金的发行数量也从 2012 年的 140 支增加到 2017 年的 372 支，规模已超过 1 万亿美元[2]。

美国社会责任投资的发展

美国是社会责任投资发展最早、最成熟的国家，也是现阶段全球社会责任投资规模第二大的市场。20 世纪 70 年代，美国诞生了全球首只社会责任投资资金"帕斯全球基金"与首个社会责任投资指数"多米尼 400 社会指数（DSI400）"。20 世纪 90 年代，美国的社会责任投资进入快速发展期，投资规模从 1984 年的 400 亿美元增长至 1995 年的 6390 亿美元，2007 年增长至 27110 亿美元。2018 年，这一数字已增长至 12 万亿美元，其中 11.6 万亿美元由资产管理公司和社区投资机构持有。

---

① 资料来源：《全球 SRI 报告 2018》。

② 资料来源：https://baijiahao.baidu.com/s?id=1623876713212690237&wfr=spider&for=pc。

虽然美国的社会责任投资规模被欧洲超越，但是美国仍在全球社会责任投资发展中起到举足轻重的作用。

欧洲社会责任投资的发展

20 世纪 80 年代，英国的第一支社会责任投资基金——友人养老准备基金成立，拉开了欧洲社会责任投资的发展序幕。与美国及亚洲不同，欧洲的社会责任投资发展策略更加具体，更多是从基金经理人的角度来管理社会责任投资资产。欧洲社会责任投资总量发展迅速，从 2005 年的 1050 亿欧元，发展至 2018 年的 12 万亿欧元，占全球社会责任投资五大市场总量的 46%，也是现阶段全球社会责任投资规模最大的市场。欧洲也是社会责任基金的主要市场，占据了大部分社会责任基金的资金流入和资产规模。2017 年新发 ESG 基金中，欧洲有 229 支，美国有 55 支。欧洲管理着 6300 亿欧元的社会责任类基金资产，而美国的相同基金的资产规模仅为 3010 亿美元。

日本社会责任投资的发展

亚洲的社会责任投资较欧美发达市场起步要晚一些，但是发展迅速。其中，日本是亚洲起步最早也是目前亚洲市场发展最快的社会责任投资市场。1999 年，日本金融机构开始在市场中引入 SRI 的概念，并于同年推出了第一支环保投资基金——日本 Nikko 生态基金。近年来，在政府的倡导与养老基金协会等部门的共同推进下，以企业参与与股东行动（corporate engagement and shareholder action）代表策略的社会责任投资在日本得到了迅速的发展。截至 2018 年，日本社会责任投资资产规模达到 232 万亿日元，成为全球仅次于欧洲与美国的第三大社会责任投资中心。

日本社会责任投资的快速发展，也推动了亚洲其他国家与地区社会责任投资的增长，新加坡、马来西亚、韩国及中国香港与中国台湾地区陆续出现了社会投资基金。但是与日本相比，亚洲其他国家或地区的社会责任投资还处于发展阶段。

中国社会责任投资的发展

与欧美市场相比，中国市场的社会责任投资起步很晚。近年来，企业社会责任理念与实践在中国的传播与发展，对资本市场产生了一定的触动，助推了中国社会责任投资的成长。2008 年前后，深沪交易所强化了我国上市公司社会责任信息的披露要求，相继推出社会责任主题指数，并强调基金业的社会责任意识。环保部也在同期发布了"绿色证券"政策，将资本市场融资与环保核查挂钩，以遏制高污染高能耗的行业过度扩张，促进上市公司持续改进环境表现，也迫使基金公司等投资者认真分析股票的环境风险和成本。在政府的推动下，上市公司、基金公司、券商、研究机构、新闻媒体和民间团体等利益相关方积极响应，我国社会责任投资进入高速发展期，社会责任基金与指数相继成立。

我国最早带有社会责任投资色彩的基金产品是 2006 年 3 月发起成立的中银持续增长股票型投资基金，着重考虑具有可持续增长性的上市公司。2008 年，兴业全球基金明确指出该基金追求当期投资收益实现与长期资本增值，强调上市公司在持续发展、法律、道德责任等方面的履行。此后几年，兴全全球基金将社会责任整合到其投资实践中，在中国资本市场上掀起了一场责任投资普及运动。截至 2017 年 12 月，兴全社会责任基金规模高达 86 亿元，持有人数为 100 万以上，为所有偏股混合型开放式基金产品中持有人最多的产品。

与此同时，我国社会责任指数也取得了长足的发展。2008 年 1 月，深圳证券信息有限公司和泰达股份编制了我国首支社会责任指数。此后几年，国内的指数编制机构如中证指数、巨潮指数等也先后发布了上证、深证及跨市场的社会责任指数。这不仅为社会责任投资者提供了良好的投资标的，也为促进我国上市公司积极履行社会责任提供了有利的标尺。

2018 年 6 月 1 日，我国 A 股首批 234 家公司被正式纳入 MSCI 新兴市场指数，这 234 家 A 股公司会接受 MSCI 进行的 ESG 研究和评级，为有责任投资要求的投资者提供参考，这一举动将会对我国社会责任投资产生进一步的影响。

表 2-5 中国代表性的社会责任投资指数与投资基金

类别	名称	发布日期 / 年
社会责任投资指数	融绿—财新 ESG 美好 50 指数	2017
	上证 180 碳效率指数	2015
	中证 ECPI ESG 可持续发展 100 指数	2011
	深证责任 P	2009
	国证—CBN—兴业全球基金社会责任投资指数	2009
	上证社会责任投资指数	2009
	泰达环保指数	2008
社会责任投资基金	万家社会责任（161912）	2019
	中证财通可持续发展 100（000042）	2013
	建信社会责任股票（530019）	2012
	建信上证责任 ETF（510090）	2010
	建信上证社会责任 ETF 联接（530010）	2010
	汇添富社会责任投资基金（470028）	2011
	兴全社会责任投资基金（340007）	2008
	中银美丽中国混合基金（000120）	2006

资料来源：笔者根据相关资料整理。

思考题

（1）美国、欧洲、日本在推进企业承担社会责任时，各有哪些特点？这些国家的企业在承担社会责任时，是如何与其国家和民族的文化相联系的？

（2）我国企业在全球化的浪潮中，应该如何主动与国际组织在企业社会责任方面的要求相适应？

（3）请通过互联网查阅社会责任国际指南 ISO 26000。有人认为，该指南存在一些问题，如理论基础薄弱、文本内容过于复杂、内在逻辑存在冲突、实践操作仍有难度，等等。对于这些质疑和批评，你有何看法？

（4）要想实现联合国可持续发展目标，需要全世界各种类型的组织共同努力。你觉得企业作为社会的一部分，可以在哪些方面做出努力，以推动联合国可持续发展目标的实现？

参考文献

[1] Patrick，De Pelsmacker，Liesbeth，Driesen & Glenn，Rayp（2005），Do consumers care about ethics? Willingness to pay for Fair-trade coffee，The Journal of Consumer Afffairs，Vol.39（2）：363～385.

[2] 李伟阳，肖红军.ISO 26000的逻辑——社会责任国际标准深层解读.北京：经济管理出版社，2011.

[3] 孙继荣.ISO 26000——社会责任发展的里程碑和新起点.WTO经济导刊，2010（10）.

[4] 陈英.企业社会责任理论与实践.北京：经济管理出版社，2009.

[5] 刘俊海.公司的社会责任.北京：法律出版社，1999.

[6] 卢代富.企业社会责任的经济学与法学分析.北京：法律出版社，2002.

[7] 匡海波，买生，张旭.企业社会责任.北京：清华大学出版社，2010.

[8] 任荣明，朱晓明.企业社会责任多视角透视.北京：北京大学出版社，2009.

[9] 薛志明，古宁.美国产品责任法的发展.现代法学，1994（1）.

[10] 钟宏武.日本企业社会责任研究.中国工业经济，2008（9）.

[11] 钟宏武，张唐槟，田瑾，李玉华.政府与企业社会责任——国际经验与中国实践.北京：经济管理出版社，2010.

第3章
中国企业社会责任发展

本章导读

　　虽然企业社会责任的概念源于西方，但在中国传统文化中早已蕴含着企业社会责任的理念与思想。在中国传统文化的影响下，海外华商在发展中具有明显的爱国、仁爱、诚信、和谐、慈善等社会责任思想。中华人民共和国成立后，尤其是社会主义改造完成后，公有制经济在我国普遍建立起来，我国探索了许多有显著阶段性特征和中国特色的企业管理实践，其中，在民主管理、技术革新、改善职工福利、妇女权益保护、生态环境保护等方面进行了有益探索。改革开放后，现代意义的企业在中国出现。随着经济快速发展以及国家社会责任立法缺位，社会责任缺失事件开始出现并逐步累积。进入21世纪后，伴随中国"入世"，在融入全球经济的发展过程中，企业社会责任在我国快速发展。党的十八大以来，企业社会责任逐步纳入全面深化改革大局，形成了多元共促的发展格局。

　　具体到企业，不同性质的企业其社会责任发展具有不同的轨迹。其中，国有企业由"企业办社会"到国企改革启动后逐步剥离社会职能，伴随国有企业做强做大，政府及社会对国企履行社会责任提出新的期望，2008年，国务院国资委发布"一号文"《关于中央企业履行社会责任的指导意见》，不仅是我国中央部委层面第一个关于社会责任的文件，也是我国企业社会责任发展的重要"里程碑"。改革开放后，民营企业如雨后春笋般出现。在民营经济发展初期，民营企业以追求经济责任为主，带来了一定的社会责任负面影响；随着民营企业发展壮大，民营企业的社会责任从经济责任逐步扩展到员工责任、诚信经营、公益慈善、绿色环保等领域；党的十八大以来，民营企业积极响应国家战略，在精准扶贫"万企帮万村"、污染防治、"一带一路"走出去、军民融合等领域发挥着越来越重要的作用。外资在华企业是国际社会责任理念的引入者。然而，由于中国经济社会管制的滞后，21世纪初期，部分外企在中国出现了一系列责任危机事件。随着中国经济社会的发展，外资在华企业的社会责任实践越来越科学化、规范化。

学习目标

（1）了解中国企业社会责任发展历程。

（2）了解不同阶段中国企业社会责任的特点。

（3）了解国有企业、民营企业和外资企业的社会责任发展历程。

导入案例

企业社会责任作为一个理论，其来源在西方。在履行社会责任方面，身先士卒足资借鉴的，也往往是一些国际上的著名企业。以国外大企业的做法和成就来要求国内企业，当然不现实，但是也不应该认为企业社会责任本身有国别之分。

实际上，企业社会责任是市场经济和现代公民社会的产物，也是我国建立和谐社会的内在要求。单从文化上来考虑，企业社会责任在中国也有深厚的渊源，我国的传统儒家文化历来讲求"达则兼济天下"的道义承担。近现代以来，我国的民族资本为救国家和民族于水火之中所做出的巨大牺牲，也是企业社会责任的一种表现形式。在现代中国社会，企业更应该积极参与社会环境的优化和社会福利的增长，使企业曾经受益的良好社会秩序和社会环境得到进一步的维护和改善。

——单忠东，《企业社会责任认识的十大误区》

3.1　中国企业社会责任发展历程

中国企业社会责任的发展历程与中国经济社会的发展历程紧密相关。中华人民共和国成立后，尤其是社会主义改造完成后，我国是单一的公有制经济形态。改革开放后，国有企业逐步建立现代企业制度，民营企业出现并逐步发展壮大，外资在华企业不仅为中国经济带来了投资、技术、管理，也为中国引入了社会责任理念。市场经济以及企业的发展阶段决定了企业社会责任的发展轨迹。

3.1.1　中华人民共和国成立前华商社会责任

近代以来，广东、福建等沿海城市的许多中国人出国谋生。辛亥革命前华侨已遍及五大洲，据《东方杂志》1907年记载，全世界华侨总数为8955889人（包括港澳台地区）。经过数代人艰苦卓绝的努力，华侨在住在国渐渐立足，从初期的小商贩继而设立店铺，再建立商行，华商日益发展壮大。由于深受中华传统文化影响，海外华商积极践行中国传统商道精神，为中国近代化以及住在国经济社会发展做出了突出贡献。海外华商的社会责任主要表现在以下几个方面：

（1）爱国

"义利观"是中华传统文化的重要内容。儒家文化认为，在义和利的矛盾达到不可兼得的地步时，那就应该无条件地服从于大义。近代以来，海外华商为了中华民族的利益，不惜牺牲自己的一己之利甚至生命。在中国抗日战争期间，许多华侨积极捐款捐物，筹募资金赈济难民，有的则投身抗日战争，为夺取抗日战争的胜利贡献力量乃至生命。海外华商的爱国精神还表现在投资近代工业。华商投资近代工业集中在纺织工业、机械工业、采矿业、电力工业等诸多领域。华商投资加速了沿海城市的兴起，加快了中国近代化的进程，促进了民族资本主义经济的发展，对提高生产水平，增加社会物质财富，做出了有益的贡献。

（2）仁爱

以儒家思想为主旨的华商管理文化，强调以仁义立身，以仁义为重。儒家所认为的"仁"，就是要求人们以善良、宽厚和慈善之心待人，关心、爱护和帮助别人。在员工管理上，他们普遍应用了中国传统文化中儒家思想的"仁爱"原则，形成一种特殊的"以仁为本"的员工管理方式。

（3）诚信

"人无信不立，政无信不威，商无信不富"。华商的商德讲"以诚相待，以信为上"。"诚"是儒家最基本的道德规范。秉承中国优良传统的海外华商，把"诚"奉为人生处世的信条，以诚待人，以诚处事。"信"也是儒家基本的道德规范。一个人要在社会上立得住脚，并有所作为，就必须为人诚实，讲究信誉。华商深明信用之道，非常重视自己的信用，珍惜自己的信誉。

（4）和谐

儒家文化的特点是和谐、中庸，认为"天时不如地利，地利不如人和"，华商在企业管理中普遍强调和谐。和谐文化对企业的发展产生了重大的作用，如强调企业内部和谐，知人善任、诚信待人、关心员工、营造了和谐融洽的劳动关系；重视对外协作，与其他华人企业、外国企业、原住民企业、政府企业以及国际机构都建立了广泛的联系。

（5）慈善

华商尤其是东南亚华商深受中国佛教、道教影响，在事业得到发展之后，华商或投资建设家乡，或捐资在家乡举办公益事业。华商举办的公益事业有：创办学校、捐建校舍、兴建医院及捐赠医疗器械设备、修桥造路、赈灾敬老、修建文化古迹、架设输电线路、捐建农田水利设施等。

3.1.2　中国企业社会责任"朴素行为"期（1949—1978）

从 1949 年中华人民共和国成立至 1978 年改革开放前，我国社会主义经济建设大体可以分为三个阶段：从 1949 年至 1956 年社会主义改造基本完成，是国民经济的恢复和发展期；从 1956 年社会主义改造完成至 1966 年"文化大革命"发生前，是我国社会主义建设的探索期；从 1966 年 5 月至 1976 年 10 月，"文化大革命"期间，社会主义建设遭遇严重挫折和损失。在前两个阶段，我国探索了一套有显著阶段性特征和中国特色的企业管理实践，尤其是社会主义改造完成后，公有制经济在我国普遍建立起来，我国政府制定的部分国营企业[①]管理条例或指导意见中有部分条款涉及企业的社会责任，如 1961 年出台的《国营工业企业工作条例（草案）》。这些措施在一定程度上规范了国家与企业的关系，为实现国民经济的稳定发展做出一定贡献。

（1）民主管理

中华人民共和国成立初期，毛泽东对如何学好城市管理工作作出了一系列指示，而学会城市工作和经济工作的一个重要内容就是学会企业管理。1950 年 2 月 6 日，《人民日报》发表了《学会企业管理》的社论，要求全党全国人民学会企业管理，在国营企业中必须坚决改变官僚资本主义的企业管理制度，实行管理民主化，建立工厂管理委员会，吸收工人参加生产管理。之后，在国营企业中相继开展了合理化建议运动、劳动竞赛运动、增产节约运动、技术革新运动，诞生了诸如"两参一改三结合"等特色企业管理经验。

延伸阅读

鼓励工人参与管理，探索企业民主管理实践

工厂管理委员会制度是中国共产党实行企业民主管理的重要特色和传统。1950年 2 月 28 日，中央财经工作委员会发出《关于国营、公营工厂建立工厂管理委员会的指示》，要求尚未建立工厂管理委员会的企业，立即按照相关的条例认真建立。这一时期，企业管理中主要有三大民主：①公营企业具有社会主义性质，职工是企业的主人，有权派出自己的代表参与工厂的领导和管理；②对关系到职工群众切身利益的问题，如工资待遇、劳保福利等，职工有一定的决定权；③对生产计划、产品质量和技术改造等问题，职工有权参加讨论，提出批评和建议。

（2）改善职工劳动权益

中华人民共和国成立后，国家采取一系列措施改善职工劳动权益，如改善劳动卫生条件、

[①]　中华人民共和国成立后一直将国家控制、经营的企业称为"国营企业"。1992 年 10 月，中国共产党第十四次全国代表大会《报告》上，首次将"国营企业"改为"国有企业"。1993 年 3 月 29 日第八届全国人民代表大会第一次会议通过的《中华人民共和国宪法修正案》，正式将"国有企业"的称谓以法律形式固定下来。

调整劳动时间、加强劳动安全保护等。以调整劳动时间为例，1949 年 9 月 29 日，中国人民政治协商会议第一届全体会议通过的《中国人民政治协商会议共同纲领》明确规定"公私企业目前一般应实行八小时至十小时的工作制，特别情况斟酌办理"。1951 年 9 月，第一次全国劳动保护工作会议通过了《限制工厂矿场加班加点实行办法》；1952 年，劳动部又草拟了《工矿交通企业工作时间暂行条例草案》，对工人的工作时间再一次作了规定。然而，社会主义改造完成后，伴随着社会主义建设高潮，工厂劳动任务只增不减，工人人数增加不足，使得加班加点现象依然存在。

（3）妇女权益保护

获得平等权利。1949 年中国人民政治协商会议第一届全体会议通过的《中国人民政治协商会议共同纲领》中规定："要保护青工、女工的特殊利益。"1954 年 9 月 20 日，第一届全国人民代表大会第一次会议通过的《中华人民共和国宪法》明确指出："中华人民共和国妇女在政治的、经济的、文化的、社会的和家庭的生活各方面均享有同男子平等的权利。"

工作场所中的妇女权益保护。1951 年政务院公布的《中华人民共和国劳动保险条例》、1955 年政务院颁布的《关于女工工作人员生育假期的通知》、1956 年劳动部制定的《中华人民共和国女工保护条例》等政策法规都对妇女在工作场所中的孕产假、生育、哺乳、妇科病预防等权益进行了规定。

（4）生态环境保护

社会主义改造完成后，我国形成并实施了重工业优先发展战略，使得新中国在工业化起步阶段即选择了高污染的产业结构，这一时期我国工业发展具有明显的"高速度、高消耗、高污染、低效益"等粗放式增长的特征。由于我国处于工业化起步阶段，环境污染和生态恶化主要表现为局部个别现象，还没有成为真正意义上的"环境问题"，直到 1972 年之前，我国并未制定和实施系统的环境保护政策。

"大跃进"时期我国采取了运动形式发展工业，原有的环保规章制度被打破，工业"三废"放任自流，环境污染迅速凸显。1972 年 6 月，中国派团参加联合国在斯德哥尔摩召开的第一次人类环境会议。以此为契机，1973 年，我国召开了第一次全国环境保护会议，并审议通过了中国第一个具有法规性质的环境保护文件——《关于保护和改善环境的若干规定》，明确提出把环境保护与制订发展国民经济计划和发展生产统一起来，统筹兼顾、全面安排。1975 年 5 月，国务院环境保护领导小组印发了《关于环境保护的 10 年规划意见》，进一步要求各地区、各部门把环境保护纳入长远规划和年度计划中去，作为国民经济计划的一个组成部分。1978 年 5 月通过的《中华人民共和国宪法》指出："国家保护环境和自然资源，防治污染和其他公害。"这是中华人民共和国历史上第一次对环境保护作出的宪法规定，为环境法治建设和环保事业发展奠定了基础。然而，由于各种原因，这一阶段我国的环境保护事业并未得到足够重视。截至 20 世纪 70 年代末，我国工业污水处理率尚不足 10%；大部分工厂没有采取消烟除尘措施，大量烟尘和有害气体直接排入大气。造成这种情况的主要原因，一是环保投资力度不足；二是环保手段未得到很好的贯彻，如大中型项目"三同时"执行率，1976 年仅为 18%，1977 年到 1979 年均徘徊在 40% 左右[1]。

---

[1] 《中国环境保护行政二十年》编委会：《中国环境保护行政二十年》，100 页，北京，中国环境科学出版社，1994。

3.1.3　中国企业社会责任"艰难萌芽"期（1978—2002）

1978 年 12 月 18 日，党的十一届三中全会在北京召开，确立了解放思想、实事求是的思想路线，作出了把党和国家工作重点转移到社会主义现代化建设上来的战略决策，确定了改革开放的基本方针。随着改革取得初步成效和人们对推进改革的共识逐步形成，1993 年，党的十四届三中全会通过《关于建立社会主义市场经济体制若干问题的决定》，我国正式确立社会主义市场经济的改革方向和基本内容。改革开放以来我国经济社会的发展为企业社会责任萌芽奠定了基础。

（1）企业社会责任缺失问题集中爆发

改革开放以来，由于对社会和环境问题的忽视，加上转型期我国法律政策的缺位，各种社会责任问题迅速积累并集中爆发。

假冒伪劣商品集体出现。由于对经济的狂热追求，我国部分地区出现了以村、乡镇，甚至县城为聚集地的集体造假、售假中心，而且人们不以造假售假为耻，反而将造假售假作为一种致富的捷径。1990 年 5 月，国务院办公厅史无前例地为一个镇"单独发文"——《关于温州乐清县生产和销售无证伪劣产品的调查情况及处理建议的通知》。1992 年以后，我国商品经济出现了一个新的发展高潮，商品数量明显增加，但商品质量依旧问题重重，消费市场假冒伪劣商品横行，虚假广告铺天盖地。据国家工商行政管理局统计，2000 年，全国工商行政管理机关共查处制售假冒伪劣商品案件 23.05 万件，查获各类假冒伪劣商品总值 38.81 亿元；全国共捣毁窝点 5.16 万个；受理消费者申诉案件 44.6 万件。其中，个体工商户、集体企业、私营企业成为制假售假的三大主体，这三类经营主体制假售假案件总计 12.63 万件，占案件总数的 54.80%[①]。

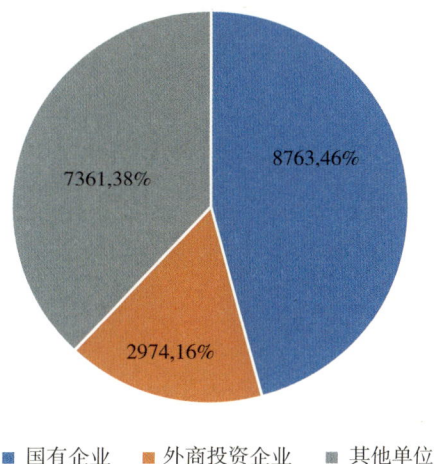

图 3-1　1994 年全国各级劳动争议仲裁委员会受理劳动争议案件数量和比例

劳动就业体系复杂化导致劳工问题凸显。随着多元市场力量的发展，全国劳动就业环境发生了根本性转变。1999 年，全国城镇非公有制经济单位（个体、私营企业、股份合作单位、联营单位、有限责任公司、股份有限公司、港澳台商投资单位和外商投资单位）的从业人员总和已达 10730 万人，非公有制单位就业人数开始超过公有制单位就业人数。传统的劳动者保护体系已明显落后于经济社会发展阶段，导致从国有企业、民营企业、外资企业到乡镇企业均产生

---

① 国家工商行政管理局 .2000 年查处制售假冒伪劣商品和侵害消费者权益案件情况分析［N］.中国工商报，2001 年 03 月 17 日第 A02 版。

了重大劳工问题。

延伸阅读

农民工与权益保护

农民工是伴随我国改革开放、工业化、城镇化进程出现的一支新型劳动大军。改革开放后，农村剩余劳动力开始向城市流动，1989 年春节前夕，"民工潮"首次出现，1990 年年底，全国农村流入城市的人口达到 7000 万。农民工这一新的社会阶层为中国经济社会的发展做出了巨大的贡献，但也同样产生了亟待解决的社会问题，出现了"春运""留守妇女""留守儿童""农村空心化""春节讨薪""农民工权益保障"等独具中国特色的社会责任议题。

大规模经济建设带来了严重的环境问题。伴随经济快速发展，加上 20 世纪 80 年代全国乡镇企业的无序发展，致使中国环境污染加剧并急剧恶化。

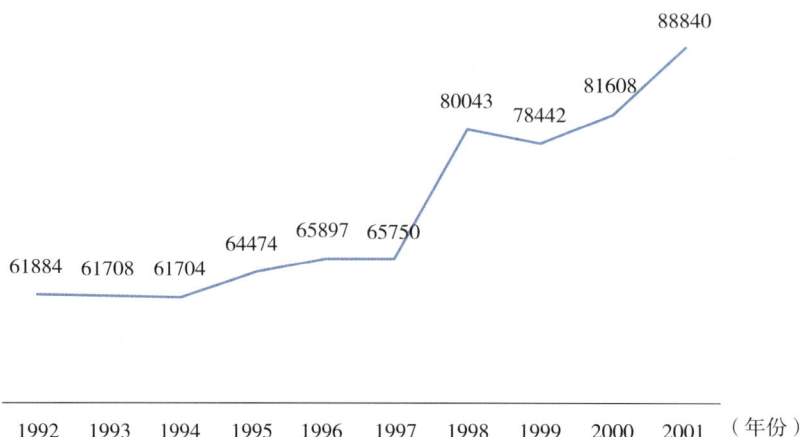

年份	1992	1993	1994	1995	1996	1997	1998	1999	2000	2001
数值	61884	61708	61704	64474	65897	65750	80043	78442	81608	88840

图 3-2　1992—2001 年全国工业固体废物产生量（单位：万吨）

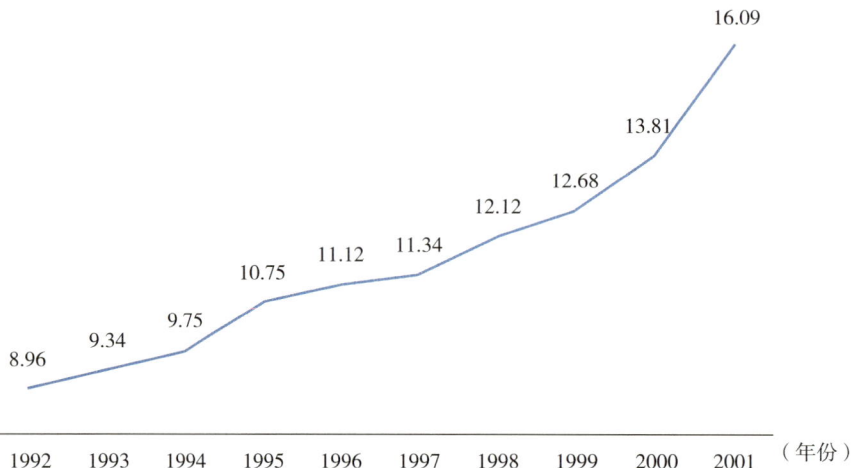

年份	1992	1993	1994	1995	1996	1997	1998	1999	2000	2001
数值	8.96	9.34	9.75	10.75	11.12	11.34	12.12	12.68	13.81	16.09

图 3-3　1992—2001 年全国工业废气排放总量（单位：万亿标立方米）

数据来源：根据全国环境状况公报整理。

延伸阅读

乡镇企业造成的环境污染

乡镇、街道企业（以下统称乡镇企业）是一种特殊的企业形式，是中国改革开放过程中的阶段性产物。乡镇企业的出现有利于促进社会主义生产，解决农村剩余劳动力，对繁荣城乡经济、安置就业和提高人民生活水平发挥了重要作用。由于前期国家对乡镇企业的发展缺乏规划，导致乡镇企业成为社会责任"盲区"。根据国家环境保护局、农业部和国家统计局 1991 年 12 月发布的《全国乡镇工业污染源调查基本情况公报》，1989 年，乡镇企业工业废水排放总量 18.3 亿吨，其中符合排放标准的仅占 14.8%；主要污染行业工业废气排放总量 1.22 万亿标立方米；工业固体废弃物排放总量 0.39 亿吨；年度发生污染事故数 2523 次。另一方面，乡镇企业环境管理落后，"三同时"制度执行率仅为 14.4%；环境影响评价审批制度执行率仅为 22.7%。

（2）搭建社会责任相关法律框架

企业社会责任问题的出现，亟须国家通过立法对企业行为进行约束和规范，尤其是党的十五大第一次把依法治国定位为党领导人民治理国家的基本方略以后，我国消费者权益保护、劳工权益保护、环境保护等法律法规体系迅速建立。

消费者权益保护方面。1994 年，《消费者权益保护法》正式颁布实施，消费者权益保护进入有法可依的时代；2000 年，《中华人民共和国产品质量法修正案》进一步明确了各级政府在产品质量工作中的责任，加强行政执法机关的执法手段，特别是对生产、销售伪劣商品的行为加大制裁力度。此外，积极搭建消费者权益保护的组织体系，自 1998 年国务院批准国家工商行政管理局成立消费者权益保护司以来，截至 2000 年，全国已有 28 个省、自治区、直辖市成立了专门承担打击制售假冒伪劣商品，保护消费者权益的职能处；搭建消费者权益保护平台，1986 年中国消费者协会首次举办"3·15"活动；2000 年，"12315"消费者投诉举报专用热线在全国所有地区开通。

劳动者权益保护方面。1994 年 7 月，第八届全国人民代表大会第八次会议通过了《中华人民共和国劳动法》，并于 1995 年 1 月 1 日起施行。《劳动法》是中华人民共和国成立以来第一部专门保障劳动者合法权益的基本法律，成为规范社会主义市场经济条件下劳动关系的基本法规。以《劳动法》为核心，国务院及劳动部门发布了一系列劳动法规和规章，初步构建了适应市场发展需要的劳动法律法规体系。

环境保护方面。国家先后制定和颁布了《水污染防治法》《大气污染防治法》《海洋环境保护法》《环境噪声污染防治法》《防沙治沙法》《清洁生产促进法》等，建立了比较完善的环境保护法律体系。此外，地方环境保护法律法规建设加速。截至 2001 年，累计制定各类环境保护标准 459 项。

公益慈善领域。1998 年，我国长江、松花江流域发生了历史上罕见的洪涝灾害，在抗洪抢险、重建家园过程中，人们踊跃捐款捐物，各种渠道捐赠共计约 115 亿元人民币。为鼓励、规范公益捐赠行为，1999 年 6 月 28 日，第九届全国人大常委会第十次会议审议通过了《中华人民共和国公益事业捐赠法》。

3.1.4 中国企业社会责任"快速发展"期（2003—2012）

2003—2012 年，我国社会主义市场经济体制初步完善。这一时期，党中央总结提出科学发展观和构建社会主义和谐社会的重大战略构想，对我国企业社会责任的快速发展起到了巨大的促进作用。

（1）企业社会责任进入国家视野

企业承担社会责任逐步进入国家视野，党和国家领导人多次在不同场合提出企业要承担社会责任。

此外，在党的文件、经济立法中也明确提出了企业社会责任的要求。党的十六届六中全会明确提出，要广泛开展和谐创建活动，形成人人促进和谐的局面。着眼于增强公民、企业、各种组织的社会责任。2005 年 10 月 27 日，第十届全国人民代表大会常务委员会第十八次会议第三次修订《中华人民共和国公司法》，第五条明确要求"公司从事经营活动，必须遵守法律、行政法规，遵守社会公德、商业道德，诚实守信，接受政府和社会公众的监督，履行社会责任"。

社会责任议题逐步纳入人大代表视野。如 2007 年，在第十届全国人大五次会议上，全国人大代表刘卫东、王淑媛、楼忠福、沈爱琴等分别提出了《关于进一步倡导企业履行社会责任的建议》《关于政府推进企业社会责任的建议》《关于制定促进企业公民建设指导意见的建议》和《关于尽快制订中国企业社会责任标准开展企业社会责任认证的建议》。

从中央政府到地方政府逐步认识到企业社会责任的重要性，国务院国资委、工业和信息化部、国土资源部、环保部、商务部等中央政府，北京市、上海市、浙江省、广东省、山东省等地方政府都相继制定出台鼓励企业履行社会责任的政策文件和指导意见。

（2）企业从被动履责向主动履责转变

2001 年 11 月 10 日下午，世界贸易组织第四届部长级会议在卡塔尔首都多哈召开，会议审议并通过了我国加入世贸组织的决定。入世之后，我国企业逐步发现跨国公司在中国选择供应商时要对其进行工厂审查，尤其是劳工、环保方面的绩效。中国供应商大多无条件接受这类验厂要求。此时，媒体、企业和部分政府官员将社会责任视为欧美企业为我国设置的"社会责任壁垒"。2003 年 12 月 12 日，《粤港信息时报》发表"美欲向我抡 SA8000[①] 大棒珠三角恐成重灾区"一文，我国对社会责任的恐慌达到最高点。

此后数年，经过学术界、政府以及行业协会对企业社会责任进行深入研究和调查后，我国对企业社会责任的认识逐步科学化：企业社会责任并不等于传统意义上的"企业办社会"；企业社会责任并不简单等同于 SA8000；企业社会责任并不只是慈善捐赠，它还包含着丰富的内

---

① 社会责任标准"SA8000"，是 Social Accountability 8000 International standard 的英文简称，由美国一家长期研究社会责任与环境保护的非政府组织社会责任国际（Social Accountability International，SAI）制定。

容；企业社会责任并非意味着企业单向地增加成本投入，还有助于企业可持续发展。我国企业从被动履责转为主动履责。

此外，2008 年我国发生的重大社会性事件从另一角度推动了我国社会责任的发展。这些事件主要有：南方雪灾、汶川地震和"三鹿奶粉事件"。以汶川地震为例。2008 年 5 月 12 日，在四川汶川地区发生里氏 8 级强震。"5·12"汶川大地震是中华人民共和国成立以来破坏性最强、波及范围最广、造成灾害损失最大的一次地震灾害，带给全民巨大的悲痛，同时也激发出强烈的援助热情。很多企业也积极参与，震后一周，企业捐款捐物折合人民币约 60 亿元；震后 10 天，企业累计捐赠就达到 160 亿元人民币。这是改革开放 30 年来的一场前所未有的企业捐赠高潮，其速度之快、影响之大、数额之巨更是在慈善事业中写下了光辉的、令人尊敬的一笔[①]。

3.1.5　中国企业社会责任"深化发展"期（2013—2019）

2012 年党的十八大进一步提出"全面深化改革开放"的目标。2013 年，党的十八届三中全会通过了《中共中央关于全面深化改革若干重大问题的决定》。全面深化改革对企业承担社会责任提出了新的更高要求，企业要全面超越传统社会责任思想和实践，要从完善国家治理体系的高度重新审视企业的社会角色和功能，重新定义企业要承担的社会责任。

（1）新时代与企业社会责任

党的十九大报告作出"中国特色社会主义进入新时代"的重大政治判断，明确提出"我国社会主要矛盾已经转化为人民日益增长的美好生活需要和不平衡不充分的发展之间的矛盾"。党的十九大报告的重要论断，重新定义了新时期企业社会责任的内涵和发展方向。作为新时代的企业，应该最大限度地考虑如何更好地满足"人民日益增长的美好生活需要"，如何改变企业自身、所处产业的"不平衡不充分的发展"，致力于充分发展，致力于减少不平衡和缩小各种社会差距。

在"建设现代化经济体系"的新征程中，"努力实现更高质量、更有效率、更加公平、更可持续的发展"成为建设现代化经济体系的目标，这也是企业发展的终极目标，定义了企业发展方式。其中，"更高质量、更有效率"是指企业自身发展方式；"更加公平、更可持续的发展"是指企业发展过程中要充分考虑所涉及的各利益相关方公平，综合考虑经济和社会、环境的协调发展。这意味着企业要通过自身的高质量发展，成为负责任、可持续的市场主体。

（2）企业社会责任纳入全面深化改革大局

2013 年 11 月，党的十八届三中全会通过了《中共中央关于全面深化改革若干重大问题的决定》（以下简称《决定》）。作为坚持和完善基本经济制度部分的主要内容，《决定》以相当大的篇幅论述国有企业改革。《决定》指出"国有企业总体上已经同市场经济相融合，必须适应市场化、国际化新形势，以规范经营决策、资产保值增值、公平参与竞争、提高企业效率、增强企业活力、承担社会责任为重点，进一步深化国有企业改革"。国企改革一直是中国经济改革的重点，党的文件第一次把社会责任工作提升为国企改革的重点任务。

---

① 刘丽波等，《汶川地震捐赠"铁公鸡排行" 跨国公司千夫所指》见《公益时报》，2011 年 5 月 12 日，http://gongyi.163.com/11/0512/10/73RJA9QO00933KBT_all.html。

2014 年 10 月，党的十八届四中全会审议并通过了《中共中央关于全面推进依法治国若干重大问题的决定》，明确提出将"加强企业社会责任立法"作为"加强重点领域立法"的任务之一。

2017 年 3 月，第十二届全国人民代表大会第五次会议通过《中华人民共和国民法总则》，其中多项条款涉及企业履行社会责任。第八十六条明确提出"营利法人从事经营活动，应当遵守商业道德，维护交易安全，接受政府和社会的监督，承担社会责任"。

2017 年 9 月，中共中央、国务院发布的《关于营造企业家健康成长环境 弘扬优秀企业家精神 更好发挥企业家作用的意见》将"模范遵纪守法、强化责任担当"作为意见实施的第一个原则，将履行社会责任作为企业家精神的核心内容之一。

（3）形成多元共促社会责任发展格局

党的十八大以来，我国逐步形成多元共促的社会责任发展格局。政府层面，从中央到省市，各级政府开始出台社会责任相关指导文件、制度措施，据不完全统计，截至 2018 年年底，我国各级政府共出台社会责任政策文件近 80 项；共有超过 20 家商业协会制定出台了近 40 项社会责任相关标准、指南；北京大学、清华大学、中国人民大学、北京师范大学、浙江大学、暨南大学、厦门大学、对外经济贸易大学、湖南大学、青岛海洋大学、华中师范大学、南京财经大学、太原科技大学、天津商业大学等近 20 所高校成立了专业的社会责任研究中心；人民网、新华网、《中国新闻周刊》《南方周末》《第一财经》《中国经营报》等 20 多家媒体每年通过举办企业社会责任论坛、颁发企业社会责任奖项、报道企业社会责任优秀实践等方式促进企业社会责任理念在全社会的普及。

3.2 国有企业社会责任发展历程

国有企业是国民经济的命脉和重要支柱。在中华人民共和国成立 70 年的历史进程中，国有企业的社会责任发生了重大的变化，由承担"办社会"职能到建立现代企业制度，再到成为中国企业社会责任的引领者，国有企业的责任内涵和责任担当均发生了重大变化。

3.2.1 改革开放前国有企业社会责任

社会主义改造完成后，公有制经济在我国普遍建立起来。在计划经济体制下，国有企业成为国家和政府的附属物，政府管控社会的部分职能通过转嫁给企业来实现，国有企业承担了对员工"从摇篮到坟墓"的一条龙服务。这一时期，国有企业不仅承担了生产的责任，还承担了员工的衣食住行、生老病死，甚至子女的上学、就业等。围绕在大中型国有企业周围，建立和兴办了一些与企业生产经营没有直接联系的机构和设施，承担了产前产后服务和职工生活、福利、社会保障等社会职能。企业办学、办医院、办幼儿园、办生活服务公司等现象十分普遍，形成了一整套"小而全，大而全"的自我服务体系。在当时的经济社会发展水平下，"企业办社会"主要有四大贡献：一是为稳定职工队伍、提高职工生产积极性做出了贡献；二是为改善职工生活做出了贡献；三是为促进生产发展做出了贡献；四是为维护社会安定做出了贡献。

3.2.2 "放权让利"与国企经济责任

1978 年中共十一届三中全会后,国有企业进入了"放权让利"的改革过程。这个改革时期从改革开放之初一直到中共十四届三中全会,提出的国企改革的目标是建立现代企业制度,贯穿 20 世纪 80 年代和 90 年代初,大体上持续了 15 年左右的时间。这一时期,国企改革主要任务是对企业放权让利,增强企业活力,让国有企业能够逐步适应商品化的市场环境,完成企业化改造,提振国有企业的经济责任。增强国有企业经济活力,是经济体制改革的中心环节和实现我国经济发展战略目标的关键,直接关系到我国经济的发展和社会主义制度的巩固。在强调经济责任的同时,这一阶段国有企业仍然承担着社会管理和服务的功能,"企业办社会"的现象并未有显著改善。

3.2.3 建立现代企业制度与剥离国有企业社会职能

1993 年,中共十四届三中全会通过了《关于建立社会主义市场经济体制若干问题的决定》,明确提出建设产权清晰、权责明确、政企分开、管理科学的现代企业制度是我国国有企业改革的方向。建立现代企业制度,除要调整国有经济布局和结构外,还要提升国有经济的运行效率,改变国有经济经营质量良莠不齐的现状。这一阶段,国家明确提出剥离国有企业的社会职能,并通过减员来增效,出现了大面积的"下岗潮"。

在国有企业建立现代企业制度的过程中,国有企业的劳动争议事件明显上升。根据《1994年劳动事业发展年度公报》,1994 年全国各级劳动争议仲裁委员会共受理劳动争议案件 19098件,比上年增加 6740 件、增长 54.5%。其中,国有企业 8763 件,占总数的 45.9%。

此外,国企改革带来了下岗职工权益保护问题。自 1994 年开始,国有企业开始推进现代化改革,逐步分离企业办社会职能、"减员增效",国有企业下岗职工逐步增多,1997 年之后,国企下岗职工每年达 600 万以上。但由于当时社会保障体系不完善,保障水平低,不能保证下岗职工的基本生活,社会问题日益突出。

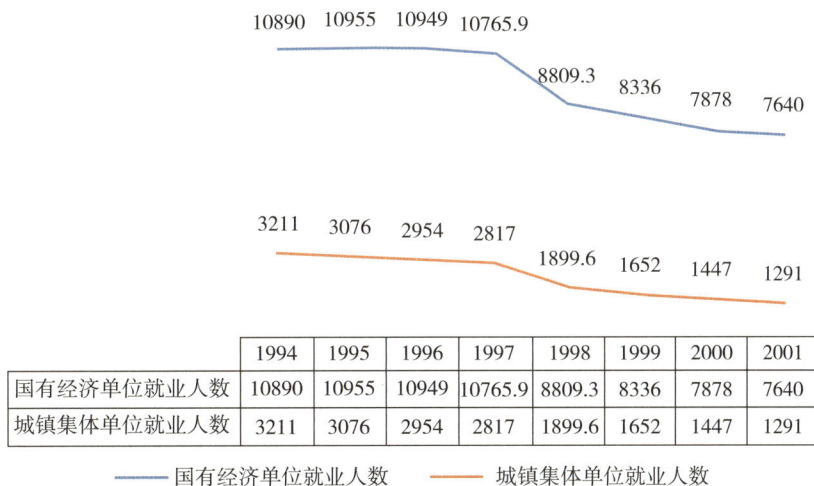

	1994	1995	1996	1997	1998	1999	2000	2001
国有经济单位就业人数	10890	10955	10949	10765.9	8809.3	8336	7878	7640
城镇集体单位就业人数	3211	3076	2954	2817	1899.6	1652	1447	1291

——国有经济单位就业人数　——城镇集体单位就业人数

图 3-4　1994—2001 年国有经济单位和城镇集体单位就业人数(单位:万人)

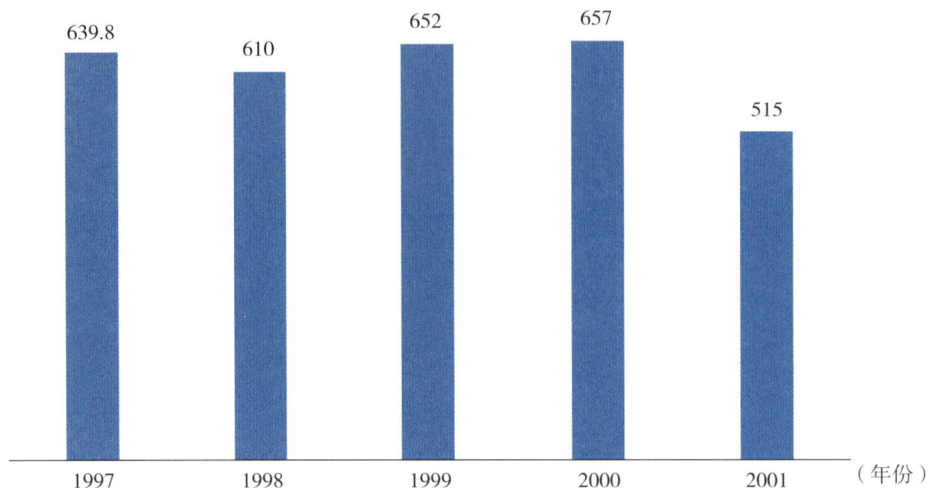

图 3-5　1997—2001 年国有企业每年下岗职工人数 ^①（单位：万人）

3.2.4　国企做强做大与引领社会责任发展

2002 年 10 月，中共十六大报告指出，必须毫不动摇地巩固和发展公有制经济，必须毫不动摇地鼓励、支持和引导非公有制经济发展，强调继续调整国有经济布局和改革国有经济管理体制，这一时期国有企业获得了巨大的发展。

在国有企业做强做大的同时，政府和社会期望国有企业承担相应的社会责任。自 2006 年开始，国务院国资委开始关注国有企业的社会责任。2008 年 1 月，国务院国资委发布《关于中央企业履行社会责任的指导意见》（以下简称《指导意见》），被称为中国企业社会责任运动的"里程碑"。《指导意见》要求，在今后一段时期内，中央企业履行社会责任要重点把握好八个方面：一是坚持依法经营诚实守信；二是不断提高持续盈利能力；三是切实提高产品质量和服务水平；四是加强资源节约和环境保护；五是推进自主创新和技术进步；六是保障生产安全；七是维护职工合法权益；八是参与社会公益事业。

2008 年 7 月，原联合国秘书长潘基文在加入全球契约中国网络成员单位座谈会上的讲话指出：

今年年初，国务院国有资产监督管理委员会提出将国有企业履行社会责任作为企业的一项重要工作，我对此备受鼓舞。希望能以此为契机推动所有中国企业履行企业社会责任。事实上，国资委的决定强调了这个共识：负责任的、持续的企业行为对于其实现核心目标，包括提高创新能力、员工素质和企业声誉至关重要。积极主动地处理好环境、社会和公司治理等方面的问题，不仅为企业带来良好的经济效益，也是解决像贫困、气候变化这类世界性挑战的有效途径。

2009 年，国务院国资委在北京召开中央企业社会责任工作会议，提出 2012 年底前，全部中央企业均要发布社会责任报告。2011 年 9 月，国务院国资委发布《中央企业"十二五"和谐发展战略实施纲要》，提出中央企业要以可持续发展为核心，以推进企业履行社会责任为载体，

---

① 　数据来源：根据劳动和社会保障事业发展年度统计公报整理。

大力实施和谐发展战略，努力建设诚信央企、活力央企、绿色央企、平安央企和责任央企，为做强做优中央企业、培育具有国际竞争力的世界一流企业提供强有力的支撑。国有企业尤其是中央企业成为我国企业社会责任的"第一军团"。

表 3-1 《中央企业"十二五"和谐发展战略实施纲要》内容

围绕一个核心	以可持续发展为核心
实现三个目标	到"十二五"末，央企在经济、社会、环境方面的综合价值创造能力；社会沟通能力、运营透明度；品牌美誉度和影响力三方面的目标
推进五个建设	建设诚信央企、活力央企、绿色央企、平安央企和责任央企
落实二十项措施	建设诚信央企： 1. 确保依法合规经营 2. 维护各类投资者合法权益 3. 维护消费者权益 4. 与合作伙伴共赢发展 5. 加强反腐倡廉建设 建设绿色央企： 6. 模范推进节能减排 7. 大力发展循环经济 8. 积极保护生态环境 建设平安央企： 9. 加强安全生产管理 10. 切实抓好企业稳定工作 11. 认真解决历史遗留问题 建设活力央企： 12. 创新企业内部机制 13. 深化职工民主管理 14. 促进职工全面发展 15. 创建先进企业文化 建设责任央企： 16. 模范落实国家宏观调控政策 17. 在特殊时期和关键时刻发挥顶梁柱作用 18. 积极参与社会公益事业 19. 加强与利益相关方沟通 20. 切实做好新闻宣传工作

3.2.5 深化改革与国企社会责任

党的十八大以来，国有企业改革进入深化改革的关键期。在全面深化改革阶段，国有企业社会责任的内涵和功能进一步明确，国有企业成为落实"一带一路"倡议、创新驱动发展战略、乡村振兴战略、区域协调发展战略、可持续发展战略、污染防治、精准脱贫的先行者和主力军。

党的十八届三中全会提出"国有企业总体上已经同市场经济相融合，必须适应市场化、国际化新形势，以规范经营决策、资产保值增值、公平参与竞争、提高企业效率、增强企业活力、承担社会责任为重点，进一步深化国有企业改革"。2015 年，中共中央国务院印发《关于深化国有企业改革的指导意见》提出"社会主义市场经济条件下的国有企业，要成为自觉履行社会责任的表率"。2016年，国务院国资委印发《关于国有企业更好履行社会责任的指导意见》，提出推动国有企业履行社会责任的总体目标是：到2020年，国有企业形成更加成熟定型的社会责任管理体系，经济、社会、环境综合价值创造能力显著增强，社会沟通能力和运营透明度显著提升，品牌形象和社会认可度显著提高，形成一批引领行业履行社会责任、具有国际影响力、受人尊敬的优秀企业。此外，部分地方政府也发布了关于国有企业履行社会责任的指导意见，如北京市发布了《关于市属国企履行社会责任的指导意见》（2016）、上海市发布了《关于本市国有企业更好履行社会责任的若干意见》（2016）、广西壮族自治区发布了《关于全区国有企业更好履行社会责任的指导意见》（2015）等。发布指导意见之外，2018年以来，一些地方政府加快推进企业社会责任工作，比如，深圳市国资委将"积极履行社会责任"作为专门章节写入《区域性（深圳）国资国企综合改革试验实施方案》，连续两年发布了深圳市属国资国企年度社会责任报告，2018年10月发布了市属国资国企公益贡献指数报告，2019年开始全面推动市属国企发布社会责任报告。

3.3　民营企业社会责任发展历程

中华人民共和国成立以来尤其是改革开放40年来，中国民营经济从无到有，逐步发展壮大，对国民经济和社会发展的贡献逐步加大。截至2017年年底，我国民营企业数量有2726.3万户，个体工商户6579.4万户，注册资本超过165万亿。民营经济对国家财政收入的贡献占比超过50%；GDP和固定资产投资、对外直接投资占比均超过60%；企业技术创新和新产品占比超过70%；城镇就业占比超过了80%，全国城镇就业数是4.25亿人，非公有制企业就业数3.4亿人，对新增就业的占比贡献超过90%。在服务国家战略、创造经济价值、促进社会发展、保护生态环境等方面民营企业都做出了突出贡献。

民营企业社会责任的发展历程与其发展阶段和政治地位的提升有密切关系。民营企业的社会责任发展历程可分为以下四个阶段：

3.3.1　以经济责任为主阶段

1970年9月13日，诺贝尔奖得奖人、美国经济学家米尔顿·弗里德曼在《纽约时报》刊登题为《商业的社会责任是增加利润》的文章中认为"企业仅具有一种而且只有一种社会责任——在法律和规章制度许可的范围之内，利用它的资源从事旨在于增加它的利润的活动"。改革开放初期（1978—1992年），全国各地的民营企业如雨后春笋般蓬勃兴起。这一阶段，民营企业的社会责任主要是追求经济责任。由于民营企业规模小、实力弱，获得国家政策的扶持相对较少，民营企业主要是依靠自身努力来发展并壮大实力。尽管民营企业在提供产品、增加就业方面为社会做出了贡献，但从自身的意识和行动上来说，民营企业主要追求的还是利润最大化。由于对利润的过分追求以及国家相关法律配套不完善，民营企业中生产了大量的假冒伪劣商品，在劳动用工、环境保护等方面出现了大量的违法违规行为，甚至出现了整村、整乡镇生产假冒伪劣商品的事件。

延伸阅读

个体经济发展与假冒伪劣商品——以温州乐清县为例

1978 年以来，家庭联产承包责任制将大量农村劳动力从土地的束缚中解放出来。在独特的地域文化影响下，温州市乐清县个体经济快速发展，出现了"村村点火、家家冒烟"的景象。1978—1990 年，乐清县工业总产值增长 10.7 倍，年均增长 22.8%，其中个体经济的发展起到了重要的作用。据统计，1990 年，乐清县工业总产值 11.43 亿元，其中国有经济 1.07 亿元，占 9.4%；市属集体经济 1.0 亿元，占 8.7%；乡镇办 0.92 亿元，占 8.0%；村及村以下 6.88 亿元，占 60.2%。乐清县柳市镇也逐步发展成为全国的低压电器之都，但生产方式落后，产品质量差。1990 年，国家七部委牵头组织对柳市镇低压电器产业的整顿。截至 1990 年 10 月 20 日，乐清县关闭了 1267 家经营无证、伪劣产品的门市部，注销了 359 家经销旧货门市部和 186 家无生产许可证企业的营业执照，查获无证、伪劣电器产品 37064 箱（件）。此后，乐清县政府"化危为机"，引领企业和个体工业实施产品质量提升工程，为电器产业发展奠定了质量根基。1994 年，乐清县推出了"质量立市、品牌兴业"系列举措，低压电器产业逐步发展成为支柱产业，正泰集团、德力西集团、天正集团、环宇集团、人民电器集团、华通集团等大型民营企业相继成立。

——节选自乐清市统计局：《改革开放 40 年乐清市工业经济发展研究》[1]

20 世纪 80 年代后期到 90 年代初期，随着企业规模的扩大，民营企业内部的人员构成也开始发生变化，虽然这时民营企业的核心管理层仍是以家族或亲朋为主，但是已有越来越多的管理和技术人员开始进入民营企业，企业雇工增加、生产规模扩大、分工逐步细化。为了提高企业的赢利能力，民营企业的管理者们逐步意识到职工的重要性以及企业文化的重要性。发展壮大的民营企业家逐步意识到企业对职工的社会责任。

3.3.2　民营企业社会责任逐步扩大

1992 年邓小平南方重要讲话发表和党的十四大，确立社会主义市场经济体制目标模式，党的十五大第一次提出非公有制是中国市场经济的重要组成部分。政治地位的提升让民营企业开始将目标转向追求企业的长期利润和可持续发展。在外部环境发生重大改善的同时，中国民营企业也进入了制度化和正规化建设阶段。中国民营企业的社会责任也逐步跨越利润导向的阶段，开始逐步承担对股东、员工、消费者、环境、社区等不同利益相关方的责任。

伴随我国民营企业逐步发展壮大，部分企业开始从管理哲学的层面思考企业的社会价值、

---

[1]　乐清市人民政府门户网站：http://www.yueqing.gov.cn/art/2018/5/31/art_1347884_18419126.html。

企业与社会的关系以及企业的终极追求等问题。对这些问题的思考在企业内部催生了承担社会责任的经营管理意识，部分企业更是明确提出要承担社会责任，对社会负责。如 1998 年华为正式发布《华为基本法》，明确提出了公司的价值追求、企业精神、企业文化、社会责任等公司核心价值观，为公司的未来发展指明了方向，明确了目标。除在管理哲学层面进行探讨外，部分企业开始正视自身的经济社会影响，并以实际行动承担起对社会应尽的责任和义务。在公益慈善领域，民营企业发起了影响深远的"光彩事业"。1994 年在全国工商联七届二次常委会上，由 10 名民营企业家联名发起的"光彩事业"，倡议和号召民营企业到老、少、边、穷地区培训人才、兴办项目、开发资源，为缩小地区差距、促进共同富裕，献一份爱心、做一份贡献。这一举动不仅表明，一些更具战略眼光的民营企业，正把企业承担社会责任的视野拓展到企业外部那些非直接的利益相关者，同时也标志着民营企业承担社会责任，开始从最初个别企业的善举向着后来有组织的行动演进。

3.3.3　科学社会责任阶段

2002 年党的十六大提出了到 2020 年建成完善的社会主义市场经济体制的改革目标，与此同时，党中央总结提出科学发展观和构建社会主义和谐社会的重大战略构想，这对民营企业科学认识社会责任、承担社会责任产生了巨大的促进作用。这一时期，有三个方面的重要因素推动民营企业承担社会责任进入了一个新的阶段：一是民营企业的发展不仅得到了来自社会的认同和鼓励，同时也得到了各级政府更多的政策支持，从而强化了民营企业回馈社会的意愿；二是许多民营企业的财富积累达到了一定程度，拥有了财富和社会地位的民营企业，在追求财富增加的同时也愿意进一步地承担起对社会的责任；三是中国加入世贸组织后，国际社会关于企业承担社会责任的要求，迫使民营企业尤其是那些从事国际贸易和合作的民营企业必须承担起相应的社会责任，否则就会失去贸易或合作的机会。

2005 年 10 月，我国公布了新的《公司法》，其中第五条明确规定企业要承担社会责任。新的《公司法》也要求民营企业摆脱片面强调股东利益最大化的公司法理念及相应的制度安排，重新定位公司目标——变单纯营利性为强调营利性的同时兼顾社会责任。

延伸阅读

光彩事业

光彩事业是在中央统战部、全国工商联组织推动下，我国非公有制经济人士于 1994 年为配合《国家八七扶贫攻坚计划》而发起实施的一项社会扶贫事业。它以消除贫困为宗旨，以民营企业为主体，以贫困地区为领域，以项目投资为主要形式，以"义利兼顾、以义为先"为核心理念，以共同发展为基本目标。1995 年 10 月 25 日，经国家民政部批准，中国光彩事业促进会正式成立。

在党和政府亲切关怀和社会各界热心支持下，光彩事业围绕党和国家中心工作，先后参与老少边穷和中西部贫困地区投资开发、国企改革改组改造和安置下岗职工再就业、三峡库区移民和产业结构调整、国土绿化和生态治理、振兴东北等老工业基地、社会主义新农村建设等重大战略行动，实施了农业产业化扶贫、生态建设扶贫、资源开发扶贫、医药卫生扶贫、智力开发扶贫、移民安居扶贫、招工就业扶贫、建设市场扶贫、公益捐助扶贫和国际援助扶贫等多项扶贫工程。从 2001 年起，光彩事业先后在三峡库区、井冈山、大别山、太行山、延安、新疆、西藏、宁夏、青海等地组织开展"光彩行"活动，为推动当地扶贫开发事业和经济社会发展做出积极贡献。"光彩事业行"深入全国各地累计开展了 36 次活动，共签约项目 6806 个，签订合同投资总额 36639 亿元。2017 年有 3494 家民营企业参与光彩扶贫行动，同比增长 26.2%；实施扶贫项目 7155 个，同比增长 107.4%；投入金额 146.6 亿元，同比增长 10.6%；帮扶贫困户 79.9 万户，同比增长 39.2%；帮扶贫困人口 327.4 万人，同比增长 64.1%。

3.3.4　党的十大以来民营企业社会责任进入新阶段

党的十八大以来，企业社会责任逐步纳入全面深化改革大局，民营企业承担社会责任也进入了新的阶段，民营企业积极参与精准扶贫、军民融合、"一带一路"等，主动在中华民族伟大复兴过程中承担更多的社会责任。

2017 年 9 月，中共中央、国务院出台的《关于营造企业家健康成长环境　弘扬优秀企业家精神　更好发挥企业家作用的意见》（以下简称《意见》"）将"模范遵纪守法、强化责任担当"作为意见实施的第一个原则，将履行社会责任作为企业家精神的核心内容之一。《意见》结合时代特征和制度环境，用 36 个字总结了新时代优秀企业家精神，即爱国敬业、遵纪守法、艰苦奋斗、创新发展、专注品质、追求卓越、履行责任、敢于担当、服务社会。其中，企业家精神的诸多方面都对民营企业履行社会责任提出了明确的要求。另一方面，企业社会责任是"一把手工程"，是新时代的企业管理变革，需要企业家的高度重视和推动，需要企业家秉持责任理念，在企业内部建立一种负责任经营的企业文化，为民营企业履行社会责任提供精神动力。

党的十八届五中全会提出，到 2020 年我国现行标准下农村贫困人口实现脱贫，贫困县全部摘帽，解决区域性整体贫困。"万企帮万村"行动是民营企业担当社会责任、先富帮后富的重要体现。民营企业参与"万企帮万村"行动，既充分展现了民营企业饮水思源的强烈社会责任感，也有助于增进社会阶层间的沟通交流，化解隔阂矛盾，有助于促进人心向善，形成和谐稳定的社会风气。"万企帮万村"行动在全国工商联等各方的共同努力下，充分发挥民营企业的主观能动性，逐渐形成了产业扶贫、商贸扶贫、就业扶贫、捐赠扶贫、智力扶贫和其他扶贫方式并举的精准扶贫模式，开创了贫困地区新的经济增长点，激发了贫困户脱贫奔小康的内生动力。截至 2018 年 6 月 30 日，全国共有 5.5 万家民营企业参与"万企帮万村"，实施项目数 12 万个，精准帮扶到 755 万名贫困人口，涉及超过 6 万个村（其中包含 3.9 万个建档立卡贫困村）。

> "万企帮万村"精准扶贫行动，以民营企业为帮扶方，以建档立卡的贫困村为帮扶对象，以签约结对、村企共建为主要形式，力争用三到五年时间，动员全国一万家以上民营企业参与，帮助一万个以上贫困村加快脱贫进程，为打赢脱贫攻坚战、全面建成小康社会贡献力量。
>
> ——中华全国工商业联合会、国务院扶贫开发领导小组办公室和中国光彩事业促进会
> 《"万企帮万村"精准扶贫行动方案》
> 2015 年 9 月 21 日

3.4　外资在华企业社会责任发展历程

改革开放 40 年来，中国经济以开放为动力，倒逼改革，融入世界。外资企业（尤其是跨国公司）对整个中国经济的市场化、法治化，企业管理的现代化和标准化起到了很大的推动作用；外资企业对提升中国的技术水平、人才素质、服务标准化等都扮演着重要作用。外资企业也是中国企业社会责任理念的引入者，对中国现代商业文明程度的提高影响深远。

3.4.1　提升中国企业管理水平

外资在华企业不仅为中国经济带来了投资，更重要的是为中国带来了先进的生产技术和企业管理理念，通过本地化运营为中国培养了一大批具有先进管理理念的职业经理人。外商直接投资是跨国公司技术转让的主渠道，通过合作生产、合资技术许可、合资技术设备入股、独资技术许可等方式，我国可以快捷地实现技术转移。除了先进技术、设备和中间产品，外资企业先进的创新理念、创新方式与路径、创新体制与机制等，都成为中国行业和企业广泛学习和借鉴的内容。21 世纪以来，跨国公司加大了研发环节在中国的设置，把中国纳入其全球研发体系，中国在跨国公司技术创新体系中的地位显著提升，外资对中国技术进步的带动作用也大幅增强。如宝洁中国 1988 年 8 月 18 日在广州成立，两个多月后第一批海飞丝洗发水下线。宝洁深刻影响了日化业，参与了多个产品的国家标准制定，也带动了市场研究、电视广告、品牌营销在中国的发展。1991 年宝洁新工厂在广州经济开发区落成，主要设备用不锈钢加工而成，特殊设备用钛钢加工而成，配方用电子秤控制，加料顺序、生产温度、搅拌转速、搅拌时间、自动灌装、自动贴标签都由电脑操纵。工人说："过去在老厂房（指合资伙伴广州肥皂厂），怕设备弄脏了衣服，现在在新厂房，怕衣服弄脏了设备[1]。"类似宝洁这样的跨国公司，对中国本土供应商、加工制造商、渠道商、相关服务商、人力资源等方方面面的外溢作用非常明显。可口可乐、IBM、大众汽车、摩托罗拉、通用电气、英特尔、微软、三星、家乐福、百胜、欧莱雅、星巴克、苹果、迪士尼，还有以"四大会计师事务所"为代表的专业服务机构，它们成为中国企业管理人才和技术人才的"黄埔军校"。

---

[1]　吴晓波．《激荡四十年》北京，中信出版社，2017。

3.4.2 提升中国企业社会责任理念

外资企业是中国社会责任理念的引入者。20 世纪 90 年代，"血汗工厂"运动在欧美跨国公司兴起，跨国公司纷纷制定"工厂守则"，要求供应商改善劳工环境，承担社会责任。跨国公司的社会责任运动通过供应链传入中国。例如，1993 年 11 月深圳致丽玩具厂火灾事故发生后，一些劳工组织和跨国公司还针对中国的劳工问题，制定了专门的"工厂守则"，要求中国的出口加工企业遵守。例如美国国际劳工权利基金（ILRF）、全球交流组织等 21 个劳工组织、消费者组织、人权组织联合起草，多家跨国公司签署的《中国商业原则》宣称"我们要确保我们在中国的商业活动尊重国际劳工组织制定的基本劳工标准，联合国《经济、社会和文化权利国际公约》规定的基本人权标准，中国政府签署的《公民和政治权利公约》以及中国法律"。中国加入世贸组织后，面临的供应链社会责任问题更加频繁。初期，中国的生产工厂、政府、学界都将跨国公司的供应链社会责任审核视为"贸易壁垒"，但经过一段时间观察后，中国对社会责任理念的认识更加科学。

此外，跨国公司还将公益慈善、社区参与以及志愿服务等社会责任内容引入中国。跨国公司开展经营活动必须面对文化冲突与文化差异。文化差异对跨国公司生产经营活动的影响是全方位的。对内，随着员工国籍多元化，不同价值观、思维习惯、行为规范、生活习俗的员工之间的融合将影响企业的管理成本和运转效率；对外，差异化的市场需求、公司的社会形象和声誉将影响企业的市场竞争。因此，"全球思考，本地行动"成为跨国公司的经营策略。本地化是一种内涵丰富的行为策略，包括研发本地化、生产本地化、雇员本地化、产品本地化、营销本地化等方面。其中，社会关系的本地化是跨国公司本地化战略的核心。企业是社会的一员，存在于特定的社会环境中。企业与政府、社区、公众等不同利益相关方的关系是企业最重要的社会资本。因此，跨国公司需要寻找一个切入点或"活动中介"，可以与不同的利益相关方形成共识，进而改善企业的社会关系。社会公益作为一种全人类普遍接受的、跨越种族和文化的"世界语言"，可以快速消除隔阂、拉近距离，促进利益相关方对企业形成情感认同和价值认同，进而促进企业的可持续发展。进入 21 世纪以来，外资在华企业为积累"社会资本"，纷纷在中国开展公益慈善活动、志愿服务活动，将这种新型的社区参与方式引入了中国。

当然，外资企业也并非道德上的"完人"。部分跨国公司在母国经营时遵循着较高的企业社会责任标准，一旦进入法律制度和监管体系相对不成熟的发展中国家，它们就很有可能利用这些国家在体制和法律上的缺陷，甚至以"入乡随俗"为借口，规避甚至违反东道国的法律和政策规制。由于改革开放过程中，中国的经济、社会立法并不完善，在某些领域还存在立法滞后现象，导致部分跨国公司在生产经营中出现了不负责任的行为。进入 21 世纪以来，外资在华企业共发生两次集体性的"责任危机"：一次是 2005 年，宝洁、索尼、雀巢、戴尔、肯德基、哈根达斯等一向被视为学习典范的国际公司均在中国连连遭遇产品质量问题或劳工问题，有人因此将 2005 年称为跨国公司的在华"问题年"；另一次是 2008 年"汶川地震"捐款过程中出现的"铁公鸡"事件。

经过在华责任危机事件后，外资在华企业开始重新认识和定义在中国的社会责任，商务部、外商投资企业协会等政府部门和行业协会积极引导外资在华企业承担社会责任。党的十八大以来，外资在华企业与国有企业、民营企业一起成为中国企业社会责任的重要实践主体。

3.5 中资企业海外社会责任①

党的十八大以来，在党和政府的推动下，海外运营中资企业积极履行社会责任，在促进运营地基础设施建设、本地化运营、保护资源环境、促进社区发展参与公益事业，以及加强利益相关方沟通等方面取得了较大进步，努力实现企业与东道国的双赢。

3.5.1 促进当地基础设施建设

在海外，中国企业参与建设了一大批公路、铁路、港口等项目，这些项目有力地促进了东道国的经济社会发展。根据国家统计局数据，截至2018年5月，中国已与88个国家和国际组织签署了103份共建"一带一路"倡议合作文件。中国企业对"一带一路"沿线59个国家进行了非金融类直接投资143.6亿美元；在"一带一路"沿线61个国家新签对外承包工程合同额1443.2亿美元，同比增长14.5%，完成营业额855.3亿美元，同比增长12.6%；在沿线国家建设75个境外经贸合作区，累计投资270多亿美元，极大地推动了沿线国家经济发展与社会进步。

延伸阅读

建设蒙内铁路，助力肯尼亚经济转型

蒙内铁路是全面采用中国资金、设计、建设、装备、运营管理模式的现代化标准轨铁路，全长约480公里，设计客运时速120公里、货运时速80公里。铁路由中国交通建设集团负责建设，于2014年12月开始动工建设，2017年5月正式通车。自开通运营以来，客货运输维持在高位水平，货运列车的开行班次持续加密，配套投运的内罗毕内陆集装箱码头满负荷运转。

肯尼亚总统肯雅塔曾在视察铁路建设时说，蒙内铁路对肯尼亚经济增长的贡献将达到1.5%，带领肯尼亚实现经济转型。蒙内铁路项目已为当地直接创造工作岗位超过4.6万个，项目累计培训当地员工超过4.5万人次，大批肯尼亚青年赴中国学习铁路运营。根据远期规划，该铁路将连接乌干达、卢旺达、布隆迪、南苏丹等东非国家，成为东非一条铁路大动脉。

——李新烽：《中非关系与"一带一路"建设》，《求是》2019/08.

3.5.2 属地化经营

中国对外投资合作为东道国创造了大量就业机会，促进了当地经济发展和民生改善。根据

---

① 本节数据来源于国务院国资委综合局、中国社会科学院工业经济研究所和责任云研究院共同发布的《中央企业海外社会责任蓝皮书（2018）》。

国际劳工组织发布的首份《中国与拉美和加勒比地区经贸关系报告》显示，1990—2016 年，中国为拉美和加勒比地区创造就业岗位达 180 万个。据不完全统计，中国企业在"一带一路"沿线国家创造了 20 多万个就业岗位，海外员工本地化率达到了 85%，有些项目本地化率更高。

大部分海外中资企业在履行员工责任时，尊重运营所在地的劳工法规，包括工人的招聘和晋升、纪律和投诉程序、工人的转移和再安置、就业的终止、培训和技能开发、健康、安全和职业卫生、劳动时间和报酬、工人组织及代表权等政策和做法。承认工人组织和雇主组织参加集体谈判、社会对话和三方协商，以解决与就业相关联的社会问题。调查显示，近三年来，99% 的中央企业在"一带一路"沿线运营过程中未发生员工重大健康或安全生产事故。

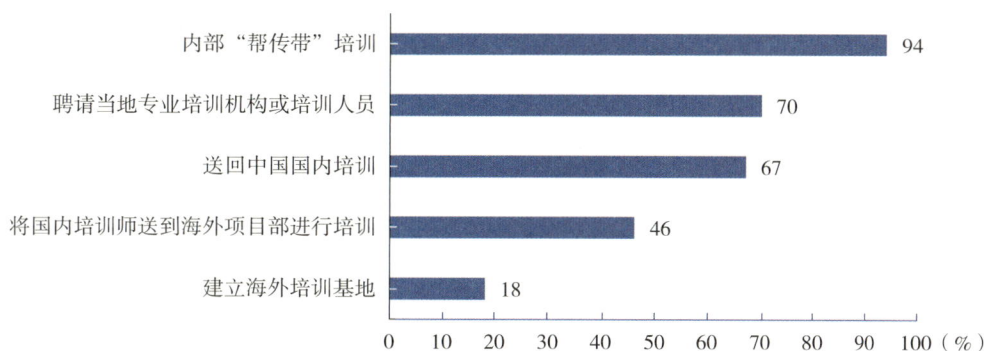

图 3-6　中央企业对"一带一路"沿线当地员工培训方式情况

3.5.3　保护资源环境

海外运营中资企业非常重视对当地环境的保护。调研显示，针对经营存在的环境风险，91% 的中央企业把熟悉海外环境保护法规作为首要工作，74% 的中央企业积极开展环境培训，提升环保意识，68% 的中央企业选择制定节能减排及生物多样性相关措施，62% 的委托第三方机构进行环评工作，52% 强化环保信息披露与宣传，50% 构建完备的环境风险紧急预案，此外，还有 14% 的中央企业通过购买环境责任保险，为环境风险再上一道"安全阀"。

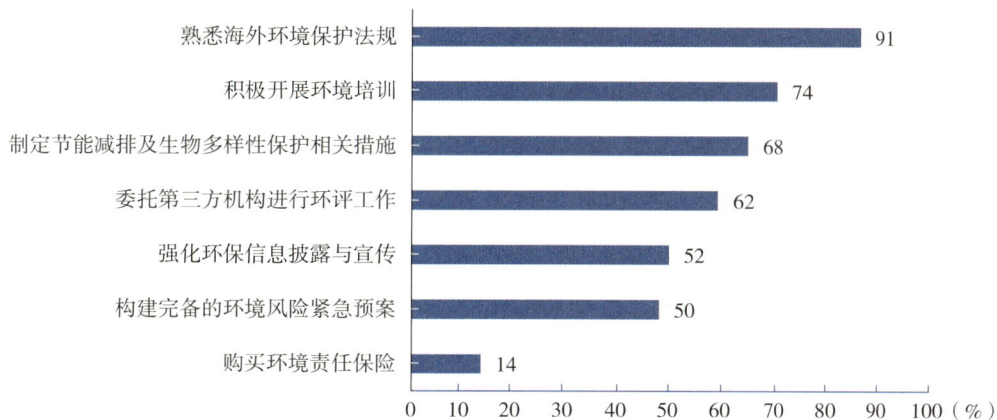

图 3-7　中央企业海外环境管理体系

中央企业在"一带一路"沿线运营中，致力于建设清洁美丽的世界，为保护当地生物多样性采取了多种措施。如图 3-8 所示，近九成中央企业积极参与就地保护生态系统，46% 的企业支持物种迁地保护。此外，中央企业还通过协助建立生物基因库、推动构建生物多样性法律体系以及其他一些相关举措促进生物多样性保护建设的发展，均占比 7%。

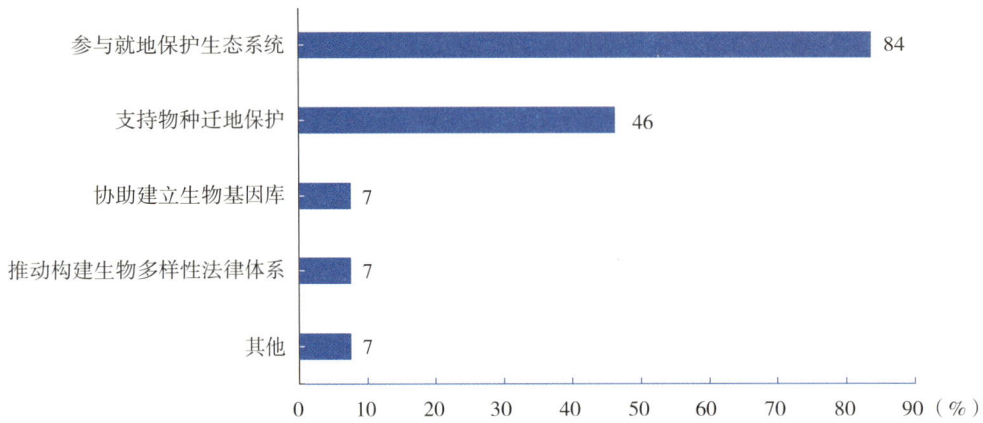

图 3-8　中央企业"一带一路"沿线运营中对当地生物多样性的保护

3.5.4　助力公益事业

海外中资企业积极参与社会公益事业，在救助自然灾害、兴建基础设施、扶危济贫救困、支持科学教育、援助医疗卫生等方面为东道国民众做出了相应贡献。

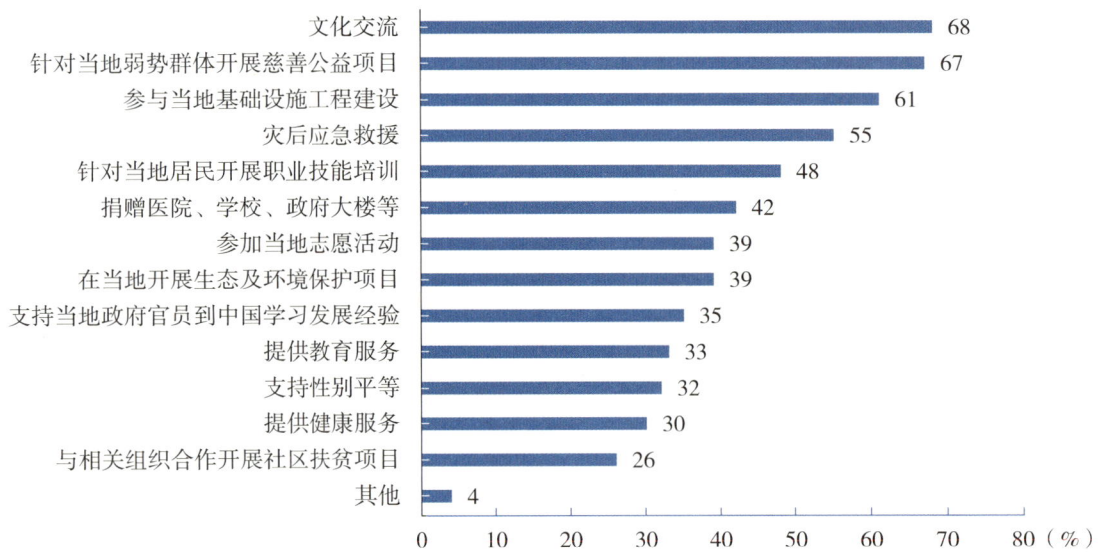

图 3-9　中央企业海外社会公益类型

🟠 **案例**

中国石油援助苏丹建立妇幼保健医院

　　苏丹是世界上孕产妇死亡率最高的国家之一。2010 年 11 月，中国石油尼罗公司与中国扶贫基金会签订协议，捐赠 60 万美元用于援建苏丹阿布欧舍医院项目。2011 年 7 月，医院正式竣工。2012 年 7 月，中苏阿布欧舍友谊医院母婴保健网络在苏丹启动。2013 年 7 月，中苏阿布欧舍友谊医院母婴保健网络助产士包发放仪式在苏丹举行。该项目由中国石油出资，中国扶贫基金会主导，在两国政府和苏丹本土 NGO 的共同支持下完成，在阿布欧舍医院所在社区建立妇幼保健网络的示范区，为改善农村地区的医疗服务水平，降低苏丹的孕产妇和婴儿死亡率提供可借鉴的经验。仅一年，医院就接纳患者 52128 名，解决了医院周边 200 多个村镇的就医问题。

🟠 **案例**

缅甸蒙育瓦铜矿社区发展计划（CSD）

　　中国兵工旗下项目公司为当地修建移民村，提升住房质量，积极参与当地学校、幼儿园、寺庙等惠民工程建设，定期开展移动医疗队问诊活动，大幅提升当地民生水平。截至 2017 年末，项目公司累计投入约 550 万美元用于社区帮扶，项目周边涉及的约 50 个村庄全部实现通水、通电、通路。

　　此外，项目公司因地制宜，深度挖掘项目所在地的资源禀赋优势、破解产业匮乏的难题，积极发挥小微企业项目所具备的投资少、经营灵活、对劳动者劳动技能要求低的优势，在项目所在地扶持建立起运输队、建筑队、砖厂、水泥厂、矿泉水厂、预制板厂、肉鸡养殖场、大棚蔬菜种植等一大批惠民生、强基础、促发展的小微企业项目，并开设了驾校、养殖和技术培训班等一系列培训课程，有效助力当地民生改善，围绕铜矿项目成功打造出一个深度融合的企业经济生态圈，实现村民利益最大化和项目社会回报最大化的双丰收。

3.5.5　加强利益相关方沟通

　　中资企业积极健全海外责任管理体系，并加强与利益相关方的沟通。调研显示，91% 的中央企业在"一带一路"沿线重大工程取得进展时会与当地政府主动沟通，告知公司重大项目进展。62% 的企业还会主动和当地社区沟通项目进展，此外还有 83% 和 62% 的中央企业会向国内及国际媒体发送通讯稿。此外，中资企业还主动发布海外社会责任报告。截至 2018 年年底，中央企业发布了 29 份海外社会责任报告或可持续发展报告，有效提升运营透明度。

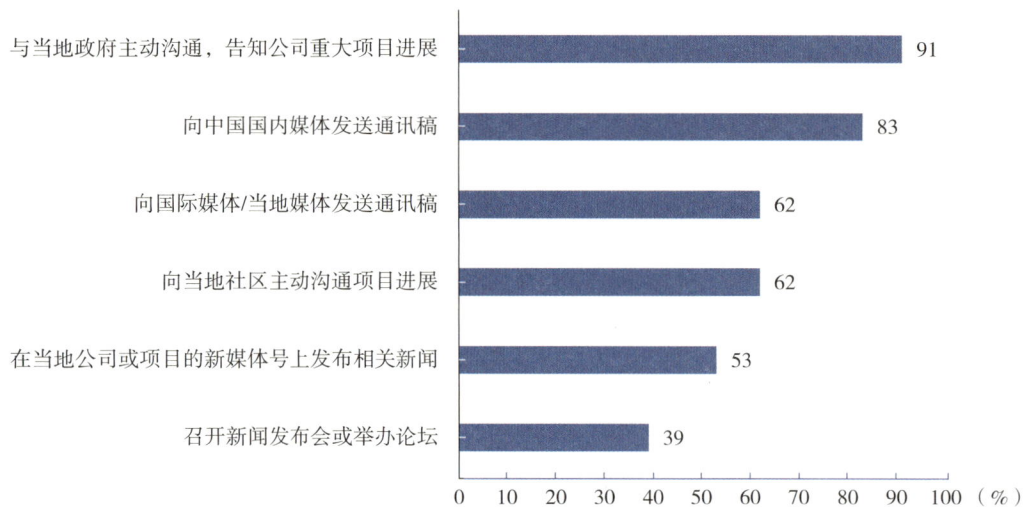

图 3-10　中央企业"一带一路"沿线经营沟通渠道分布

🔔 **典型案例**

中国电建——责任打造中资企业海外运营典范

一、中国电建简介

中国电力建设集团有限公司（简称：中国电建）是经国务院批准，于 2011 年 9 月 29 日在中国水利水电建设集团公司、中国水电工程顾问集团公司和国家电网公司、中国南方电网有限责任公司所属的 14 个省（市、区）电力勘测设计、工程、装备制造企业基础上组建的国有独资公司。

中国电建是为全球能源电力、水资源与环境、基础设施及房地产领域提供全产业链集成、整体解决方案服务的综合性特大型建筑集团，主营业务横向跨越国内外能源电力、水利、铁路（地铁）、公路、机场、房屋建筑、水环境治理、市政基础设施及大土木、大建筑多行业，纵向覆盖投资开发、规划设计、工程承包、装备制造、项目运营等工程建设及运营全过程，具有懂水熟电的核心能力和产业链一体化的突出优势。

二、海外运营背景

随着全球经济一体化，以及"走出去"战略的实施和"一带一路"倡议的提出，中资企业走向海外的步伐逐步加快，国际关注度逐渐加大。"走出去"中国企业境外投资项目海外履责与国内工程相比，由于受住在国政治、经济、宗教、文化、地域、社会团体以及国际社会舆论等各类因素影响，履责环境更加特殊，履责形势更加复杂，履责任务也更加艰巨。作为较早布局海外市场的中国企业，中国电建以"做全球清洁低碳能源、水资源与环境建设领域的引领者，全球基础设施互联互通的骨干力量，为海内外客户提供全产业链集成、整体解决方案服务的工程建设投资发展商"为国际业务的精准定位，立足于"懂水熟电，擅规划设计，长施工建造，能投资运营"的独特优势，制定"国际业务集团化、国际经营属地化、集团公司全球化"

三步走的国际发展战略，形成以亚洲、非洲国家为主，辐射美洲、大洋洲和东欧等高端市场的多元化格局。中国电建在"走出去"过程中，社会责任与工程建设工作"齐头并进"，在"一带一路"沿线国家实施属地化发展战略，从本质责任、员工责任、环境责任、公益责任以及责任沟通等方面，全方位开展履责实践，搭建与项目所在国利益相关方的沟通平台，有效提升企业在海外的形象美誉度，助推建立负责任的企业形象。

三、开展海外履责

1. 坚守本质责任，做"一带一路"精品工程的筑造者

公司成立贯彻落实国家"一带一路"倡议工作领导小组，在全球设六大区域总部。截至2018年年底，公司在"一带一路"沿线65个国家中的57个国家共跟踪项目1469个；在其中42个国家设有150个代表处或分支机构，执行1311个工程项目合同，合同总额约4900亿元。

公司投资建设的"中巴经济走廊"首个落地的大型火电项目——巴基斯坦卡西姆港燃煤电站项目于2018年4月进入商业运行，该项目被当地政府称为"一号工程"，对巴基斯坦国家调整电力能源结构、缓解供需矛盾、优化投资环境、促进基础设施建设和经济发展、改善民生等方面均产生了深远影响。

巴基斯坦卡西姆港燃煤电站项目

老挝南欧江梯级水电站工程是中资公司第一次在海外获得整条河流流域开发权的项目，也是中国电建在海外推进全产业链一体化战略实施的首个投资项目，电站总投资27.33亿美元，总装机容量达127.2万千瓦，为当地基础设施改善、产业发展等提供稳定可靠的电力支撑。

老挝南欧江梯级水电站工程

印尼佳蒂格德大坝是中国电建在印度尼西亚的标志性项目，也是印度尼西亚最大的水利工程、中印合作的首个水利工程，蓄水后可保证下游750平方公里地区能抵御百年一遇的洪水，9万公顷灌区可获得稳定的水量，为周边地区农业灌溉、防洪、渔业等方面都带来了巨大的发展效益。

印尼佳蒂格德大坝

公司负责建设的赞比亚卡里巴北岸扩机工程是赞比亚国家独立之后首个独立自主完成的能源开发工程，开创项目住在国政府独立自主开发水电的先例，该项目于2014年7月进入质保期，为赞比亚增加了18%的电力供应，有效缓解了当地电力供应不足困境。

赞比亚卡里巴北岸扩机工程

2.落实员工责任，做培养人才助力发展的推进者

老挝南欧江项目在开发建设与运营管理中推行"治理属地化、经营属地化、资源属地化、发展属地化、责任属地化和文化属地化"，构建"六位一体"属地化管理体系，助推海外履责深入开展，为项目健康运营奠定良好的发展环境。

在属地化发展过程中，当地的人才培养成了重要的基础性工作。南欧江项目建设期员工属地化比率达到 40% 以上，不少当地优秀员工走上了主管、副经理等岗位，成为项目公司中高端管理人才。此外，中国电建在老挝投资的水泥厂 2017 年接待老挝国立大学参观的师生共 124 人，培养老挝科技大学水泥工艺专业实习生 10 名、甘蒙省职业技术学院电力专业实习生 6 名，同时公司内部选拔当地中层干部 11 人，共为当地提供岗位 260 个，应邀为老挝相关企业开展培训 30 多次，为老挝高端人才培养贡献力量。

南欧江发电公司资助老挝学生到武汉大学留学深造

3.恪守环境责任，做绿水青山环保理念的践行者

中国电建在老挝南欧江水电站建设的规划阶段，公司充分考虑周边环境保护以及该项目对当地全流域环境影响，发挥"懂水熟电"的行业优势，秉承"尽量减少淹没土地、尽量减少原居民的搬迁和尽量减少对生态环境的影响"的理念，将原有经济型更高的二级开发方案调整为更负责任的"一库七级"开发方案，该方案土石方开发量小，能够将工程施工带来的环境影响降到最低，而且"七级联动"的运营调节方式，可最大限度保护流域的生态系统平衡。

该项目以最优的水能资源利用、最小的社会环境影响以及最大的综合效益赢得当地政府和社会各界的一致认可，为老挝的经济转型提供大量清洁能源，助推老挝经济社会发展，成为"一带一路"建设的全流域投资开发新典范。

4.履行公益责任，做人文关爱回馈社会的志愿者

2016年，中国电建成立海外志愿者协会，旨在通过海外员工的志愿活动，服务地方发展，传播中华文化，促进民心相通，促进可持续发展，有效提升企业的国际资源配置主导作用、发展引领作用、国际话语权和影响力。海外志愿者协会以"电力建设未来"为愿景，在全球六大区域总部设立区域分会，推出"科技点亮生活""绿色拥抱未来"和"爱心温暖世界"3项品牌行动方案。

海外志愿者协会成立以来已在全球24个国家成立了志愿服务分会或服务队，直接组织607名海外志愿者参与海外志愿服务活动，达到1262人次，累计志愿服务时长达到1.28万小时，直接服务贡献29.47万美元，配套捐赠42.23万美元。2018年9月，该项目在首届中央企业青年志愿服务项目大赛中获得中央企业团工委金奖。

海外志愿者协会标识

中国电建海外志愿者协会成立

驻科特迪瓦志愿者在苏布雷省奥克鲁约区社会中心举办捐赠活动

中老铁路志愿者在老挝万象某山区小学开展义务支教活动

5. 开展责任沟通，做海外履责实践传播的引领者

中国电建在发布企业年度社会责任报告的同时，还连续向公众发布三本企业可持续发展国别报告，全面梳理回顾公司在赞比亚、印度尼西亚、老挝的社会责任管理与实践，讲述最真实的故事，披露最真实的信息，拓宽与利益相关方的沟通渠道，在海外发出社会责任的中国声音，在世界讲好社会责任的中国故事。公司作为我国"走出去"企业中发布海外国别报告的先行者，也是唯一连续三年发布海外国别报告的企业，高度重视企业海外社会责任工作的传播，不断创新传播形式，连续三年走进公司在赞比亚、印度尼西亚、老挝的项目现场，拍摄、记录众多电建人的履责实践和感人故事，剪辑制作社会责任国别影像志，与国别报告配套发布。

2018 年 9 月，公司在老挝发布第三本国别报告《中国电建老挝可持续发展报告》及影像志，在发布会上，中国社科院授予中国电建集团海外投资老挝公司"企业社会责任示范基地"奖牌，这是我国首个海外"企业社会责任示范基地"。

公司荣获海外"企业社会责任示范基地"称号

在中央企业当中，这也是第一次用影像志的方式来展示社会责任的一些做法和成效。今天第一次看，我觉得感触还是很深的，用当地人的语言和视角来展示，比我们自己去宣传我们做

得多好，可能这个震撼力和效果确实是要好很多。

——国资委研究局副局长　侯洁

这种影片形式是首次的……还有一点大家普遍地对中国电建的领导表示赞赏，传统的以为宣传必须是一种单项的，中国电建首次尝试影像志确实是他们很有魄力。

——中国社科院民族学与人类学研究所教授　庞涛

四、经验总结分享

中国电建深耕海外市场多年，深刻地认识到，中资企业在"走出去"的过程中挑战与机遇并存，面对海外政治、经济、法律、金融、文化、宗教等复杂的环境，企业只有牢记"责任"二字，融入项目住在国发展战略，利益相关方协同发展，才能最终实现互利双赢的局面。

➤ 坚守本质责任，将中国理念、中国技术、中国方案在全世界范围推广，以高于项目住在国要求的标准，用匠心筑造精品工程，有效助推当地经济发展。

➤ 在做好工程建设之外，不遗余力地发挥工程项目的"溢出效应"，坚持人才属地化培养，不仅要授人以鱼，也要授人以渔，以工程项目为中心解决当地劳动力就业，同时在工作中培养大批技术人才，促进项目住在国的长远可持续发展。

➤ 保护项目住在国原始的生态环境，传播我国提出的"绿水青山就是金山银山"的环保理念，尽可能降低工程建设对当地环境的负面影响，同时为项目住在国输入先进的环境管理方法及技术手段，守护项目与环境的和谐共生。

➤ 注重"民心相通"建设，发挥企业自身优势，组织开展不同类型的志愿者服务活动，切实为欠发达国家和地区的民众解决民生困境，让中国的工程项目更有"温度"，让中国人的形象更加"美好"；

➤ 加强信息披露主动性，创新沟通形式，透明化管理，用真诚的态度搭建沟通平台，拓宽沟通渠道，耐心倾听利益相关方的诉求，并积极给予回应，让更多的人了解中资企业在海外工程中默默奉献的感人事迹，将中国的故事传向世界。

在未来，中国电建将继续把社会责任意识融入企业的每个细胞，推进海外可持续发展，以国际大视野、全球大格局、中国大智慧，实现自我跨越升级，为更多中国企业践行海外责任发挥先锋楷模、实践引领作用，为世界经济新发展贡献中国动能、中国力量。

思考题

（1）企业社会责任在中国的发展可以分成几个阶段？

（2）中国企业社会责任的发展有哪些特点？

（3）新时代背景下中国企业社会责任面临哪些机遇？

（4）国有企业、民营企业和外资在华企业的社会责任发展轨迹有何不同？

参考文献

[1]曹丽萍.中国特色的企业社会责任培育机制之基本模式和特征分析——以政府、企业、社会协同互动为视角.沈阳工程学院学报（社会科学版），2013（4）.

[2]陈燕和.国有企业应该承担三个维度的社会责任——学习习近平总书记系列重要讲话的体会.学术研究，

2018（4）.

［3］迟福林.伟大的历程——中国改革开放 40 年实录.广东经济出版社有限公司,2018.

［4］高尚全.改革:中国特色社会主义的伟大实践——中国改革四十年的回顾和思考.全球化,2017（9）.

［5］李晓西.绿色抉择——中国环保体制改革与绿色发展 40 年.广东经济出版社有限公司,2017.

［6］孙孝文.改革开放 40 年中国特色企业社会责任发展与演化.北京:经济管理出版社,2018.

［7］王佳宁.抚脉历程——改革开放 40 周年大事记（1978—1982）.改革,2016（10）.

［8］王佳宁.抚脉历程——改革开放 40 周年大事记（1983—1987）.改革,2016（11）.

［9］王佳宁.抚脉历程——改革开放 40 周年大事记（1988—1992）.改革,2017（2）.

［10］王佳宁.抚脉历程——改革开放 40 周年大事记（1993—1997）.改革,2017（3）.

［11］王佳宁.抚脉历程——改革开放 40 周年大事记（1998—2002）.改革,2017（4）.

［12］王佳宁.抚脉历程——改革开放 40 周年大事记（2003—2007）.改革,2017（5）.

［13］王佳宁.抚脉历程——改革开放 40 周年大事记（2008—2012）.改革,2017（6）.

［14］王佳宁.抚脉历程——改革开放 40 周年大事记（2013—2017）.改革,2017（7）.

［15］吴晓波.激荡四十年.北京:中信出版社,2017.

［16］杨宝良.试析政府推动企业履行社会责任的意义与途径.江苏商论,2010（2）.

［17］杨雪冬.改革开放 40 年中国政府责任体制变革:一个总体性评估.中共福建省委党校学报,2018（1）.

［18］张志勇.中国往事 30 年.北京:经济日报出版社,2009.

［19］张卓元,房汉廷,程锦锥.市场决定的历史突破——中国市场发育与现代市场体系建设 40 年.广东经济出版社有限公司,2017.

［20］赵芸,陈康来.企业办社会与企业社会责任.企业家天地,2007（5）.

［21］《中国环境保护行政二十年》编委会.中国环境保护行政二十年.北京:中国环境科学出版社,1994.

［22］朱锦程.政府、企业与社会三者关系中的中国企业社会责任监管机制.社会科学战线,2007（1）.

第4章
消费者责任

本章导读

随着市场化的发展，消费者的权益维护意识觉醒，企业对消费者承担社会责任的意识也愈来愈强，消费者责任逐渐成为企业十分重要的一项社会责任。对消费者的责任应该是企业最基本、最核心的社会责任，因为一个没有从根本上尊重消费者、从消费者角度出发进行经营管理的企业，不管在其他方面做得多好，都不会被公众认为是有社会责任感的企业。

中国消费者协会指出，企业对消费者的责任主要表现在三个方面，第一，企业必须能够履行法律所规定的责任与义务，即《消费者权益保护法》等相关法律法规；第二，企业应该要履行的有关道德方面的责任与义务，如，二氧化碳排放量等可持续发展；第三，企业应当能够开展教育等来引导消费者的合理消费。ISO 26000 中规定消费者的正当要求包括：安全、知情、选择权、倾听权、补偿权、教育、健康的环境、结社权、监督权等权利。

目前，专门针对企业对消费者责任方面的国际规范较少，但保护消费者权益在诸多有关企业社会责任的国际规范中都有体现。《联合国保护消费者准则》《ISO 9000 产品质量国际标准》《跨国公司行为准则》《GRI 可持续发展报告指南》是消费者保护领域最重要的四大国际文件。

在国际企业社会责任实践的发展过程中，消费者运动发挥着重要的推动作用。消费者运动使企业清醒地认识到消费者的权利以及消费者的活动对企业决策和经济利益的重大影响。该运动迫使企业开始逐渐地将消费者及其居住地社区纳入其利益相关者之中。消费者运动对消费者保护立法的制度具有指示作用和整合作用，促进了消费者保护立法的制定。此外，在当前关于消费者责任的理论中，学者们从理论角度亦研究了消费者抵制对企业履行消费者责任的促进作用。

中华人民共和国国家标准《社会责任指南》（GB/T 36000—2015）围绕消费者议题就企业应该对消费者承担的社会责任进行了详细的说明，其中包括了七个部分的内容：一是公平营销、真实公正的信息和公平的合同实践；二是保护消费者健康安全；三是可持续消费；四是消费者服务、支持、投诉及争议处理；五是消费者信息保护与隐私；六是基本服务获取；七是对消费者传递安全健康等方面的教育及意识。这七个部分的内容围绕着消费者权益的各主要环节进行了全面和详细的说明，为企业提供了一个全面和具体的指引与参考。

学习目标

（1）了解消费者责任的内涵和外延。
（2）了解消费者责任运动的演进和规范。
（3）掌握消费者责任管理的七大核心议题。

导入案例

2018年，长春长生生物的狂犬病疫苗生产记录造假等严重违规问题，成为笼罩在每一个人心中挥之不去的阴云。风波未平，巨浪再起。该公司的子公司又因"吸附无细胞百白破联合疫苗"（"百白破疫苗"）检验不符合规定，遭到吉林省药监局行政处罚。长春长生疫苗事件后，李克强总理就此作出批示：此次疫苗事件突破人的道德底线，必须给全国人民一个明明白白的交代。百白破疫苗出事，全国家长瞬间陷入了恐慌。国家药监局公告显示，检验时发现「效价测定」项不符合规定。效价指标不合格，带来的后果是，可能影响免疫保护效果，但对人体没有危害。长春长生疫苗事件也让国民对生命和生存环境有了更深的认识。

4.1 消费者责任概述

在现代企业社会责任的发展进程中，企业履行社会责任的一个重要驱动力是为了回应和满足消费者的合理期望和要求。众多实证研究表明，企业对消费者履行责任的意愿、能力和绩效，直接影响消费者对企业形象的感知和对其产品的购买意愿。因此，企业从事的社会责任活动就必须与其营销的目标群体的期望保持高度一致。Accountability 的调查报告显示，当企业在制定战略时，84% 的企业要考虑消费者的意见。可见，消费者是企业最重要的利益相关者之一。一方面，企业要承担对消费者的责任；另一方面，消费者可以利用自己的购买权利，推动企业履行更多的社会责任。同时，各类消费者的消费理念和行为对经济、社会，以及环境的可持续发展都有着深刻的影响。

4.1.1 消费者责任概念

作为一个经济组织，企业服务对象就是购买其产品或服务的消费者，目前国际上还没有关于消费者的统一定义。1978 年，国际标准化组织消费者政策委员会在日内瓦召开的第一届年会上将"消费者"定义为"为个人目的购买或使用商品和服务的个体成员"。从中国的《消费者权益保护法》来看，虽然该法并未明确规定消费者的定义，但是该法的第二条中将"为生活消费需要购买、使用商品或者接受服务"的行为界定为消费者行为。可以看出，所谓消费者，是指为生活消费需要购买、使用商品或者接受服务的公民个人和单位。根据 ISO 26000 的定义，"消费者"这一术语是指使用组织决策和活动产出的个人或团体，但是这并不一定意味着消费者为产品和服务付费。消费者责任是企业社会责任中十分重要的组成部分。近年来，中国也有越来越多的机构和学者对于消费者责任的相关内容进行了研究。譬如，中国消费者协会指出，企业对消费者的责任主要表现在三个方面：第一，企业必须能够履行法律规定的责任和义务，即《消费者权益保护法》等相关法律、法规；第二，企业应该要履行的有关道德方面的责任和义务，如，二氧化碳排放量等可持续发展责任；第三，企业应当能够开展教育等来引导消费者的合理消费。鞠伯蕾、金平认为，企业对消费者的社会责任可以概括为：企业应依法经营、诚信经营，切实提高产品质量和服务水平，尊重消费者的各项权利，包括消费者的生命安全权、知情权、选择权等一系列权利。韩李静、孟骋认为，企业对消费者的责任主要包括：经营活动遵循自愿、平等、公平和诚实信用原则，严格依照法律法规，履行经营者的法定义务，维护消费者的合法权益；推行严格的产品质量控制制度，确保消费者的产品安全保障权；自觉推行定价策略的公平化，反对暴力政策；加强人员培训，提供高质量的售后维修服务等。雷静认为，企业对消费者的义务承担已经不单单是对特定消费者而言了，而应当是企业对整个消费者群体的责任。

ISO 26000 规定，组织对消费者的责任包括进行消费者教育和提供准确信息，采用公平、透明和有益的市场信息和合同程序，推动可持续消费，以及设计每个人都能得到并在适当情况下适用于弱势和不利群体的产品与服务。消费者的正当要求包括：

（1）安全。获得无害产品的权利，保护消费者在健康安全方面免受源自生产工艺及产品和服务的危害。

（2）知情。消费者有机会获得足够的信息，使他们能够根据个人愿望和需求做出知情的选择，并免受欺骗性或误导性广告或标签的影响。

（3）选择权。促进和保护消费者的经济利益，包括提高在一系列具有价格竞争力且质量满意程度有保证的产品和服务中做出选择的能力。

（4）倾听权。自由成立消费者团体和其他相关团体或组织，以及确保此类组织在对他们有影响的决策程序中，特别是在政府政策的制定与执行过程中及在产品与服务的开发过程中，有机会表达观点。

（5）补偿权。可以获得有效的消费者补偿，特别是公平地解决消费者的正当要求，包括对误导性说明、劣质产品或令人难以满意的服务的补偿。

（6）教育。消费者教育，包括消费选择对环境、社会和经济产生影响的教育，使消费者在了解自身权利和责任及如何依据这些权利和责任开展行动的情况下，对产品和服务做出知情、独立的选择。

（7）健康的环境。主要指不对当代人和后代人的福祉造成威胁的环境。可持续消费包括以经济、社会和环境可持续的方式满足当代人和后代人对产品和服务的需求。

其他的原则包括：

（1）尊重隐私权。主要指每个人的隐私、家庭、住所或通信不受任意干预，其名誉和名声不受攻击。同时，每个人都有权利享受法律保护，免遭此类干预或攻击。

（2）预防性措施。主要指当存在对环境和人类健康造成严重或不可逆转损害威胁时，不宜以缺乏充分的科学定论为由，推迟采取符合成本效益的、防止环境退化和人类健康损害的措施。在考虑措施的成本效益时，组织宜考虑该措施的长期成本和效益，而不仅仅考虑给组织带来的短期成本。

（3）促进性别平等和赋予妇女权利。主要指在营销和服务行为中，消除性别偏见，赋予妇女权利。

（4）促进通用设计。主要指产品设计和使用环境设计尽最大可能地适用所有人，而无须做出改良或特别设计。通用设计有七项原则：公平使用、使用灵活、简单易用、信息易懂、容错能力、轻松操作、适宜的尺寸和空间。

此外，消费者还享有结社权、监督权等其他权利。其中，结社权是指消费者享有依法成立维护自身合法权益的社会团体的权利；监督权是指消费者享有对商品和服务以及保护消费者权益工作进行监督的权利，包括有权检举、控告侵害消费者权益的行为，有权对保护消费者工作提出批评、建议。

4.1.2　消费者责任的国际倡议和规范

据不完全统计，世界上与社会责任相关的原则和规范多达 400 种，绝大部分都源自发达国家。目前，专门针对企业对消费者责任方面的国际规范较少，但保护消费者权益在诸多有关企业社会责任的国际规范中都有体现。

4.1.2.1　国际公约——联合国《保护消费者准则》

联合国《保护消费者准则》是消费者保护领域十分重要的国际文件。1985 年 4 月 9 日，联合国大会投票通过了《保护消费者准则》。《保护消费者准则》是一部具有世界意义的保护消费者的纲领性文件。主要阐述了这套保护消费者准则所要达到的"目标"和制定该准则的"一般原则"。1999 年，这些指导原则进一步扩大，增加了"可持续消费"方面的条款。扩大版准则的目的是为了确保下列合理要求获得满足：（1）保护消费者的健康和安全不受危害。（2）促进和保护消费者的经济利益。（3）使消费者有机会取得足够资料，让他们能够按照个人愿望和需要做出知情的选择。（4）消费者教育，包括关于消费者所做选择的环境、社会和经济影响的教育。（5）提供有效的消费者赔偿办法。（6）享有建立消费者团体和其他有关团体或组织的自由，而这种组织对于影响到它们的决策过程有表达意见的机会。（7）促进可持续消费形式。

它们号召各国保护消费者的健康与安全不受危害，促进和保护消费者的经济利益，使消费者能够做出知情的选择，提供消费者教育，提供有效的消费者赔偿方案，促进可持续消费模式，以及保障其成立消费者团体的自由。

4.1.2.2　国际标准——《ISO 9000 产品质量国际标准》《ISO 26000 中的消费者责任议题》

（1）《ISO 9000 产品质量国际标准》

ISO 9000 质量管理体系是保护消费者权益中十分重要的国际标准，其由国际标准化组织（ISO）在 1987 年提出，是指"由 ISO/TC176（国际标准化组织／质量管理和质量保证技术委员会）制定的所有国际标准"。该标准是在总结世界各国特别是工业发达国家质量管理经验的基础上产生的，可帮助组织实施并有效运行质量管理体系，是质量管理体系通用的要求和指南。ISO 9000 不是指一个标准，而是一组标准的统称。它包括四个核心标准：ISO 9000：2008（质量管理体系：基础和术语）、ISO 9001：2008（质量管理体系：要求）、ISO 9004：2008（质量管理体系：业绩改进指南）；ISO 19011：2002（质量和环境管理体系审核指南）。

ISO 9000 族标准并不是产品的技术标准，而是针对组织的管理结构、人员、技术能力、各项规章制度、技术文件和内部监督机制等一系列体现组织保证产品及服务质量的管理措施的标准。随着中国商品经济的不断扩大和日益国际化，为提高产品的信誉、减少重复检验、削弱和消除贸易技术壁垒、维护生产者、经销者尤其是消费者的权益，这个第三认证方不受产销双方经济利益支配，并且公正、科学，是各国对产品和企业进行质量评价和监督的通行证，更是消费者对供方质量体系审核的依据。

具体而言，实施 ISO 9000 族标准有利于提高产品质量，保护消费者利益。现代科学技术的高速发展，使产品向高科技、多功能、精细化和复杂化发展。组织是按照技术规范生产产品的，但当技术规范本身不完善或组织质量管理体系不健全时，组织就无法保证持续地提供满足要求的产品；而消费者在购买或使用这些产品时，一般也很难在技术上对产品质量加以鉴别。如果组织按 ISO 9000 族标准建立了质量管理体系，通过体系的有效应用，促进组织持续地改进产品特性和过程的有效性及效率，实现产品质量的稳定和提高，这无疑是对消费者利益的一种最有效的保护，也增加了消费者（包括采购商）在选购产品时对合格供应商的信任程度。

（2）《ISO 26000 中的消费者责任议题》

在消费者议题上，ISO 26000 对企业应该对消费者承担的社会责任进行了详细的说明。ISO 26000：2010 Guidance on Social Responsibility 中条款的第六部分是关于社会责任的核心主题指南，而该部分的第七节就是对组织应该向消费者承担的责任和相关事务的描述，其中包括了七个部分的内容：一是实行公平营销、客观真实的信息及公平交易；二是保护消费者安全及健康；三是可持续消费；四是提供消费者服务、支持投诉及纠纷的排除和解决；五是保护消费者数据及个人隐私；六是保障享用服务权；七是对消费者传递安全健康等方面的教育及意识。

这七个部分的内容围绕着消费者权益的各主要环节进行了全面和详细的说明，为企业提供了一个全面和具体的指引和参考。国家质量监督检验检疫总局和国家标准化管理委员会发布的GB/T 36000—2015《社会责任指南》吸收并沿袭了 ISO 26000 的这七大议题。毫无疑问，对于现阶段的中国大部分企业来说，ISO 26000 指南对于减少产品安全事件的发生、提高消费者满意度以及完善企业的社会责任管理方面有着非常大的现实意义。对消费者的责任应该是企业最基本、最核心的社会责任，因为一个没有从根本上尊重消费者、从消费者角度出发进行经营管理的企业，不管在其他方面做得多好，都不会被公众认为是有社会责任感的企业。

4.1.2.3　国际倡议——《跨国公司行为准则》

《跨国公司行为准则》由经济合作与发展组织在 1976 年制定，34 个国家政府签署了这一行为准则并使其逐渐在全球推广。该准则以自愿原则为基础，要求跨国公司应该充分考虑到他们经营住在国的既定政策，更加注重保护利益相关方的责任，切实关注环境保护、消费者权益保护、打击行贿、公平竞争等方面。跨国公司十项行为准则的第七条是消费者权益，它要求企业应尊重消费者权益，确保提供安全与质量优先之商品及服务。具体而言，该准则要求跨国公司应根据公平的商业、营销和广告惯例行事，并应采取所有合理步骤，以确保其提供的商品或服务的安全性与质量。

4.1.3　消费者运动历程

在国际企业社会责任实践的发展过程中，消费者运动发挥着重要的推动作用。消费者运动，准确地说，是指在近现代商品经济条件下，消费者为争取社会公正、维护自身权益，与损害消费者利益行为进行斗争的一种有组织的社会运动。消费者"用脚投票"，以"拒绝购买"作为手段，迫使企业为了市场份额而不得不遵从消费者的价值取向。消费者对企业的压力在本质上就是退出权，特别是在买方市场结构下，消费者的抵制和联合退出对企业是致命性的打击，这种消费者的联合维权被称为消费者运动。消费者运动使企业清醒地认识到消费者的权利以及消费者的活动对企业决策和经济利益的重大影响。该运动迫使企业开始逐渐地将消费者及其居住地社区纳入其利益相关者之中。

4.1.3.1　国际消费者运动

美国是消费者运动的发源地，以倡导消费者主权、维护消费者权利为宗旨的消费者运动早在 20 世纪就已蓬勃发展。早在 1891 年，美国就成立了世界上第一个旨在保护消费者权益的消费者组织——纽约消费者协会。1898 年，各州消费者组织又联合组成了世界上第一个全国性的消费者组织——美国消费者联盟（Consumer Fedeation of America）。消费者组织的成立，点燃了消费者运动的星星之火。

进入 20 世纪 50—60 年代，在消费者组织的领导下，消费者首先在与其关系最大、问题最多的食品和药品领域掀起了一场场以争取洁净食品和药品为目标的斗争。进入 60 年代以后，消费者运动涉及的领域进一步拓展，开始从食物和药品等一般消费品逐步延伸到汽车等耐用消费品，并进而触及公、私机构对消费者受损事件的受理态度、服务质量、环境损害、消费者自我保护意识的培养、垄断定价等众多方面，消费者运动的蓬勃开展，也引起了政府的高度重视。1962年，肯尼迪总统提出了消费者的四大权利，即安全权、了解权、选择权和意见受尊重权；1969年，尼克松总统又提出了消费者的第五项权利，即索赔权。在当局的支持和干预下，近几十年来，美国各种民间的和官方的消费者维权组织如雨后春笋般茁壮成长，消费者权益保护立法也日臻丰富和完善。

与此同时，消费者运动逐步从美国延伸到世界各地，各国纷纷成立全国性或地方性民间消费者组织。如德国于1953年成立消费者同盟，英国和日本分别于1957年和1966年成立消费者协会。这些消费者组织既是消费者运动蓬勃开展的产物，同时又推动着消费者运动向纵深方向发展，并极大地推动了各国消费者保护立法的进程。

20世纪70—80年代后，各国政府开始以法律的形式保障消费者权益，国际消费者运动取得显著成效。如美国于1972年通过《消费品安全法》，并设立了消费品安全委员会；欧盟于1975年通过《关于共同体消费者保护和信息政策初步方案的理事会决议》，于1985年通过《欧洲经济共同体产品责任指令》；英国于1987年制定了《消费者保护法》，德国于1989年通过了《产品责任法》。英国《消费者保护法》的通过，使得消费者在因使用瑕疵产品而遭受人身伤害或者财产损失时，可以直接起诉生产商，这在一定程度上为消费者提供了更有保障的法律救济手段。

4.1.3.2 中国消费者运动

消费者运动在中国的兴起与发展的历史很短，目前仍未有资料显示存在着比较大范围的有组织、有影响的消费者行动。通过对日常生活的观察，可以看到，实际中很少有人能在自己的利益受到侵犯时采取行动。其中原因，可能由于个人的力量、时间、精力等限制，或者由于涉及商品和服务的金额不大，或者是由于法律程序过于烦琐。因此，中国消费者协会成为推动中国企业履行对消费者责任、引导消费者及社会公众树立责任消费理念和行动的最重要机构，也是企业与消费者进行对话的重要平台。

中国消费者协会于1984年12月经国务院批准成立，是对商品和服务进行社会监督的保护消费者合法权益的全国性社会团体。其宗旨就是维护消费者权益，促进企业更好地履行对消费者的责任。在过去30多年来，中国消费者协会已经从最初关注消费者权益、维护市场公平，到注重绿色消费，再到强调消费与责任，特别强调消费者一方面要依法维护自身的合法权益，积极参与对商品和服务的社会监督。同时，要树立先进的消费观念和消费方式，科学、合理、文明消费。

在推动企业履行对消费者责任方面，中国消费者协会（以下简称"中消协"）建立了各种机制帮助消费者，如设立12315投诉热线。同时，中消协也重视通过各种活动，引导企业，如2007年3月15日，中消协发布《良好企业保护消费者利益社会责任导则》，倡导广大企业努力做到：诚实守信依法经营、信息披露真实充分、价格标示清晰明确、合同规范公平竞争、产品可靠使用安全、售后服务方便快捷、化解纠纷及时公正、尊重人格保护隐私、开展教育引导消费、环保节能永续发展。

一般而言，消费者权益保护的发展轨迹，大致可分为四个阶段：一是消费者保护的自发阶段；二是有组织的消费者保护阶段；三是行政和法律保护阶段；四是企业保护消费者利益阶段。从实践来看，随着全社会逐步提高对消费者的保护意识，中国将迎来消费者权益保护的第四阶段。

4.1.3.3　消费者运动的意义

消费者运动对消费者保护立法的制度具有指示作用。消费者为了争取自己的利益而采取的运动，是在万不得已的情况下进行的，带有明确的目的性，斗争的目标很明确，经营者与消费者的矛盾在此过程中暴露无遗，立法当局在了解了事实真相后，很容易对事件进行判断，在征求多方意见后，具体问题具体分析。将问题解决在萌芽状态，这是立法当局平息消费者的过激行动，调和经营者与消费者之间矛盾最行之有效的办法。消费者运动的产生，是矛盾激化的产物，要使同类型的消费者运动不再发生，就要在可行的条件下，及时制定法律法规，避免同类事件再次发生。

消费者运动对消费者保护立法的制度具有整合作用。在全球一体化的前提下，各国各地区的消费者越来越表现出团结、合作的一面，为使各国消费者在消费过程中将损失降至最低点，各国消费者精诚合作，采用同一种声音说话。明确提出"消费权益无疆界"，有力地打击了经营者的跨国欺诈活动。

消费者运动对消费者保护立法的制定具有促进作用。众所周知，任何一部消费者保护立法的制定，都离不开消费者坚持不懈的斗争。如果没有消费者运动就不可能有一部部消费者保护立法的诞生。中国 1994 年制定的《消费者权益保护法》，也是经过长期的讨论而定稿的。该法出台后，又经历了几次的修订，至今仍服务于大众，成为中国千百万消费者的依靠。

消费者是市场经济运行中不可或缺的一种市场主体，对消费者保护立法的形成起着促进作用。在发达市场经济国家，消费者保护已经成为社会生活及经济政策的重要组成部分，并逐步建立了以政府为主导、消费者组织为中坚力量，以完善的法律制度为基础，生产者、经营者、消费者共同维护的消费者保护制度，成为促进消费需求扩张和经济健康发展的重要制度保障。消费者运动也在不断的发展过程中，从最早的采取暴力的方式发展到如今使用较为温和的方式争取最大的利益。

4.2　消费者服务的基本保障

4.2.1　公平营销、真实公正的信息和公平的合同实践

"公平营销、真实公正的信息和公平的合同实践"旨在促使消费者在知情和可比较的情况下做出消费和购买决策，以及通过降低双方之间谈判力量的不对等，以保护供应商和消费者双方的合法利益，是保护消费者知情权和自由选择权的需要。

消费者在购买产品前有权对企业的产品进行全面的了解，在公平交易的前提下于众多产品中进行自由选择。企业有责任通过真实的产品广告、宣传材料和产品说明书以及人员介绍等途径向消费者传递产品信息，以使消费者在琳琅满目的商品中选择到满意的商品。企业向消费者提供的信息应是便于理解的、真实完整公正的，负责任的营销还应向消费者提供整个生命周期和价值链中有关社会、经济和环境影响的信息，便于消费者参考选择和消费。

总体而言，企业提供公平营销、真实公正的信息和公平的合同实践服务应当做到不短斤少

两，不采用欺骗、误导、虚假或不公平的做法，清晰标明推销的性质，合同明确披露商品或货物的质量，主要成分，价格，税金，性能，出厂日期，保质期，送货费用等数据，处理索赔时需提供的数据，不搞欺骗性的文字游戏和采用霸王条款，退货或召回机制。

4.2.2 消费者服务、支持和投诉及争议处理

"消费者服务、支持和投诉及争议处理"旨在通过用于处理消费者需求的售后服务机制以保护供应商和消费者双方的合法利益，是保障消费者倾听权、补偿权的需要。

企业的消费者服务、支持、投诉和争议处理机制，包括在产品和服务出售后的正确安装、担保和保证，对产品和服务应用过程中的技术支持，对退货修理维护的规定，以及对消费者造成实际损害时的补救和赔偿。企业向消费者提供的产品必须是合格产品，在企业售出或提供产品和服务之后，要有确保消费者需求的具体机制，方便维护维修，提供超过法定担保期限，但与产品的预期或生命周期相匹配的担保。企业还应保证消费者因购买、使用商品或者接受受到人身、财产损害的，能够获得赔偿的服务。

企业的服务、支持、投诉和争议处理机制，应使消费者明确了解，在消费者需要时提供明确的建议和解决方案。企业还应通过提高产品服务和质量，减少消费者的投诉，通过用户调查来监测服务支持和争议处理机制的有效性。对于消费者受到实际损害，包括人身损害和财产损害时，企业应依法给予补偿。经营者对消费者所受伤害应得到的补偿不予负担，对消费者索取赔偿采取拖延方式，甚至使用暴力或威胁等手段，都属于侵犯消费者权益。

4.2.3 基本服务获取

"基本服务获取"旨在为消费者满足基本需求权利的实现做出贡献。企业应该通过各种途径了解消费者的需求，并按照消费者的需求和建议，对产品、服务和流程进行改进和创新，最大限度地满足消费者的需要。在国家没有提供保护的一些公共设施领域，如电、气、水、污水处理、排水系统、通信设施等方面，企业也应该做出贡献，保证消费者基本的需求得到满足，如水、电、气、通信服务等不得随意因没收到费用便终止服务，不得因一群消费者没缴费，而终止整个地区的服务，在缩减或暂停服务时应事先通告。在容许的情况下，可以给需要的人提供补贴，但是在有关定价和收费信息方面要保证透明度。

延伸阅读

中国的消费者服务基本保障问题

虚假广告问题

2019年1月1日，因在经营活动中涉嫌传销和虚假广告，权健公司被公安机关依法立案侦查。虚假广告问题再次引发全社会的强烈关注。其实，这只是最新、影响最大的案例而已。2018年12月，国家广电总局通报了延边卫视播出的广告涉嫌夸张、夸大宣传。2018年4月和11月，国家市场监督管理总局公布了共50起"典

型虚假违法广告案件"，其中虚假或夸大宣传的达 25 起，占总数的 50%。虚假广告早已有之，被称为新闻传播业的"四大公害"之一，但当前如此集中、大规模地出现，不能不引起我们的关注和思考。这些企业为了销售业绩经常在产品广告、宣传材料和说明书中过分夸大产品的功效、隐瞒不足之处、提供虚假信息等，其实就是在侵犯消费者的知情权和自由选择权，会导致消费者所购买的产品服务无法满足需求，浪费消费者的时间和金钱，甚至对消费者的健康产生危害。最终，企业危害消费者知情权和自由选择权的行为会导致消费者信心降低，对产品和服务市场的成长产生消极影响。

售后服务响应缓慢、缺乏灵活性

企业的售后服务诚意以及水平在实际操作中会不同程度地与消费者应得的服务质量之间存在落差。具体来说，在售后环节处理顾客投诉时，大部分企业在服务的响应性、保证性、移情性、可靠性等方面是站在企业自身的立场而非消费者的角度进行设置和操作的。比如客服人员在处理顾客的投诉时，只会公式化地重复千篇一律的套话，缺乏对消费者移情的人性化色彩；在纠纷处理的响应度方面，不够及时和灵活等。在售后服务机制的设置方面，大部分企业都把客服部门（如客服热线）作为一个传达顾客意见或者缓冲顾客怒气的部门，而不是帮助顾客及时解决纠纷的机构。这种以企业为中心进行的服务设置与消费者应得的服务质量之间是存在冲突的。

跨国公司的消费者国别歧视

企业在扩大基本服务的覆盖面时，应确保向所有消费者群体提供相同质量和水平的服务。但是当前现状却是：在中国进行营运的很多跨国企业存在消费者国别歧视。雀巢奶粉碘超标、肯德基添加"苏丹红"、宝洁有毒化妆品、高露洁含致癌物质等事件是跨国公司降低产品质量与安全标准典型事件，反映了这些公司对中国消费者生命安全的漠视，与在发达国家的表现大相径庭。此外，还有丰田于 2010 年数次对雷克萨斯、皇冠等 8 款有缺陷的车实施全球召回，但未包括中国市场，宜家于 2017 年对抽屉柜的召回亦仅限美国和加拿大，在中国没有召回计划。在基本服务方面，企业本应无歧视地向所有消费者群体提供相同质量和水平的服务。把歧视性召回归因于中国的产品标准过低，属于犯了方向性错误，企业必须自觉遵守消费者权益保护法、产品质量法等法律，在缺陷界定、损害赔偿责任的设定、交易前信息的提供、惩罚性赔偿责任的运用等方面做到一视同仁。

4.3 消费者的安全、健康及个人隐私保护

4.3.1 保护消费者的健康与安全

"保护消费者健康安全"旨在通过提供安全且在使用或消费时不会带来不可接受的伤害风

险的产品和服务，以保护消费者健康安全。

安全权是消费者最基本的权益，安全权具体包括消费者的生命安全权、健康安全权、财产安全权等。消费者购买企业的产品和服务是为了满足自身的某种需要。按照公平交易的原则，企业应该为消费者提供令其满意的产品和服务，而这些产品首先应该是安全可靠的。给消费者提供安全可靠的产品或服务是企业最基本的社会责任。企业生产或出售过期的商品、变质的食品、含有有害物质的商品以及伪劣产品等都会致使消费者的人身、财产受到损害，危害消费者的安全权。企业若不能保护消费者的安全权，对消费者造成损害，将极大地影响企业的声誉甚至生存。

4.3.2 保护消费者的信息安全和隐私

"消费者信息保护与隐私"旨在通过限制所收集信息的类型及信息获取、使用和保护的方式来保护消费者的隐私权。

保护消费者信息与隐私安全，要求企业在未经消费者同意的情况下，不得在宣传中使用消费者的姓名、荣誉、肖像及披露消费者的交易记录，不得将有关信息有偿或无偿地转让给第三方。对交易过程中保存下来的消费者信息和隐私，如购买信息、会员信息等，企业有责任进行妥善保管和合理使用，泄露消费者信息不仅侵犯了消费者的隐私权，也带来了诈骗等严重的社会问题。造成消费者信息泄露的原因主要来自企业对消费者社会责任的缺失，除因商业用途故意泄露消费者的信息外，企业信息安全管理的漏洞也会导致消费者信息的泄露，如记录信息的媒介丢失、员工离职带出、公司服务器被入侵等。

⭐ **案 例**

阿里巴巴数据安全成熟度模型

近年来，国内外发生各种涉及个人信息安全案例，如 CSDN 遭受攻击、12306 网站信息泄露、徐玉玉案、Yahoo 邮箱泄露案、Equifax 征信信息泄露案等。大数据时代，数据日益成为核心的生产要素，数据驱动创新、数据驱动发展已经成为社会共识，然而数据安全问题仍然是政府、行业和企业都面临的巨大挑战。

阿里巴巴集团安全副总裁杜跃进将阿里巴巴称作一家"数据公司"，他透露阿里巴巴很早就着手建设针对数据的安全管理规范，这套规范是基于

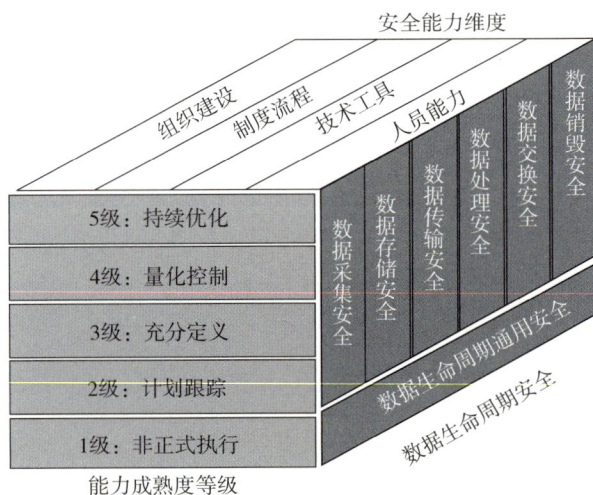

图 4-1 阿里巴巴数据安全成熟度模型

自身的数据安全实践，借鉴国际上成熟的度量模型，聚焦组织在数据上的安全管理能力。

据了解，上述模型围绕数据生产、存储、使用、传输、共享到销毁的全生命周期，覆盖了组织建设、制度流程、技术工具和人员能力四个能力维度，共计 14 个安全域，50 个安全管理过程。目前阿里巴巴已投入近百人团队建设一套完整的大数据安全管理规范，以保护数据安全、用户隐私和数据的合规使用，并基于数据安全能力成熟度模型（Data Security Maturity Model，DSMM）推出"数据安全合作伙伴计划"，希望通过与合作伙伴的协同，共享阿里在数据安全方面的经验与能力，帮助各企业、行业建立和提升体系化的数据安全能力，以实现全行业生态的可持续发展。

延伸阅读

中国的产品/服务质量以及隐私保护问题

产品质量安全问题

中国的产品质量安全问题比较突出，特别是在食品、药品、农产品等与老百姓日常生活紧密相关的领域，如白酒塑化剂、三聚氰胺奶、瘦肉精猪肉、抗生素速成鸡、地沟油、毒大米、染色馒头、硫磺药材、含铬毒胶囊……产品安全的问题出现了一波又一波，引起了公众的极大焦虑和不安。

服务质量问题

服务方面，调查显示，目前中国家电、保险、汽配、网约车、电商等 10 个行业服务质量诚信承诺问题较为突出。

产品和服务的安全问题不仅影响消费者的日常生活和社会的正常商业秩序，也拷问着企业的社会责任良知。CSR 是全球化的一个趋势，中国层出不穷的产品、服务质量安全事件不仅影响到中国企业在国际上的声誉，也不利于企业自身竞争力的提升。

消费者隐私保护问题

由于中国目前还没有个人信息保护的专项立法，监管的空白造成很多企业对消费者个人信息的保护不够重视，许多企业甚至不当收集和使用消费者的个人信息。社会上屡屡发生消费者信息泄露引发的诈骗、行窃和骚扰案件，消费者的个人信息和隐私被放到网上公开售卖的现象也一度泛滥，企业对消费者信息和隐私的责任保护意识，已经严重影响到消费者的人身及财产安全。

4.4 可持续消费及消费者教育

4.4.1 可持续消费

"可持续消费"旨在通过减少和消除不可持续的生产和消费模式，以实现可持续发展和人类更高的生活质量。

"可持续消费"是指以符合可持续发展速度的消费产品和资源，满足当代人类的基本需求，提高生活质量，同时不影响和危及后代的需求。可持续消费的核心理念就是绿色、适度、文明、健康。企业在促进可持续消费中的作用在于向消费者提供与产品和服务以及整个价值链相关的准确的社会、经济、环境信息，并将之纳入消费者选择和决策的考虑，使消费者在可持续发展中发挥重要的作用。

可持续消费有三个原则：

（1）适度消费原则：适度消费既反对过度消费，也反对过分节约。过度消费会导致人与自然的矛盾，而过分节约则降低生活水平，抑制生活情趣。适度消费还应坚持健康的消费，反对无意义和对人体有害的消费。

（2）公平消费原则：提倡面向全体公民的消费模式，不鼓励和反对少数人的高消费、超前消费、挥霍消费以及畸形消费。

（3）以人为本消费原则：鼓励以实现人的全面发展为目的的消费。在总体消费中，增大精神文化消费的比重；在物质消费中，增大绿色产品的消费比重。

延伸阅读

延伸阅读：新能源汽车的大力发展与可持续消费

新能源电动汽车，可以降低汽车燃油消耗量，有效缓解燃油供需矛盾；此外还可以大大减少汽车的尾气排放，改善大气环境质量。中国政府"十二五"以来一直大力推进新能源汽车，2015年和2016年中国新能源汽车产销量连续两年居世界第一，累计推广量超过100万辆。

本次调查中，超过63.81%的消费者也表现出对电动汽车的购买欲望。国务院发布《节能与新能源汽车产业发展规划（2012—2020年）》，特别提出"营造有利于产业发展的良好环境"。国家和地方政府通过补贴汽车生产公司和购买电动汽车消费者，提高新能源汽车的市场竞争力，同时也逐渐完善新能源汽车的市场配套机制。作为后续使用过程中的经济成本和配套设施的完善程度极大地影响着消费者的决定，2015年新能源汽车的购买率仅为0.6%，新能源汽车的满意度为64.3%。

随着新能源汽车技术的日臻成熟，充电桩等配套设施的日臻完善，北京等多个城市先后出台了有利于新能源汽车消费的私家车限行政策，有助于缩小消费者对新能源汽车的购买意愿与实际的购买行为之间存在的巨大差异，也将有力地推动新能源汽车成为可持续消费的一个新亮点。

4.4.2　消费者教育

"教育和意识"旨在促使消费者基于所得到的信息充分认识到自己的权利和责任，做出更加理智的购买决策和开展更加负责任的消费活动。

"消费者教育"是指对消费者进行有目的、有计划地传播消费知识，宣传消费观念，培养消费技能，交流消费经验，提高消费质量的活动。"消费者教育"来源于发达的西方国家，是一种社会性国民运动，目的在于引导消费者进行正确的、健康的消费，在消费过程中保护消费者应当享有的权利。消费者教育活动一般由两个层次承担，即政府、社会团体和行业组织机构承担的消费者教育活动，以及企业组织实施的消费者教育活动。

消费者教育的必要性体现在如下几个方面：

（1）从商品和市场角度来看：丰富的种类和复杂的交易。由于缺乏商品知识、消费经验不足和自我保护意识不强，消费者面对海量的商品时往往目不暇接，容易被诱购和欺骗。另外，市场秩序的不规范和交易的专业性、复杂性，使消费者处于信息不对称的弱势地位。

（2）从消费者角度来看：需求和利益的冲突。消费者的需求与消费者利益可能出现不一致的实际情形，例如，不良嗜好消费、迷信消费等非理性消费，以及盲目消费、盲从消费等不合理消费。部分消费模式不是一种"可持续性消费"，如对资源的无限制过度滥用，过度的开发和消费破坏了生态平衡，对消费者自身的损害等。

（3）从理论上来看：消费行为的有限理性。理性消费的提出是以经济学的理性人假设为前提的，而理性人最本质的特征就是其行为都追求自己的效用最大化。由于人在生理和智力、能力等方面的局限性，以及外界事物的不确定性、复杂性，因而，人们在进行经济决策时不可能达到完全理性的程度，至多只能达到"有限理性"的水平。

延伸阅读

延伸阅读：中国的可持续消费现状

企业层面：对可持续性进行规划和消费者教育不足

对产品或服务的可持续性进行规划和消费者教育，涉及环境保护、节能节约等与消费者切身相关的利益。中国大部分企业只关注生产和销售两个环节，对产品使用后的回收和利用往往缺少规划和消费者教育，如废弃电池、节能灯、电子产品的处理和危害，消费者常常缺乏一定的认识和了解。随手丢弃这些产品，容易造成汞污染，对消费者周边的水和土壤等环境造成很大的影响，最终影响消费者自身的安全和健康。

消费者层面：可持续性消费意识上升

而另一方面，根据《2018 伊利中国可持续消费报告》显示，超过九成的中国消费者具备了一定的可持续消费意识，相信个体的日常消费行为会对改善环境有所帮助；七成的消费者对可持续消费关注程度较高。消费者对不同品类产品可持续发展表现接受溢价的态度不同，如对于服装服饰、电子电器、家居建材及装饰类产品，消费者的溢价接受程度较低，而对于食品类的溢价接受程度较高。消费者对可持续产品标识的认知程度较低（见图4-2）。

绿色食品认证 42.9%　中国能效标识 42.3%　中国环境标志 41.0%　中国有机产品 40.1%　中国节能认证 39.8%　RSPO可持续发展棕榈油 39.1%

FSC森林认证 37.5%　MSC水产品认证 20.3%　欧盟有机认证 1.9%　美国USDA有机认证 1.9%　德米特demeter有机认证 1.8%　公平贸易认证 1.8%　BCI良好棉花认证 0.9%

图4-2　消费者对可持续产品标识的认知情况

此外，报告对比2017年的调研结果发现，其中消费者因为"产品以制造商履行CSR（企业社会责任）承诺知名"来选购可持续产品占比仅为27.53%，而2018年的调研数据达到了43.2%，可以看到，公众对企业践行社会责任议题的关注度呈上升趋势。

🔔 典型案例

中国移动——移动改变生活　连接美好未来

中国移动通信集团有限公司（简称"中国移动"）于2000年4月20日成立，注册资本3000亿元人民币。在党中央、国务院的领导下，经过近20年的发展，已成长为全球网络规模最大、客户最多、盈利能力和品牌价值领先、市值排名前列的通信运营商。2018年，公司营业收入7415亿元，纳税额469亿元，同时连续18年入选《财富》世界500强，从2001年的332位跃升至2018年排名第53位。

公司坚持以人民为中心的发展思想，立足中央企业定位和自身业务特色，全方位履行社会责任，致力于以"连接"服务社会可持续发展，以"连接"助力相关方美好生活。在2000年，中国移动还只服务不到4000万的单一移动用户，而截至2018年年底，公司业务已从提供单一移动语音服务拓展到移动数据流量、固定宽带及丰富的数字化应用服务，移动客户数达9.25亿，有线宽带客户数达1.57亿，物联网智能连接数达5.51亿，总连接规模超过16亿。近20年来，中国移动与中国信息通信产业各方携手，砥砺前行，在中国成功将信息通信从少数人享有的稀缺资源，变成惠及全球1/5人口的一流公共基础设施，并以此推动信息通信服务的普及化、信息沟通方式的高效化、信息应用和解决方案的智能化，不仅改变了人们获取信息和沟通的基本方式，更为人们美好生活、经济快速发展和社会文明进步提供数字化的新动能。

一、开创领先连接：从跟随到领跑，以"中国速度"打造一流信息通信基础设施

移动通信行业是我国改革开放以来社会经济发展的一个缩影。曾经，通信技术落后，网络匮乏，寻常百姓通信基本靠吼；如今，信息通信产业腾飞，网联神州，随时随地都能上网畅游。我国移动通信的高速发展来之不易，在成绩的背后，是中国移动人打造精品连接的不懈努力。

作为央企在信息通信业的主力军，中国移动用世所瞩目的"中国速度"，推动实现了中国信息通信业"从 1G 空白、2G 跟随、3G 突破、4G 同步到 5G 引领"的历史性转变，铸就起网络强国建设的坚强基石。2G 时代，中国移动用了接近 10 年时间打造了全球第一的 GSM 精品网，基站规模从 2000 年不到 5 万个发展到 2009 年约 46 万个，人口覆盖率达到 98%，服务超过 5.1 亿移动用户。3G 时代，中国移动积极肩负中国自主知识产权移动通信技术标准 TD-SCDMA 商用化发展重任，用了近五年时间，建成 55 万个 TD 基站，为 2 亿 3G 用户提供服务。进入 4G 时代，中国移动用了不到两年时间，就建成全球最大的 4G 网络，网络覆盖水平全球领先，创造了 4G 发展的"中国速度"。

2003 年至今，公司累计投入资金超 2 万亿元，打造了全球规模最大、覆盖最广的精品移动通信网络；移动基站总数达到 385 万，其中 4G 基站 241 万个，人口覆盖率超过 99%，城区 4G 覆盖率、高铁 4G 综合覆盖率、VoLTE 全程呼叫成功率位居行业首位，4G 客户净推荐值和 4G 网络满意度行业领先。特别是自 2011 年以来，中国移动承担起发展我国主导的 TD-SCDMA 网络制式的重任，并在推动 TD-SCDMA 3G 标准国内规模部署基础上，大力推进我国主导的 TD-LTE 4G 标准走向全球，目前已有 63 个国家和地区共部署了 124 张 TD-LTE 网络，这是通信领域第一次实现中国主导技术全球规模应用的历史性跨越。第四代移动通信系统（TD-LTE）关键技术与应用获国家科技进步奖特等奖。

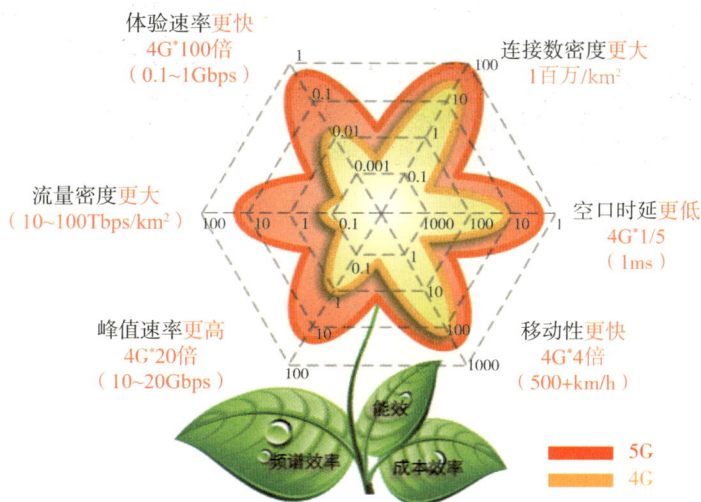

图 4-3 5G 之花

面向 5G，中国移动提前布局，力争走在世界前列。中国移动主导完成《5G 愿景与需求》白皮书，提出的"5G 之花"九大指标中的八个被国际电联采纳，成为全球共识。2017 年年底牵头提出的基于服务的 5G 系统架构正式成为 3GPP 标准，这是中国公司首次牵头制定新一代移动通信系统架构国际标准。随着 5G 技术的不断成熟，5G 改变社会的步伐逐渐加快，中国移动

正努力探索 5G 产品形态，将 5G 服务应用场景拓展至智能交通、智慧工厂、物联网、新媒体等多个领域，携手合作伙伴推动各行各业的网络化、数字化、智能化发展，共同打造 5G 美好生活。

二、推广普惠连接——从稀缺到共享，让信息红利惠及最广大人民群众

为了进一步解决通信基础设施建设与服务区域不平衡问题，中国移动持续推进普遍服务，助力消除发展鸿沟，不断增强用户的获得感。2004 年，在工信部的组织领导下，中国移动启动了发展农村通信、推动农村通信普遍服务的划时代工程——"村村通电话工程"，截至 2015 年，累计投资 458 亿元，为 12.3 万个地处偏远的行政村新开通移动电话。2016 年，为了"让亿万人民在共享互联网发展成果上有更多获得感"，中国移动积极承担"电信普遍服务工程"，已累计完成 38352 个行政村的宽带建设；截至 2018 年年底，中国移动有线宽带服务已覆盖 41.7 万个行政村。今天，无论是在四川大凉山上的"悬崖村"，还是在南海西沙永兴岛，甚至在世界最高峰珠穆朗玛，借助中国移动的精品网络，祖国各地人民已更加紧密地连接在一起。

图 4-4　2007 年 11 月 13 日零点，中国移动珠峰 6500 基站开通，成为世界移动通信发展史的壮举

中国移动积极落实"提速降费"要求，于 2017 年全面取消手机国内长途和漫游费、2018 年取消流量"漫游"费；推进流量资费扩容，降低流量单价，最大限度地满足广大用户的流量需求；推进家庭宽带和企业互联网专线资费降价，持续下调了家庭宽带价格，并于 2018 年推广 20M 以下家庭宽带用户全部免费提速等举措，针对企业推出"速率倍增行动"和"小微宽带"特惠产品，全方位促进信息红利普遍共享，推动中国社会信息消费升级，加大释放消费潜能，助力广大用户安心消费，畅享美好移动生活。

三、打造优质连接——回应客户关切，提供用得起、用得好、用得放心的高品质信息通信服务

企业经营的核心是为客户创造价值，中国移动始终以客户需求为导向，秉承着"客户为根、服务为本"的发展理念，为人民提供用得上、用得起、用得好的信息服务，让群众和企业切实从移动互联网的发展中受益。

中国移动 10086 客户服务热线一直是高品质服务的代名词，在电信运营商内部以及整体服

务行业都享有极高的口碑，客户满意度和运营水平居于行业前列。为了确保热线服务品质持续稳定提升，中国移动根据客户对热线人工服务的三大关键诉求，围绕"易接通、态度好、解决能力强"三个核心关键环节，全面提升热线服务品质，打造优质服务窗口形象和口碑，持续塑造全国服务标杆。

公司成立了专门的客户服务部，对客户反映集中、强烈的服务体验短板问题，采取有力措施，及时回应、解决相关问题，努力提升客户服务感知。针对"不知情定制"问题，制定了《中国移动业务不知情定制治理管理办法（试行）》《关于进一步规范"不限量"套餐服务工作的通知》等系列政策，进一步规范相关管理举措；优化"0000统一查询和退订""二次确认""扣费提醒"等透明消费举措，优化流量提醒服务，在营业厅、门户网站、手机应用等全服务触点向客户公示业务资费信息，方便客户快速查询，维护客户切身利益。

公司致力于打造绿色网络环境，全力保障消费者信息安全，在行业内开创了不良信息集中治理新模式，坚定不移打击电信网络新型违法犯罪，避免客户的人身及财产权益受到损害，2018年，处置各类骚扰电话号码26万个，月均处置垃圾短信3.9亿条。公司还针对各种注册、留号及临时交易场景推出"和多号""中间号"产品，为个人和企业用户号码提供隐私保护方案。

在保障产品和服务质量方面，公司围绕个人、家庭、集客、新业务四大市场，采取严格的产品品质管理，通过在产品全生命周期过程中开展相应的品质保障和提升工作，推动产品品质升级，优化客户使用感知。针对十九大、金砖国家峰会、全运会、台风"温比亚"、九寨沟地震等重点保障任务，中国移动从应急预案演练、监控指挥调度、备品备件、组织人员安排等维度出发，制订全面详尽的保障方案，确保重大重点事件的网络质量保障。

四、共享赋能连接——从授人以鱼到授人以渔，为经济社会发展与民生改善提供新动能

为解决以往扶贫工作中的信息统计难、扶贫队伍管理难、社会资源连接难等痛点问题，中国移动自主开发了精准扶贫系统，通过数据采集、数据留存、数据分析等多种方式，助力帮扶人员实时上传与更新扶贫信息、全程保留驻村扶贫工作痕迹，助力扶贫管理者高效管理扶贫工作队伍，实时了解扶贫地区工作情况与脱贫进度，促进科学决策。截至2018年年底，已在全国14个省71个市县落地，覆盖811万贫困群众与74万名一线扶贫干部。

图 4-5　扶贫干部教村民使用精准扶贫系统手机 APP

在中国移动爱"心"行动贫困先心病儿童救助计划项目的流动先心病筛查车上，公司为其搭载了专门研发的"移动医疗"系统，将筛查送到边远地区和贫困家庭身边，实现了流动筛查、数据传输、远程会诊三位一体功能，有效解决了患儿分布分散、无法及时确诊的难题，降低了患者的就医成本。截至2018年年底，项目已为9省区45648名贫困儿童提供免费先心病筛查，并为确诊的5358名贫困先心病患儿提供免费手术救治。

自2006年以来，"蓝色梦想——中国移动教育捐助计划"已持续开展了13年，项目通过开展校长培训、捐建爱心图书馆和多媒体教室等方式，支持中西部教育设施建设，助力解决教育发展不平衡问题。2018年，中国移动走进四川、山西两省"三区三州"和深度贫困地区，为当地中小学捐建了272个多媒体教室，配备多媒体远程教学设备，并赠送"和教育"产品，让贫困地区的孩子也能享受优质教育资源。截至2018年年底，"蓝色梦想"项目已累计投入超过1.568亿元，培训中西部农村中小学校长115782名。

图4-6 "蓝色梦想"教育捐助计划为贫困地区的孩子们带来优质教育资源

社会的发展离不开创新，而中国移动的连接能力可以为大众创业、万众创新提供平台基础与赋能手段，激发出源源不绝的创新活力。2017年，中国移动对外发布"和创计划"，开启了中国移动创新创业对外开放之旅，围绕能力开放平台、研发云平台，建设和创空间、5G联创中心、开放实验室、创新基地等双创基地，与社会各方携手，整合资源与优势，促进垂直行业的融合发展及新技术的创新升级，激活整个社会的创新动力，全面构建和创生态，赋能产业创新。同时，中国移动正着眼于5G未来需求，全方位布局新兴领域产品研发。一方面，成立人工智能和智慧运营研发中心，布局人工智能技术及产品研发，助力提升关联领域的竞争力；另一方面，为了更好地支撑5G发展，面向垂直行业设立成都、上海、雄安等产业研究院，提升在工业互联网、金融、交通、智慧城市、医疗、教育、农业等各行业产品研发及服务能力，助力各行业数字化转型升级。

中国移动近20年的发展历程已经证明，党和人民赋予中国移动的光荣使命，与中国移动发展壮大的内在诉求在根本上是一致的。主动融入国家发展大局，积极发挥信息动能，在落实使命、承担责任中实现更好发展，是中国移动打造百年央企、实现基业长青的必由之路。当前，党中央、国务院已先后出台网络强国、数字中国和人工智能等国家级规划，提出到21世纪中叶，全面建成网络强国，数字经济整体发展水平进入全球领先行列。作为骨干通信央企，中国移动立志于成为实现"两个一百年"奋斗目标的重要力量，成为代表国家网络空间全球竞争力的领军企业。

当前，5G 发展正在加速，凭借其超大带宽、超低时延、超广连接等特性，将与各行各业深度融合，成为推动经济社会数字化转型的关键基础设施。这是中国移动实现自身可持续发展的机会，更是与全社会共创 5G 新未来的历史性机遇。中国移动将以 5G 发展为契机，全力以赴，积极承担起建设网络强国、数字中国的主力军责任，加快构建新一代智能化信息基础设施，大力推动前沿技术发展与应用创新，为国民经济增长提供新动能，为人民美好生活创造新可能。

思考题

（1）什么是消费者责任？目前关于消费者责任的倡议和规范有哪些？

（2）国内外消费者运动分别产生了怎样的影响？

（3）企业应当承担的消费者责任有哪些？

参考文献

［1］Baron D P. Private Politics. Journal of Economics & Management Strategy, 2010, 12（1）: 31-66.

［2］Drumwright M E. Company Advertising with a Social Dimension: The Role of Noneconomic Criteria. Journal of Marketing, 1996, 60（4）: 71-87.

［3］John A, Klein J. The Boycott Puzzle: Consumer Motivations for Purchase Sacrifice. Management Science, 2003, 49（9）: 1196-1209.

［4］Klein J G, Smith N C, John A. Why We Boycott: Consumer Motivations for Boycott Participation. Journal of Marketing, 2004, 68（3）: 92-109.

［5］Mohr L A, Webb D J. The Effects of Corporate Social Responsibility and Price on Consumer Responses. The Journal of Consumer Affairs, 2005, 39.

［6］韩李静，孟骋. 论企业对消费者的社会责任. 旅游纵览（行业版），2012（2）.

［7］郝睿. 论可持续消费. 生态经济，2000（6）.

［8］鞠伯蕾，金平. 论企业对消费者的责任. 商品与质量，2012（s4）.

［9］雷静. 浅谈从消费者视角看企业的社会责任. 法制视点，2014（6）.

［10］卢东，寇燕. 基于消费者视角的企业社会责任综合解析. 软科学，2009（3）.

［11］罗子明. 消费者心理学 - 第 3 版 // 消费者心理学（第二版）. 2007.

［12］乔舒华等. 中国企业责任调查. 财富，2008（2）.

［13］商道纵横中国可持续发展案例中心. 2018 伊利中国可持续消费报告. 2018.

［14］石梦菊. 企业对消费者的社会责任——对双汇"瘦肉精"事件反思. 环渤海经济瞭望，2011（12）.

［15］中国消费者协会. "听消费者说"调查报告. 2016.

［16］周祖城，张漪杰. 企业社会责任相对水平与消费者购买意向关系的实证研究. 中国工业经济，2007（9）.

第5章
员工责任

党的十九大报告提出："建设知识型、技能型、创新型劳动者大军，弘扬劳模精神和工匠精神，营造劳动光荣的社会风尚和精益求精的敬业风气。""提高就业质量和人民收入水平……破除妨碍劳动力、人才社会性流动的体制机制弊端，使人人都有通过辛勤劳动实现自身发展的机会。完善政府、工会、企业共同参与的协商协调机制，构建和谐劳动关系。坚持按劳分配原则，完善按要素分配的体制机制，促进收入分配更合理、更有序……坚持在经济增长的同时实现居民收入同步增长、在劳动生产率提高的同时实现劳动报酬同步提高。"员工是企业生存与发展的宝贵财富和资源，发展依靠员工、发展为了员工、发展成果与员工共享，这些是众多伟大企业的共同认识。在《华为基本法》第一章第四部分第十七条华为关于员工持股的纲领性的陈述为："我们实行员工持股制度。一方面，普惠认同华为的模范员工，结成公司与员工的利益与命运共同体。另一方面，将不断地使最有责任心与才能的人进入公司的中坚层。"《从领先到极致》的作者、四季酒店创始人、世界顶尖级酒店管理教父伊萨多·夏普（Isadore Sharp）指出，"四季酒店是人的集合——众多善良的人们。员工是垒砌成企业之城的砖石，每一块都不容忽视，每一个都应受到平等宽容的礼遇。伊萨多·夏普鼓励员工勇敢积极去发言，并将优秀的建议融入企业中，让员工的聪明才智得以施展。善于用人，人尽其用，才能充分激发出企业中的个人价值。还要善于给人激励，在适当的节点给出适当的推进力，当然，更要让员工明白自己获得的是长远利益，企业发展与个人发展休戚与共，从而使得所有人上下一心，携手合作，发挥出团队的最大合力。"企业已经充分认识到员工是企业重要的利益相关方之一，没有全体员工的努力，就没有企业正常的运转和良好的发展，因此更加重视履行对员工的责任，努力为员工营造安全健康的工作环境，加强对员工的培养和职业规划设计，注重维护职工的基本权益，实现员工与企业的共同成长和发展。

学习目标

（1）了解国际倡议和规范对企业履行员工责任的期望。

（2）了解我国法律法规对企业履行员工责任的规定。

（3）掌握企业履行员工责任的具体做法和实践。

（4）明确新时代企业参与构建中国特色和谐劳动关系，促进企业和员工共同发展的重大意义。

导入案例

电商行业知名的从事零售科技服务的港股上市公司中国有赞，2019年1月17日公司年会上有公司高层宣部，有赞将实行"996工作制"，即每天工作时间9：30—21：00，一周工作6天。消息出来后，舆论一片哗然，认为涉嫌违反《劳动法》。有赞的CEO则在朋友圈发文称，"绝对是好事"。

2019年春天，"996"再次成为热点话题，阿里巴巴、京东等企业的负责人相继就"996"发表看法。在这场争论中，如何看待工作与休息、奋斗拼搏与加班文化、员工权利与企业治理、雇主与雇员的诉求、成功的意义等，不同话语体系的讨论此起彼伏。在现实中，面对企业稍纵即逝的发展风口、员工工作生活平衡的迫切需要，如何从社会责任的视角破解"996"难题，希望大家在本章的学习后能提出自己的见解。

5.1 员工责任概述

5.1.1 相关概念

5.1.1.1 员工责任与利益相关方

企业员工责任这个概念来源于企业社会责任中的利益相关方理论。1984 年弗里曼在《战略管理：利益相关方管理的分析方法》中指出，利益相关方是能够影响一个组织目标的实现，或者受到一个组织实现其目标过程影响的所有个体和群体①。根据利益相关方的理论，企业社会责任就具体化为企业对股东的责任、对员工的责任、对社区的责任、对供应商的责任、对消费者的责任、对环境的责任、对竞争者的责任等。员工是企业财富的创造者，企业的发展离不开员工的劳动创造，员工是企业社会责任所考虑的最主要的利益相关方，对员工权益的保障也成为企业社会责任最直接和最主要的内容②。企业员工责任即企业对员工承担的责任。

5.1.1.2 员工责任与劳动关系

劳动关系是自工业革命以来劳动者与劳动力使用者及其相关组织在社会经济活动和实现劳动过程中构成的一种社会关系。劳动关系是生产关系的重要组成部分。我国《劳动法》将劳动关系双方的构成主体规定为劳动者与用人单位。在我国社会经济领域中，个别劳动关系、集体劳动关系、社会劳动关系构成了劳动关系的层级结构。劳动关系的主体是指劳动关系的参与者，又称为劳动关系的当事人或行为主体。劳动关系的主体包括劳动者与工会组织、经营者与经营者组织、政府③。

企业履行员工责任的状况，将对企业的劳动关系产生重要影响。企业只有很好地履行员工责任，才能使劳动关系和谐稳定，从而促进企业的可持续发展。当前，很多企业认识到，员工在劳动中创造新的价值，通过其服务潜力为企业带来经济效益，企业要获得持久的竞争优势，就必须重视发挥员工的才能，尊重员工的价值，激发员工的创造力。把员工视为企业的财富，这是企业对人力资源价值的认可④。

5.1.1.3 员工责任与体面劳动

从国际劳工组织 1944 年《费城宣言》（*Declaration of Philadelphia*）中可以看到，国际社会已经认识到"劳动力不是商品"。1999 年 6 月，国际劳工组织局长胡安·索马维亚在第 87 届国际劳工大会上首次提出了"体面劳动"（Decent Work）的新概念，明确指出：所谓体面劳动，意味着生产性的劳动，包括劳动者的权利得到保护、有足够的收入、充分的社会保护和足够的

---

① Freeman R E. *Strategic management : A stakeholder approach* . Boston : Pitman , 1984，pp.58 - 159.

② 李荡、祁少云、李文等编著：《赢在责任——全球化背景下的企业战略新选择》，37~42 页，北京，石油工业出版社，2008。

③ 李玉赋主编：《工会基础理论概论》，145~147 页，北京，中国工人出版社，2018。

④ 殷格非、李伟阳主编：《企业社会责任报告编制指导》，106~107 页，北京，中国人民大学出版社，2010。

工作岗位。为了保证体面劳动目标的实现，必须从整体上平衡而统一地推进促进工作中的权利、就业、社会保护、社会对话四个目标。国际劳工组织已将促进世界各国的劳动者拥有体面劳动作为该组织的首要战略目标，并将此视为检验全球化的试金石。[①]

企业作为劳动关系的重要一方，企业履行员工责任，对于劳动者实现体面劳动具有不可或缺的作用。

5.1.2 员工责任的国际倡议和规范

5.1.2.1 国际劳工组织与国际劳工标准

1919 年，国际劳工组织（International Labor Organization，简称 ILO）作为国际联盟的附属机构根据《凡尔赛和约》成立，1946 年 12 月 14 日成为联合国所属的负责劳工事务的一个专门机构。目前国家劳工组织有 187 个会员，共制定了 189 项公约和 204 项建议书[②]。中国是国际劳工组织的创始成员国，也是该组织的常任理事国。日内瓦时间 2017 年 6 月 12 日下午，在第 106 届国际劳工大会理事会换届选举中，中华全国总工会副主席、书记处书记江广平以最高票 108 票，当选国际劳工组织理事会工人正理事[③]。

国际劳工大会是国际劳工组织的最高权力机关。国际劳工标准一般指国际劳工组织通过的处理全球范围劳工事务的各种原则、规范和标准，它们体现在国际劳工组织制定的劳工公约和建议书当中。国际劳工标准的出现和发展，对人类社会进步事业产生了重要影响[④]。

国际劳工组织理事会共认定八项"核心"公约，涉及劳动关系中的基本原则和权利。见表 5-1。

表 5-1   国际劳工组织八项核心劳工标准

公约名称	编号	中国批准状态
《结社自由和保护组织权利公约（1948）》	第 87 号	
《组织权利和集体谈判权利公约（1949）》	第 98 号	
《强迫劳动公约（1930）》	第 29 号	
《废除强迫劳动公约（1957）》	第 105 号	
《最低就业年龄公约（1973）》	第 138 号	已批准
《最恶劣形式的童工劳动公约（1999）》	第 182 号	已批准
《同酬公约（1951）》	第 100 号	已批准
《（就业和职业）歧视公约（1958）》	第 111 号	已批准

---

① 资料来源：国际劳工组织出版物，《游戏规则：国际劳工标准简介》，http://www.ilo.org/publns。
② 李玉赋主编：《工会基础理论概论》，152 页，北京，中国工人出版社，2018。
③ 资料来源：中华全国总工会，http://www.acftu.org/。
④ 李玉赋主编：《工会基础理论概论》，153 页，北京，中国工人出版社，2018。

中国政府一贯重视维护劳动者合法权益，在加强国内劳动领域法制建设的同时，与工会、企业一道积极参与国际劳动规则的制定工作，切实履行国际义务。截至 2017 年，我国政府已经批准的国际劳工公约 26 项。其中包括四项核心公约。

这些公约所规定的劳动权通过国内的《宪法》《劳动法》《劳动合同法》《就业促进法》《劳动争议调解仲裁法》《社会保险法》《安全生产法》《职业病防治法》《工会法》《失业保险条例》《工伤保险条例》《劳动监察条例》《集体合同规定》等法律法规体现出来。

5.1.2.2 《世界人权宣言》

《世界人权宣言》（以下简称"《宣言》"）是 1948 年 12 月 10 日第三届联合国大会通过的，是有组织的国际社会第一次就人权和基本自由作出的世界性宣言。其中经济、社会和文化权利包括：工作权、同工同酬权、休息和定期带薪休假权、组织和参加工会权、受教育权、社会保障和享受适当生活水准权、参加文化生活权，等等。这些权利涉及了对劳动者的权益保护。《宣言》不是一项国际公约，不具有法律效力。它第一次在国际范围内使人权原则具体化，对世界人权事业起到了积极的推动作用。一般认为，《宣言》是对《联合国宪章》的权威解释，因而它被许多国际组织和各国政府广泛引用。

5.1.2.3 《经济、社会和文化权利公约》

《经济、社会和文化权利公约》由联合国大会于 1966 年通过，是最有影响的国际人权文书之一。规定各缔约国应保障个人的下列权利：工作权，同工同酬权，以及享受公正、良好和安全卫生的工作条件的权利；组织和参加工会的权利；休息权，包括社会保险在内的社会保障权利；获得相当水准的权利等。这些权利涉及了对劳动者的权益保护。

5.1.2.4 联合国倡议

1999 年 1 月在达沃斯世界经济论坛年会上，时任联合国秘书长科菲·安南提出"全球契约"计划，并于 2000 年 7 月在联合国总部正式启动。"全球契约"计划号召各公司遵守在人权、劳工标准、环境及反贪污方面的十项基本原则。"全球契约"的目的是动员全世界的跨国公司直接参与减少全球化负面影响的行动，推进全球化朝积极的方向发展。劳工标准作为四项核心议题之一，包括 4 条原则：企业界应支持结社自由及切实承认集体谈判权；消除一切形式的强迫和强制劳动；切实废除童工；消除就业和职业方面的歧视。2015 年 9 月，联合国大会通过《变革我们的世界：2030 年可持续发展议程》，又称为联合国可持续发展目标（SDGs）。2016 年 9 月，习近平总书记在杭州 G20 峰会向世界承诺，中国要全面落实联合国 2030 年可持续发展议程，促进包容性发展。

5.1.2.5 ISO 26000

ISO 26000 明确了组织治理、人权、劳工实践、环境、公平运营实践、消费者问题、社区参与和发展 7 大核心主题，关于劳工实践的核心主题参见表 5–2[①]。

---

① 资料来源：李伟阳、肖红军著，《ISO 26000 的逻辑——社会责任国际标准的深层解读》，127~144 页，北京，经济管理出版社，2011，http://www.iso.org/iso/home/standards/iso26000.htm。

表 5-2　ISO 26000 的核心主题：劳工实践

议题	行动类型
议题一：就业和雇佣关系	认可和促进就业和雇佣关系； 建立负责任的雇佣关系和维护工作中的基本权利； 在组织影响范围内落实负责任的劳工实践
议题二：工作条件和社会保护	尊重法治，国际行为规范和人权； 提供的工作条件和社会保护符合道德的行为要求
议题三：社会对话	尊重工人的结社自由权和集体谈判权； 支持工人代表充分发挥在社会对话中的作用
议题四：工作中的健康与安全	确保组织拥有并落实高水平的职业健康安全政策、原则和装备； 确保组织能够全面、有效地识别职业健康安全风险； 确保组织能够充分发挥工人在保证工作中的健康与安全的主体作用
议题五：工作场所中人的发展与培训	在平等和非歧视的基础上，在所有工人工作经历的各个阶段，向其提供技能开发、培训和学徒及获得职业晋升的机会； 确保必要时被裁员的工人获得接受再就业、培训和咨询方面的帮助； 制订劳资联合计划来促进健康和福利

5.1.2.6　其他与社会责任相关的标准

鉴于 ISO 26000 从创意到起草再到正式发布经历了一个漫长过程，而中国深度参与到了该标准的制定之中，因此在我国受到了广泛的重视，2015 年 6 月 2 日，中国国家质量监督检验检疫总局、国家标准化管理委员会正式批准发布了以"36000"数字为系列的三项推荐性国家标准：GB/T 36000—2015《社会责任指南》、GB/T 36001—2015《社会责任报告编写指南》和 GB/T 36002—2015《社会责任绩效分类指引》[1]。作为推荐性国家标准，是非强制性标准或自愿性标准，是通过经济手段或市场调节促使自愿采用的国家标准，深深借鉴了 ISO 26000 的有关规定，对我国企业社会责任的发展也是起到了重要的影响。

香港交易及结算所有限公司全资附属公司香港联合交易所有限公司（简称联交所），在 2015 年 12 月 21 日，正式发布了《环境、社会及管治报告指引》的咨询总结文件，明确要求了在联交所上市的公司必须每年披露 ESG 资料，受到了广大企业特别是在香港上市企业的关注[2]。在 ESG 指引中，全部关键绩效指标在 ISO 26000 中均有涵盖，其中涉及员工责任的包括 B1 雇佣，B2 健康与安全，B3 发展与培训，B4 劳工准则[3]。

5.2　就业和雇佣关系/劳动关系

从本节开始，进入到企业履行员工责任的具体要求和实践做法，我们将按照 ISO 26000 劳工实践中 5 大议题来分节介绍。ISO 26000 议题一为就业和雇佣关系，这里我们看到 GB/T 36000—2015《社会责任指南》使用了劳动关系的概念[4]。

---

① 资料来源：国家标准化管理委员会网站，http：//www.sac.gov.cn/。
② 资料来源：香港交易所网站，https：//www.hkex.com.hk/?sc_lang=zh-hk。
③ 管竹笋、代奕波主编：《ESG 管理与信息披露实务》，15 页，北京，企业管理出版社，2017。
④ 资料来源：国家标准化管理委员会网站，http：//www.sac.gov.cn/。

表5-3　GB/T 36000—2015劳工实践议题一

议题一	就业和劳动关系
议题描述	组织宜通过提供充分而固定的就业机会和体面劳动条件来提高社会生活水平。劳动关系双方在享有权利的同时也需承担义务。 不论是根据劳动合同形成的劳动关系，还是根据商业合同形成的非劳动关系，合同双方均有权理解自身的权利和责任，并享有法律保护的权利。 组织还宜制定政策并采取措施，以承担其所负有的照顾志愿者的法律责任和义务
相关行动和期望	组织宜： ——确保所有工作均由合法雇用的人员来完成； ——不试图通过规避劳动关系来推卸组织法律义务； ——宜采用积极的劳动力计划，尽可能避免使用非正式工作或过度使用临时性工作； ——在发生了影响就业的运行变化（如：停业整顿、破产或关闭等）时，宜依法提前向工会或全体员工说明情况，并听取工会或员工的意见，共同考虑如何最大程度地减少消极影响； ——确保所有员工机会平等，并在所有劳动实践中无直接或间接歧视； ——消除随意性或歧视性的解雇行为； ——保护员工的个人信息和隐私； ——采取措施，以确保工作仅承包或分包给有能力和意愿承担组织责任，且能提供体面工作条件的合法组织。组织仅使用合法的劳动中介机构； ——不从其合作伙伴、供货商或分包商的不负责任的劳工实践中获益。组织宜做出适当努力，鼓励自身影响范围内的组织遵循负责任的劳工实践，例如：对供货商和分包商设立合同义务；突击造访和检查；在监督承包商和中介机构时进行尽职调查

5.2.1　就业

　　劳动就业是指具有劳动能力的人，运用生产资料从事合法社会劳动，并获得相应劳动报酬或经营收入的经济活动。党的十八大以来，以习近平同志为核心的党中央坚持以人民为中心的发展思想和全心全意依靠工人阶级的方针，推出一系列重大战略举措，出台一系列重大方针政策，推进一系列重大工作，我国职工队伍的总体规模不断发展壮大。全国总工会调查办公室以2016年国家统计局公布的城镇就业人员和乡镇企业就业人员统计年报、2016年度人力资源和社会保障事业发展统计公报和第六次全国人口普查数据等资料为依据计算，全国职工总数已达3.91亿左右，比2012年的3.5亿增长了11.8%[1]。我国的劳动就业应遵循以下原则：国家促进就业、平等就业、劳动者与用人单位相互选择、竞争就业、照顾特殊群体人员就业和禁止未成年人就业。

5.2.2　签订劳动合同

　　劳动合同是劳动者与用人单位之间，为确立劳动关系，明确双方的权利、义务和责任而订立的协议。劳动合同是确立劳动关系的法律依据。根据《劳动法》《劳动合同法》《劳动合同法实施条例》等的规定，订立劳动合同，应当遵循合法、公平、平等自愿协商一致、诚实信用的原则。企业招用员工时应当按照法律法规的要求，在平等自愿、协商一致的基础上与员工签订劳动合同。劳动合同应当以书面形式订立，并具备以下条款：劳动合同期限、工作内容、劳动

---

[1]　李玉赋主编：《第八次中国职工状况调查》，20页，北京，中国工人出版社，2017。

保护和劳动条件、工作时间、劳动报酬、劳动纪律、劳动合同终止的条件、违反劳动合同的责任。任何单位不得以结婚、怀孕、产假、哺乳等为由，辞退女职工或者单方解除劳动合同。

5.2.3 禁止歧视与惩罚

员工不应当仅因其民族、种族、性别、宗教信仰、残疾、个人特性等客观原因在招用、培训、晋级、薪酬、生活福利、社会保险、解聘、退休等方面受到不公平的对待。企业应当尊重员工不同的风俗习惯和信仰，只要该风俗习惯与信仰在合理的范围内并且不会伤害到企业或其他员工的合法权益。企业应保证员工不会受到体罚、殴打；企业也不得支持或纵容该类行为。企业应保证员工不会受到人身、性、心理或者语言上的骚扰或虐待；企业也不得支持或纵容该类行为。企业应当避免和制止管理人员要求员工以性好感作为获得有利待遇的交换或者作为保住工作的条件。

5.2.4 供应商责任

当前，提高和优化整个供应链效率对于供应链上每一个企业的发展都具有十分重要的意义。特别是在经济全球化的大背景下，品牌企业不仅自身要履行好社会责任，还要关注供应链的责任，对大的品牌企业而言，消费者认为注重其产品的品牌影响力和美誉度，不论这一企业生产的是否最终产品，还是原材料或中间产品，往往大的企业其供应商一旦出现风险，受到损失最大的往往是品牌企业，因此，从企业社会责任实践发展来看，跨国企业率先关注供应链企业履行社会责任问题，目前，越来越多的企业也开始关注带动、影响整个供应链提高可持续发展绩效，通过合作实现企业和供应商的双赢。

⭐ **案例**

巴斯夫大中华区：贯穿整个价值链的企业责任

自 1992 年以来，巴斯夫始终致力于贯彻责任关怀的原则——这是化工行业发起的一项志愿行动，旨在不断改进环境保护、健康与安全表现。2011 年，巴斯夫与几家企业联合发起了"携手实现可持续发展"倡议，旨在为化工行业制定全球统一的供应商评估及审计标准。2014 年，该倡议的首届全球会议在中国召开。

巴斯夫在安全方面从不妥协。这一原则深深植根于公司战略之中，并且在自有装置运营以及与第三方合作中坚持这一理念。巴斯夫全球政策涵盖了环境保护、健康与安全（EHS）、安保、沟通和能源效率等方面，并通过责任关怀®管理体系（RCMS）贯彻到运营之中。该政策和 RCMS 体系是以巴斯夫战略和企业指导方针为基础，适用于整个巴斯夫集团。在以严格标准规范自身运营的同时，公司也对承包商和供应商提出了相同的高标准。在选择承运商、服务商和供应商时，不仅考虑价格因素，更看重他们在环境和社会责任方面的表现。

资料来源：《巴斯夫大中华区 2015 年度报告》。

5.3　工作条件和社会保护

ISO 26000 劳工实践中议题二为工作条件和社会保护，GB/T 36000—2015《社会责任指南》也使用了相同的概念[①]。

表 5-4　GB/T 36000—2015 劳工实践议题二

议题二	工作条件和社会保护
议题描述	工作条件包括工资和其他形式的补偿、工作时间、休息时间、节假日、纪律和解雇、生育保护和一些福利（如安全饮水、卫生、食堂和医疗服务等）等。社会保护是指关于提供医疗保健和家庭福利以及有关减轻因工伤、疾病、生育和抚养子女、老年、失业、残疾或经济困难而导致的收入下降或丧失的所有法律保障和组织政策与做法。组织宜提供合适、公平、恰当的工作条件，并对社会保护给予应有的关注
相关行动和期望	组织宜： ——确保工作条件符合国内法律法规和适用的国际劳工标准； ——提供关于以下各方面的体面工作条件：工资、工作时间、每周休息时间、节假日、职业健康安全、生育保护以及兼顾家庭责任； ——尽可能允许遵守民族文化和宗教的传统与习俗； ——努力提供工作条件，使员工能够最大程度地实现工作与生活相平衡； ——依法支付工资和其他形式的报酬，工资应至少符合当地最低工作标准要求； ——同工同酬； ——向相关员工直接支付工资，除法律法规或其他法律约束性文件另有规定外，不得限制或扣除员工工资； ——履行关于向员工提供生活保护的所有义务； ——尊重员工享有法律法规或其他法律约束性文件所规定的标准工时或协议工时的权利。还宜向员工提供每周的休息时间和带薪休假； ——尊重员工的家庭责任，依法向其提供合理的工时和育婴假，并在可能时提供托幼和其他便利，以便员工实现恰当的工作生活平衡； ——依法向员工提供加班补偿。当要求员工加班工作时，组织宜考虑到有关员工的利益、安全和福利，以及工作中存在的任何危险。组织宜遵守法律法规或其他法律约束性文件关于加班的规定

5.3.1　按时足额支付劳动报酬

从形式上看，工资是劳动者付出劳动以后，以货币形式得到的劳动报酬。工资的基本形式包括计时工资和计件工资，此外奖金、津贴和补贴、加班加点工资和特殊情况下的工资为工资的辅助形式。根据《劳动法》《劳动合同法》《劳动合同法实施条例》等的规定，劳动者工资分配应当遵循按劳分配的原则，实行同工同酬。工资水平在经济发展的基础上逐步提高，国家对工资总量实行宏观调控。用人单位根据本单位的生产经营特点和经济效益，依法自主确定本单位工资分配方式和工资水平。工资应当以货币形式按照企业预定的支付周期直接支付给劳动者个人，不得克扣或者无故拖欠劳动者的工资。特别是《刑法修正案（八）》的颁布，恶意拖欠

---

① 资料来源：国家标准化管理委员会网站，http://www.sac.gov.cn/。

工资入罪，企业支付工资的责任更加明确。劳动者在法定休假日和婚丧假期间以及依法参加社会活动期间，用人单位应当依法支付工资。此外法律还规定了，在安排劳动者延长工作时间，休息日安排劳动者工作又不能安排补休，以及法定休假日安排劳动者工作的情况下，用人单位应当按照一定标准支付高于劳动者正常工作时间工资的工资报酬，即规定了加班工资的最低标准。

5.3.2　最低工资制度

我国《劳动法》第 48 条、第 49 条规定我国实行最低工资保障制度，最低工资的具体标准由省、自治区、直辖市人民政府规定，报国务院备案。用人单位支付劳动者的工资不得低于当地最低工资标准。确定和调整最低工资标准应当综合参考下列因素：劳动者本人及平均赡养人口的最低生活费用；社会平均工资水平；劳动生产率；就业状况；地区之间经济发展水平的差异。2004 年 3 月实施的《最低工资规定》对有关最低工资标准的问题做了许多具体规定。最低工资标准，是指劳动者在法定工作时间或依法签订的劳动合同约定的工作时间内提供了正常劳动的前提下，用人单位依法应支付的最低劳动报酬。近年来，随着我国经济稳步发展，各地的最低工资标准都在逐年提高。具体来讲，员工在正常劳动的情况下，企业应当保证支付给员工的工资在除掉以下各项后仍然不低于企业所在地最低工资标准：延长工作时间产生的额外的报酬；以货币形式支付的住房补贴以及伙食补贴；中班、夜班、高温、低温、井下、有毒有害等特殊工作环境和条件下的津贴。同时，法律规定劳动者在试用期的工资不得低于本单位相同岗位最低档工资或者劳动合同约定工资的 80%，并不得低于用人单位所在地的最低工资标准。因此，企业不得以学徒工、试用期等为借口，克扣员工工资。截至 2018 年 9 月，上海、北京、广东、天津、江苏、浙江 6 地的月最低工资标准超过了 2000 元。其中，上海月最低工资标准达到 2420 元，为全国最高。在小时最低工资标准方面，北京、上海、天津、广东的小时最低工资标准超过 20 元大关，其中小时最低工资标准最高的是北京，为 24 元 [①]。

5.3.3　工作时间与休息休假

根据《劳动法》《劳动合同法》《劳动合同法实施条例》等的规定，劳动者每日工作时间不超过 8 小时，平均每周工作时间不超过 44 小时。1995 年 3 月 25 日国务院作出了关于修改《国务院关于职工工作时间的规定》的决定，明确职工每日工作 8 小时、每周工作 40 小时。用人单位应当保证劳动者每周至少休息一日。任何单位和个人不得擅自延长职工工作时间，因特殊情况和紧急任务确需延长工作时间的，按国家有关规定执行。同时，《劳动法》还规定：如果用人单位由于生产经营需要，经与工会和劳动者协调之后可以延长工作时间，一般每日不得超过 1 小时；因特殊原因需要延长工作时间的，在保障劳动者身体健康的条件下延长劳动时间每日不得超过 3 小时，每月不得超过 36 小时。同时应当按照国家规定支付高于劳动和正常工作

---

① "多地迎最低工资标准调整窗口期"来源：经济日报，2018-10-25，中国政府网 http://www.gov.cn/xinwen/2018-10/25/content_5334229.htm。

时间的工资报酬。任何企业都不得以暴力、威胁或者非法限制人身自由等手段强迫或强制员工劳动或服务。

5.3.4 工资增长机制

劳动者与用人单位在平等协商的基础上建立劳动关系，作为双方约定的重要内容，劳动者付出一定劳动，企业应支付相应的工资。因此，工资是双方约定的重要内容，我国法律没有规定企业向员工支付工资的增长机制。对于一般员工而言，企业发放的工资是其最主要的收入来源，承载着员工个人及家庭衣食住行、教育、医疗等各方面生存和发展的需要。而随着经济发展和物质生活水平的提高，考虑物价增长和通货膨胀的压力，以及员工从事劳动的熟练程度和效率提高，企业及所在行业的发展，企业应该建立合理的工资增长机制。我国实行最低工资保障制度，各地方标准近年来在逐步调整提高。据中华全国总工会调查数据显示，全国职工月平均工资为 3604.4 元，比第七次全国职工队伍状况调查时的 2562.5 元提高了 40.7%。劳动报酬占初次分配的比例超过 2014 年的 50%[①]。

从企业的人力资源管理实践来看，相当一部分企业都建立了薪酬增加制度，同时加强绩效管理，把对员工的业绩考核与职位升迁和薪酬增加挂钩，通过提供有竞争力的薪酬为企业吸引和留住优秀人才。

5.3.5 基本社会保险

根据《劳动法》《社会保险法》《工伤保险条例》《失业保险条例》等法律法规以及国务院关于企业职工养老保险、基本医疗保险制度的相关规定，用人单位应当为员工办理基本养老保险、失业保险、医疗保险、工伤保险、生育保险等，并按照有关规定及时足额缴纳社会保险费用。我国的法律对企业员工参加社保规定了强制性的义务，但从实际履行情况来看，企业不给职工上保险，通过降低标准、减少参保时间等方式少缴社会保险费用，不按时缴纳等情况还时有发生。据人力资源和社会保障部数据，截至 2016 年年底，全国参加城镇职工基本养老保险、城镇职工基本医疗保险、失业保险、工伤保险和生育保险人数分别为 37930 万人、29532 万人、18089 万人、21889 万人、18451 万人，分别比 2012 年末增加了 7503 万人、3046 万人、2864 万人、2879 万人、3022 万人[②]。

5.3.6 其他社会保障和福利

在法律规定之外，一些企业也已经逐步认识到为员工提供法定之外的社会保障和福利等，对于获得员工的信任、增进员工的归属感具有重要的作用。通过年金、商业医疗保险等形式提供更多的社会保障。

---

① 李玉赋主编：《第八次中国职工状况调查》，56 页，北京，中国工人出版社，2017。
② 李玉赋主编：《第八次中国职工状况调查》，57 页，北京，中国工人出版社，2017。

🔖 **案例**

京东——有尊严的工作和生活

京东相信员工的幸福感和工作激情是一家伟大公司的原动力。在"以人为本"企业文化指引下，京东通过设立类型丰富、按需定制、体验优先的福利体系，努力为员工创造有尊严的生活和工作环境，不断提升京东人的工作幸福感。京东与全部员工签订劳动合同，足额、全额缴纳五险一金。2016 年为员工缴纳的五险一金超过 27 亿元。配送员还有额外的意外伤害商业保险、特殊环境补贴和丰富的日常、节日关怀慰问。每年为员工提供体检，并为不同工作岗位的一线员工定向增加检查项目，如给配送员定向增加了专项的腰肌劳损检查和专项的肠胃检查等。

京东坚持公平、公正、公开的原则，招聘优秀、适用之人才，无种族、宗教、性别、年龄等区别。为积极推进残疾人社会保障体系和服务体系建设，在全社会大力弘扬人道主义精神，倡导扶残助残良好社会风尚，京东积极与政府部门对接，为残障人士提供就业岗位和就业机会，目前在财务岗位、信息技术岗位、运维工程师岗位、配送员岗位、建仓工程师岗位及叉车司机岗位等均安排有残障人士。

公司的重大运营调整都会及时以公告、通知等形式告知全体员工，或召开专门的员工沟通会议。为加强员工沟通，京东建立了多种员工沟通渠道收集员工的意见、建议和投诉，及时处理并反馈。

京东集团严格遵守国家相关劳动法律法规，合法合规用工。在工作中充分保证员工的休息休假权利，合理安排工作时间，确保员工的身心健康。京东坚持男女同工同酬，鼓励多劳多得，从薪酬待遇到岗位成长空间等各个维度保障员工的薪酬福利。

公司高度重视安全生产和员工的职业健康，采用有效的职业安全卫生防护措施，对可能发生急性职业损伤的工作场所，设置报警装置，配备现场急救用品、医药箱，并由专人管理；员工使用的安全防护用品定期检查、检验，确保其处于正常状态，定期对员工开展安全教育，每年免费为员工安排健康检查。

资料来源：《京东集团企业社会责任报告 2013—2017》。

5.3.7　女职工和残疾人的权益保护

我国《劳动法》《妇女权益保障法》对妇女的劳动权、获得报酬权、休息休假权等方面加以保护，要求企业实行男女同工同酬，在晋职、晋级、评定专业技术职务等方面坚持男女平等的原则等。除此之外，《劳动法》和《女职工劳动保护特别规定》等还就企业对女职工，特别是从事一些特殊工种、女职工在怀孕、哺乳等情况下的一系列特别保护进行了规定。根据《宪法》《劳动法》《残疾人保障法》《残疾人就业条例》《就业服务与就业管理规定》等的规定，用人单位应当为残疾人职工提供适合其身体状况的劳动条件和劳动保护，不得在晋职、晋级、评定职称、报酬、社会保险、生活福利等方面歧视残疾人职工。同时法律也规定了国家对安排残疾人就业达到、超过规定比例或者集中安排残疾人就业的用人单位和从事个体经营的残疾人，依法给予税收优惠，并在生产、经营、技术、资金、物资、场地等方面给予扶持。用人单位应当根据本单位残疾人职工的实际情况，对残疾人职工进行上岗、在岗、转岗等培训。用人单位安排残疾人就业的比例不得低于本单位在职职工总数的 1.5%。具体比例由省、自治区、直辖市人民政府根据本地区的实际情况规定。

⭐ **案例**

沃尔玛帮助女性拥有企业成长

2011 年 9 月，沃尔玛宣布启动全球"女性经济自立"项目，将发挥其辐射全球的业务规模和资源优势，为女性提供更多的发展机会。该项目很快就在约占世界女性人口 1/5 的中国开展，并响应了男女平等的基本国策。到 2016 年年底，沃尔玛预计将为"女性经济自立"中国项目累计捐出 9130 万元人民币。

女性零售培训项目

a. 与中国连锁经营协会合作打造"零售明日之星"培养计划

沃尔玛中国向中国连锁经营协会分阶段捐赠 500 万元，该项目将主要为开设连锁经营、市场营销等商贸类专业的中等职业院校提供培训，计划到 2016 年年底将培养 200 名在职教师和 20000 名在校学生，其中超过一半为女教师和女学生。

b. 沃尔玛基金会"全国零售训练营"计划

截至 2016 年年底，沃尔玛基金会将在中国投入 520 万美元（3313 万元人民币），培训 45000 名（其中 36000 名女性）零售人才，覆盖 10 个省。

2015 年 11 月 7 日，在第十七届中国连锁业会议上，沃尔玛基金会与中国连锁经营协会签署"全国零售训练营"项目合作协议，将捐赠 150 万美元（约 950 万元人民币）。在今后两年内，针对中国内地在校的 1.5 万名中高职院校学生——其中超过一半为女生，开展零售经营能力提升培训，为他们今后从事零售或相关行业工作，或自行创业开设小型门店打下知识基础。

2016 年 6 月 21 日，沃尔玛基金会"全国零售训练营"项目中的贫困妇女电商创业培训课程在江西南昌启动。该项目旨在通过电子商务培训实现精准扶贫，让更多的农村贫困女性了解和掌握电子商务这一创新的网络零售技能，通过电子扶贫工程使农村贫困女性从中受惠。

资料来源：《沃尔玛中国企业社会责任报告》。

5.3.8　农民工的权益保护

农民工是我国特有的城乡二元体制的产物，是我国在特殊的历史时期出现的一个特殊的社会群体。广义的农民工包括在本地乡镇企业就业的离土不离乡的农村劳动力和外出进入城镇从事第二、第三产业的离土又离乡的农村劳动力，狭义的农民工主要是指后一部分人。据国家统计局《2018年农民工监测调查报告》显示[①]，2018年农民工总量为28836万人，1980年及以后出生的新生代农民工占全国农民工总量的51.5%。在新生代农民工中，"80后"占50.4%；"90后"占43.2%；"00后"占6.4%。

据中华全国总工会《关于职工劳动经济权益保障和实现情况的报告》显示[②]，经济增长放缓给农民工就业总量带来压力，同时就业招工两难的结构性矛盾更为突出。目前大多数农民工从事以制造业、建筑业为主的第二产业，接受过技能培训的比例总体偏低，农民工参保比例大大低于城镇就业人员参保比例，劳动合同签订率低，2016年与雇主或单位签订了劳动合同的农民工比重为35.1%。按照"十三五"规划要求，对于涉及农民工的公共设施布局、财政开支安排、法律规章制度完善等予以重点倾斜。

★ 案例

中国中铁——重视关爱农民工

2017年，全公司为180万农民工提供了就业岗位，在大力推行农民工与职工"五同"管理的基础上，持续推进农民工实名制管理、工资专用账户、工资保证金和银行代发工资等制度。严格做好农民工岗前安全教育培训和现场操作技能培训，对特殊工种全部进行岗前强化培训，不断提高农民工作业技能。同时，采取多种措施，保证农民工工资按时足额发放。

2017年，中国中铁坚持以工地生活、工地文化、工地卫生"三工"建设为抓手，全年累计投入"三工"建设资金约2.81亿元，全面改善施工一线的生活文化卫生水平，为一线员工营造了良好的生活和工作环境。

2017年，中国中铁在工程项目部全面实施"幸福之家十个一工程"，以提升员工幸福指数为目标，紧紧围绕项目部中心工作，重点抓好美化劳动工作环境，搭建建功立业平台，丰富工地文化生活，关爱员工身心健康，维护员工合法权益，构筑员工精神家园等工作，让每位职工都有一个安全卫生的好环境、一个工作生活的好心情、一个身心健康的好体魄，实现体面劳动、幸福生活、全面发展。

中铁上海工程局广泛开展"职工小家"标准化建设，规范统一工程项目驻地建设标准，使项目"职工小家"的外观色彩、整体风貌、形象元素和设备设施整齐划一，不仅节约了项目驻地建设成本，也使企业更加"像家""是家"，职工更加"爱家""恋家"。

资料来源：《中国中铁股份有限公司2017社会责任报告暨ESG（环境、社会与管治）报告》。

---

① 资料来源：2018年农民工监测调查报告，http://www.stats.gov.cn/tjsj/zxfb/201904/t20190429_1662268.html。
② 李玉赋主编：《第八次中国职工状况调查》，59页，62页，北京，中国工人出版社，2017。

5.4 社会对话/民主管理和集体协商

ISO 26000 的劳工实践议题三是社会对话，是指政府、雇主和雇员代表两者或三者之间就经济、社会方面共同关注的事宜所进行的各种谈判，协商和信息沟通[①]。根据我国相关法律法规和实践，GB/T 36000—2015《社会责任指南》将议题三设定为民主管理和集体协商。

表 5-5　GB/T 36000—2015 劳工实践议题三

议题三	民主管理和集体协商
议题描述	民主管理是指，组织按照"合法、有序、公开、公正"的原则，建立民主管理制度，支持员工参与组织管理活动，尊重和保障员工依法享有的知情权、参与权、表达权和监督权等民主权利。职工代表大会（或职工大会）是员工行使民主管理权利的机构，是组织民主管理的基本形式。组织民主管理制度包括：职工代表大会（或职工大会）、事务（厂务）公开制度、职工董事和监事制度等。组织民主管理制度还可以采用民主恳谈会、劳资协商会、职工议事会等多种民主协商对话形式。 对尚不具备单独建立职工代表大会制度条件的中小型组织，它们可以通过选择代表联合建立区域（行业）职工代表大会制度，开展组织民主管理活动。 集体协商是指，员工一方通过工会组织或员工代表与组织或其代表就劳动关系的内容进行协商的过程。集体协商的内容包括劳动报酬、工作时间、休息休假、职业健康安全、保险福利等事项。有效的集体协商有助于促进组织的民主管理，促进组织与其员工之间的理解，改善组织内的劳动关系。 民主管理和集体协商也是组织应对管理变革的有力手段。它可被用来设计技能开发计划，以促进人力发展和提供生产率，或者用于减少组织运行改革所带来的负面社会影响。员工参与管理不仅能够提高员工主人翁意识，激发员工的主动性和创造性，更能融合不同的利益关系，提高组织的包容性，通过法定的沟通与平衡机制缓和不同群体之间的利益冲突，提高组织内部的凝聚力和向心力，提高组织的核心竞争力
相关行动和期望	组织宜： ——意识到民主管理和集体协商对于自身的重要性； ——依法建立和完善以职工代表大会（或职工大会）为基本形式的组织民主管理制度，实行事务（厂务）公开，加强民主管理工作，支持员工依法民主参与和监督组织的管理活动； ——尊重和积极支持工会组织为维护员工合法权益而组织员工依法开展的民主管理活动； ——建立集体协商制度，形成规范且有效的良好运行机制； ——当发生可能对就业产生重大影响的运行变化时，合理告知政府有关主管部门和员工代表，以便共同审查其影响，从而最大限度地减轻消极影响

5.4.1 民主管理

根据《宪法》《劳动法》《公司法》《企业国有资产法》《劳动合同法》等规定，企业实行民主管理主要有以下几种形式：一是职工代表大会制度，作为基本形式，主要职权包括对企业经营重大决策进行审议，并提出意见和建议，对有关职工切身利益的重大事项表示认可或否决，对职工生活福利方面的重大问题作出决定，评议、监督企业行政领导干部，民主选举（或推荐）企业管理人员；二是厂务公开制度，公开内容包括企业重大决策问题、企业生产经营管

[①] 中国国家标准化管理委员会：《ISO 26000 社会责任指南》（中文版），北京，中国标准出版社，2011。

理方面的重要问题、涉及职工切身利益方面的问题、与领导班子建设和党风廉政建设密切相关的问题；三是职工董事、职工监事制度，通过职工代表大会或其他形式民主选举一定数量的职工代表进入董事会、监事会，代表职工行使参与企业决策权利、发挥监督作用。此外，还有区域（行业）职代会、职工民主管理委员会、民主恳谈会、班组民主管理、民主协商会等民主管理形式。

5.4.2　集体协商

工资集体协商是指工会或职工代表与企业代表依法就企业内部工资分配制度、工资分配形式、工资收入水平等事项进行平等协商，在协商一致的基础上签订工资协议的行为。工资协议，是指专门就工资事项签订的专项集体合同。工资集体协商的主要类型有企业工资集体协商，行业（产业）工资集体协商，区域性工资集体协商。《劳动法》《工会法》《劳动合同法》都对开展工资集体协商做出原则性规定，《集体合同规定》《工资集体协商试行办法》等部颁规章进一步做出细化规定。根据中华全国总工会的统计，截至 2017 年年底，全国 30 个省（区、市）人大或政府出台了 41 部集体协商地方性法规或政府规章，15 个省（区、市）颁布了工资集体协商条例或政府规章，鞍山等多个城市对工资集体协商进行了立法。有些省（区、市）在民主管理条例、企业工会工作条例中，设专章对集体合同制度作出了规定。

> ⭐ **案例**
>
> #### 电装（中国）投资有限公司上海分公司
>
> 电装（中国）投资有限公司由全球第二大汽车零部件企业——电装于 2003 年在华独资成立，在全国设有 8 家分公司，共有中方职工 850 人。2007 年，电装（中国）投资有限公司上海分公司的一部分中方职工为维护自身合法权益，率先建立工会。随后，其他 7 家分公司也相继成立工会，并由上海分公司工会主席担任会长，领导由 8 家工会组建的电装（中国）投资有限公司工会联席会，与企业每年开展工资、奖金、福利、管理制度等四项劳资集体协商。
>
> （一）协商准备：电装公司的工资集体协商序幕是一年一度的电装中国年度劳资峰会，双方全体协商代表一起出席峰会。公司董事长、总经理就过去一年的企业经营状况进行总结，各位分管副总经理就各自分管领域的工作成果进行发表，工会联席会负责人向与会者介绍过去一年 8 家工会的工作内容和取得的成绩。集体协商的双方代表就对方发表的内容提出问题，被问者当场要对提问作出答复。通过劳资峰会，公司方向工会方披露企业经营数据，工会则依据这些经营数据来验证、调整自己的集体协商目标。
>
> （二）预备会议：人事部长和 8 位工会主席参加，预备会议将确定接下来三轮正式协商的具体流程、议题，尤其是当年集体协商活动中新出现的变化点，更需要双方在正式协商举行之前达成一致意见，避免在正式协商中发生冲突，滞延协商进程。
>
> （三）第一轮协商：先由职工方提交本年度奖金期望值以及依据。职工方主要基于以下原则提出要求：一是工资增幅不低于过去 12 个月的 CPI 平均值，确保实

际工资的增长；二是经过上述 CPI 调整后的工资的竞争力指数不得低于上年度美世（Mercer）指数 65% 分位，即确保电装职工工资竞争力每年都维持在本地区本行业工资水平最高的前 35% 的企业之列；三是如果经过以上两次调整后的累计加薪率依然低于政府公布的当年工资增长指导线基准线的，则提高到基准线规定的增长比例（注：在企业盈利的情况下）；四是在公司效益增长较快且行业内对标企业或电装日本本部的当年工资增长比例超过上述三项累计加薪率的，工会将酌情向公司提出更高的加薪要求。

工资集体协商第一轮协商会议中的公司方会针对职工方的期望值及依据提出不同意见，同时向职工方提交第一轮奖金分配方案和公司方的依据。公司主要提出以下理由：一是公司的运营成本在逐年上升，人工成本在总成本中的比例越来越高；二是公司面临的市场竞争和经营环境越来越严苛；三是维持和提高利润率，公司将继续加大在新技术和新设备上的必要的投入；四是公司长期发展愿景所需要的战略投资支出。在第一轮协商中，公司提交的奖金方案总是远远低于职工方提出的期望值。

（四）第二轮协商：职工方协商代表要求公司更加积极地评价职工在公司经营和发展中发挥的关键作用，要求公司更加关注如何提高职工工作积极性，同时强调职工方提交的期望值是合理、公平、科学、克制的要求。工资集体协商的第二轮协商会议中的公司方会向职工方提交第二轮工资调整方案，新的方案将更加接近职工方的期望值。

（五）第三轮协商：之前工会将召集职工代表大会，向全体职工代表汇报前两轮协商的过程和成果，职代会就本年度工资协商的底限值作出决定，同时授权工会主席在高于底限值的情况下，在第三轮协商中与公司达成协议。工资集体协商的第三轮协商会议仍由职工方首先发言。职工方协商代表一般会在第三轮协商中向公司说明过去一年职工在本职岗位上努力工作，或开展革新创新性工作，为企业发展建功立业的先进案例，以及职工合理化建议活动为公司增收节支做出的突出贡献，希望公司提交更加接近职工期待的奖金分配方案。工资集体协商的第三轮协商会议一般是最后一轮，公司会考虑职工方协商代表提供的职工努力工作的典型事例，为表达公司对职工工作成果的肯定和提高职工工作积极性，由董事长或总经理亲自向职工方提交并说明第三轮奖金方案，并希望能够接受公司的最终方案。工资集体协商的第三轮协商会议中公司提交的第三轮方案如果已经达到或超过了事前由职代会决定的底限值，则职工方将在第三轮协商会议会场当场宣布接受公司最终方案。如果低于底限值，工会联席会、职工代表大会将就此举行协商，讨论表决是接受公司方案还是拒绝公司方案并要求与公司展开新一轮协商。

工资集体协商达成的集体合同草案依法由职代会行使审议通过权，具体形式为：工会主席向全体职工汇报本年度集体协商的过程和结果，说明工会决定接受公司最终方案的理由，当场回答对公司最终方案持反对意见的职工代表的质问，并组织全体职工代表对工资集体协商达成的协议进行无记名投票，投票后当场公开唱票、计票，职代会的表决结果通过电子邮件方式发送公司全体职工。

　　电装（中国）投资有限公司在中国的营业额从工资集体协商制度建立的 2007 年时不到 100 亿元人民币，增加到 2017 年的 350 亿元，是 2007 年的 3.8 倍，利润额、利润率、人均利润额均同步实现大幅增长。职工月平均基本工资从工资集体协商制度建立时的 5000 元增加到 2017 年的 15000 元，包括奖金等在内的职工年平均收入超过 25 万元，是 2007 年的 3.8 倍。职工为企业的长期服务意识逐年增强，职工离职率从 2007 年的 15% 降到 6%，至今未发生过一起群体性劳资纠纷。

　　资料来源：《集体协商典型案例选编（2018）》。

5.4.3　依法组建工会

　　根据《工会法》《中国工会章程》等规定，所有符合条件的企业都应该依法成立工会，维护职工合法权益是工会的基本职责，工会通过平等协商和集体合同制度，协调劳动关系，维护企业职工劳动权益和通过职工代表大会或者其他形式，组织职工参与本单位的民主决策、民主管理和民主监督，任何组织和个人不得随意撤销、合并工会组织，阻挠职工依法参加和组织工会或者阻挠上级工会帮助、指导职工筹建工会。对于企业而言，首先应依法建立工会，通过建立工会在企业和员工之间搭建一个稳定的便于沟通交流的桥梁。

5.4.4　支持工会开展工作

　　工会建立起来只是前提，重要的是工会如何发挥作用，工会组织是员工合法权益的代表者和维护者，承担着激发员工立足岗位建功立业，做好员工思想工作，维护员工的劳动经济权益、安全卫生权益和民主权利等，帮扶生活困难员工，加强企业方与员工方的沟通对话，化解劳动关系矛盾等重要职责。企业履行员工责任，在依法成立工会后，要积极支持工会开展工作，切实通过工会加强与员工的联系沟通，激发工会履行职责、发挥作用，促进形成和谐劳动关系，对企业培养一批忠诚可靠的员工队伍，实现可持续发展都将产生积极作用。

⭐ **案例**

中国建材集团平等与民主　注重爱与归属感

　　中国建材集团建立完善的工会网络，建立健全各级工会组织和工作机构，发展会员，提高工会组织的吸引力和凝聚力。实施职工代表大会制度，落实厂务公开规定，保证员工的参与权、知情权和监督权，通过厂务公开栏、职工座谈会、总经理信箱和企业网站等途径，建立通畅的员工意见表达渠道，与员工共享企业运营信息。

　　中国建材集团关爱女性员工的健康与生活，给予女性员工同样的劳动报酬、管理岗位、专业培训和职业发展机会。为女性员工缴纳生育保险，提供孕妇产前检查、产假、哺乳假，享受生育津贴等。关心青年员工生活及心理需求，以共青团为主要媒介，为青年提供展示风采和交流思想的平台。关注驻外员工特别是在国外和少数民族聚居区长期驻扎员工的工作和生活，组织特色的工余活动，提供心理健康咨询，缓解工作压力；完善探亲制度，解除后顾之忧，提高幸福指数。尊重残疾员工，为残疾员工提供便利的工作环境和必备的生活保障。

完善员工帮扶救助体系，通过"重大疾病互助爱心基金""金秋助学""阳光就业工程"等多种形式，切实帮助解决员工生活中的实际困难，为困难职工办实事、解难事、做好事，实现困难员工帮扶救助工作的经常化、制度化和规范化。坚持实行冬季送温暖和两节慰问制度，重点开展孤老、烈士家属、离退休困难职工等困难群体的慰问。鼓励成员企业加强健身娱乐场所、图书馆和心理咨询室建设，组织丰富多彩的文艺活动、体育赛事、参观学习和专题教育活动，给员工提供全方位展示个人才能的广阔舞台，提升美化自我、经营家庭和回报社会的能力。通过不断提升身体素质、文化素养和生活质量，让企业成为员工快乐舒适的家。

资料来源：《中国建材集团有限公司 2017 可持续发展报告》。

5.5 工作中的健康与安全/职业健康安全

ISO 26000 的劳工实践议题四是工作中的健康与安全，GB/T 36000—2015《社会责任指南》根据我国实际，将议题四设定为职业健康安全。

表 5-6　GB/T 36000—2015 劳工实践议题四

议题四	职业健康安全
议题描述	职业健康安全设计促进并保持员工最高程度的身心健康和社会福祉，以及预防因工作条件而引起的健康损害。它还涉及保护员工使其远离健康风险，以及使职业环境适应员工的生理和心理需要。偶然和长期的污染以及其他工作场所危险源既可能有害于员工，也可能影响到社区和环境
相关行动和期望	组织宜： 1.制定和实施并保持职业健康安全方针（进一步信息见 GB/T28001）； 2.理解并遵循职业健康安全管理原则，包括关于职业健康安全风险控制措施层级选择顺序的原则：消除、替代、工程控制措施、管理控制措施、工作程序和个体防护装备等（进一步信息见 GB/T 28001）； 3.分析并控制其活动中所含的职业健康安全风险； 4.向员工传达所有安全做法并要求其始终遵守，确保员工遵循适用的程序； 5.提供预防职业伤害、疾病和事故及处理紧急情况所需的安全设备、必要时免费提供个体防护装备； 6.记录和调查所有职业健康安全事件和问题，以便使其降低到最少或完全消除； 7.对于女性（如：孕妇、产妇或哺乳期妇女）及男性，或者诸如残疾、无经验或年轻的员工等处于特殊状况下的员工，根据职业健康安全风险对其各自不同的影响采取特定措施； 8.为临时工、兼员工及分包工提供平等的职业健康安全保护； 9.努力消除工作场所中促成或导致紧张和疾病的社会心理危害源； 10.为全体员工提供所有相关事项的充分培训； 11.将职业健康安全和环境管理体系建立在员工参与的基础上，并承认和尊重员工的下述权利： ——及时、全面、准确地获取职业健康安全风险信息和处置这些风险的最佳实践的信息； ——就与其工作有关的职业健康安全所有方面进行自由询问和获得协商； ——当员工有理由认为对自身或他人生命或健康即将造成危害或构成严重威胁，有权拒绝工作； ——向工会和具备专业知识的其他方面寻求外部建议； ——向有关主管部门报告职业健康安全问题，如事故、隐患等； ——参与自身有关的职业健康安全决策和活动，包括事件和事故调查； ——免受因上述行为而遭到报复的威胁

5.5.1　安全生产与劳动安全卫生

我国《劳动法》第 52 条至第 54 条等法律法规有相关规定，用人单位必须建立、健全劳动安全卫生制度，严格执行国家劳动安全卫生规程和标准，对劳动者进行劳动安全卫生教育，防止劳动过程中的事故，减少职业危害。单位的劳动安全卫生设施必须符合国家规定的标准。同时，用人单位必须为劳动者提供符合国家规定的劳动安全卫生条件和必要的劳动防护用品，对从事有职业危害作业的劳动者应当定期进行健康检查。要建立和健全安全管理体系，完善安全管理制度，系统防范安全风险，此外，企业还需要制定应急管理体系，进行演练，确保在事故发生时迅速反应，减少损失[①]。

5.5.2　职业健康与职业病防护

根据《劳动法》《职业病防治法》《工伤保险条例》《尘肺病防治条例》《使用有毒物品作业场所劳动保护条例》等规定，劳动者享有获得职业卫生教育、培训，职业健康检查、职业病诊疗、康复等职业病防治服务，了解工作场所产生或者可能产生的职业病危害因素、危害后果和应当采取的职业病防护措施等职业卫生保护权利。用人单位应当积极采取职业病防治管理措施，建立、健全职业卫生管理制度和操作规程、职业卫生档案和劳动者健康监护档案、工作场所职业病危害因素监测及评价制度、职业病危害事故应急救援预案等。用人单位应当对劳动者进行上岗前的职业卫生培训和在岗期间的定期职业卫生培训，普及职业卫生知识，督促劳动者遵守职业病防治法律、法规、规章和操作规程，指导劳动者正确使用职业病防护设备和个人使用的职业病防护用品。

5.6　工作场所中人的发展与培训

ISO 26000 的劳工实践议题五是工作场所中人的发展与培训，GB/T 36000—2015《社会责任指南》议题五也使用了相同的概念。

表 5-7　GB/T 36000—2015 劳工实践议题五

议题五	工作场所中人的发展与培训
议题描述	人的发展是通过提升人的能力，使人成为富有创造力和具有高生产率的人才，以及享有自尊感、社区归属感和社会贡献成就感的过程。 组织可通过工作场所政策来处理重要的社会关切、提高个人才能和就业能力，促进人的发展
相关行动和期望	组织宜： ——在平等和非歧视的基础上，在员工工作经历的各个阶段，向其提供技能开发、培训和学徒期训练及获得职业晋升的机会； ——在必要时确保被裁员的员工能获得帮助，以便有助于其获得新的就业、培训和咨询； ——制订计划以促进健康和福祉

---

① 陈英主编：《企业社会责任理论与实践》，104~105 页，北京，经济管理出版社，2009。

5.6.1 员工培训与职业发展

《劳动法》《企业职工培训规定》《职业教育法》等有关法律法规规定，用人单位应当建立职业培训制度，企业应按照职工工资总额的 1.5%~2.5% 支出职业培训经费，根据本单位实际有计划地对劳动者进行职业培训，包括在岗、转岗、晋升、专业培训等，对学徒及其他新录用人员进行上岗前的培训。从事技术工种的劳动者，上岗前必须经过培训，从事特种作业的职工必须经过培训，并取得特种作业资格。

⭐ **案例**

百度激励员工创新　像大学的公司

"百度最高奖"设立于 2010 年 7 月，主要面向公司总监级别以下做出卓越贡献的基层员工，奖励 10 人以下的小团队，以鼓励基层员工"小团队做出大事业"。实际上，正是一个个小团队的攻坚克难，让百度能够将最新的技术快速转化成为用户、为行业创造价值的产品和服务。2016 年，182 支团队参与角逐最高奖，22 支跻身种子团队，最终三支团队胜出。

员工之间平等的相处方式、宽松的工作氛围、好吃的食堂、好玩的社团……百度是一家有着大学氛围的公司，又比大学更有挑战性。百度打造了完整系统的学习生态，为不同层级、不同专业领域的员工提供丰富的课程、定制化的培训服务。

仅在 2016 年，百度就举办员工培训 1000 多场，共 2 万多学时，覆盖 1.7 万名员工，人均培训时长 2.5 天。目前，百度大学拥有课程内训师 464 人，其中接近 1/3 是经理级别以上的员工。部分总监以及高管也会抽出相应时间授课，分享最佳实践，传承百度的优秀基因。

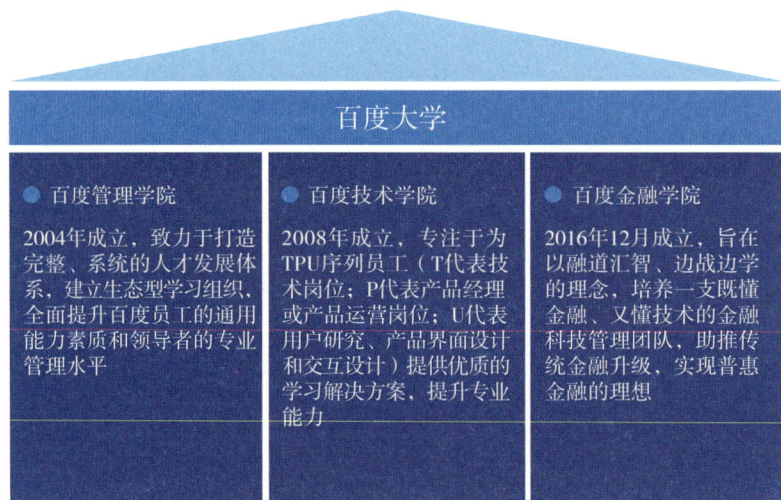

百度大学		
● 百度管理学院	● 百度技术学院	● 百度金融学院
2004年成立，致力于打造完整、系统的人才发展体系，建立生态型学习组织，全面提升百度员工的通用能力素质和领导者的专业管理水平	2008年成立，专注于为TPU序列员工（T代表技术岗位；P代表产品经理或产品运营岗位；U代表用户研究、产品界面设计和交互设计）提供优质的学习解决方案，提升专业能力	2016年12月成立，旨在以融道汇智、边战边学的理念，培养一支既懂金融、又懂技术的金融科技管理团队，助推传统金融升级，实现普惠金融的理想

2013 年上线的度学堂，集中沉淀优秀的课程资源，方便每个人自由安排学习

时间，并实现在线管理。目前已有近 100 个部门入驻度学堂，产生累计超过 2000 门内部分享课程。每天，有超过 2000 名员工登录度学堂在线学习，百度人线上线下学习的总时长近 154 万小时。

资料来源：《2014—2016 百度企业社会责任报告》。

5.6.2 员工关爱

从人力资源管理的角度出发，企业和员工是劳动关系的双方，对劳动关系管理的态度决定了企业对员工的态度，企业扮演的是管理者角色，单纯地把员工放在被管理的位置，也有的企业树立了以人为本的理念，视员工为公司的财富，注重在尊重员工的同时，关心关爱员工，与员工构建一种和谐的劳动关系，最终实现员工与企业的共赢。

⭐ **案例**

阿里巴巴"全橙爱"给你全程呵护

员工既是企业履行社会责任的载体，也是企业实现社会责任的第一内核。阿里巴巴聚集了一群富有创意的、有趣的年轻人。集团将阿里人视为企业长青的基石，建立了"全橙爱"综合福利计划品牌，涉及财富保障、生活平衡、健康医疗等 27 项福利，"全程"呵护员工及其家人的身心健康，让集团成为阿里人温暖的避风港。2017 年，集团通过蒲公英计划和彩虹计划共为员工及家庭提供援助 1003 万元。

社保
根据当地政策为员工提供五险一金

商业保险
全方位保障员工人身安全

iLOVE
为员工提供集体婚礼、开展阿里日庆祝活动、举行1/3/5周年庆

iHome
帮助员工缓解初次置业的压力

iHope-彩虹计划
建立扶危济困平台，扶助经济特困员工

iBaby
为员工子女提供系统的入学信息

iHealth
提供保障员工身心健康的计划、资源工具

假期
为员工提供充足、灵活的假期安排

体检
为员工提供健康体检、康乃馨父母体检

iEasy
为员工的生活刚需提供便利的优惠活动

iHelp-蒲公英互助计划
为员工或亲属提供重疾互助金

财富保障

生活平衡　　健康保障

资料来源：《阿里巴巴集团 2017/2018 社会责任报告》。

中国铁建——小小"微心愿"架起帮扶关爱"暖心桥"

一、项目目标

中铁十八局集团公司所属的工程项目分布在全国各地和海外 10 多个国家与地区，点多线长高度分散，企业现有职工 18000 余人，其中女职工 5000 多人，大部分职工工作生活在施工一线，一年乃至几年难得与家人团聚，家中有了大事、小情也很难及时照顾到。中铁十八局集团公司本着为广大职工做实事、办好事、解难事的初衷，立足困难，女职工、留守儿童、一线职工和海外职工所需深入开展圆梦微心愿，员工关爱活动，实施精准帮扶，同时带动了职工之间自愿组织爱心互助行动。

通过这项活动为无数家庭送去了关心和温暖，既体现了企业关爱员工之情，又展示了企业和职工的社会责任感，赢得了广大职工的赞誉和支持。

二、责任行动

中铁十八局集团公司圆梦微心愿，员工关爱活动整体分为策划、征集、认领和圆梦 4 个环节，并从 4 个突出着手，力推活动取得实效。

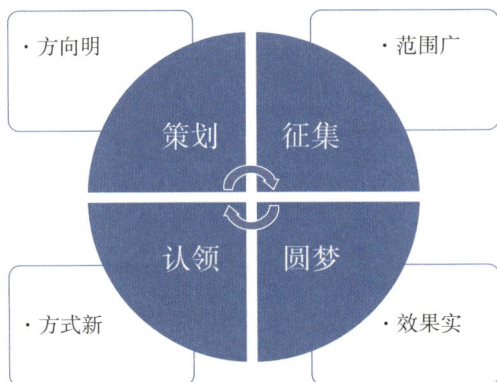

1. 精心策划，突出方向明

集团公司主要从"五性"定义"微心愿"，扎实推动了活动开展。

一是根植于"合法性"，要求关爱对象提出的微心愿，请求内容必须合法合规。

二是立足于"精准性"，要求关爱对象须划定范围，2015 年关爱对象为困难女职工，2016 年关爱对象从困难女职工扩展到留守儿童，2017 年关爱对象扩大到困难职工留守儿童一线职工家庭和海外职工家庭。

三是定位于"微小性"，规定为关爱对象购置的微心愿物品，人均费用不超过 2000 元，同时不得以现金形式发放。

四是着眼于"即时性"，"微心愿"愿望须当年可实现。

五是放眼于"多样性"，个人或集体物质层面或精神层面均可。

在连续三届圆梦微心愿员工关爱活动的开展中，按照以上 5 个方面的准确定位为圆梦微心愿员工关爱活动的开展确定了工作方向。

2. 认真征集，突出范围广

在微心愿征集环节中，中铁十八局集团公司所属各单位通过入户走访、集中座谈、电话询访、微信沟通等多种形式进行摸底统计，并与关爱对象建立联系，实现了 100% 了解关爱对象的现实需求，及时进行汇总梳理。

在此基础上，由各基层单位结合实际自行设计和制作了以"编号、我的微心愿、姓名、联系方式"等为主要内容的"微心愿卡"，从而为下一阶段的认领和圆梦做好了充分准备。同时圆梦"微心愿"员工关爱活动从第一届到 2017 年的第 3 届关爱范围不断扩大，从困难女职工到留守儿童，从海外家庭到一线职工，从自有职工群体走向社会公益等，由中铁十八局集团公司内部职工自发组织的"爱心互助社""翔宇志愿者服务队""爱心志愿服务先锋队""爱心银行"等志愿者队伍相继成立，圆梦"微心愿"员工关爱活动也由中铁十八局集团公司内部拓展到了社会上的养老院、自闭症儿童关爱机构、社区退休老年人等将"小"爱化成"大"德，以星火燎原之势播撒开来，架起了帮扶关爱的暖心桥，彰显了中央企业的责任担当。

3. 多方认领，突出方式新

圆梦"微心愿"员工关爱活动成效如何，最终体现在认领和圆梦两个关键环节，而认领环节更是"开花结果"的关键一步，为确保"微心愿"认领和圆梦到位，中铁十八局集团公司在实践中不断探索，认领方式也不断创新。

一是把所属单位作为认领主体。各基层单位作为微心愿的认领方，及时进行认领，确保了认领率 100%。

二是关注职工心理需求。圆梦"微心愿"员工关爱活动不仅体现在职工物质层面的满足，更细致地回应了被圆梦人内心深处的心理需求。

三是借力"互联网＋"圆梦"微心愿"。为拓宽认领方式，提高职工和爱心人士的参与度，中铁十八局集团公司通过微信公众平台开通了"互联网＋微心愿"的认领端口。根据职工的意愿选取有象征意义的"微心愿"，放在微信平台上供爱心人士认领，既扩大了影响力，又起到了良好效果。

四是引导职工爱心传递。经被圆梦人同意，不少单位将圆梦"微心愿"面向广大职工公布，引导有能力有爱心的职工助力身边同事的"微心愿"实现。2017 年职工之间相互认领"微心愿"的数量达到了 43 个。这种全员参与认领"微心愿"的成效，是职工对圆梦"微心愿"活动的认可与支持，既融洽了同事之间的关系，又增强了企业的凝聚力与号召力，逐步实现了由企业与关爱对象点对点认领，扩展到了职工之间相互认领。

4. 爱心圆梦，突出效果实

在圆梦环节中铁十八局集团公司所属各单位积极行动，拓展思路，以"三结合"的圆梦方式为关爱对象圆梦、圆幸福。

一是与重点节日相结合。将圆梦节点与六一儿童节、母亲节、父亲节、集体生日等节日相结合，赶在节日前夕为相对应的关爱对象，圆梦把"学习机、轮椅、洗衣机、空调、厨房用具"等一件件"微心愿"物品——送到或邮寄到关爱对象家中，让留守儿童感受到了来自父母单位的关爱，让困难女职工感受到了来自企业的力量，让海外一线职工感受到了来自祖国大家庭的支持，营造了家属幸福，职工感恩的和谐气氛。

二是与施工生产相结合。圆梦"微心愿"员工关爱活动，作为中铁十八局集团公司"暖心工程"的一项重要内容，在圆梦一线职工家庭"微心愿"时，积极与项目部联系，既做到了助力施工生产，又体现了帮扶关爱之情。通过"安全生产微语录"的活动实现了一线职工家庭的安全"微心愿"；通过"走进中国铁建"夏令营活动，满足了一线职工不误生产而又团聚的微心愿，通过开通微信公众号微征婚板块，助力了身处偏远地区的一线单身职工不出工地网络相亲的微心愿等，通过这些前后方的积极互动，既赢得了亲属对职工工作性质的理解与支持，更激发了职工立足岗位建功立业的热情。

三是与爱心互助奉献社会相结合。由职工自发成立的爱心互助社、爱心志愿服务先锋队、爱心银行等志愿者队伍，在职工家有困难时主动到关爱对象家里帮忙解决难题，送病人到医院、送站、送面、送关爱等爱心行动，都让爱的力量在职工中传递。成立的翔宇志愿者服务队定期到当地的自闭症儿童关爱机构送关爱献爱心，让爱的力量在社会上升华。

三、履责成效

中铁十八局集团公司在连续三届圆梦"微心愿"活动中共征集到困难女职工"微心愿"119 个，留守儿童"微心愿"89 个，一线职工家庭"微心愿"43 个，海外职工家庭"微心愿"15 个。中铁十八局集团公司共拨款近 40 万元，人均拨款 1500 元，圆梦率达100%。中铁十八局集团公司开展圆梦"微心愿"活动以来，共收到职工和职工家属亲手送上的感谢信 12 封，锦旗 5 面，它们既代表着职工的信任，更激励着企业的精准帮扶，责任担当。

思考题

（1）企业履行员工责任需要关注哪些关键议题？

（2）思考本章开篇提出的"996"导入案例，谈谈您的看法。

（3）选择一家您认为对员工负责的企业，分析其哪些做法值得借鉴和推广，哪些方面还有改进空间？

参考文献

［1］编写组.党的十九大报告辅导读本.北京：人民出版社，2017.

［2］陈英.企业社会责任理论与实践.北京：经济管理出版社，2009.

［3］郭鑫编.信息安全风险评估手册 =Information security risk assessment. 机械工业出版社，2017.

［4］李伟阳，肖红军.ISO 26000 的逻辑：社会责任国际标准深层解读.北京：经济管理出版社，2011.

［5］李玉赋.第八次中国职工状况调查.北京：中国工人出版社，2017.

［6］李玉赋.工会基础理论概论.北京：中国工人出版社，2018.

［7］李玉赋.工会权益保障工作概论.北京：中国工人出版社，2018.

［8］彭华岗.分享责任.北京：经济管理出版社，2012.

［9］殷格非，于志宏，管竹笋主编.ISO 26000 一百五十问.北京：中国三峡出版社，2018.

［10］中国国家标准化管理委员会.ISO 26000 社会责任指南（中文版）.北京：中国标准出版社，2011.

［11］钟宏武，张闽湘，赵秀富.中央企业社会责任蓝皮书（2018）.2018.

第6章
环境责任

本章导读

企业环境责任是企业社会责任中的重要组成部分，是企业对环境、资源的保护与合理利用并承担责任以实现可持续发展，是企业对全人类和后代负责的体现。企业通过环境管理对其所从事活动的过程包括制造产品及使用过程和提供服务行为的过程等进行系统的监控以杜绝或减少上述过程对环境造成不良的影响。

近年来，国际和国内社会对于环境保护的呼声越来越高，国际公约、国际标准、法律法规不断推陈出新。ISO 14000：2015 新版标准进一步完善了环境管理体系，GB/T 24001—2016《环境管理体系要求及使用指南》对接国际标准在中国落地。《中华人民共和国环境保护法》、"气十条""水十条"和"土十条"、《中华人民共和国环境保护税法》等都从法律法规角度用最严格制度、最严密法治保护生态环境。生态文明被提高到建设美丽中国的战略高度。

作为企业，应当密切关注以下四个环境管理的关键议题，包括：减少污染、资源利用效率、减缓并适应气候变化以及环境保护、生物多样性和自然栖息地保护。企业应当基于环境管理与战略的匹配、契合，构建战略性环境管理理论和实践框架体系，将以上四个关键议题贯穿于环境管理的全过程中，通过最大限度地调动利用和发挥组织的各种资源和能力，帮助组织履行环境责任的绩效。

学习目标

（1）了解环境责任的内涵和环境管理的必要性。

（2）了解国际和国内对于环境责任不断加强的发展趋势。

（3）学会将环境责任的重要议题融入企业的生产经营活动中。

导入案例

世界上最长的跨海大桥——港珠澳大桥于 2018 年 10 月 24 日正式通车。在大桥的修建过程中，为保护中华白海豚，耗资约 3.4 亿元。

中华白海豚是水生哺乳动物，用肺进行呼吸，呼吸孔在头顶端，呼吸时需露出水面。这种可爱动物有"美人鱼"和"水上大熊猫"之称，1988 年，白海豚被列为国家一级重点保护的濒危野生动物。

广东珠江口中华白海豚保护区面积为 460 平方公里，港珠澳大桥穿越了白海豚自然保护区核心区约 9 公里、缓冲区约 5.5 公里，共涉及保护区海域约为 29 平方公里。为对抗敏感的海洋环境、保护白海豚，港珠澳大桥研究人员 300 多次出海跟踪，拍了 30 万张照片，对千余头白海豚进行标识；举办白海豚保护知识培训 29 次，共 2544 人次参加；在大桥的方案设计、施工建设、工程管理、技术研究等方面均做出调整，如将工可阶段 318 个桥墩减少至施工阶段的 224 个桥墩，尽量避免在 4—8 月白海豚繁殖高峰期进行大规模疏浚、开挖等容易产生大量悬浮物的作业等。

与施工之初识别到的千余头白海豚相比，港珠澳大桥主体工程完工后，被识别到的白海豚数量增加了。大桥建设实现了海洋环境"零污染"和白海豚"零伤亡"的目标，做到了人与工程、环境和谐相处。

6.1　环境责任概述

6.1.1　环境责任的概念

随着全球资源短缺与环境污染问题的日益加剧，企业环境责任作为企业社会责任的核心内容，越来越受到人类社会的高度重视。

蕾切尔·卡森（Rachel Carson）是企业环境责任理念的先驱，她在1962年发表的《寂静的春天》唤醒了公众的环境意识，并改变了公众对于企业提供优质产品和提高生活质量的传统社会角色的认识。随后，在20世纪60年代中后期兴起的环境保护运动，给企业带来前所未有的承担环境责任的压力。

关于企业环境责任概念，比较早的提出者有美国著名经济伦理学家乔治·恩德勒等人。乔治·恩德勒是从企业社会责任角度提出的，他认为企业社会责任范围应当拓展，它可以包含三个方面：经济责任、政治和文化责任以及环境责任。其中环境责任主要是指"致力于可持续发展——消耗较少的自然资源，让环境承受较少的废弃物"[1]。

1976年经济合作与发展组织制定的《OECD跨国公司行为准则》（2000年修订版）对环境责任进行了明确，即"以实现可持续发展为目的，对经济、环境和社会发展做出贡献。企业应在其业务所在国家的法律、规定和行政惯例框架内，并在考虑到相关的国际协定、原则、目标及标准的情况下，适当考虑保护环境、公共健康和安全的需求，并在通常情况下以能够促进更广泛的可持续发展目标的方式开展其活动"[2]。

环境责任经济联盟于1989年提出《瓦尔德斯原则》（Valdez Principle），后经修改称为《环境责任经济联盟原则》于1992年发布。该原则阐述了企业环境责任的十项内容：①对生态圈的保护；②永续利用自然资源；③废弃物减量与处理；④提高能源效率；⑤减低风险性；⑥推广安全的产品与服务；⑦损害赔偿；⑧开诚布公；⑨设置负责环境事务的董事或经理；⑩举办评估与年度公听会。原则特别强调企业董事会和首席执行官应当完全知晓有关环境问题，并对公司的环保政策负完全责任，认为公司在选举董事会时，应当把对环境的承诺作为一个考虑因素[3]。

1999年1月，在瑞士达沃斯世界经济论坛上，联合国秘书长安南提出了"全球契约"，并于2000年7月在联合国总部正式启动。该契约要求企业承担可持续发展的责任。即企业应对环境挑战未雨绸缪；主动增加对环保所承担的责任；鼓励无害环境科技的发展与推广。

2001年《欧洲委员会促进公司社会责任欧洲框架绿皮书》认为："公司基于自愿而将社会和环境责任整合到它们的经营活动及其公民的互动中。"尽管对企业的环境责任的定义还没有形成比较广泛的认同，但是能取得一致意见的是企业环境责任是企业社会责任中的一种，即企业对环境、资源的保护与合理利用资源承担责任以实现可持续发展，这是企业对全人类和后代负责的体现。

---

①　［美］乔治·恩德勒，高国希、吴新文译：《面向行动的经济伦理学》230页，上海，上海社会科学院出版社，2002。

②　经合组织《OECD跨国公司行为准则》http：// www.oecd.org。

③　殷格非、于志宏编：《企业社会责任行动指南》，134页，北京，企业管理出版社，2006。

2010 年，国际标准化组织（ISO）在瑞士日内瓦国际会议中心举办了社会责任指南标准（ISO 26000）的发布仪式，从四个议题对环境管理进行了阐述，包括：减少污染、资源利用效率、减缓并适应气候变化以及环境保护、生物多样性和自然栖息地保护。

综上，我们认为环境责任应当包含两类责任：环境法律责任和环境道德责任。

环境法律责任：强制性上的环境责任。这种环境责任一般是企业的行为造成负的外部性，企业履行这种环境责任是对自己行为的纠正，社会为了改变这种行为必须对其进行强制性的约束，这种责任一旦怠于履行或是拒绝履行，企业就应受到惩罚，付出代价。每个企业因为履行这类环境责任的支出，应该是其在生产经营决策中的必不可少的成本。

环境道德责任：广泛性的环境责任。强调企业作为社会的企业公民，对社会承担的共同环境责任。这种责任是非强制性的，企业不是必须要履行这种责任，一般是出于企业自愿的行为，更多的是一种道德性和伦理性对企业约束。企业的第二类环境责任体现了企业的社会属性，是现代社会赋予企业的责任。

为了更好地履行环境责任，企业需要主动进行环境管理。环境管理是一种有效改善环境绩效的手段，其目的是通过可持续发展思想的传播，使人类社会组织形式、运行机制以及管理部门和生产部门的决策、计划和个人的日常生活等各种活动，符合人与自然和谐共进的要求，创建一种新的生产方式、新的消费方式、新的社会行为规则和新的发展方式。对企业而言，环境管理是指企业对其所从事活动的过程包括制造产品及使用过程和提供服务行为的过程等进行系统的监控以杜绝或减少上述过程对环境造成不良的影响。

6.1.2　环境责任的国际公约和国际标准

6.1.2.1　国际公约

企业环境责任的发展与国际环境保护的公约发展密切相关。在众多的国际环保公约中，约有十几项公约中含有与贸易有关的条款。与贸易有关的环保法规经历了三个阶段：

第一阶段是 20 世纪初到 1971 年之前，这一阶段是与贸易有关的环保法规的产生阶段。一些国家为了保护生态环境，对进口商品的卫生检疫作出了具有法律效力的规定，运用进出口的措施来解决跨越国界的一些环境问题。

最早的多边协议之一是 1900 年的保护非洲野生动物、鸟类、鱼类公约，要求对那些珍稀和面临灭绝威胁的生物采取出口许可证。1906 年，在瑞士的召集下，签订了一个国际协议，禁止生产和进口使用白磷的火柴。这种白磷火柴的生产过程对工人的身体有害和使用不安全。这一公约促使厂家转向生产更安全的火柴。1911 年，英国、日本、俄国和美国四国签订了《维护和保护海豹和海獭皮毛协议》。1916 年，英国和美国签订了保护候鸟的协议，规定了禁止捕鸟的季节并禁止在这些时期出口这些鸟类，协议也禁止违反国家或省级法律的鸟类国际运输。1921 年，意大利和塞尔维亚、克罗地亚、斯洛文尼亚等签订了一个公约，禁止一些使用对鱼类产卵和保护有害的方法捕捞的鱼类的贸易。1933 年 29 国签订的《保护自然环境中动植物伦敦公约》，禁止出口没有许可证的从非洲得到的象牙和一些特别的动物、狮头等纪念物。

"二战"后，为保护生态环境签订了更多的法规。如 1946 年的《国际捕鲸管制公约》，1950 年的《国际鸟类保护公约》，1951 年的《国际植物保护公约》，1956 年的《东南亚及太平洋地区植物保护协定（修正本）》，1959 年的《植物检疫及其疾病防护合作协定》，1959 年的《东北大西洋渔业公约》，1966 年的《养护大西洋金枪鱼国际公约》，1967 年的《非洲植物卫生公约》，1968 年的《养护自然和自然资源非洲公约》，1969 年的《养护东南大西洋生物资源公约》等。也有许多国家采取单独行动，如美国在 1927 年以前有 10 多个联邦法规运用贸易措施以达到环境目的。很多贸易协定也规定了环保方面的内容，如 1946 年加拿大和墨西哥签订的贸易协定规定，为了保护植物、动物，包括为了防止疾病，动植物退化或灭绝允许采取限制措施等。

这一时期的环境法规，主要针对当时的生态破坏，特别是动植物保护及对人类生命的影响，防治范围较窄。主要采取限制性的规定或采用限制性的方法，较少涉及国家对生态的管理。

第二阶段是从 1972—1991 年，这是环保法规大发展的时期。第一次全球环境会议于 1972 年在斯德哥尔摩召开，使环境保护问题得到了全球的高度重视。各国纷纷制定了各种环保法规，各种各样的国际环保法规也应运而生。到 1991 年年底，有 98 个国际性和区域性的环境与资源保护条约。其中有很多法规涉及贸易问题，如《濒危野生动植物物种国际贸易公约》（1973），《保护臭氧层维也纳公约》（1985），《关于消耗臭氧层物质的蒙特利尔议定书》（1987），《控制危险废物越境转移及其处置巴塞尔公约》（1989），《关于消耗臭氧层物质的蒙特利尔议定书》的修正（1990）等。

这一时期的环境立法除了继续使用强制性手段外，开始探讨运用市场经济的手段，通过消费者的参与来达到环境保护的目的。

第三阶段始于 1992 年。从 1992 年联合国环境与发展大会以来是环保法规进一步完善的时期。在这一时期，环保法规向综合化方向发展。《生物多样性公约》（1992）包括了遗传多样性、生态系统多样性和物种多样性的各个方面，它把到目前为止颁发的这方面的所有公约、协定的精华综合到这一公约中；《气候变化框架公约》（1992）也体现了这一发展趋势，它是最重要的环境保护公约之一，不仅涉及温室气体排放的控制，而更重要的是关系到能源的使用和国家的经济及长远发展。

6.1.2.2　国际标准

1991 年 7 月，国际标准化组织（ISO）成立了"环境战略咨询组"（SAGE），把环境管理标准化问题提上议事日程，经过一年多的工作，SAGE 向 ISO 提出建议：要像质量管理一样，对环境也制定一套管理标准，以加强组织获得和衡量改善环境的能力。根据 SAGE 的建议，ISO 于 1993 年 6 月正式成立一个专门机构 TC207，着手制定环境管理领域的国际标准，即 ISO 14000 环境管理系列标准。

1996 年，ISO 首批颁布了与环境管理体系及其审核有关的 5 个标准。其中 ISO 14001 是环境管理体系标准的主干标准，它是企业建立和实施环境管理体系并通过认证的依据 ISO 14000 环境管理体系的国际标准，目的是规范企业和社会团体等所有组织的环境行为，以达到节省资源、减少环境污染、改善环境质量，促进经济持续健康发展的目的。ISO 14000 系列标准同 ISO 9000 标准有很好的兼容性，使企业在采用 ISO 14000 系列标准时，能与原有的管理体系有效协调。"预防为主"是贯穿 ISO 14000 系列标准的主导思想，它要求企业必须承诺污染预防，并在体系中加以落实。持续改进是 ISO 14000 系列标准的灵魂，组织通过实施标准，建立起不断改进的机制，在持续改进中，实现自己对社会的承诺，最终达到改善环境绩效的目的。2004 年 ISO/TC207 将该国际标准修订换版为 ISO 14001：2004《环境管理体系要求及使用指南》。

2015 年 9 月正式发布的 ISO 14001：2015 新新版标准正文包括 7 个条款：组织所处的环境、领导作用、策划、支持、运行、绩效评价、改进。ISO 14001：2015 新版标准明确要求组织的环境管理体系应融入组织的战略过程的策划中，要求从组织和环境两者的利益出发，识别并利用机遇，其中特别需要关注的是与相关方的需求（包括法规要求）和期望有关的事项或变化的环境，以及地区的、区域的和全球的可以影响组织或被组织影响的环境状况。一旦被确定为优先项，减少负面风险和开拓有益机遇的措施则应被融入环境管理体系运行的策划中。

资料链接

ISO 14001：2015新版标准：战略性环境管理思维

战略性环境管理是新版 ISO 14001：2015 国际标准提出的重要思想，它将组织的战略和环境管理进行有机结合。这种有机结合，是系统地把组织的环境管理工作同组织的战略目标联系起来，基于战略的导向，侧重环境管理与战略的匹配、契合，兼顾环境管理的战略性内容，构建战略性环境管理理论和实践框架体系，并贯穿于环境管理的全过程中，通过最大限度地调动利用和发挥组织的各种资源和能力，帮助组织提高环境绩效，创造竞争优势，使组织有效地适应激烈的市场竞争，从战略高度实现有效的环境管理。

将环境管理融入组织的战略策划过程，是"战略性环境管理"思维的重要体现。"理解组织及其所处的环境"和"理解相关方的需求和期望"是组织策划环境管理体系的起点和输入。按照标准要求，组织应确定与其宗旨、战略等相关并影响其实现环境管理体系预期结果的能力的内、外部问题。组织的外部问题包括：外部的环境状况（与气候、空气质量、水质量、土地使用、现存污染、自然资源的可获得性、生物多样性等相关的可能影响组织目的或受组织环境因素影响的环境状况），外部的文化、社会、政治、法律、技术、经济等问题；组织的内部问题则包括：组织内部的特征或条件，例如，其活动、产品和服务、战略方向、文化与能力。

将环境管理融入组织的战略策划过程，其目的在于指导策划采取有效的措施来应对和管理环境因素、合规义务、风险和机遇。策划的措施可以包括建立环境目标，提供环境管理体系有效运行和改进所必需的资源支持开展运行策划和控制，开展应急准备和响应，以及进行监视、测量、分析和评价等。为了确保环境管理体系的持续适宜性、充分性和有效性最高管理者还应按计划的时间间隔对组织的环境管理体系进行评审，管理评审是组织环境管理体系运行的有效监控机制之一，而任何与组织战略方向相关的结论都将成为管理评审的一项重要输出，只有这样，组织才能不断完善自身的环境管理体系，确保能够实现其预期结果和持续改进。

6.1.3　我国环境责任的发展历程

6.1.3.1　20世纪70年代

1972年，联合国斯德哥尔摩人类环境会议为中国打开了一扇环境保护的窗户。中国组团参加了这次会议，但在代表团组建过程中有些插曲值得关注。起初代表团只是"卫生部的团"，因为按照当时的理解，环境问题就是环境卫生问题。后来周恩来总理表态：环境保护涉及工业、农业、城市、乡村和国民经济的方方面面，卫生部门难以协调这些方面的事情。于是新组的代表团囊括了计划、外交、冶金、石化、轻工、卫生、核工业、农业等部门以及北京、上海的科技界人士，成为一个跨政界和学界以及跨部门的大型代表团。在这之后的70年代，中国开始在环境领域有所作为，只是关注于较为宏观的层面，企业的环境问题还没有成为焦点。1973年，中国首次以国务院名义召开全国环境保护会议，环境问题进入正式的议事日程。

6.1.3.2　20世纪80年代

中华人民共和国第一部环境保护法《中华人民共和国海洋环境保护法》于1982年颁布，这标志着环境问题已经进入司法程序，不过，这部标志性的环境保护法律通篇没有提及海洋环境保护中"企业"存在的问题或应当承担的责任。但这种情况很快得到改善。1984年5月，国务院作出《关于环境保护工作的决定》（1984），指出大中型企业应根据需要设置环境保护机构或指定专人做环境保护工作。1989年，《中华人民共和国环境保护法》（1989）颁布实施，《环境保护法》多处提及企业产生的环境问题和应该承担的责任。如第24条和第25条：产生环境污染和其他公害的单位，必须把环境保护工作纳入计划，建立环境保护责任制度；企业应当采用资源利用率高、污染物排放量少的设备和工艺，采用经济合理的废弃物综合利用技术和污染物处理技术。《环境保护法》所反映的理念是一场飞跃，它不仅明确无误地指出了企业产生的环境问题，如废气、废水、废渣等环境污染问题，同时也指出企业应该为此负责，如承担节能减排和污染防治的责任。这意味着，到了20世纪80年代的后期，企业环境问题和责任理念已经获得关注并得以存在。

6.1.3.3　20世纪90年代

20世纪90年代，企业社会责任理念进入中国，有关环境资源保护和可持续性利用的企业社会责任在经历短期的抵制之后，也在中国生根发芽。尤其是西方发达国家构建的绿色"贸易壁垒"，使中国迎来了企业环境责任理念本土化的契机。"绿色壁垒"给国内制造业企业带来巨大的出口阻力，这对于严重依赖出口经济的中国来说不能不受到重视。于是开始反思我们是否要选择更有利于环境保护的贸易政策，以及不再是想办法来"对付"而是"迎接"这一环保挑战。在"绿色壁垒"问题上态度的转向，使得企业环境责任呼之欲出。

1992年，中共中央和国务院联合发布《中国环境与发展十大对策》，其中与企业环境问题和责任有关的条目包括：工业污染防治、能源利用率提高、运用经济手段保护环境。在后来颁布的一些环境政策和法规、法律修正案中，与企业承担节能减排和污染治理责任相关的条目几乎不可或缺。政府环境政策和法规是特殊的政治话语，这些"话语"通过自上而下的密集政治网络传达到社会的每个角落，表明了政府对企业环境责任理念的态度，成为展示企业环境责任理念的"宣传品"。20世纪90年代，政府环境及相关部门展开针对污染企业的"关停并转"行动。1997 年，国家环保局组织沿淮工业企业达标排放大检查的"零点行动"，这种政府部门开展的环境行动具有明显的政治意味，因为它是自上而下地依赖于政治网络开展的行动。政府部门针对污染企业的"环境运动"发出清晰的话语：如果企业无法达到环境标准或者违法排污，那么企业将失去或缩减生存的空间。

我国于 1992 年 6 月 11 日签署《生物多样性公约》，于 1993 年 1 月 5 日正式批准，是最早签署和批准《生物多样性公约》的国家之一，并分别于 2005 年 6 月 8 日和 2016 年 6 月 8 日批准了《生物多样性公约》所属的《卡塔赫纳生物安全议定书》和《关于获取遗传资源和公平公正分享其利用所产生惠益的名古屋议定书》。

6.1.3.4　21 世纪以来

科学发展观和构建社会主义和谐社会的相继提出使得环境保护上升到战略高度，有关于环境资源保护和可持续发展的话语日渐增多，这对企业环境责任理念的展示起到积极作用。一些环境非政府组织、环境会议和论坛主办方、企业环境责任组织机构开始利用互联网媒体来展示和宣传企业环境责任理念。例如马军创立的污染地图是通过互联网展示企业环境问题和责任理念的成功案例，通过企业污染信息的图形化和互联网技术，马军发布的污染地图成为向公众展示和宣传企业环境问题和责任理念的网络"小黑板"，每一个关心企业环境问题的人只要能够登录互联网，就可以去了解企业的环境污染问题，并激发起要求企业承担减排和治理责任的观念。

2010 年，中国发布《中国生物多样性保护战略与行动计划（2011—2030 年）》，明确将"建立生物多样性保护公众参与机制与伙伴关系"列为十大优先行动领域之一。国务院成立了"中国生物多样性保护国家委员会"。

2012 年 7 月 16 日，科学技术部会同 16 个部门联合发布了《"十二五"国家应对气候变化科技发展专项规划》，深入分析了当前我国应对气候变化科技发展面临的挑战与机遇，作为我国第一部专门的应对气候变化科技发展规划，对我国进一步依靠科技应对气候变化将起到重要的指导作用。

2014 年修订的《中华人民共和国环境保护法》，自 2015 年 1 月 1 日起施行，每年 6 月 5 日为环境日。

2015 年中国正式成为联合国《生物多样性公约》"企业与生物多样性全球伙伴关系"成员，中国企业具有了更多在国际平台展示生物多样性良好实践的机会。

2017 年 5 月 1 日正式实施 GB/T 24001—2016《环境管理体系要求及使用指南》，这个指南是对应国际 ISO 14001：2015 新版标准的中国标准。

2017 年 10 月，党的十九大报告用专章阐述了加快生态文明体制改革，建设美丽中国的重大举措，要加大生态系统保护力度，绿水青山就是金山银山，良好生态环境是最普惠的民生福祉，用最严格制度、最严密法治保护生态环境等一系列关于生态环境保护的重要论述。

2018 年 5 月召开的全国生态环境保护大会会议深刻阐述加强生态文明建设的重大意义，明确提出加强生态文明建设必须坚持的重要原则，对加强生态环境保护、打好污染防治攻坚战作出了全面部署。新时代推进生态文明建设要坚持以下 6 个原则：（1）坚持人与自然和谐共生；（2）绿水青山就是金山银山；（3）良好生态环境是最普惠的民生福祉；（4）山水林田湖草是生命共同体；（5）用最严格制度、最严密法治保护生态环境；（6）共谋全球生态文明建设。

《中华人民共和国环境保护税法》

《中华人民共和国环境保护税法》由中华人民共和国第十二届全国人民代表大会常务委员会第二十五次会议于2016年12月25日通过，自2018年1月1日起施行。

在中华人民共和国领域和中华人民共和国管辖的其他海域，直接向环境排放应税污染物的企业事业单位和其他生产经营者为环境保护税的纳税人，应当依照本法规定缴纳环境保护税。

《环境保护税税目税额表》如下：

税目		计税单位	税额	备注
大气污染物		每污染当量	1.2元至12元	
水污染物		每污染当量	1.4元至14元	
固体废物	煤矸石	每吨	5元	
	尾矿	每吨	15元	
	危险废物	每吨	1000元	
	冶炼渣、粉煤灰、炉渣、其他固体废物（含半固态、液态废物）	每吨	25元	
噪声	工业噪声	超标1—3分贝	每月350元	1.一个单位边界上有多处噪声超标，根据最高一处超标声级计算应纳税额；当沿边界长度超过100米有两处以上噪声超标，按照两个单位计算应纳税额。 2.一个单位有不同地点作业场所的，应当分别计算应纳税额，合并计征。 3.昼、夜均超标的环境噪声，昼、夜分别计算应纳税额，累计计征。 4.声源一个月内超标不足15天的，减半计算应纳税额。 5.夜间频繁突发和夜间偶然突发厂界超标噪声，按等效声级和峰值噪声两种指标中超标分贝值高的一项计算应纳税额
		超标4—6分贝	每月700元	
		超标7—9分贝	每月1400元	
		超标10—12分贝	每月2800元	
		超标13—15分贝	每月5600元	
		超标16分贝以上	每月11200元	

6.2 防止污染

2006 绿色中国年度人物授予了北京公众与环境研究中心主任马军，获奖理由就是马军先生及他领导的公众环境研究中心开发和制作了两张"地图"，分别是"中国水污染地图"和"中国空气污染地图"，两张"地图"标注中国境内违规排放污染物的企业信息。仅从这两张"地图"标注的污染记录可以看到包括大型企业和跨国集团的在华机构都未能达到中国环境法律和法规的排放标准，企业环境责任普遍缺失。同年，马军被《时代》周刊评选为 2006 年度"100 位影响世界的人物"，2012 年马军又摘得俗称环保界诺贝尔奖的"戈德曼环境保护奖"殊荣。

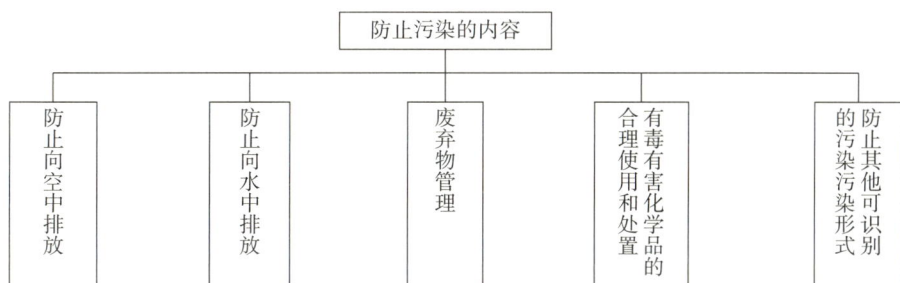

图 6-1　以污染形式为划分依据的防止污染的具体内容

案例

全球清洁煤领导者：上海外三电厂

2017 年 12 月，在拉斯维加斯举行的第 29 届国际电力大会上，上海外高桥第三发电有限责任公司被授予全球清洁煤领导者奖中的最高效率奖和最低氮氧化物（NOX）排放奖。该奖项旨在表彰世界范围内在煤炭清洁利用和碳减排方面做出杰出贡献的能源企业。这是该奖项设立以来第一次向中国企业颁奖。

根据组委会评议，2016 年外三电厂平均能耗水平是美国先进电厂的 85.7%，氮氧化物排放水平仅为其五分之一。凭借持续自主技术创新和科学管理，2017 年外三电厂在严峻的发电形势下，其实际年平均供电煤耗仍然有望低于 280 克／千瓦时，优于去年；氮氧化物、二氧化硫、烟尘等年平均排放指标也都创造了历史最好成绩，据预测将分别低于 13.6、10.7、1.3 毫克／立方米，继续保持世界煤电节能减排的领先水平。

资料链接　　　　　　　"气十条""水十条"和"土十条"

为了应对污染问题，中国分别于 2013 年 9 月、2015 年 4 月和 2016 年 5 月，相继出台气、水、土污染防治行动计划。这些都表明了国家对于环境问题的高度重视以及对于民生健康的关注。

2013 年，中国发布《大气污染防治行动计划》即"大气十条"。到 2017 年，"大气十条"确定的目标如期实现，全国空气质量总体改善，京津冀、长三角、珠三角等重点区域改善明显，也有力推动了产业、能源和交通运输等重点领域结构优化，大气污染防治的新机制基本形成。

2015 年 4 月《水污染防治行动计划》简称"水十条"正式发布并实施。"水十条"的工作目标：到 2020 年，全国水环境质量得到阶段性改善，污染严重水体较大幅度减少，饮用水安全保障水平持续提升，地下水超采得到严格控制，地下水污染加剧趋势得到初步遏制，近岸海域环境质量稳中趋好，京津冀、长三角、珠三角等区域水生态环境状况有所好转。到 2030 年，力争全国水环境质量总体改善，水生态系统功能初步恢复。到 21 世纪中叶，生态环境质量全面改善，生态系统实现良性循环。

2016 年 5 月公布并实施《土壤污染防治行动计划》（简称"土十条"）是为了切实加强土壤污染防治，逐步改善土壤环境质量而制定的法规。"土十条"的工作目标是到 2020 年，全国土壤污染加重趋势得到初步遏制，土壤环境质量总体保持稳定，农用地和建设用地土壤环境安全得到基本保障，土壤环境风险得到基本管控。到 2030 年，全国土壤环境质量稳中向好，农用地和建设用地土壤环境安全得到有效保障，土壤环境风险得到全面管控。到 21 世纪中叶，土壤环境质量全面改善，生态系统实现良性循环。

《大气污染防治行动计划》《水污染防治行动计划》《土壤污染防治行动计划》的发布和实施，表明针对我国当前面临的大气、水、土壤环境污染问题立体式防污染局面已经形成。

对企业而言，清洁生产是一种将综合预防的环境保护策略持续应用于生产过程和产品中，以期减少对人类和环境的风险。清洁生产的定义包含了两个全过程控制：生产全过程和产品整个生命周期全过程。对生产过程而言，清洁生产包括节约原材料与能源，尽可能不用有毒原材料并在生产过程中就减少它们的数量和毒性；对产品而言，则是从原材料获取到产品最终处置过程中，尽可能将对环境的影响减少到最低。

清洁生产是从生产者、消费者、社会三方面谋求利益最大化的集中体现：

（1）它是从资源节约和环境保护两个方面对工业产品生产从设计开始，到产品使用后直至最终处置，给予了全过程的考虑和要求；

（2）它不仅对生产，而且对服务也要求考虑对环境的影响；

（3）它对工业废弃物实行费用有效的源头削减，一改传统的不顾费用有效或单一末端控制办法；

（4）它可提高企业的生产效率和经济效益，与末端处理相比，成为受到企业欢迎的新事物；

（5）它着眼于全球环境的彻底保护，为人类社会共建一个洁净的地球带来了希望。

🔗 **资料链接**

国外有哪些规范企业环境责任的手段？

环境污染损害赔偿基金

1971 年《设立国际油污损害赔偿基金公约》及其 1992 年议定书（《修正 1971 年设立国际油污损害赔偿基金公约的 1992 年议定书》），设立了国际油污损害赔偿基金。美国在 1989 年埃克森轮油污案后，于 1990 年通过了《石油污染法》，设立了专门处理石油污染的责任基金。

环境污染强制责任险制度

一些发达国家的环境立法，如德国《环境责任法》、瑞典《环境保护法》、俄罗斯《环境保护法》、美国《资源保育与恢复法》等都规定了有污染危险的企业或具有污染危险的设施的所有人应当预先支付一定数额的环境损害保险费，否则由主管机关对企业处以罚款或禁止设施运行。

生产者责任延伸制度

生产者责任延伸制度指生产者应承担的责任，不仅在产品生产过程之中，而且还要延伸到产品的整个生命周期，特别是废弃后的回收和处置。例如瑞典在 1975 年关于废物循环利用和管理的议案提出，产品生产前生产者有责任了解当产品废弃后，如何从环境和节约资源的角度，以适当的方式处理。

6.3　资源可持续利用

资源可持续利用是指为了将来能够获得资源，需要改变现在的消费和生产模式和数量，以使消费和生产的运行能够在地球的承载能力之内。组织可以通过更加负责任地使用电力、燃料、原材料和加工材料、土地、水资源等，综合利用不可再生资源和可持续的可再生资源，或者以可持续可再生资源替代不可再生资源。

表 6-1　ISO 26000 资源可持续利用议题的关注重点

资源可持续利用议题的关注重点	具体内容
提高能源效率	组织应当实施能源效率计划，以减少在建筑物、运输、生产过程、装置、电子设备及服务提供或者其他目的的能源需求。为提高能源利用效率作出努力，促进可再生资源的可持续利用
水源保护和节约用水	组织应当在其运营中节约、减少用水并实现水资源可持续利用，并在其影响范围内促进水资源节约
提高材料使用效率	组织应当实施材料效率计划，以减少在生产过程中、用于其活动或者服务交付的最终产品中使用的原材料对环境造成的影响
最小化产品的资源消耗	应当考虑最终产品投入使用后所需资源的消耗

在资源可持续利用方面，中国已经逐渐步入依法治理的阶段，以最严格的法律和法规推进资源的可持续利用。企业必须严格遵守法律法规在资源可持续利用方面做出努力。

《中华人民共和国节约能源法》（2018 修正）中对于节约能源的定义是加强用能管理，采取技术上可行、经济上合理以及环境和社会可以承受的措施，从能源生产到消费的各个环节，降低消耗、减少损失和污染物排放、制止浪费，有效、合理地利用能源。新修订的节约能源法扩大了调整范围，设专节规定了工业节能、建筑节能、交通运输节能、公共机构节能和重点用能单位节能，健全了节能标准体系和监管制度，设专章规定了激励措施。

《中华人民共和国循环经济促进法》（2018 修正）中指出循环经济是指在生产、流通和消费等过程中进行的减量化、再利用、资源化活动的总称。减量化，是指在生产、流通和消费等过程中减少资源消耗和废物产生。再利用，是指将废物直接作为产品或者经修复、翻新、再制造后继续作为产品使用，或者将废物的全部或者部分作为其他产品的部件予以使用。资源化，是指将废物直接作为原料进行利用或者对废物进行再生利用。

《国家节水行动方案》（以下简称《方案》）于 2019 年 4 月正式印发。《方案》提出六大重点行动和深化机制体制改革两方面举措，确定了 29 项具体任务。提出"总量强度双控""农业节水增效""工业节水减排""城镇节水降损""重点地区节水开源"和"科技创新引领"六大重点行动，旨在抓大头、抓重点地区、抓关键环节，提高各领域、各行业用水效率，提升全民节水意识。强调机制体制改革，突出政策制度推动和市场机制创新两手发力，深化水价、水权水市场改革，结合用水计量监管，激发内生动力；推行水效标识、节水认证和水效领跑工作，推动合同节水管理。

⭐ 案例

宁夏大地循环发展股份有限公司

在宁夏北部的石嘴山市，一家名叫"大地"的企业依托当地丰富的煤炭、石灰石等资源，引进先进技术和管理理念，将每吨 60 元人民币的石灰石进行煅烧，生产出每吨 200 元的活性石灰，再冶炼成每吨 2600 元的电石，然后深加工成每吨 13000 元的聚乙烯醇，最终产出每吨 18000 元的高强高模工程纤维，实现产品附加值步步攀升。

生产过程中产生的年均 4 亿立方米废气被全部再资源化利用，用于生产甲醇、液氨和碳酸氢铵。合成氨生产环节中产生的二氧化碳被全部回收，每年可回收 10 万吨二氧化碳，用于生产 6 万吨双氰胺和 3000 吨单氰胺产品。废气全面回收利用相当于每年节约优质无烟煤 18 万吨，每年可产生利润近 2 亿元人民币。

在水资源循环利用上形成完整的闭合链之后，每年可节约 800 万立方米水资源，节省水资源税、排污税 3500 多万元，减少污水处理费 1000 多万元。公司通过技术攻关和创新，研究出拥有自主知识产权的新型水泥特殊工艺配方，将消解生产环节中产生的全部固体废渣和废料 200 多万吨，用于生产具有低碱、高强和低能耗特性的水泥产品，水泥年销售收入可达 3 亿元。公司回收煅烧石灰石生产过程中的热量用于后续生产环节，每年可减少热排放 99 亿大卡。轮胎原料之一的炭黑生产过程中产生的尾气及余热也得到了全面回收利用。

通过延伸"资源—产品—再资源"的闭环反馈式循环经济产业链，宁夏大地循环发展股份有限公司将资源"吃干榨尽"，逐步形成了电石化工循环产业链、电石炉尾气循环产业链、氰胺化工循环产业链、冶金轮胎循环产业链、工业废渣循环利用产业链等五条循环经济产业链以及众多小型循环产业链。

6.4　应对气候变化

气候变化正波及世界上每个国家，不仅扰乱国家经济影响生活，使人民、社区和国家付出了沉重的代价，这种影响不仅仅是当下，很可能会持续到未来。气象规律发生变化，海平面正上升，极端气候事件越来越严重，温室气体排放达到历史新高。

气候变化在改变和影响全球生态系统与自然环境的同时，也对全球的经济发展和人类的消费观念产生了深刻影响，进而影响到企业的发展。以低能耗、低污染、低排放为基础的低碳经济模式，其实质是通过能源高效利用、清洁能源开发、实现企业的绿色发展。这种经济模式不仅意味着企业要加快淘汰高能耗、高污染的落后生产能力，推进节能减排的科技创新，同时也要求企业以身作则，引导员工和公众反思哪些习以为常的消费模式和生活方式是浪费能源、增排污染的不良行为，从而充分发掘行业和消费生活领域节能减排的巨大潜力。

2017 年 6 月中国社科院企业社会责任研究中心发布了我国首份《中国企业应对气候变化自主贡献研究报告》。报告梳理了中国引领世界低碳转型的标志性事件，走访调研优秀企业实践，形成企业应对气候变化自主贡献案例库，持续观察、跟踪我国企业应对气候变化的管理与实践。

资料链接

应对气候变化的三个重要国际公约

《联合国气候变化框架公约》是 1992 年 6 月 4 日在巴西里约热内卢举行的联合国环境与发展大会上通过。《联合国气候变化框架公约》是世界上第一个为全面控制二氧化碳等温室气体排放，以应对全球气候变暖给人类经济和社会带来不利影响的国际公约，也是国际社会在对付全球气候变化问题上进行国际合作的一个基本框架。

《京都议定书》签订于 1997 年 12 月，是《联合国气候变化框架公约》的补充条款。这是人类历史上首次以法规的形式限制温室气体排放。

《巴黎协定》于 2015 年 12 月 12 日在巴黎气候变化大会上通过，是人类历史上应对气候变化的第三个里程碑式的国际法律文本。《巴黎协定》共 29 条，当中包括目标、减缓、适应、损失损害、资金、技术、能力建设、透明度、全球盘点等内容。《巴黎协定》的最大贡献在于明确了全球共同追求的"硬指标"。协定指出，各方将加强对气候变化威胁的全球应对，把全球平均气温较工业化前水平升高控制在 2 摄氏度之内，并为把升温控制在 1.5 摄氏度之内努力。只有全球尽快实现温室气体排放达到峰值，21 世纪下半叶实现温室气体净零排放，才能降低气候变化给地球带来的生态风险以及给人类带来的生存危机。

随着"低碳经济"的推广，使企业的产品结构、成本结构、盈利模式以及组织结构等发生深刻的变化。为了从正在来临的转型中获得优势，企业管理者必须开始仔细重新定位自己的企业，以迎接低碳未来。

低碳技术是发展低碳经济的关键，低碳技术涉及电力、交通、建筑、冶金、化工、石化等部门以及在可再生能源及新能源、煤的清洁高效利用油气资源和煤层气的勘探开发、二氧化碳捕获与埋存等领域开发的有效控制温室气体排放的新技术。低碳技术主要包括：（1）降碳技术（减碳技术），是指高能耗、高排放领域的节能减排技术，如煤的清洁高效利用、油气资源和煤层气的勘探开发技术等；（2）去碳技术（消碳技术），如二氧化碳捕获与埋存等新技术；（3）无碳技术（零碳技术），如核能、太阳能、风能、生物质能等可再生能源技术。

同时，由新技术驱动的业务将涌现出来。碳收集与封存（CCS）如果在技术上和商业上都证明可行，则将创造一个新的产业。促成新的低碳业务模式和价值链，其根本在于和谐整合。例如，太阳能电力价值链涉及来自半导体产业、石油与天然气产业、消费电子产业和公用事业的竞争者以及专营企业竞争者。大赢家不但需要具备独到的眼光和专有技术或能力，还需要拥有将自身技能与各个产业的技能进行整合的能力，从而创立新低碳业务的整套价值链。此外，这些赢家还需要联合公共部门和私有部门的利益相关者并引导监管环境的发展，从而使在社会层面高效的解决方案在经济层面也具有吸引力。例如，电动汽车行业的新兴企业正在寻求建立电力企业、汽车电池高科技供应商、市政工程企业以及消费者之间的联合公会[①]。

根据 IEA 国际能源署预测，截至 2050 年，应有超过 10Gt CO_2 需要被捕集、封存，碳利用也将成为减排方案的一部分，与生物质能利用结合，可以为差异化、高价值的能源产品提供新的机会。PCC（政府间气候变化专门委员会）数据也显示，到 2050 年，CCUS 技术将用于处理全球 1/3 的 CO_2 排放。换言之，此目标意味着 CCUS 这项新技术需要在未来几十年内实现产业化。现在该技术仍需跨越降低成本、提高效率的屏障。

案例

中粮集团与PAS2050碳足迹标准

中粮集团通过采用高效节能技术减少排放量，使用清洁能源并节能节水，在企业各层级进行碳足迹排查；在原料采购方面，从环保地区进行农业商品采购，在供应链中不涉及土地用途转换或森林砍伐，并在生产过程中采取回收再利用的机制实现可循环经济。

2012 年中粮集团携手英国标准协会（简称 BSI）开展碳足迹排查。BSI 于 2008 年发布了全球第一份从生命周期角度考虑商品和服务温室气体排放的评价规范——PAS2050，于 2010 年发布了第一个全球性碳中和标准——PAS 2060：2010。

中粮集团通过应用生命周期技术实施的产品碳足迹核查发现，参与核查的试点企业每吨食用玉米淀粉生命周期内产生的二氧化碳当量是 847 公斤，每吨柠檬酸生命周期内产生的二氧化碳当量是 2.4 吨。

产品碳足迹盘查是对产品生命周期各阶段产生的温室气体排放量进行研究的一种方法。确定产品碳足迹有助于企业了解现有条件下产品碳排放现状，可使企业采取有针对性的措施减少产品碳排放。目前全球多家公司数百项产品已参与试行产品碳足迹盘查。

6.5　生物多样性

生物多样性是生物及其与环境形成的生态复合体以及与此相关的各种生态过程的总和，由遗传（基因）多样性、物种多样性和生态系统多样性等组成。它包括动物、植物、微生物的物种多样性，物种的遗传与变异的多样性及生态系统的多样性。其中，物种的多样性是生物多样性的关键，我们目前已经知道大约有 200 万种生物。物种多样性是生物多样性在物种上的表现形式，可分为区域物种多样性和群落物种（生态）多样性。

为什么需要保护生物的多样性呢？多样性是地球上自然界的特征，凡是生命现象蓬勃旺盛的地方，一定是多样性存在的地方。

当年，欧洲人到世界各地冒险寻找财富或爆发战争时，一种名叫疟疾的热带疾病曾经痛苦地折磨着他们。后来，人们意外地发现，原产于秘鲁的一种名叫金鸡纳的树，它的树皮能分泌一种天然生物碱，这种生物碱可以用来治疗疟疾，挽救了很多生命，这就是著名的金鸡纳霜。假设金鸡纳树很早就灭绝了，人类今天会用什么来对付疟疾？

现在世界上还有很多并不起眼的动物和植物，我们不知道未来它们在人类生活中会产生怎样的作用。世界上还有很多动物和植物已经灭绝，在世界上已经灭绝的生物中，是否包含着可以治疗癌症或艾滋病的自然界神秘之物，我们已经永远都不可能知道了。

自然界亿万年的演化，形成了各种生物，很多生物在某一个特征上远远超过人类。仿生学是现代高科技的研究领域，如果没有生物多样性，仿生学将成为无本之木，无源之水。根据萤火虫的发光原理，科学家制造出了"冷光"；生物学家通过对蛛丝的研究制造出高级丝线，发明了抗撕断裂降落伞与临时吊桥用的高强度缆索；火箭升空利用的是水母、墨鱼反冲原理；船桨模仿的是鸭的蹼；嗅觉灵敏的龙虾为人们制造气味探测仪提供了思路；鲸鱼鳍为设计师们带来灵感，使得发动机涡轮风扇的效率提高 20%；人们还通过观察黑猩猩用来治病的植物，发现了一些药物。

2010 年是联合国国际生物多样性年。联合国环境规划署发布《生态系统和生物多样性经济学》，说明生物多样性对企业收益、市场形象及其未来发展模式都有十分重要的影响，与企业发展之间存在着密不可分的联系。同气候变化相比，不加阻止的生物多样性丧失给企业带来的威胁更大、更直接。报告同时警告说，绝大多数公司都无视生物多样性丧失和环境恶化的风险，尽管事实上它们对公司活动构成了日益严重的威胁。生物多样性丧失造成的经济影响每年大约在 2 万亿美元到 4.5 万亿美元，相当于全球国内生产总值的 7.5%。

✐ **资料链接** 《中国生物多样性保护战略与行动计划（2011—2030年）》

随着转基因生物安全、外来物种入侵、生物遗传资源获取与惠益共享等问题的出现，生物多样性保护日益受到国际社会的高度重视。目前，我国生物多样性下降的总体趋势尚未得到有效遏制，资源过度利用、工程建设以及气候变化严重影响着物种生存和生物资源的可持续利用，生物物种资源流失严重的形势没有得到根本改变。

为落实公约的相关规定，进一步加强我国的生物多样性保护工作，有效应对我国生物多样性保护面临的新问题、新挑战，环境保护部会同20多个部门和单位编制了《中国生物多样性保护战略与行动计划（2011—2030年）》，提出了我国未来20年生物多样性保护总体目标、战略任务和优先行动。

生物多样性保护优先领域与行动包括：

优先领域一：完善生物多样性保护与可持续利用的政策与法律体系

优先领域二：将生物多样性保护纳入部门和区域规划，促进持续利用

优先领域三：开展生物多样性调查、评估与监测

优先领域四：加强生物多样性就地保护

优先领域五：科学开展生物多样性迁地保护

优先领域六：促进生物遗传资源及相关传统知识的合理利用与惠益共享

优先领域七：加强外来入侵物种和转基因生物安全管理

优先领域八：提高应对气候变化能力

优先领域九：加强生物多样性保护领域科学研究和人才培养

优先领域十：建立生物多样性保护公众参与机制与伙伴关系

在商业决策和商业行为中有效开展生物多样性保护议题首先要理解生物多样性代表了什么，为什么生物多样性对于人类社会很重要，企业和生物多样性资源之间有什么关系。

商业在以不同的形式影响着生物多样性，或直接、或间接、或累积产生影响。直接影响往往来自发生商业行为的当时当地的土地利用和废物产生。这可能会导致动物栖息地丧失、物种灭绝、污染空气、水和土壤流失。非本地物种的引入也可能会破坏周围的生态系统。间接影响通常是指他人行为的结果或者是由商业行为间接触发或导致的。这些影响可以同引发它们的商业行为发生在不同的地方、不同的时间。间接影响会给企业带来巨大风险，因为它们很难预测、管理和控制。累积影响出现在当附近的几家公司开始集体影响生物多样性的时候，虽然单个商业决策或行为可能对生物多样性只会产生微不足道的直接影响，但当所有这些影响结合起来时，其产生的冲击将可能是巨大的。

企业应该做些什么来保护生物多样性，来缓解上述影响所带来的风险？

这里有两种基本的且互补的解决生物多样性议题的思路。第一是要将生物多样性视为一系列的需要企业管理、缓解的商业风险，对其的成功解决可以降低企业成本，提高企业信誉，确保企业平稳运行。第二，通过保持生物多样性处于其最自然的状态能够帮助企业创造价值。

在实践层面上的风险评估以及涉及企业的尽职调查过程都应该包括对生物多样性的影响评估。在企业生物多样性保护的具体操作方面，企业可以通过采购和销售可持续生产的产品。

在生物多样性方面的积极表现能够提升公司在外部利益相关方之间的地位，并为公司创造真正的商业价值。同时，表现不佳或对生物多样性带来了消极影响则会严重危害企业价值，影响其运营和生存能力。

为保护生物多样性，富士施乐始终视"防止自然资源枯竭"为己任，早在1992年，富士施乐就建立了可持续发展的纸张供应系统，并在新西兰特辟造纸用桉树种植林。同时，在保持废纸浆50%的再利用率的同时，推行"环保纸浆计划"，努力做到其余部分纸浆的再利用，在供应商的经营活动中增加了要求保护生物多样性和当地居民的权益这一交易标准。

通过充分挖掘与利用生物资源而成长起来的爱茉莉太平洋，已经渐渐将生物多样性视为最重要的企业战略之一：不仅分析生物资源物种在生态学方面的影响，在原料管理体系中遵循"世界自然保护联盟（IUCN）"等国际标准，更加有系统性布局生物多样性行动。

中国铝业公司云南铜业（集团）有限公司将生物多样性保护理念贯穿了普朗铜矿从设计、规划、建设、运营和闭矿的全过程。普朗铜矿在建设中严格做到了以下方面：实施生物多样性保护规划和行动计划；不收当地产的木柴；修建生产生活水系统，与山溪彻底隔离；修建运矿隧道；在铜矿建设中避开树林；移栽珍稀树种设立生物多样性保护园。

中国海洋石油总公司年度报告中披露公司自主开发环境敏感资源智能化识别系统，实施黄渤海江豚种群数量和洄游分布及其保护项目、建立滩涂贝类种质资源名录等，持续加强对珍稀动植物物种保护。

西藏奇正藏药股份有限公司物流采购部2014年对战略性药材和濒危及稀缺性药材进行价值和风险评估，撰写《原药材采购指南》，指导公司实施原药材的可持续采购。

⭐ **案例**

力拓集团"生物多样性银行"

作为采掘业的巨头，力拓深知自身行业对生物多样性的影响，将生物多样性保护提升到公司战略，以一系列规范的计划和文件推动相关工作。力拓集团日常运营遵循"生物多样性零净损失"原则的要求，即尽可能减少负面影响，并用生物多样性补偿来抵消公司生产活动所形成的环境冲击。

力拓集团运用澳大利亚环境部开发的《生物多样性银行协议》来定性评估和定量核算被采矿所影响的生物多样性价值。《生物多样性银行协议》是《生物多样性管理计划》所要求签署的协议，《生物多样性银行认证评估方法学》所提供的价值评估、核定流程，采用银行业通用的"信贷交易"模式，实施生物多样性抵偿。

"信贷交易"模式中存在开发商矿区、生物多样性保护区和环境部三方，共同参与机制的运行。开发商矿区作为借（欠）款方，其对生物多样性（植物、动物和生态系统）造成的潜在影响被核算成"信用"，用于量化、核算物种与生态系统信用的潜在损失；生物多样性保护区作为"生物多样性银行"，功能是核算生物多样性保护区通过一系列重建工作后形成的物种与生态系统信用的增长环境部提供技术支持和流程监督，促进"信贷"双方签署协议，保证"信贷交易"模式的正常运转。在"信贷交易"模式下，开发商通过异地重建，抵消生产运营给当地造成的生物多样性丧失，利用环境增益来平衡生态损失，通过先补后占来达到占补平衡，满足了"生物多样性零净损失"的要求。

⭐ **案例**

华电集团——鱼类增殖放流

华电集团将鱼类增殖放流作为履行社会责任、保护生态环境的重要措施。

华电集团在推动怒江、金沙江上游水电开发的规划环评工作时，提出要有选择、有限度地开发流域水能资源，在电站之间保留一定面积的流水生境，以切实缓解水电开发造成的不利影响，避免本地珍稀特有鱼类的衰亡。

华电集团加强了对珍稀特有鱼类驯养繁殖的基础性研究，包括人工驯养繁殖技术、苗种、成鱼和亲鱼培育技术的研究。为了改善流域水生生物的生存繁殖和生态环境，华电在黔企业总投资 1.5 亿元修建了索风营、思林等鱼类增殖放流站。

加强鱼类增殖放流的管理工作，各水电开发公司设立专门的环保管理机构和人员，负责修建管理鱼类增殖放流站和鱼类增殖放流项目的实施，长期监测鱼类增殖放流效果。

鱼类增殖放流项目的长期开展，取得了良好的社会效益，促进企业与政府、社会实现共赢，已成为环境保护部推荐的典范。

🔔 **典型案例**

伊利——生物多样性保护的九大承诺

内蒙古伊利实业集团股份有限公司（简称"伊利"）成立于 1956 年，总部位于内蒙古自治区呼和浩特市，于 1996 年 3 月在上海证券交易所挂牌交易，股票代码为"600887"，是全国乳品行业首家 A 股上市公众公司。

作为中国首家签署联合国生物多样性公约《企业与生物多样性承诺书》的企业，伊利倡导"绿色生产、绿色消费、绿色发展"三位一体的发展理念，持续推进物种保护、绿色包装、绿色生产和可持续农牧业，不断在"绿色产业链"中实践生物多样性保护，并向公众倡导生物多样性保护，以坚实的绿色力量支持生物多样性保护。

一、生物多样性保护管理

伊利可持续发展委员会统筹负责生物多样性保护管理及相关工作。可持续发展委员会下设可持续发展委员会秘书处及管理平台，负责协调推进生物多样性保护相关工作。

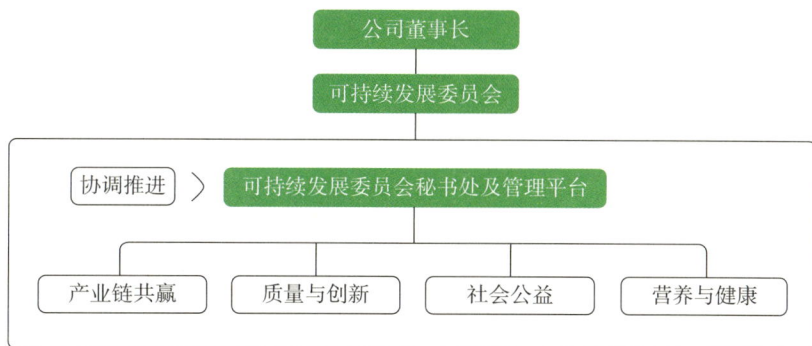

伊利可持续发展委员会组织架构

通过在生物多样性领域进行长期实践，整合国内外机构权威观点，对生物多样性影响因素进行系统总结，伊利识别出 5 大生物多样性影响因素和对生物多样性产生较大影响的 6 大行动领域，建立生物多样性保护管理体系，以此开展全生命周期的生物多样性保护管理。

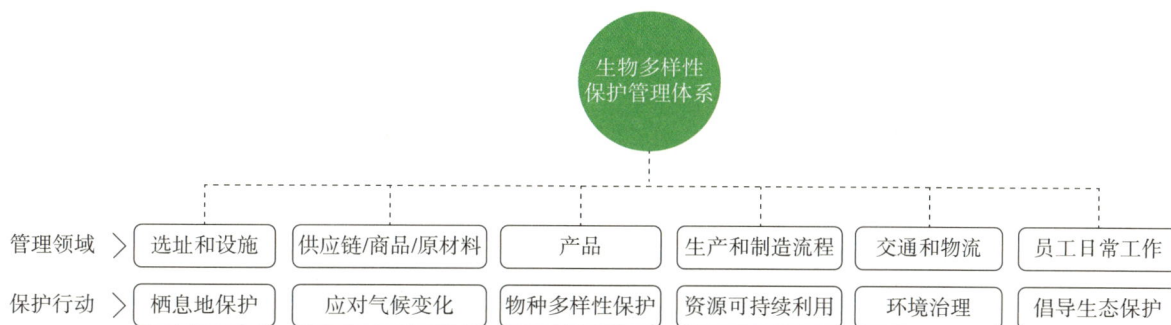

伊利生物多样性保护管理体系

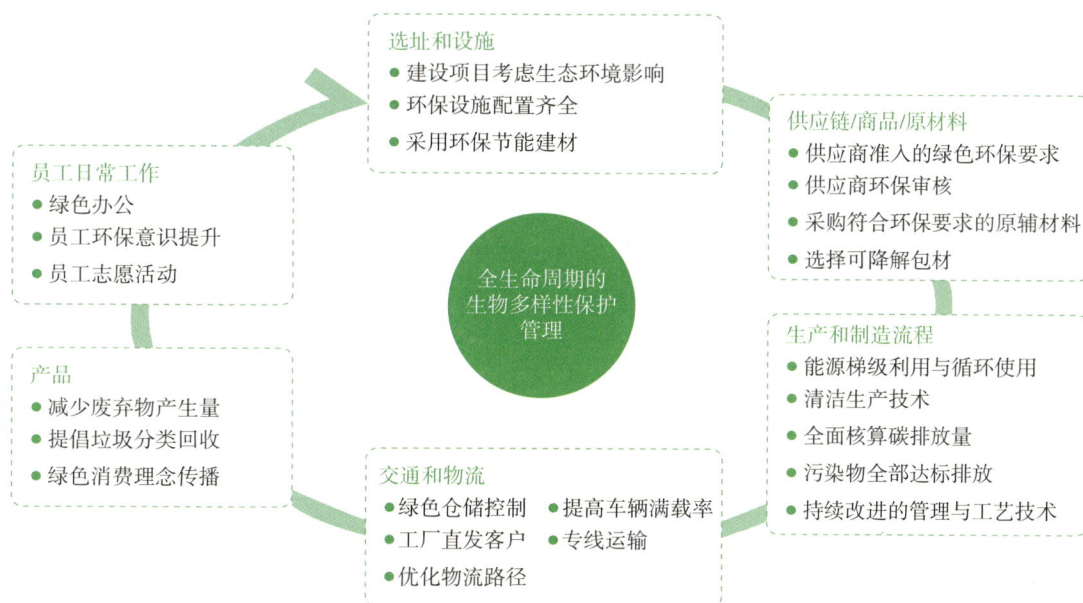

二、生物多样性保护的九大承诺

承诺一：理解、测量和评估

在适用情况下，理解、测量和评估我公司决策和运营对生物多样性和生态系统服务的影响和依赖。

● 连续9年开展碳盘查，全面核算生产过程中的温室气体排放量，加强对碳减排的管控。

● 与世界自然基金会（以下简称 WWF）、东北师范大学等机构合作在东北湿地开展水鸟监测、草场修复调研活动，为采取适当的保护措施提供依据。

● 连续六次获得世界环保大会"国际碳金奖"，成为联合国和专业性国际组织评定下的"以低碳理念履行社会价值的最佳表现者"。

举措：与合作伙伴共同开展鸟类监测

伊利金典与WWF共同合作，以吉林省松原市乾安县为核心，已开展了"可持续农业与湿地保护"项目，建立了可持续玉米种植生产模式试点并大面积推广应用，提高当地对环境友好型可持续农业的认识和应用能力。

2018年，对松原市周边的重要湿地水源和主要候鸟种群进行调查与监测，共布设10个监测点，采用样线调查法对森林繁殖鸟类、湿地繁殖鸟类等进行监测，为鸟类保护提供基础支持。

湿地鸬鹚（拍摄者：东北师大徐源新）

承诺二：降低影响行动

采取行动，将对生物多样性负面影响降低到最小，并优化对其产生的积极影响。

● 构建以碳减排为主线的"环境可持续发展模型"，从源头控制能耗、节约资源。

● 2018年，优化 LED 灯具配置，每年可节约用电 30.45 万千瓦时，减少二氧化碳排放 63.04 吨。

● 2018年，降低 HDPE 使用量 400 余吨，降低包装纸使用量约 2000 吨，减少塑料使用量 1000 吨。

● 组织近 50 名青年志愿者开展春季植树活动，为地球增添生机。

举措：伊利金典进行 FSC 包材全面应用

伊利坚持选择和使用 FSC 认证的纸板、纸包装的绿色产品，伊利金典全面应用 FSC 包材。2018 年，伊利金典有机奶共使用 FSC 包材 32.28 亿包，相当于 10 万亩可持续森林经营。

承诺三：开发管理计划

开发生物多样性管理计划，包括对整个供应链采取相关行动。

● 2018 年，伊利可持续发展委员会对生物多样性保护工作进行统筹管理，围绕影响生物多样性的五大因素和六大领域，完善生物多样性保护管理体系。

● 落实电力多边交易，峰谷平错峰用电，按需购电等措施，加强锅炉系统煤改气、冰蓄冷技术、无油空压机技术的引入和推广。

● 本着"节地、节能、节水、节材、环保"的原则，开展工程项目规划设计工作。

举措：推行种养一体化，实现综合效益

伊利按照"以养带种、以种促养"的原则，大力发展优质饲草种植，大规模为牧场配套相应的种植土地。将牧场粪污通过干湿分离或氧化塘处理后污水灌溉农田，将牧场流转土地粪污还田、种植粗饲料，降低饲养成本，增加养殖收益。

承诺四：运筹资源支持行动

采取措施调动资源来支持生物多样性等具体行动，并酌情协助核算和跟踪这些资源。

● 在《供应商管理手册》中明确供应商在环境方面的具体要求，包括环境保护、废弃物处理等，通过环境管理体系认证的供应商占比 24.61%。

● 探索提高奶牛福利的创新措施，增进动物福祉，保证奶牛"吃好、喝好、休息好"。

● 开展多项活动进行主题传播，包括"有机之春"公益项目、"金典公益科考团"行动等，汇集社会力量共同保护生物多样性。

举措：发起"金典公益科考团"行动，邀请消费者共同守护湿地

2018 年 9 月，伊利金典联合 WWF 共同发起"金典公益科考团"行动，邀请 10 名消费者与 WWF 动物保护专家一起踏入吉林黄泥河湿地自然保护区，为湿地候鸟搭建人工巢箱，并开展鸟类观测，共同守护湿地动物。

承诺五：提高利益相关方意识

提高员工、管理者、股东、合作伙伴、供应商、消费者以及工商业者等利益相关方对生物多样性价值的认识。

● 2018 年，伊利组织环保培训，环保培训人数 150 人。

举措：携手联合国粮农组织，发起"世界农场动物福利—北京共识"宣言

在第二届世界农场动物福利大会上，伊利携手联合国粮农组织等多个国际组织和科研机构，共同发起"世界农场动物福利—北京共识"宣言，号召社会各界积极投入农场动物福利工作，促进养殖业绿色可持续发展，让动物福利和同一健康的理念在世界范围内得到更加广泛的传播。

承诺六：融入商业决策

担当具有生物多样性责任意识的相关标准的推广者，专注经济机会和解决方案，帮助加强和传播将生物多样性价值更好地融入商业决策的商业案例。

● 与中国标准化研究院、中国乳制品工业协会、其他乳制品企业共同编制起草《乳制品工业企业社会责任实施指南》，促进乳制品企业在社会责任方面的标准化进程。

● 2018 年 4 月 4 日，伊利召开关于"可持续"的重要讨论会，明确生物多样性保护作为伊利可持续发展管理指标体系的重要部分，确定 SDGs 中的"气候行动""陆地生物"目标作为部分优先目标。

● 包括碳排查、全面应用 FSC 包材、东北湿地保护等伊利的特色行动入选"中国企业与生物多样性伙伴关系"2017 年度报告，伊利生物多样性保护实践案例入选联合国教科文组织案例集。

举措：开展 2018"可持续消费指数"研究

2018 年，伊利联合专业机构、权威媒体发布了《2018 伊利中国可持续消费报告》（以下简称《报告》），展现伊利作为可持续发展的领军企业应有的责任和担当。《报告》在 2017 年研究基础上权威升级，通过全面了解公众的可持续发展认知、态度与行为变化，从消费者层面提出五项重要发现，以期对企业未来进一步提升可持续发展实践及品牌认知、吸引消费者积极参与推动可持续发展起到关键性启示作用。

公众可持续消费认知、态度、行为调研

2018 伊利中国可持续消费报告

承诺七：分享进展

创造机会分享企业关于生物多样性的经验和取得的进展，以鼓励其他公司和组织也采取行动。

● 在联合国《生物多样性公约》第十四次缔约方大会上分享生物多样性保护方面的实践经验。

● 参加自然资本核算体系培训研讨会，分享生物多样性保护进展。

● 开发生物多样性案例，在伊利商学院、伊利可持续发展联络员全体会议和金蜜蜂企业社会责任培训会等进行呈现。

● 将生物多样性内容融入新员工、管培生及各职能部门等培训体系中，帮助员工深刻认识生物多样性保护的重要性。

● 在"5·22 国际生物多样性日"专题宣传活动中分享生物多样性领域行动实践经验。

> **举措：参与联合国《生物多样性公约》第十四次缔约方大会，贡献中国企业智慧**
>
> 　　2018 年 11 月 14 日—29 日，联合国《生物多样性公约》第十四次缔约方大会在埃及沙姆沙伊赫召开。作为首家签署联合国生物多样性公约《企业与生物多样性承诺书》的中国企业，伊利受邀出席会议。伊利执行总裁张剑秋和与会嘉宾分享了伊利在生物多样性保护方面的实践经验，展现积极践行生物多样性保护的使命和担当。

承诺八：定期报告

定期发布报告，阐述企业对生物多样性和生态系统服务的影响和依赖性。

● 通过年报定期公布生物多样性保护信息。

> **举措：全球首发生物多样性保护年报，成就生物多样性保护"中国样本"**
>
> 　　联合国《生物多样性公约》第十四次缔约方大会期间，作为受邀中国企业，伊利在全球首次发布《伊利 2017 年生物多样性保护报告》，分享伊利在生物多样性保护领域的成功经验和具体实践，获得与会各方高度认可。

承诺九：信息披露

提供关于上述行动和所获成就的信息资料。

● 在伊利网站、伊利微信公众号、媒体网站和社会责任报告中披露生物多样性和环境领域的绩效数据。

保护生物多样性

作为唯一一家签署联合国生物多样性公约《企业与生物多样性承诺书》的中国企业，伊利积极推进与联合国可持续发展目标（SDGs）的对标学习，致力于可持续发展，促成生态保护目标的实现。伊利对生物多样性影响因素进行系统总结，分析各环节对生物多样性的影响，识别出5大生物多样性影响因素（栖息地转变、气候变化、物种入侵、过度开采和污染）、6大生物多样性影响领域，建立保护管理体系，开展全生命周期的生物多样性保护管理。

伊利生物多样性保护年报全球首发

2018年11月，联合国《生物多样性》第十四次缔约方大会在埃及召开，伊利作为唯一一签署联合国生物多样性公约《企业与生物多样性承诺书》的中国企业，受邀出席会议，并全球首发《生物多样性保护年报》，向190多个缔约国家代表分享伊利在生物多样性保护领域的成功经验和具体实践。

伊利携手WWF带领"公益科考团"搭建人工候鸟巢箱

2018年9月，伊利携手世界自然基金会（WWF）在黄泥河国家级自然保护区开启"湿地动物守护者"志愿者活动，带领由十位"守护志愿者"组成的"公益科考团"，深入保护区为湿地候鸟搭建人工巢箱。
伊利发起"自然馈赠，馈之自然"的4.6平方米东北湿地保护项目，承诺消费者每购买一箱金典有机奶，伊利就配捐一笔公益善款用于守护4.6平方米湿地。截至2018年底，累计守护面积已接近新西兰国土面积。

　　作为中国企业投身生物多样性保护领域的先行者，伊利将在"管理、普及、披露"三位一体模式的指导下，继续推动生物多样性的保护行动，为全球的生态文明做出中国企业应有的贡献。面对未来，伊利继续秉承"平衡为主、责任为先"的法则，不断探索更多切实可行的生物多样性保护方案和措施，为能够将一个完整的世界交给下一代而不懈努力。

思考题

　　（1）国际和国内对于环境责任的认知趋势是如何的？

　　（2）如何将战略性环境管理思维融入企业的发展战略中？

　　（3）企业如何围绕自己的业务流程实现对环境的责任？

　　（4）请分别在防止污染、资源可持续利用、应对气候变化和生物多样性这四个议题找出一家做得好的标杆企业，分析其具体的做法。

参考文献

［1］Per-Anders Enkvist, Tomas Nauclér, and Jeremy M. Oppenheim. 企业应对气候变化的战略. 麦肯锡季刊. 2008（7）.

［2］黄进. 对 ISO 14001：2015《环境管理体系要求及使用指南》国际标准"战略性环境管理"思维的理解. 中国标准化. 2016（7）.

［3］李伟阳，肖红军. ISO 26000 的逻辑：社会责任国际标准深层解读. 北京：经济管理出版社. 2011.

［4］莫神星. 应对气候变化下发展低碳能源科技的路径. 中国能源，2018（3）.

［5］［美］乔治·恩德勒著，高国希，吴新文译. 面向行动的经济伦理学. 上海：上海社会科学院出版社，2002.

［6］孙志梅，张旭丽，路丽华. CDP 气候变化 A 级企业碳信息披露比较. 会计之友，2019（3）.

［7］王影，管竹笋，殷格非. 中国企业生物多样性信息披露研究报告 2016.WTO 经济导刊，2017（11）.

［8］徐忠华. 应对气候变化挑战：道达尔的研发与创新. 石油科技论坛，2018（1）.

［9］赵阳，孙祯，王影. 力拓集团："生物多样性银行"的创意.WTO 经济导刊，2018（3）.

第 7 章
公平运营

本章导读

在现代社会，企业和组织要想获得可持续发展，必须遵守公平运营的原则。

公平运营主要涉及企业和组织如何正确处理与相关的，或合作的伙伴之间的关系。公平运营包括反商业腐败、公平竞争、尊重产权等议题，并将这些议题贯穿在全价值链中。公平运营是社会公平的体现，是经济繁荣和创新的活力源泉，是商业可持续发展的坚实基础。

公平运营不仅是法律法规的底线要求，也是成功企业家的价值观和企业文化的集中体现。企业不仅要遵守本国的法律法规要求，还需要遵守经营住在国的法规要求，甚至在一些法律法规不健全的国家和地区，企业还应当自觉用高于当地法规的标准来约束自身的行为，从而实现公平运营。企业应当将公平运营作为自身运营的底线要求，不跨越、不突破底线，彰显企业的核心价值观。

公平运营的基础是反对商业腐败，腐败是滋生不公平的温床，企业通过腐败行为为自己谋取不正当的利益，这对其他守法合规的企业来说是不公平的；同时，在与同行的竞争过程中，必须是公平合理的方式和手段，不得使用垄断地位来操纵市场，否则得利的将永远是处于市场垄断地位的部分企业；企业必须相互尊重各方的产权，尤其是看不见摸不着的知识产权，如果对方投入大量人力、物力研发出来的专利技术被人轻而易举地非法获得，那以后将不会再有企业愿意对研发进行投入，这对于公平运营来说至关重要。没有对产权的尊重，就谈不上公平运营。

由于当今社会经济的分工越来越细，企业的国际化程度也越来越高，没有哪个企业能够独立于价值链，完全实现自给自足。因此一个企业要实现公平运营，除了洁身自好外，还需要将反对商业腐败、公平竞争、尊重产权等实质议题一层层传递于其全价值链中的伙伴，让价值链中的每一个环节都承担起相应的社会责任，每一个角色都做到公平运营，那全社会才可能实现公平运营。

（1）了解公平经营的基本原则。

（2）掌握公平经营中常见的实质议题及具体措施。

2014 年 9 月 19 日长沙市中级人民法院第二审判庭，庄严的中华人民共和国国徽之下，审判长公开宣读一审判决结果："以对非国家工作人员行贿罪判处被告单位葛兰素史克（中国）投资有限公司罚金人民币 30 亿元；判处被告人马克锐有期徒刑三年，缓刑四年，并处驱逐出境……"这意味着社会高度关注的葛兰素史克（中国）投资有限公司商业贿赂犯罪案终于画上了圆满的句号。

有人指出，世界 500 强企业的在华子公司中，因触犯中国法律而站上中国法庭被告席，葛兰素史克是第一家。有人期待，沉疴已久的中国医药行业或将迎来新的改革拐点，更多质优价廉的药品和服务将惠及中国患者。

此案为医药行业营销行为确立了标准，进一步透射出中国司法机关以法治促开放的坚定决心，表明了中国厉行法治、为创造更加规范、公平、稳定、可预期市场环境而付出的不懈努力。

7.1 公平运营概述

7.1.1 公平运营的内涵

根据 ISO 26000 的定义，公平运营主要涉及企业和组织如何处理与利益相关方的关系，以及在这处理过程中的道德行为。

从社会责任的角度来看，公平运营涉及的是道德行为，是高于法律底线要求的行为。公平运营涉及诸多领域：反腐败、公平竞争、价值链社会责任和尊重产权等方面。道德行为是建立和维护组织之间合法有效关系的基础。

公平运营的内涵是企业和组织在守法合规的基础之上，对自身用道德的水平进一步进行约束，禁止商业腐败，提倡公平竞争，尊重相互的产权，并将这一理念贯穿在整个产业链中，构建一个和谐健康、自由公平的营商环境，从而使每个企业和组织能够良性发展，促进社会公平、经济繁荣和活力创新。

7.1.2 全球公平运营相关准则

遵守、推进和鼓励道德行为准则成为所有公平经营的基础，预防腐败等议题取决于遵守法律规定，坚持道德准则、问责制以及透明性原则。如果组织之间不以公平、诚信、公正相待，那么公平竞争和尊重财产所有权将无法实现。如前所述，遵守法律法规要求是公平运营的前提，高于法律要求的道德约束是公平运营的基础，失去守法的前提和道德的基础，公平运营将沦为空谈。

公平运营有三个递进的准则：

第一，遵纪守法，合规经营。法律是低于道德的底线要求。任何一个企业必须遵守经营所在地区和国家的相关法律法规。如果连法律都无法遵从，总是违法乱纪或者钻法律的空子，短期之内其经营成本一定是低于那些遵纪守法的企业的，此时公平的基础已经失去。社会主义市场经济本质上也是法治经济。伴随我国全面依法治国不断推进，法治经济也在向纵深发展。一方面，市场主体的经济活动需要在公平透明的法治环境中进行；另一方面，市场主体自身需要在法治框架内合法合规地从事经营活动。企业应当强化合规经营责任，提升合规经营水平，在法治轨道上提升管理、发展壮大①。只有大家都在守法合规这同一起跑线上进行比赛，比赛本身才是公平的。

第二，诚实守信。企业在商业活动中，固然有很多商业利益及其分配问题，人们常常形容商场如战场，商场上都是尔虞我诈。倘若大家不能诚实守信，每个企业都将商业目标作为最高目标，不择手段地去实现此目标，短期之内可能有部分企业确实实现了商业最大化，然而这对于整个商业生态来说却是不可持续的。商业竞争中只有每个企业都诚实守信了，大家都按照商业规则来办事，大家都遵循合同条款，实现商业的优胜劣汰，这种商业生态才是可持续的商

---

① 《提升企业合规经营水平》，《人民日报》（2018 年 8 月 9 日 07 版）。

业。诚信是企业赖以生存的土壤，能让我们打开市场，扩大经营份额。如果不讲诚信，就会让企业的形象大打折扣，会直接影响企业的生存与发展。诚信的价值永远高于企业的品牌价值。靠弄虚作假，瞒天过海的欺诈手段是不可能让企业长期生存与发展的，企业的品牌最终会毁于一旦直至企业倒闭，就是能做出品牌也是"昙花一现"。

第三，担责负责。企业除了遵纪守法，还应当承担社会责任，为企业自身消耗的社会和自然资源承担责任。一个企业不可能孤立地存在于社会上，也不可能完全不消耗自然资源。在公平的原则下，谁消耗的资源越多，谁就应该承担越多的社会和环境责任。商业只有在不丧失其灵魂的前提下盈利，经济活动必须减轻这个时代所面临的环境和社会危机，只有具备社会责任感的企业才能赢得消费者的认同，实现百年基业长青！

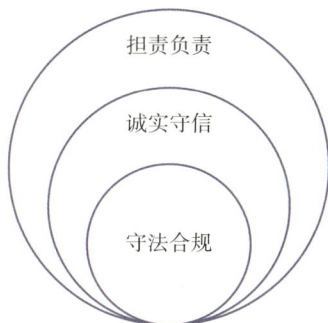

图 7-1 公平运营递进模型

每家企业对于公平经营的关注焦点依据其所在的行业类型可能会有所不同，例如一些高科技企业，其关注焦点可能在于知识产权保护，因为这是企业的核心竞争力。对于一些靠营销制胜的企业，其更多的是关注公平竞争和正当广告宣传。对于一些略微具备垄断性质的行业，其更多的是关注商业腐败问题。但无论是什么企业，只要其承诺公平运营，一定离不开守法、合规、诚信这些关键词。优秀的企业一般会制定企业的商业行为准则，用以约束内部员工的行为，以及对外宣称企业公平运营的态度。

与客户之间的信任关系
　尊重隐私
　杜绝行贿
　公平竞争

与政府和社区的信任关系
　遵守世界各地的法律法规
　设计无障碍产品和服务
　尊重并促进人权

员工之间的信任关系
　培养多样性和包容性
　为营造安全、高效的工作
　环境贡献力量
　避免利益冲突

与投资人和公众之间的信任关系
　杜绝内幕交易
　妥善保存记录与合同

向公众准确传达公司信息
捍卫Microsoft的资源
保护机密信息和知识产权

与本公司代表之间的信任关系
　选用值得信赖的代表
　负责任地对待礼品、招待和旅行
　选择正直的供应商

恪守商业行为准则

图 7-2 微软公司商业行为准则

7.2　反腐败

7.2.1　商业腐败的特征和表现形式

根据 ISO 26000 的定义，"腐败是为私人利益而滥用受托的权力"，也就是将组织（包括企业和公共机构）赋予个人的权力用于为私人（包括自然人和法人）谋取利益的行为。腐败行为包括贿赂、利益冲突、欺诈、洗钱、贪污、窝赃、妨害司法以及影响力交易等形式[①]，这些行为往往同时违背了法律规范、社会道德、民主原则和经济秩序，因而具有极大的危害性。2003 年通过的《联合国反腐败公约》指出，腐败"破坏民主体制和价值观、道德观和正义并危害着可持续发展和法治"，ISO 26000 则更为细致地指出，"腐败可以导致侵犯人权、对政治程序的腐蚀、社会的贫困以及环境的损害。它还会扭曲竞争、财富分配和经济增长"。因而，对于企业而言，预防和治理腐败行为不仅是一项有关公平运营的、基本的法律责任和经济责任，也是一种事关民主、法治和可持续发展的、长期的社会责任和道义责任。

企业经营中最普遍的腐败形式是商业贿赂。无论商业贿赂的对象是公职人员还是购买商品或服务的客户，商业贿赂本质上都是一种意在谋取竞争优势的行为。国家工商行政管理局 1996 年颁布的《关于禁止商业贿赂行为的暂行规定》中将商业贿赂定义为"经营者为销售或者购买商品而采用财物或者其他手段贿赂对方单位或者个人的行为"。例如，1991 年到 2002 年期间，美国德普公司向中国国有医院医生行贿 162.3 万美元现金，用来换取这些医疗机构购买德普公司的产品。这就让其他的同行失去了公平竞争的机会，这些通过商业贿赂换来的业务订单对于其他质优价廉的同行是不公平的。

以商业贿赂为代表的企业腐败行为使得这类行为的法律责任往往包含针对组织行为的"法人责任"，也即在实施贿赂行为的个人承担相应法律责任之外，实施商业贿赂（提供或接受）的企业也会受到刑事、民事和／或行政处罚，其目的就是防止企业将贿赂作为增加竞争优势的手段。美国《反海外腐败法》（Foreign Corrupt Practices Act）禁止美国公司向外国政府公职人员行贿，其刑事制裁包括对实施贿赂行为的企业及自然人的高额罚金。近年来，美国反海外腐败法公司执法案件总数一直居高不下（见图 7-3）。中国刑法则对提供和接受贿赂的组织和相关个人规定了双重处罚，例如，"国家机关、国有公司、企业、事业单位、人民团体，索取、非法收受他人财物，为他人谋取利益，情节严重的，对单位判处罚金，并对其直接负责的主管人员和其他直接责任人员，处五年以下有期徒刑或者拘役"。

[①]　根据《联合国反腐败公约》，影响力交易（trading in influence）是指"直接或间接向公职人员或者其他任何人员许诺给予、提议给予或者实际给予任何不正当好处，以使其滥用本人的实际影响力或者被认为具有的影响力，为该行为的造意人或者其他任何人从缔约国的行政部门或者公共机关获得不正当好处"。

FCPA历年公司执法案件总数
2007—2016

图 7-3 美国《反海外腐败法》历年公司执法案件总数

资料来源：http://www.onesheng.cn/dtfw/fanfu/411275.html.

7.2.2 商业反腐败机制与措施

在反腐败领域，ISO 26000 提出了包含 9 种主要的行动期望的管理框架，其中全面贯穿了在企业运营中反腐败和商业贿赂的理念。这一框架的具体机制包括：（1）风险与政策：在任何运营环境和商业活动中，企业应首先识别腐败风险，并制定、实施反腐败政策；（2）领导层承诺：为防止腐败行为的"上行下效"效应，企业领导层必须为反腐败树立榜样，并提出实施反腐败政策的各种承诺、鼓励和监督措施；（3）员工行动：企业应该支持并培训员工及企业代表为消除贿赂和腐败而做出努力，并提供物质和精神上的激励；（4）意识提升：反腐败是一个持续且处于不断变化的环境中的工作，因此要提升员工、企业代表、承包商和供应商有关腐败和反腐败的意识；（5）薪酬：为了降低和消除从事腐败行为的动机，企业应确保为员工和企业代表的合法服务支付合理薪酬，包括为供应商的产品和服务支付合理的价格；（6）体系：企业在内部以及在供应链上都应当建立和保持一个有效的反腐败体系；（7）举报：通过建立便于举报、跟进且无须担心报复的机制，鼓励员工、生意伙伴、企业代表和供应商举报对企业政策的违反行为以及不道德和不公平的待遇；（8）配合执法：当发现有关腐败行为违反刑法时，企业应提请适当的执法机构关注并配合执法；（9）价值链推进：企业应鼓励其他与企业有商业和运营关系的组织和企业采用类似的反腐败措施。

⭐ **案例**

华为技术有限公司反腐败政策

以往合作中的历史问题。 凡存在华为员工（包括已离职的华为员工）收受好处费等类似问题，如相关合作伙伴或经办人能主动向华为完整报备并积极配合相关调查的，华为公司将视具体情况对该合作伙伴或经办人不予追究民事责任、在法律允许的范围内不进行民事起诉，并酌情退还所追回的赃款（依法被司法机关没收的除外）。对承诺以后不再发生类似问题的合作伙伴，不影响其与华为公司继续合作。

当前合作或未来合作中的问题。若存在华为员工以各种名义向合作伙伴索要好处费……一经查实，将进行严肃处理，以保护合作伙伴的合法利益。

适用范围。本政策适用于华为公司中国地区部企业业务部的所有合作伙伴，并且不受索贿、受贿事件所发生时间和地域的限制。

举报要求与保密责任。华为公司各部门只受理违反BCG行为的实名举报，不受理匿名举报，且只能对实名举报进行立项调查，不得对匿名举报进行调查。华为公司各部门必须对实名举报人的私人信息严格保密，切实保障实名举报人的合法权益，严禁对举报人进行直接或间接方式的歧视、刁难、压制或打击报复等违纪行为；对违反上述规定的，可纪律处分，甚至解除劳动关系，构成犯罪的，依法移交司法机关。

投诉链接：http：//e.huawei.com/cn/partner/channel_feedback

资料来源：https：//e.huawei.com/cn/partner/cn/chinese-market-management/policy

以上9条机制与措施概括起来主要体现在三个方面：

第一，意识问题。每个企业自上而下、自下而上的全体员工必须要有反腐败的意识，只有从意识形态里面认识到商业腐败的危害和严重性，大家才能以身作则以及互相监督。华为公司以及微软公司每一年都会对全体员工进行至少一次反腐败教育和培训，公司会邀请内部或外部的律师对商业腐败的案例进行分享，会清晰地讲解公司商业腐败的要求和禁止事项。这让每一个员工对公司的反腐败要求有一个深入的认知和了解，也杜绝了少数人以不知道为理由的犯错行为。培训完后，会有一次书面的考试，每个员工必须参与该考试并取得合格的成绩。

第二，制度问题。每个公司是否能真正进行反商业腐败，关键在于制度问题。只有从制度层面不给任何的商业腐败留有空间，才能较好地预防和控制商业腐败。否则反商业腐败就会流于空谈。反腐败的制度大到如何移交司法机关处理，小到节日收受礼品的规定以及如何申报等，必须有健全的制度保障，否则当一些情形处于灰色地带不易判断的时候，有人就会铤而走险。

微软公司在其商业行为准则里面详细地规定了其在反腐败方面的要求：

● 我们拒绝向任何人提供或支付贿赂或回扣。

● 我们禁止支付各种形式的腐败款，包括为获得许可或批准而支付贿款，以及为加快政府手续流程而支付小额贿款（通常称为"疏通费"）。

● 在任何交易中，我们应避免隐性条款或协议，尽可能降低复杂性，因为透明的交易可以降低发生贿赂或回扣的风险。

● 我们选用具有正直口碑的合作伙伴，并在发觉存在不道德行为的迹象，或者可能存在贿赂行为时，向相关部门进行举报。

● 我们保证提供给政府官员或客户的任何礼品、招待和旅行都在合理、适度的范围内，并且要得到事先批准（必要时）。

●我们基于任人唯贤的原则聘用人员，不会为迎合客户或政府官员的私利做出雇佣决定。

●如果我们做慈善捐款，那是为了支持合法的慈善事业，而不是为了换取利益。

第三，组织保障。预防腐败是需要投入资源的。通常需要建立相关的组织，例如内部稽查部门、匿名举报和投诉热线，等等。内部稽查部门定期对部门和个人进行审核和稽查，发现轻微问题进行批评教育整改，发现严重问题要进行严肃处理。如果没有组织保障，仅靠企业老板口头教育和主观判断，这是无法做到预防腐败的。

7.3 公平竞争

7.3.1 公平竞争的概念及非公平竞争的表现形式

根据 ISO 26000，"普遍而公平的竞争能够激发创新和效率，减少产品和服务的成本，确保所有组织有平等的机会、鼓励发展新产品或流程，在长期上，则能提高经济增长和生活水平"，因此，参与和促进公平竞争是企业社会责任的重要内容。

公平竞争对于企业生态的发展具有重要的作用。它调动参与者的积极性，使得他们不断提高以增强自身的竞争力。这种提升有利于整个行业乃至社会的进步。企业之间的正常竞争让产品质量更好，价格更优，消费者获得更多利益。公平的竞争会让参与竞争的企业形成良性循环，企业之间能够形成螺旋式上升机制，对促成整个产业的发展有积极作用。相反地，非公平竞争只能让一部分企业获得眼前的短期利益，却伤害了参与竞争的其他企业，必将导致行业混乱，无法推动产业进步和升级。

企业违反公平竞争的行为有很多表现形式，在中国法律体系中主要分为垄断行为和不正当竞争行为。具体而言，垄断行为包括：订立排除、限制竞争的垄断协议，滥用市场支配地位，实施具有排除、限制竞争效果的经营者集中（如合并与控股等），以及行政机关和具有管理公共事务职能的组织滥用行政权力排除或限制竞争（如妨碍商品在地区之间的自由流通）等。这些行为一方面不利于形成统一、开放、竞争、有序的市场体系，另一方面也会严重损害消费者利益和社会公共利益。这些垄断行为和不正当竞争行为涉及同行业者、竞争者以及政府部门等相关方，同时也会涉及供应链或价值链。

2017 年 10 月《公平竞争审查制度实施细则》发布实施。行政机关以及法律法规授权的具有管理公共事务职能的组织在制定市场准入、产业发展、招商引资、招标投标、政府采购、经营行为规范、资质标准等涉及市场主体经济活动的规章、规范性文件和其他政策措施（统称政策措施）时，应当进行公平竞争审查，评估对市场竞争的影响，防止排除、限制市场竞争。而且《行政诉讼法》修订后，增加一条，作为第五十三条："公民、法人或者其他组织认为行政行为所依据的国务院部门和地方人民政府及其部门制定的规范性文件不合法，在对行政行为提起诉讼时，可以一并请求对该规范性文件进行审查。"

⭐ **案例**

强生与辉瑞的争端

2017 年 9 月，全球排名第一的辉瑞起诉全球排名第六的强生涉嫌不公平市场竞争，强生辉瑞又掐起来了。辉瑞向强生发起诉讼，指控后者对旗下关节炎治疗药物 Remicade 的生物仿制药竞争产品的使用加以阻碍，阻止了医疗保险商、医院和诊所提供辉瑞公司定价较低的生物仿制药产品。

据悉，强生与保险公司签订合同，要求患者在使用生物类似药的替代品之前首先使用类克 Remicade，这样才能获得售后回扣。

辉瑞认为强生故意打击其治疗类风湿关节炎的生物药（Remicade），违反了反垄断法律和破坏"联邦生物制品价格竞争与创新法案（BPCIA）"的主要目标。

7.3.2　促进公平竞争

为了促进公平竞争，企业自身应该首先遵守关于竞争规则的法律法规，在此基础上防止参与或与他人共谋反竞争的行为。对内，企业应该强化机制建设和意识提升，对外则应该促进鼓励公平竞争的公共政策和社会环境（见表 7-1）。而"及人"和"向外"都有赖于严格的供应链或价值链管理，关注自身与客户、各级各类供应商以及消费者关系中可能违反竞争规则的情况。

表 7-1　促进公平竞争的措施

行　为	内　　涵
遵守竞争法规	以符合竞争法的方式开展活动，并与适当的主管机构合作
防止参与反竞争行为	建立程序和保障措施，防止参与或共谋反竞争的行为
提高员工意识	提高员工对遵循竞争法规和公平竞争的重要性的认识
支持竞争政策	支持反托拉斯和反倾销实践，以及鼓励竞争的公共政策
关注运营环境	关注运营的社会环境，不利用社会条件（如贫困等）获得不公平的竞争优势

此外，公平竞争与公共政策和社会环境密切相关。有关公平竞争的公共政策是政府所维系的针对企业行使市场权力的规则与秩序要求，其根本目标是进行有效的资源配置，消除限制性的商业做法，确保市场的有效运作，由此达到社会福利的最大化。企业对鼓励公平竞争的公共政策和社会环境的形成与保持负有根本性的责任，这不仅意味着企业应当首先严格自律，不利用不公平的社会环境获取竞争优势，同时，还应积极呼吁、促进保护和鼓励竞争的公共政策，构建公平有序的市场环境和竞争秩序。

为规范政府有关行为，防止出台排除、限制竞争的政策措施，逐步清理废除妨碍全国统一市场和公平竞争的规定和做法，国务院于 2016 年 6 月 1 日发布了《关于在市场体系建设中建立公平竞争审查制度的实施意见》，就市场体系建设中建立公平竞争审查制度提出意见。明确了建立公平竞争审查制度的总体要求和基本原则：

尊重市场，竞争优先。尊重市场经济规律，减少对微观经济的干预，促进和保护市场主体公平竞争，保障市场配置资源的决定性作用得到充分发挥。

立足全局，统筹兼顾。打破地区封锁和行业垄断，清除市场壁垒，促进商品和要素在全国范围内自由流动。

科学谋划，分步实施。破立结合，在规范增量政策的同时，坚持分类处理、不溯及既往，逐步清理废除妨碍全国统一市场和公平竞争的存量政策；着眼长远，做好整体规划，在实践中分阶段、分步骤地推进和完善。

依法审查，强化监督。加强与现行法律体系和行政管理体制的衔接，提高公平竞争审查的权威和效能。建立健全公平竞争审查保障机制，把自我审查和外部监督结合起来，加强社会监督和执法监督，及时纠正滥用行政权力排除、限制竞争行为。

7.4　尊重产权

拥有财产的权利是《世界人权宣言》中公认的人权，财产权利既包括物质财产也包括精神财产，还包括土地权益和其他物质财产、著作权、专利权、地理标志权、基金、道德权利及其他权利。它涵盖了更为广泛的财产政策，例如特殊群体的传统知识、原著居民、员工或其他人的知识产权。

确认财产权不仅促进了投资、经济、物质等方面的安全，同时还鼓励了创造革新。

ISO 26000 条文明确了企业的行为和期望，包括企业应当：（1）落实关于提倡尊重财产权和传统知识的政策措施。（2）进行适当的调查以确认其享有获准使用或处理财产的合法权利。（3）不参与侵犯产权的活动，包括误用支配地位、伪造和剽窃等。（4）为财产的取得和使用支付合理的报酬。（5）在行使和保护智慧财产权、物质财产权时，考虑社会期望、人权和个人基本需要等方面的内容。

7.4.1　知识产权的概念和分类

对于物质产权的保护和尊重，已经形成共识并有严格的法律条文进行约束。然而，保护知识产权却是一个容易被忽视的领域，很多企业并未把知识产权和物质产权当作同等重要的产权进行尊重和保护。

知识产权英文为"intellectual property"，其原意为"知识（财产）所有权"或者"智慧（财产）所有权"。直到 1967 年《世界知识产权组织公约》签订以后，知识产权这一词汇才逐渐为国际社会所普遍使用。知识产权有两类：一类是著作权，另一类是工业产权。对于企业来讲，更多的关注点在于工业产权。

工业产权包括三种：

第一，商标权。是指商标主管机关依法授予商标所有人对其申请商标受国家法律保护的专有权。商标是用以区别商品和服务不同来源的商业性标志，由文字、图形、字母、数字、三维标志、颜色组合和声音等，以及上述要素的组合构成。中国商标权的获得必须履行商标注册程序，而且实行申请在先原则。我们常见的一些"山寨商标"就是对正规商标的侵权行为，例如康帅傅模仿康师傅，周住牌模仿雕牌等。

第二，专利保护。是指一项发明创造向国家专利局提出专利申请，经依法审查合格后，向专利申请人授予的在规定时间内对该项发明创造享有的专有权。根据中国专利法，发明创造有三种类型，发明、实用新型和外观设计。发明和实用新型专利被授予专利权后，专利权人对该项发明创造拥有独占权，任何单位和个人未经专利权人许可，都不得实施其专利，即不得为生产经营目的制造、使用、许诺销售、销售和进口其专利产品。外观设计专利权被授予后，任何单位和个人未经专利权人许可，都不得实施其专利，即不得为生产经营目的制造、销售和进口其专利产品。未经专利权人许可，实施其专利即侵犯其专利权，引起纠纷的，由当事人协商解决；不愿协商或者协商不成的，专利权人或利害关系人可以向人民法院起诉，也可以请求管理专利工作的部门处理。

第三，商号权。即厂商名称权，是对自己已登记的商号（厂商名称、企业名称）不受他人妨害的一种使用权。

7.4.2 如何保护知识产权

作为企业，保护知识产权不仅是保护自己企业的商业利益，同时也应该保护自己的同行、合作伙伴和其客户的知识产权。企业应该建立保护知识产权的流程和政策，确保所有员工了解企业知识产权的政策要求和执行流程。例如微软公司在进行知识产权保护的流程中要求企业内部稽查的时候审视过去 12 个月是否安装了任何第三方软件，如有安装，必须确保第三方软件有合法的正版版权。同时微软公司在与其商业合作伙伴的业务中也会要求对方签署一份 NDA（Non-Disclosure Agreement）以确保对方不能擅自使用收到的微软的产权及商业秘密信息。

防止侵犯别人的知识产权，主观上依靠预防和教育，同时也需要制度上进行约束，这样就比较容易进行管理。同时，企业更需要采取必要手段包括申请专利以及遵循相关法律等避免自己的知识产权被别人侵犯。

当前我国已经出台了许多知识产权相关的法律法规，例如《商标法》《专利法》《技术合同法》《著作权法》和《反不正当竞争法》等。从宏观层面上讲，国家已经在法律制度层面为企业知识产权权益的保护提供了较强的法律依据，为企业在制定知识产权保护制度及具体实施方法指明了方向，但是目前还缺乏与侵权案件相关的更为详细的实施细则。因此，企业更应该加强商业秘密保护的意识教育和机制建设，由事后诉讼转变为事前预防。

企业一旦在某些局部领域发挥自己的优势，突破某一前沿技术，就应该立即抢占专利权制高点，按照规则申请专利，用法律的武器来武装和保护自己的知识产权。同时要大力宣传专利制度在技术中的作用，专利制度不仅仅是促进发明创造的激励机制，而且还是市场经济条件下促进科技发展的一种动力机制。申请专利的好处在于：

第一，取得垄断权。专利权人可以直接防止商业对手相应的竞争，可以取得更高的利润回报。我们鼓励企业申请专利，用法律的手段维护自身利益和权益。

第二，赚取特许费。一项专利，即使市场没有即时需要，那么日后很可能有人会察觉到该专利的用途，并愿意支付专利使用费，美国施乐公司发明了图形用户界面，但未申请专利，其后微软公司及苹果公司利用图形用户界面作为其个人电脑操作系统的基础，初步估计，施乐公司已白白损失了近 10 亿美元的特许费，而在另一方面，IBM 公司在 2001 年通过转让专利，获得 17 亿美元的收入。

第三，保障外国市场安全。目前世界上已有 170 多个国家和地区建立并实行了专利制度，不少外国买家，尤其美国买家会要求当地制造商或卖家证明其拥有产品的知识产权，以保障本身不至于卷入侵权诉讼，这样才会愿意进行交易。

联合国下属的世界知识产权组织（WIPO）公布的 2018 年全球企业专利申请数据中，华为以 5405 份的专利申请，成为世界上专利申请最多的企业。而且华为的专利申请个数，创出历史最高纪录。除了华为，中兴和京东方也名列前茅，都在前八以内。经过多年的技术积累，华为现在已经成为世界顶尖科技企业。无论是手机，还是其他科技领域，研发能力是最大的实力保障。而能体现研发实力的，除了优秀的产品，最直观的就是专利数。华为手机的成功，源自华为对技术的坚持，以及对手机芯片的研发投入。经过多次迭代，华为的麒麟芯片越来越强大，现在已经可以比肩高通芯片。华为的成功，正是对技术的坚持和投入，现在华为已经到了技术收获期，世界第一的专利申请数，就是一个很好的体现。

正常情况下，专利是保障企业专有成果的武器，但与此同时，我们也看到一些"专利流氓"打着专利的旗号对企业实行勒索。这样做反而是由公平运营走向了非公平竞争。公平经营强调的是对企业自身的包括知识产权在内的合法权益用法律的手段进行保护，也包括对产权保护相关法律的尊重和敬畏。

7.5 价值链社会责任

ISO 26000 指出企业通过其采购和采购决策影响其他组织，凭借价值链中的领导地位和指导资格，企业能够推动社会责任原则实践被价值链中的其他组织与企业采纳和支持。

组织应考虑其采购和采购决策对其他组织造成的潜在影响或无意后果，适当注意避免或减少这些负面影响，同时还能刺激对富有社会责任感的产品和服务的需求。价值链中的每一个组织都有责任遵守相关法律，并对社会和环境造成的影响负有责任。

如今的企业在全球化的浪潮下很难说自己将所有的环节都独立完成。即使现在市值最高的苹果公司也是依靠全球产业链合作才能完成产品和服务的交付。因此，如果一个企业的价值链不能公平经营，价值链存在商业腐败，存在非公平竞争，不承担相应的社会责任，我们很难说这个企业的经营是公平的。甚至有的企业自身标榜守法合规，诚信经营，但是其产业链却无视人权，破坏环境，完全不承担相应的社会和环境责任，这对其他严格监管供应链的企业来说，是不公平的。

我们身边的每一件商品，从诞生到死亡都要经历至少五个环节，开采资源、生产制造、销售配送、消费使用以及丢弃处理。每一个环节都有许许多多的问题，如果在整个供应链中大家都不负责任，后果将非常严重。

首先，制造产品一定会开采自然资源，据统计，2007 年以来，智能手机生产共消耗了超过 15.7 万吨铝（主要用于外壳）、10.7 万吨铜（主要用于线缆）、6.7 万吨塑料（主要用于外壳）、

3.8 万吨钴（主要用于电池）以及其他矿物材料。过度开采会导致这些材料消耗殆尽。例如，用于生产液晶屏幕的铟（In），如果保持现在的开采速度，预计 14 年内就会枯竭。

其次，在生产制造环节可能有大量的破坏生态环境和侵犯劳动者权利的情形，比如没有支付最低工资，使用童工，强迫劳动，非法排污等；生产制造环节是碳排放的最大贡献者，据研究，生产一部手机，82% 的碳排放来自生产制造环节，6.8% 来自运输环节，13.6% 来自使用环节，2.5% 来自回收环节。这也是为什么大部分品牌公司将供应链社会责任工作的重心放在资源开采和生产制造环节的原因。

由此不难看出，供应链环节需要每一个参与者，尤其是生产者这个主要角色发挥负责任的作用，抛开其供应链谈一个企业的公平运营是不公平的。

7.5.1 全球流行的供应链社会责任标准

现在全球各地，不同行业都有自己的社会责任标准，虽然每一个组织（或者标准）的说法或者描述略有不同，但是大部分的内容都是一致的。下面是几种常见的标准：

（1）SA8000

这个标准比较常见。SA8000 即 "社会责任标准"，是 Social Accountability 8000 的英文简称，是全球首个道德规范国际标准。SA8000 标准适用于世界各地，任何行业，不同规模的公司。其依据与 ISO 9000 质量管理体系及 ISO 14000 环境管理体系一样，是一套可被第三方认证机构审核的国际标准。

（2）RBA（前身叫作 EICC）

RBA 是 Responsible Business Alliance 的英文简称。这个标准是电子行业协会的社会责任标准。在国际上的各大电子行业品牌，如微软、惠普、戴尔、苹果都承认此标准。此标准旨在确保电子行业供应链的工作环境安全，工人受到尊重并富有尊严，以及商业运营对环境的责任。

（3）WRAP

WRAP 是 Worldwide Responsible Accredited Production 的英文简称。该项目旨在独立监控和证明制造业符合这些全球性的社会责任标准，并保证产品是在合法、人性化和符合伦理的条件下生产的。WRAP 认证项目坚信以工厂为基础的认证，是保证工作场所符合 WRAP 生产原则的最有效方法。WRAP 项目将改善工作场所条件的首要责任放在拥有和经营缝制产品制造设施的业主身上。

除了上面几种常见的标准，还有 Sedex、BSCI、Ecovadis 等标准，也包括中国纺织行业的 CSC9000T 等标准，甚至现在中国电子行业也在开始筹备自己的行业社会责任标准。

标准很多，但是万变不离其宗，无外乎都会涉及劳工、职业健康与安全、环保、商业道德、管理体系等几大方面。只不过每一个行业或者区域的标准侧重点不同罢了。比如电子行业可能会强调知识产权，而纺织行业可能更强调环保和工作时间问题。

7.5.2 供应链社会责任的管理内容

目前通行的标准，供应链社会责任的内容主要是降低企业在供应链运营活动中对人和环境所造成的影响。一般情况下，供应链社会责任涉及的内容除了前面讲述的反对商业腐败、公平竞争以及保护产权等议题外，还主要包括以下内容。

7.5.2.1　合法及道德的用工方式

在供应链中，人是最主要的因素。一些工厂主为了追求利润最大化，做出牺牲工人利益的事情。国际劳工组织是联合国一个旨在保障劳工权益，鼓励体面劳动的专门机构。从 1919 年成立至今，国际劳工组织共制定了 8 个核心劳工公约，它们构成了国际劳工标准的基本准则。负责任的供应链需要做到以下几方面：

第一，禁止使用童工。

国际劳工组织发布的《2015 世界童工报告》指出，"全球目前约有 1.68 亿名童工，其中 8500 万名童工所从事的是一些严重伤害儿童身心健康的工作"。童工问题依然很严峻，有可能就存在于你所在公司的供应链企业当中。国际劳工组织《准予就业最低年龄公约》第 2 条第 3 款明确规定，一般情况下就业最低年龄不得低于 15 岁（完成义务教育的一般年龄）。但是，考虑到一些缔约国的经济和教育设施欠发达，执行 15 岁的标准存在困难，公约允许经济社会发展相对落后的国家变通执行第 2 条第 3 款的规定，允许他们初步将一般就业最低年龄定为 14 岁（第 2 条第 4 款）。但是，将最低年龄定为 14 岁的缔约国应该在履约报告中说明这么做的理由（第 2 条第 5 款）。

我国劳动法明确规定了禁止使用童工，而且把童工定义为年龄低于 16 周岁的人员。同时，我们还有未成年人特殊保护规定，里面详细地规定了 16—18 周岁的员工应该受到什么样的保护，包括工作岗位的要求、工作时间的限制和定期体检。

作为一种负责任的行为，企业应该在招聘的过程中严格筛查员工的年龄，包括查看员工的身份证或者护照等有效的身份证明文件，企业的人力资源部门还要尽到尽职调查的责任，比如问问员工的生日、属相、毕业年龄等信息进行交叉核对，以免有借用或者假冒身份的情况发生。

| 各岗位要求 | ⇨ | 筹划招聘岗位要求，公布招聘启事 | ⇨ | 要求不招聘童工 | ⇨ | 查验身份证、学历证明、户口证明等年龄证明文件 | ⇨ | 应聘人员填写记录 | ⇨ | 择优录取 | ⇨ | 附录用人员检查身份证 | ⇨ | 入职核查 |

图 7-4　童工预防流程图

第二，禁止强迫劳动。

国际劳工组织大会于 1930 年 6 月 28 日通过公约规定，凡批准本公约的国际劳工组织会员国承诺在可能的最短期限内禁止使用一切形式的强迫或强制劳动。"强迫或强制劳动"一词系指以任何惩罚相威胁，强迫任何人从事的非本人自愿的一切劳动或服务。

中国《劳动法》第 17 条规定，订立和变更劳动合同，应当遵循平等自愿、协商一致的原则，不得违反法律、行政法规的规定。《劳动合同法》第 26 条规定，以欺诈、胁迫的手段或者乘人之危，使对方在违背真实意思的情况下订立或者变更劳动合同的，劳动合同无效或者部分无效。

近几年来，在我国出现强迫劳动的情况大为减少，偶尔发现一些个案，比如有些企业在招工时扣留工人的身份证件，或者收取押金。但是一些隐形强迫劳动依然存在。比如，在企业旺季赶货的时候，员工请假非常困难，甚至一些企业会安排强制性的加班，如果员工拒绝加班，会被当作旷工处理。这些都是变相的强迫劳动。

第三，禁止歧视员工。

歧视，从广义来讲是一种感知行为。但是在企业社会责任领域里面，歧视是一个相对明确的定义。

国际劳工组织 1958 年通过的《就业与职业歧视公约》（第 111 号公约）中界定："基于种族、肤色、性别、宗教、政治见解、民族、血统或社会出身的任何区别，排斥或特惠，其效果为取消或损害就业或职业方面的机会平等或待遇平等"。"包含得到职业培训的机会，得到就业的机会，得到在特殊职业就业的机会以及就业条件"。

中国《劳动法》第 12 条规定：劳动者就业，不因民族、种族、性别、宗教信仰不同而受歧视。

在现实中还有大量的歧视行为存在着。例如常见的招工广告："大量招聘女工，年龄 18—30 岁，高中学历"。简简单单一句话就含有多种歧视：性别歧视、年龄歧视和学历歧视。甚至还有一些企业在招聘过程中设置重重障碍歧视员工。比如在入职体检中测试是否怀孕，是否有乙肝，是否患艾滋病等。这些都是对员工的歧视行为。

第四，合理的工作和休息时间。

合理的工作和休息时间是保障人的基本权利的一个要求。人不是机器，因此员工的工作和休息时间必须在一个合理的范围之内。

国际劳工组织以及一些国际性联盟与组织对工作时间的要求基本上都是每周的正常工作时间不超过 48 小时，加班时间不超过 12 小时，每周保障员工休息一日。中国《劳动法》第 36 条规定，劳动者每日工作时间不超过 8 小时，每周不超过 40 小时。第 38 条规定，每周必须休息一日，第 41 条规定，每日加班不超过 3 小时，每月加班不超过 36 小时。

目前，超时加班的情况还非常突出。侵犯员工休息权利的事情屡屡发生。员工月加班 80 小时以上，甚至 100 多小时的情况也不少见，互联网企业普遍在实行 996 工作制[①]。更为甚者，一些企业的员工由于过度劳累而猝死。保障员工的休息权，已经到了非常紧迫的时候。

第五，合理的劳动报酬和福利。

联合国可持续发展目标（SDGs）里面有两条都是关于报酬与福利的，SDG1—消除贫穷，SDG9—体面工作和经济增长。只有当员工获得了合理的劳动报酬和福利他们才能摆脱贫困，也只有他们获得了合理的报酬才能生活得更体面，才能促进经济的增长。

中国《劳动法》第 48 条规定，国家实行最低工资保障制度。用人单位支付劳动者的工资不得低于当地最低工资标准。国内各个地方最近十几年来最低工资标准也在逐年提高，比如在 2002 年的时候东莞市的最低工资只有 450 元，而到了 2017 年，东莞市的最低工资标准已经到了 1510 元。

但是按照中国当前的经济增长水平，最低工资已经很难满足员工的基本生活需求了。因此现在越来越多的人开始再次提起前几年的一个概念，"最低生活保障"（living wage）。即企业提供给员工的劳动报酬要满足员工的最低生活保障。

除了最低工资以外，企业还应当按照法律法规要求支付员工的加班费及各种福利待遇，包括社会保险、年休假，等等。

---

① 996 工作制即每天早上 9 点上班，晚上 9 点下班，每周工作 6 天。

7.5.2.2 给员工提供健康和安全的生产工作条件

十几年前，大部分的劳动争议集中在劳工和用工方面，然而随着中国劳动力市场格局的变化，现在的形势有了巨大的变化。以前是劳动力市场供大于求，因此资方处于优势地位，这直接导致了很多侵犯劳动者基本权利的行为发生。近几年来天平出现了颠倒，劳动力市场需大于供，劳动力出现了短缺的现象。工人有了更多的选择，一旦企业出现了工资低、加班费不足等现象，员工就"用脚投票"，直接换单位了。

近年来关于职业健康与安全的劳动争议呈上升趋势。以广东省为例，近年来的主要职业病状况为尘肺、中毒、噪音及振动引起的职业病。2011年以来，一些新型职业病种的发病数量在增加。近10年来，广东新发现有正己烷、五氧化二钒、二氯己烷、氟苯酚、三氯甲烷、醋酸乙烯酯、三氯乙烯、有机锡、磷酸三甲苯酯、二甲基甲酰胺、砷化氢、乙硫醇中毒等17种，其中9种在国内首次发现。

因此，负责任的供应链就应该给其员工提供一个安全的、健康的生活和工作条件。企业的商业成功不能是建立在威胁其价值链工人的生命安全和身体健康基础之上。

案例

工作保护不当致员工中毒

央视报道，2009年苏州市第五人民医院陆续收治了49名联建科技的患病员工，这些员工几乎同时出现上下肢周围神经源性损害。造成员工中毒的原因是该公司违规违法使用名为"正己烷"的有毒溶剂取代酒精，让员工们用其擦拭手机显示屏。苏州工业园区政府部门的联合调查组查明事故原因后，已经责成联建公司停用并封存剩余的"正己烷"，并对该公司进行了处罚。同时，苏州联建科技的原任主管和管理层也被集团公司撤换。

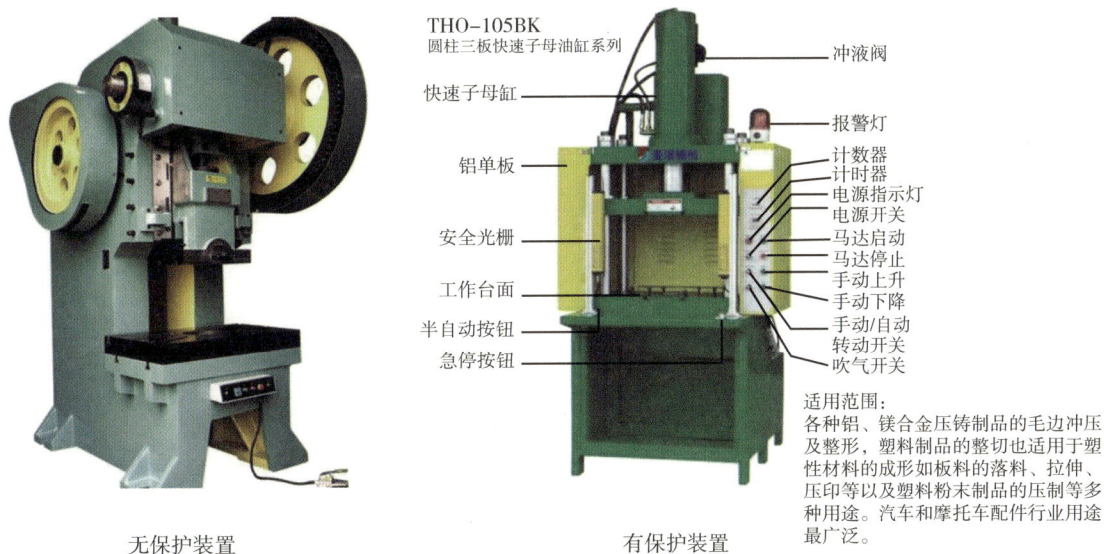

无保护装置　　　　　　　有保护装置

图7-5 安全的机器设备

7.5.2.3 环境保护

企业在运营过程中的环境问题和我们息息相关，如果企业在环境方面出现了问题，可能会出现两败俱伤的局面，企业无法和周边社区和谐共处，招致投诉，轻则罚款，重则关门。对周边居民的影响则是污染的生活环境对身体健康带来威胁。

第一，证件与许可。

企业是否满足环保的要求，最直接的表现形式就是企业是否已经取得了政府的环保批复和许可。按照中国现有的环保制度，企业是要经过复杂的环保流程才可能拿到环保的批复、验收和许可的。

然而有的企业却"省去"了这个流程，私自开工，或者利用某些特殊关系违反规定而取得相关证书和许可，这些都是严重违法的行为。在当前中国的严厉环保态势下，这会给品牌公司带来严重的后果，一旦被查处，企业就会被政府关闭，生产也就无法继续了。因此，负责任的供应链需要监管供应商的环保证件和许可问题。

第二，废水。

水是生命之源，有的企业却忽视这一点，为了利益不顾一切。污水没有经过处理就直接排放，有的企业安装了污水处理系统，但是也只是做做样子，有检查的时候开启，没有检查的时候就关闭。很多地方都出现了建一座厂，黑一条河的情形。

第三，废气。

不是所有的废气都是可见的。如果我们看见企业的大烟囱里面直接排放黑烟，那肯定是不达标排放的废气。很多废气是无色的，对人体是有害的。企业需要提供废气检测报告。有条件的话，还可以带上检测仪进行现场检查。

第四，噪音。

噪音指的是企业对外造成的噪音，对环境和周边居民的影响。有些企业有金属加工或者大型机器设备，在运作的时候会发出隆隆的轰鸣声，对周边居民造成很大的影响。国家对厂界噪音也是有严格规定的。比如在 I 类区域（居住和文教区域），白天不能超过 55 分贝，夜晚不能超过 45 分贝。企业在运营过程中一定要严格注意产生的噪音，如果超标，应该进行加装隔音设施等改善措施。

第五，固体废弃物和危险废弃物。

对于企业生产过程中产生的废弃物，企业需要进行分类处理。一般的普通废弃物，如果能回收再利用的，企业可以进行循环利用。如果企业自己无法回收利用的，可以交由废弃物处理单位进行回收处理。对于危险废弃物，国家有专门的名录和规定进行管理。企业不能把危险废弃物随意处置，必须交由有资质的回收商进行处理。

第六，有害物质。

现在欧盟或者美国、中国等市场都有自己的标准，禁止产品里面含有某些有害物质。比如有 REACH、RoHs 的标准，里面都对某些有害物质有着明确的标准。对于这些禁用或者限制的物质，企业需要按照标准执行。

现在越来越多的品牌会要求企业在制造加工过程中禁止使用一些有害物质。例如美国苹果公司除了要求在其产品中禁止或者限制某些化学品之外，还要求供应商在生产过程中禁止使用苯等几种化学品。

7.5.3　供应链社会责任的管理方式与机制

前面讲述了供应链社会责任管理的具体内容。但是如何管理，这是一个直接关系到是否能够真正将供应链社会责任的要求落地的措施，如果管理得当，效果好、风险低，如果管理不到位，不但风险高，有时候还会适得其反，会让公众觉得这个企业缺乏诚信，做表面功夫来欺骗大众。

（1）松散式的供应商自我申明

供应商自我申明是一种简单且高效的办法，首先，可以在短时间内快速收集到供应商的情况，可以对供应商有一个大致的了解。其次，通过供应商的自我申明，给供应商发出了一个清晰的信号，那就是企业在这些方面有具体的要求，让供应商知道了客户的要求和期望。最后，通过供应商自我申明，让供应商有机会比对客户的要求进行自我审核和调查，可以让企业对自身的社会责任现状有个大致的了解，对于不足之处可以在客户稽核之前进行整改。

由此可以看出，供应商自我申明这种方式也可以使用，但是需要有工具和检查表让工厂按图索骥，如果只给出一个宽泛的无标准的申明，就完全起不到应有的作用了。这个工具可以参照企业的供应商行为守则或者相关的要求。

（2）严格的监督管理机制

如果企业的资源比较充足，可以考虑严格的监督和管理机制。例如进行定期的现场审核，对问题点的严格跟踪等。这种策略的好处在于能够深入而准确地把控供应商的风险和监督风险点的改善。但是这种策略的投入比较大，需要较多的人力和财力保障。

首先，企业应当发布一份《供应商行为准则》来申明自己的立场用以约束供应商的行为。该行为守则应当对前面章节提到的所有管理内容进行提炼和呈现。

其次，品牌应当建立起一套评价体系。例如针对每一类型可能发生的问题点拟定一个评判标准，制定一个打分或者等级划分体系。就像我们考试一样，除了有考试大纲之外，我们还得有个考卷和评分标准。通常在这个评判体系里面会把问题点进行评级，例如高风险问题点、中风险问题点、低风险问题点以及观察项目。有的品牌会采用零容忍问题点、主要问题点、次要问题点等方式，然后针对不同的问题进行不同的评分。例如出现一个高风险或者零容忍的问题，就直接判零分或者不合格。有的品牌会把评分系统设计得复杂一些，除了每一条有分数之外，还针对不同类型的问题进行加权评分。这样可能最后的结果更有针对性。总之，无论什么样的评分系统，只要是符合逻辑的，只要能真正把风险指出来，那就是一套好的评分系统。

接下来，品牌还需要建立审核工具。稽核供应商，必须拿着工具去稽核，否则就会变成天马行空没有规则了。通常的做法是创建一份审核表，把行为守则的要求细化分解和解码，在每个领域里面识别出需要查看的文件，需要访谈的内容，需要看到什么样的证据，还需要识别出针对行为准则里面的每一条要求的关键控制点。比如，行为准则里面要求供应商不得使用童工，那我们在稽核的过程中就要识别出为了达到不适用童工这个目标，我们的关键控制点是什么。很显然，如果只是靠应聘人员自己声明是达不到这个目的的，因此这里的关键控制点在于员工的年龄证明文件。所以稽核首先就要求供应商要在面试的过程中查看员工的身份证等年龄证明文件，还要进行交叉比对来确认这个年龄文件的真实性。通过这种方式，把行为准则里面的要求一条条解码，就很容易得出一份审核工具。

有了标准和工具，接下来就是执行稽核了。大部分品牌公司会考虑聘请第三方审核机构去进行独立稽核，审核公司的审核员通常都是比较有经验的人员，他们在现场会进行文件审阅、员工面谈和生产现场查看等步骤。这种方式得出的报告比较客观和完整，但是企业的投入较大。还有一种选择是自己组建团队去稽核。这种方式也需要较大的投入，但是更有效或者更适合业务的需求。因为自己的团队既专业又了解业务，审核起来更能有的放矢。最后还有一种就是由企业的质量部门进行稽核，因为大部分情况下，企业都有专职的质量人员频繁地去工厂进行产品质量的审核或者抽样，他们可以协助去进行社会责任的审核。但是由于社会责任的审核频率和产品质量的审核频率往往不一致，质量人员的审核经验和在社会责任方面投入的精力通常情况下都比较少。所以由质量部门执行的社会责任的审核质量不是特别尽如人意。

稽核频率，要看品牌公司制定的策略。一般情况下，对于有严重问题的或者高风险问题点，品牌公司会在3个月左右去进行复审。对于中等风险的问题，大部分品牌会采取年度审核。对于一些表现比较好、风险比较低的供应商，有的品牌公司甚至可以给予一到两年的免审机会。

审核结束后，审核员需要出具一份正式的报告，品牌公司将报告发送给供应商要求整改。此时供应商需要做的事情就是进行内部讨论，针对每一条问题点去识别根本原因，制定改善措施和步骤，制定责任人，跟踪改善问题。

如果品牌公司没有一套完整的分类和隔离机制，就不能真正地推动供应商做出改变。在整个供应链过程中，最行之有效的办法就是用订单来驱使改变。作为供应商来讲，他肯定要衡量客户所下订单带来的利润有多少，客户要求他们进行整改的项目需要投入多少资源，以及整改后可能带来的收益有多少。在经过这一系列的衡量后，企业会做出一个结论，改，还是不改。

为了驱动供应商进行整改和投入，需要对供应商进行分级和隔离。分级就是对于审核结果不同的供应商要有一个不同的等级，例如有严重不符合项目的供应商，可能被评为 D 级，只有轻微不符合项目的供应商，可能会被评为 A 级。被评为 A、B、C、D 不同等级之后所享受到的"待遇"也不同。D 级可能会影响到业务，要求问题在三个月内改正，而且还有复审。A 级可能有业务上的奖励，也可能不用每年都审核一次而是每两年再审核一次。

企业还需要对社会责任表现较差的供应商进行隔离管理。这需要和内部的采购部门一起沟通协作。对于比较差并且给了机会却不愿改正的供应商，在被隔离期间品牌不能给他们新的订单，供应商只能完成现有订单，只有供应商把问题改正后被解除隔离后才会收到新的订单。如果在规定时间之内供应商还是没有改好问题的话，企业可能会终止与供应商的合作。

综上所述，企业不仅要洁身自好，还需要将公平理念、诚信理念贯穿于其全价值链中，只有价值链中的每一个角色都守法合规、诚实守信、公平竞争、尊重产权，我们才有信心说公平运营，营商环境才能良性发展和循环，社会和经济才能朝着和谐健康的方向进步。

案例

华为公司供应链CSR管理实践

华为深化落实"质量优先"战略，将可持续发展作为采购质量优先战略重要组成部分，提升可持续发展在供应商认证、绩效评估和采购决策等环节的权重，深化与客户、供应商和行业组织的合作，通过采购业务推动供应商可持续发展，降低供应风险，提升客户满意度和供应链竞争力。

新供应商认证：遵守适用的法律法规，遵守华为供应商可持续发展协议，是供应商与华为开展业务的前提条件。华为根据负责任商业联盟行为准则6.0（原EICC）和联合审核合作协会（JAC）指引等标准，制定了供应商可持续发展协议，要求供应商签署。华为对所有新供应商进行可持续发展体系认证，以评估供应商遵守法律法规和可持续发展协议的能力和水平，可持续发展体系认证不通过的供应商不能成为合格供应商。2017年对所有76家拟引入供应商进行可持续发展审核，其中17家因为审核不合格被拒绝。

供应商绩效管理：华为每年开展供应商可持续发展绩效评估，作为供应商综合绩效的组成部分，根据供应商过去一年的表现、现场审核结果及改善情况进行评估。2017年华为将对二级供应商的管理列入一级供应商可持续发展绩效考核，例行评估二级供应商可持续发展表现。供应商绩效分为A、B、C和D四个等级，分别代表优秀、良好、合格和不合格。2017年，华为对1230家供应商进行了可持续发展绩效评估。华为将供应商可持续发展绩效结果与商务挂钩，在供应商选择、招标和组合管理等阶段使用，可持续发展绩效在综合绩效中的占比为5%—15%。对于绩效表现好的供应商，在同等条件下提高采购份额，优先提供业务合作机会；对于绩效表现差的供应商，尤其是违反CSR红线要求的供应商，减少采购份额或业务合作机会，要求限期整改，甚至可能取消合作关系。2017年有3家供应商因可持续发展原因被限制招标或降低份额。

供应商能力发展：华为定期开展供应商培训和辅导，引导供应商将可持续发展纳入业务战略，降低业务风险，提升运作效率。同行企业通过相互对标，学习业界优秀实践，是一种低成本高效率的能力提升途径。2017年7月，华为邀请业界专家针对供应商关注的工厂安全议题举办了专题研讨会，来自50家供应商的代表出席了研讨会，与会供应商分享了电气消防检测、化学品安全管理、风险评估及根因分析等优秀实践。

典型案例

蒙牛——携手供应链伙伴，共同打造奶业生态圈

内蒙古蒙牛乳业（集团）股份有限公司（股票代码：2319)(简称蒙牛）及其子公司于中国生产及销售优质乳制品。蒙牛已成为中国领先的乳制品生产商之一，提供多元化的产品，包括液态奶（如 UHT 奶、乳饮料及酸奶）、冰激凌、奶粉及其他产品（如植物蛋白饮品、奶酪）。

蒙牛于 2017 年及 2018 年连续两年于荷兰合作银行公布的"全球乳业 20 强"占据全球前十名。截至 2018 年 12 月底，蒙牛乳制品的全年生产能力达 975 万吨。2014 年 3 月，蒙牛获纳入恒生指数成分股，成为首家中国乳制品企业蓝筹股。

为打造世界一流乳制品企业标杆，蒙牛秉承"专注营养健康，每一天每一刻为更多人带来点滴幸福"的使命，围绕"更营养的产品，更健康的生活，更可持续的地球"三大层面深入推进可持续发展。蒙牛与产业链上下游合作伙伴携手，共同守护"从牧草到奶杯"每个环节和要素的质量，为消费者提供更营养健康、更高品质的奶品，同时努力创新灵活、高效的供应链管理模式，通过供应链社会责任管理将蒙牛可持续发展理念贯穿到企业内部管理流程和与产业链伙伴的协同发展中，与伙伴共享资金、技术、信息资源，营造共生、共发展的多赢环境，打造共享发展生态圈，助力中国奶业振兴。

一、责任采购

蒙牛重视供应链的协同发展，通过建立全生命周期管理体系，推动产业链上下游履行社会责任。公司制定《供应商管理制度》，与所有供应商签订《反商业贿赂合同》，遵循公开、公平、公正的采购原则，对供应商进行严格的资格审查，按照质量、环保标准筛选供应商。

蒙牛建立 SRM 供应商关系管理平台，从供应商的选择准入开始，合作采招、合同执行、发票结算各环节通过 SRM 平台进行相关信息协同、传递，对于审核不合格的供应商将纳入"黑名单"中。在包装材料采购中，与供应商合作实行供应链管理，采用库存同步管理模式，并基于战略合作实施 VMI（供应商管理库存）和 JIT（准时生产）的采购管理模式。蒙牛针对供应商进行年度培训，2018 年开展 5 次不同内容的培训，累计 684 家供应商参与，涵盖蒙牛所有供应商。

蒙牛仓储共享项目。为全面提高物料流动性、减少资金占用，蒙牛通过库存资源共享，引入 JIT 管理模式通过库房共享、检验方法升级、变更订单模式将供应商库存延伸至工厂，降低工厂实物库存量，盘活公司资金占用率。截至 2018 年 3 月底，蒙牛库存资金下降 5677 万元，较实施前资金占用率下降 90％，实物库存下降 30%，移交货位 31480 个，签订仓储共享租赁合同 157 份，叉车工减少 60 人。

"慧采"电商采购平台。通过京东蒙牛"慧采"电商采购平台的搭建，蒙牛常温事业部将辅助生产、日常办公所需的自采物料集中纳入电商采购，充分利用电商平台产品资源丰富、物流服务快捷、操作流程统一的优势，实现规范、高效、透明采购。除常温 29 个工厂及 16 个职能部门外，目前"慧采"平台受益面已拓宽至植朴磨坊、新疆、友芝友、奶酪等独立业务单元，用户覆盖集团 51% 的人员。电商采购模式使得常温事业部采招项目优化率达成 56%，渠道优化率达成 31%，到货周期提效 53%，新增商品周期提效 76%，采购执行规范性提升 100%，实现人员优化 27 名。

二、共同成长

蒙牛以"打造世界一流乳制品企业"为目标，携手产业链共同发展。公司通过"牧场主大学""奶牛金钥匙"项目等推广管理体系，帮助牧场提升效益；通过开展金融帮扶，有效解决牧场的资金难题；通过智网系统赋能经销商，实现厂商共赢。

1. 牧场技术支持

牧场主大学：由蒙牛和中国农业大学合作开办，整合行业内最具实战经验的百余位国内外专家，组成顶级讲师团、客服团，通过系统的知识培训、技术帮扶、金融帮扶，帮助牧场主及奶源技术人员提升科学养牛意识，落地牧场技术成果，提升牧场整体运营水平。此外，蒙牛通过培训并与牧场主签订《牧场主社会责任守则》，在培训中提升甚至重塑牧场主价值观，在现场示范中帮助牧场主认识奶牛福利、环境福利等可持续发展意识，实现社会责任与科学饲养并重。2018年，"牧场主大学"共开展30余场次培训，通过线上线下联合教学，免费帮助近5000人学习奶牛饲养技术，帮扶合作伙伴提升效益超过1亿元。项目累计开展470项牧场实用技术创新课题，帮扶牧场从牛群结构、饲喂管理等24个维度提升。蒙牛还凭借"牧场主大学"的"可持续奶源——蒙牛的供应链社会责任管理"获得拉姆·查兰管理实践奖"优秀奖"。

设立一所专门培养牧场高级管理人才的专业"学校"是提高奶业和畜牧业发展水平的重要方式和途径，而蒙牛做的这个尝试应该在奶业甚至畜牧行业里推广开来。

——中国奶业协会会长　高鸿宾

乳业产业链横跨上下游较多产业，尤其是在上游的种植、养殖环节，有不少是农牧民，要想切实帮助他们，我们只有做好产业，才能把整个上游带动起来。

——蒙牛总裁兼执行董事　卢敏放

牧场主大学不仅教我们养牛，还能让我们懂得很多做人的道理，在几次牧场主大学学习和培训当中，让我感受到养牛也有牛文化，同时也学会去怎么做事、做人，怎么样把这个文化融入这个企业，让所有员工在给你养牛、饲牛的同时也感受到文化的乐趣。

——滦南牧场主　张凤志

"奶牛金钥匙"：该项目是蒙牛联合农业农村部奶业管理办公室、国家奶牛产业技术体系、中国奶协经济专业委员会、省级畜牧单位共同开展，通过日常技术学习和定期集中培训，将精益思维、精益工具引入前端牧场管理，指导牧场提升整体运营管理水平，同时通过政、产、学、研协同运营，有效地组织、协调、整合，实现技术资源和管理资源、科学理论资源与工程技术资源优势互补，最终提升中国奶业竞争力。2018年共邀请体系专家100余位，覆盖牧场600余个，平均单产提升2kg，平均公斤奶成本降低0.2元，累计为牧场提升效益8亿多元。

"爱养牛"：通过"畜牧业＋互联网"的模式，打造智慧的一站式"中国乳业生态共享平台"，并依托核心企业为产业链上各企业提供供应链金融服务、技术服务、产业再教育等相关服务。截至2018年年底，平台入驻供应商总数为110家，实际交易供应商92家；社会化供奶方总数为543个，总计454个供奶方发生线上交易。2019年6月12日，正值"内蒙古蒙牛乳业（集团）股份有限公司主办的2019年奶源客户年会暨中丹乳品技术合作中心7周年庆典"之际，蒙牛集团携手"爱养牛"，在乳都呼和浩特举行"爱养牛集采平台全球发布仪式"，用智能商业重塑乳业贸易高效流通链条，以严谨分工、良好秩序、数据驱动让物资采购更简单、更高效。

爱养牛集采平台全球发布仪式

"高级研修"：2018年，蒙牛与国家奶牛产业技术体系通过战略合作，联合在中国农业大学组织开展2期高级研修班培训，对公司近100名奶源一线业务人员进行专业、系统的培训，持续为行业输送专业技术人才，为奶业可持续发展提供原动力。

2. 金融帮扶

蒙牛集中采集产业链上订单、生产、物流、交货、付款等各环节经营数据，向产业链客户提供基于数据分析的在线综合金融服务；与外部各类合作机构进行系统对接，实现在线业务操作、优化客户体验；实现与银行、原辅料供应商、下游经销商、担保公司、物流公司其他第三方合作机构的信息交互，提供专业的供应链融资解决方案，解决经销商/供应商融资难的问题，实现生态圈内利益相关方共赢发展。

2018年，蒙牛实施多元化合作，深化上下游利益联结，借助供应链金融模式，与农行、中行、地方性商行等建立战略合作关系。全年银行资金发放1.7亿元，资金覆盖率14%，融资产品低于市场平均利率2%—4%，解决牧场"融资难、融资贵"，通过"银行＋企业"数据对接，以大数据"授信"的创新模式，为牧场提供方便快捷的融资服务。

三、赋能经销商

智网系统。于2018年8月正式推广上线，可全面实现财务业务一体化，满足经销商品牌经营特点，帮助经销商减少原市场多系统的成本投入，实现经销商全业态、全渠道、全场景、全部门、全人员的业务覆盖。创新的商务合作模式，可提升经销商人员效率＋32%，拜访到达

率 +12%，节省蒙牛开发费用超 1800 万元，节省客户系统费用 4532 万元 / 年，客户系统满意度达到 89.2%。真正实现业务流程固定化、环节标准化、管理可视化、工具现代化，确保费用精准投放到每一个终端，提高了终端的市场表现。

蒙码项目。蒙码是指"蒙牛生意解码"，通过一套完整的体系来提升经销商的盈利能力，以大数据背景下行业趋势为依据，以 ROI（投资回报率）为核心，指导经营者如何聚焦资源、提升盈利能力的企业有机发展战略。并通过经营解码器对客户的经营情况进行全面诊断，形成蒙码项目案例库，为客户提供切实可行的"葵花宝典"。

思考题

（1）供应链社会责任的管理内容有哪些？

（2）企业如何将社会责任融入供应链管理？蒙牛案例对您有哪些启发？

参考文献

［1］Craig R Carter, Marianne M Jennings. Social Responsibility and Supply Chain Relationships, 2002.

［2］Craig R. Carter, Dale S. Rogers. A Framework of Sustainable Supply Chain Management: Moving Toward New Theory, 2008.

［3］John T. Mentzer, William DeWitt, et al.. Defining Supply Chain Management, 2011.

［4］Ram Ganeshan & Terry P. Harrison. An Introduction to Supply Chain Management, Department of Management Science and Information Systems, 1995.

［5］Robert M. Monczka, Robert B. Handfield, et al., Purchasing and Supply Chain Management, 2008.

［6］Roland Clift. Metrics for Supply Chain Sustainability, 2003.

［7］传知行社会经济研究所，供应链责任矩阵，2007.

［8］黎友焕，文志芳 . 国际标准 ISO 26000 解读，西安：西北工业大学出版社，2011.

［9］联合国全球契约 . 可持续供应链，2011.

［10］孙继荣 . 责任时代变革与创新 . 北京：中国经济出版社，2018.

第8章
社区责任与公益慈善

本章导读

本章首先介绍了企业社区责任与公益慈善的基本概念。企业是社区的重要成员，企业与所在社区息息相关、相互影响，有权利与责任促进社区的可持续发展。企业的社区责任就是企业对所在社区负责，通过社区参与和发展的行动，履行企业的社会责任。根据国际标准组织 ISO 的解释，企业履行社区责任在某些方面可以被理解为公益慈善行为。而在现实生活中，企业履行公益慈善责任也是最容易被公众所认知与接受的社会责任之一。因此，本章从公益慈善的基本概念出发，梳理了公益、慈善、公益慈善等基本概念，帮助读者更好地理解企业的公益慈善行为。在介绍概念的基础上，本章阐述了中华人民共和国成立以来，我国公益慈善发展的三个阶段，并重点介绍了 2016 年出台的《慈善法》的主要内容。《慈善法》是我国公益慈善领域首部基础性、综合性的法律法规，对企业开展公益慈善活动有重要的影响。本章也系统介绍了企业开展公益慈善的几种不同方式和国际上企业开展公益慈善活动的潮流与趋势。无论企业采用何种方式开展公益慈善活动，关键是提升公益慈善资源的使用效率，创造共享价值。

随后，本章重点介绍了企业履行社区责任的主要内容和方式方法。企业只有积极参与社区活动，识别企业相关利益群体，并动员相关利益群体共同促进社区的发展，才能更好融入社区，真正成为社区的一分子。一般而言，企业可以通过员工志愿者参与、支持社区社会组织、与社区组织或地方政府合作等方式，对所在社区做出贡献。企业履行社区责任的重要维度就是开展扶贫济困等工作。特别是在我国全面建设小康社会的环境下，扶贫济困更是企业履行社区责任的重中之重。企业可以通过与社会组织合作、在贫困地区开展扶贫项目、为弱势群体捐款捐物等方式履行社区责任。企业履行社区责任的另外一项重要内容就是在社区开展教育、科技、文化和卫生等项目或活动。教育、科技、文化和卫生活动是公益慈善的重要组成部分，也是社区发展的需要。企业可以通过发挥自身的优势、利用企业的资源解决社区面临的问题，满足社区的教育、科技、文化体育和卫生需求。企业履行社区责任的另外一个内容就是促进社区就业、财富与收入创造，企业可以通过创造就业机会、帮助青年人创业等方式解决社区的就业难题，促进社区财富与收入增长。企业履行社区责任的另外一个内容就是加大企业对社区的社会投资，通过社会投资促进社区的社会问题的解决与社区发展。

学习目标

（1）了解企业社区责任的基本概念及其与公益慈善的关系。
（2）了解公益慈善的概念和企业开展公益慈善的方式方法。
（3）学习企业履行社区责任的主要内容与方式方法。

导入案例

随着中国企业"走出去"战略的实施，越来越多的中资企业在"一带一路"沿线国家发展。然而，由于语言问题、文化冲突、政治经济与环境风险等问题，中资企业在海外的生存与发展会遇到很多挑战。近年来，海外中资企业遇袭、遭受打砸抢事件时有发生，如何更好融入当地社区，更有效履行社区责任是海外中资企业需要认真思考的问题。

某海外中资企业自20世纪90年代初就实施了"走出去"的战略，1995年其非洲第一个项目建成。企业按照"互赢互利、共同发展"的合作理念，在当地积极履行社会责任，不仅为社区公用设施捐款、设立奖助学金、为受灾群众捐款，还为当地社区援建了学校、医院等，在当地塑造了良好的企业社会形象。然而，在社区开展公益慈善活动的同时，企业负责CSR的项目W经理有时也陷入困境。例如，当地社区领导人希望企业捐赠现金，然后捐赠之后有时缺乏问责交代；援建医院之后，由于当地经济落后、财政困难，难以按照协议配套医疗设备，维持医院正常运营，企业在医院建设完成之后，不得不每年继续捐赠。W经理有时也很困惑，企业到底要不要在当地履行社区责任？怎样才能更有效地开展公益慈善项目？

8.1　企业社区责任与公益慈善概述[①]

　　企业是社区的一分子，社区的各个利益相关方相互影响，可以说，企业不可能脱离社区独立存在，而是与所在社区息息相关。良好的社区关系有助于企业在友好的社区环境下健康发展，而企业的健康发展也能够为当地创造财富、保护环境、增加就业机会，带动当地的社会经济发展。

　　社区是一个见仁见智的概念。据估算，社会学家给社区下的定义达 100 多种。一般认为，社区是在一定地域范围内相互关联的人群形成的社会生活共同体。社区是社会发展的基石，社区发展是社会可持续发展的重要组成部分。因此，作为社区的重要一员，企业应该积极参与社区、融入社区。

　　根据国际标准化组织（ISO）出版的 ISO 26000 的相关标准，企业的社区参与不仅可以通过参与社区活动识别利益相关方，并带动利益相关方的社区参与，而且包括企业对社区的支持并与之建立关系。最重要的是需要认同社区的价值。企业的社区参与应该建立在理念认同的基础之上，即企业是社区的利益相关方，宜与社区共建、共治与共享。

　　企业对社区发展的贡献有助于提升社区福利的水平。对社区发展更加广义的理解，是指人们生活质量的提高。社区发展不可能一帆风顺，进一步说，它是一个长期的过程，这当中难免出现不同的和相互冲突的利益。历史和文化特征使得每个社区都是独一无二的，并会影响其未来发展的各种可能性。因此，社区发展是社会、政治、经济和文化特点相互作用的结果，并取决于牵涉其中的社会力量的具体特征。社区的利益相关方可能存有不同甚至相互冲突的利益，但是促进社区福利是社区所有成员共同的目标、共担的责任。

　　企业在促进社区发展方面的主要贡献是，通过经济活动和技术发展的持续扩大和多样化来创造就业。企业还可以做出其他贡献，包括通过社会投资增进财富，通过地方经济发展创造收入，丰富教育和技能发展计划，促进和保护文化与艺术，以及提供和（或）促进社区健康服务。企业对社区发展的贡献可能还包括以制度化的方法强化以下方面的发展：文化、教育、卫生、社会和环境计划，以及涉及多方机构的本地网络。另外，企业也可以通过致力于社区发展的社会投资，保持和促进企业与社区的关系。

　　总的来说，企业在履行社区责任时，可以根据社区的需求、外部环境和企业自身的优势与资源，从社区参与、扶贫、教科文卫体、就业和财富创造、社会投资等议题考虑企业社区责任的重点与策略。

8.1.1　联合国倡议与企业社区责任

　　企业在履行社区责任，选择企业回应的社区问题和实施的公益慈善项目时，还需要考虑外部的环境，特别是回应联合国可持续发展目标和中国可持续发展的承诺。

　　2000 年 9 月，在联合国大会上，联合国全体 191 个成员方一致通过了联合国千年发展目

---

① 本节资料主要来源于：中国国际标准化管理委员会，《ISO 26000 社会责任指南》（中文版），https://bbs.pinggu.org/a-1060087.html。

标，旨在将全球贫困水平在 2015 年之前降低一半（以 1990 年的水平为标准）的行动计划。联合国首脑会议上由 189 个国家签署了《联合国千年宣言》，正式做出此项承诺。《联合国千年宣言》强调，尽管发展宜主要通过制定和实施公共政策来引导和驱动，但是发展进程有赖于每一个组织的贡献。社区参与有助于在基层实现这些目标 。联合国千年发展目标共包括 8 个方面的目标：

目标 1：消除极端贫困和饥饿

目标 2：普及小学教育

目标 3：促进两性平等并赋予妇女权力

目标 4：降低儿童死亡率

目标 5：改善产妇保健

目标 6：对抗艾滋病病毒以及其他疾病

目标 7：确保环境的可持续能力

目标 8：全球合作促进发展

经过 15 年的努力，联合国千年发展目标取得了一定成绩，但全球可持续发展仍然面临诸多挑战，为了进一步促进全球的可持续发展，2015 年 9 月，世界各国领导人在联合国峰会上通过了《2030 年可持续发展议程》，该议程涵盖 17 个可持续发展目标，于 2016 年 1 月 1 日起正式生效。这些新目标适用于所有国家，因此，在 2015—2030 年的 15 年内，各国将致力于消除一切形式的贫穷、实现平等和应对气候变化，同时确保没有一个人掉队。

联合国可持续发展目标（SDGs）建立在千年发展目标所取得的成就之上，旨在进一步消除一切形式的贫穷。新目标的独特之处在于呼吁所有国家，包括穷国、富国和中等收入国家，共同采取行动，促进繁荣并保护地球。可持续发展目标认识到，在致力于消除贫穷的同时，需实施促进经济增长，满足教育、卫生、社会保护和就业机会等社会需求并应对气候变化和环境保护的战略。虽然可持续发展目标不具法律约束力，但是各国政府都应主动承担责任，建立实现 17 个目标的国家框架（详见第 2 章第 5 节）。

中国政府积极响应联合国倡议，并将可持续发展目标纳入我国"十三五"发展规划纲要。习近平主席曾在二十国集团领导人杭州峰会上表示，面对当前挑战，我们应该落实 2030 年可持续发展议程，促进包容性发展①。

社区是社会的细胞，国家可持续发展目标的实现，有赖于每个社区的共同努力。因此，企业在设计社区责任活动或公益慈善项目时，应充分考虑国际社会的倡导，为联合国可持续发展目标（SDGs）的实现做出自己的贡献。

8.1.2　公益慈善的基础知识

根据国际标准组织 ISO 的解释，社区参与和发展的行动"在某些方面可以被理解为慈善"②。也就是说，企业的社区责任行为在某种程度上等同于或被理解为企业的公益慈善活动。

---

① 资料来源：《习近平：落实 2030 年可持续发展议程　促进包容性发展》，新华网，2016 年 09 月 04 日，http：//www.xinhuanet.com/world/2016-09/04/c_129268985.htm。

② 中国国际标准化管理委员会：《ISO 26000 社会责任指南》（中文版），https：//bbs.pinggu.org/a-1060087.html。

当然，仅仅靠公益慈善活动肯定无法实现将企业社会责任融入企业战略的目标。公益慈善活动只是企业履行社会责任的重要内容之一，企业社会责任还包括很多丰富的内容，包括企业对政府、对客户、对员工、对上下游产业链等利益相关方的责任。

根据卡罗尔的企业社会责任金字塔理论[①]，企业的社会责任包括四个层次：经济责任是企业的基本责任，企业所有的活动都建立在盈利的基础上，经济责任处于金字塔的最底部；法律责任是社会关于对错的法规集成，处于第二层级；伦理责任是指企业的行事合乎伦理，做正确的事情，避免损害利益相关者的利益，处于第三层级；公益慈善责任是企业成为好的企业公民的方式，企业可以通过为社区捐赠资金和动员志愿者参与等慈善活动，改善社区生活质量。企业的公益慈善责任处于社会责任金字塔的最顶端。

8.1.2.1 公益慈善的基本概念

公益、慈善和公益慈善是近年来使用比较频繁的术语。然而，人们对这几个概念的理解往往见仁见智，存在很大差异。这里首先界定公益、慈善、公益慈善的基本概念。

在当代各种版本的汉语词典中，对慈善的定义基本大同小异。《辞源》的解释，"慈善"指"仁慈善良"；《辞海》的定义是"心地仁慈善良"；《现代汉语词典》对"慈善"的解释是"对人关怀、富有同情心"。总的来说，慈善包含了慈心和善举两个层面的含义，即对人的同情心、仁慈心或爱心及帮助他人的美好行为，它既可以是救助弱势群体，也可以是增进他人福祉的其他善行，是一种广义的慈善。不过，长期以来，日常生活中，人们对慈善的理解更多表现为狭义的慈善，是指怜悯、同情和帮助弱势群体[②]。公益，即公共利益，在中文里，这个词是五四运动以后才出现的新概念[③]。它是指独立于个人利益之外的一种特殊利益。公共利益具有整体性和普遍性两大特点，总体上是整体的而不是局部的利益，内容上是普遍的而非特殊的利益[④]。也有人认为公益是最大多数人的最大利益[⑤]。公益与两个概念相对应。一是与私益或私人利益相对应，即不是为了个人的私益，而是社会公众的利益。需要注意的是，公益既可以是为了弱势群体的利益，也可以是为了包括弱势群体在内的广大公众的利益；二是与互益或相互利益相对应，即不是为了某些特定群体的利益，而是为了非特定群体的利益。例如为了会员之间的相互利益就是特定群体的利益，属于互益，而不是公益。一般而言，狭义的公益特指民间的公益行为，而广义的公益包括政府兴办的公益事业。

在现实生活中，人们通常会使用习惯用语"公益慈善"来指称广义的慈善，也等同于狭义的公益。当然，同情心或怜悯心是爱心最主要的表现形式，也是社会关注的焦点。因此，即使是广义上的慈善，对弱势群体的关注、扶贫济困都是其主要内容之一。

8.1.2.2 我国公益慈善发展的历史与现状

中华人民共和国成立之后，中国的公益慈善事业发展大致可以分为三个发展阶段。第一阶段是 1949 年到 1978 年。这一时期，政府对慈善事业持全盘否定的态度，慈善事业基本处

① 卡罗尔、巴克霍尔茨：《企业与社会——伦理与利益相关者管理》，北京，机械工业出版社，2004。
② 参考周秋光、曾桂林：《中国慈善简史》，1~3 页，北京，人民出版社，2006；莫文秀、邹平、宋立英：《中华慈善事业》，2~3 页，北京，人民出版社，2010；孟令君主编：《中国慈善工作概论》，2~3 页，北京，北京大学出版社，2008。
③ 资料来源：http：//baike.baidu.com/view/1450.htm。
④ 孙笑侠：《法的现象与观念》，46 页，济南，山东人民出版社，2001。
⑤ 佟丽华、白羽：《和谐社会与公益法》，7 页，北京，法律出版社，2005。

于停顿状态。由于国家实行计划经济，政府包办社会福利，停止了民间慈善组织的几乎所有活动。这一时期，"慈善"被认为是剥削阶级欺骗、麻痹人民的鸦片，"慈善"成为虚伪、丑恶的代名词。

第二阶段是 1978 年到 1994 年，政府对慈善的态度从否定转向模糊，慈善事业处于起步阶段。改革开放以后，政府由于财政困难，迫于现实的需求，开始设立官办基金会，吸纳社会捐赠，弥补政府扶贫、救灾资金的不足。然而，这一时期，政府虽然也鼓励个人捐赠，但主要还是希望通过设立官办基金会吸引海外的捐赠，特别是华侨华人的捐赠。在 1994 年之前，官方的统计数据中，只统计每年接受境外的捐赠数据，并不统计国内的捐赠数据。而且，这一时期，主流媒体几乎不使用"慈善"一词[①]。改革开放之后，"让一批人先富起来"的口号有效激发了中国人追求财富的热情，但国内民众的慈善意识并不强，社会的捐赠还非常少。

第三阶段是 1994 年至今。这一阶段，政府对慈善的态度发生了很大转变，从否定、模糊逐步转向积极鼓励。20 世纪 90 年代，政府开始为"慈善"正名，其标志性事件是 1994 年政府发起成立了"中华慈善总会"，官方媒体开始使用"慈善"一词。此后，全国各地纷纷成立地方慈善会，鼓励社会捐赠。2004 年，中国首次在党的文件中肯定了慈善的积极作用，同年《基金会管理条例》颁布，自此，中国的基金会，特别是非公募基金会取得了长足发展。2005 年年底，政府发布了《中国慈善事业发展指导纲要（2006—2010）》。2008 年，汶川地震激发了国人捐赠的热潮，当年中国的社会捐赠首次突破了 1000 亿大关。2016 年，《慈善法》在经过 10 年左右的反复酝酿与讨论，终于出台，为中国慈善事业的发展提供了重要的法律保障。总体而言，1994 年之后，随着政府对慈善的态度越来越积极，中国的社会捐赠开始快速增长，慈善事业也得到迅猛发展。

8.1.2.3 《慈善法》及其对企业公益慈善行为的影响

《慈善法》是中国慈善行业发展的基础性、综合性法律。自然人、法人和其他组织开展慈善活动以及与慈善有关的活动，均适用该法。显然，企业开展慈善活动以及与慈善有关的活动，均受《慈善法》调节。根据《慈善法》的规定，慈善活动，是指自然人、法人和其他组织以捐赠财产或者提供服务等方式，自愿开展的下列公益活动：

（一）扶贫、济困；

（二）扶老、救孤、恤病、助残、优抚；

（三）救助自然灾害、事故灾难和公共卫生事件等突发事件造成的损害；

（四）促进教育、科学、文化、卫生、体育等事业的发展；

（五）防治污染和其他公害，保护和改善生态环境；

（六）符合本法规定的其他公益活动。

显然，《慈善法》对慈善活动采用了广义的定义，不仅扶贫济困、扶老救孤等属于慈善活动，促进教育、科学、文化、卫生、体育和环境保护等均属于慈善活动。

根据《慈善法》的规定，慈善组织开展公开募捐，应当取得公开募捐资格。依法登记满两年的慈善组织，可以向其登记的民政部门申请公开募捐资格。因此，如果企业基金会希望开展公开募捐，需要向民政部门申请公开募捐的资格，或者与具有公开募捐资格的慈善组织合作开

---

① 杨团、葛道顺主编：《中国慈善发展报告（2009）》，16 页，北京，社会科学文献出版社，2009。

展募捐活动。

长期以来，企业是我国社会捐赠的主力军，每年企业的捐赠大约占社会捐赠总额的60%到70%。《慈善法》规定，捐赠人捐赠的财产应当是其有权处分的合法财产。捐赠财产包括货币、实物、房屋、有价证券、股权、知识产权等有形和无形财产。捐赠人捐赠的实物应当具有使用价值，符合安全、卫生、环保等标准。捐赠人捐赠本企业产品的，应当依法承担产品质量责任和义务。

与此同时，《慈善法》规定捐赠人与慈善组织约定捐赠财产的用途和受益人时，不得指定捐赠人的利害关系人作为受益人。也就是说，企业捐赠时，不得指定企业的利害关系人作为特定受益人。否则，企业的捐赠不受《慈善法》的保护，也不能享受减免税的优惠。

特别提醒的是，《慈善法》规定捐赠人应当按照捐赠协议履行捐赠义务。捐赠人违反捐赠协议逾期未交付捐赠财产，有下列情形之一的，慈善组织或者其他接受捐赠的人可以要求交付；捐赠人拒不交付的，慈善组织和其他接受捐赠的人可以依法向人民法院申请支付令或者提起诉讼：

（一）捐赠人通过广播、电视、报刊、互联网等媒体公开承诺捐赠的；

（二）捐赠财产用于本法第三条第一项至第三项规定的慈善活动，并签订书面捐赠协议的。

捐赠人公开承诺捐赠或者签订书面捐赠协议后经济状况显著恶化，严重影响其生产经营或者家庭生活的，经向公开承诺捐赠地或者书面捐赠协议签订地的民政部门报告并向社会公开说明情况后，可以不再履行捐赠义务。

本次《慈善法》的一个重大突破是专章规定了慈善信托。也就是说企业除捐赠外，还可以通过设立慈善信托的方式从事慈善活动。企业设立慈善信托、确定受托人和监察人，应当采取书面形式。受托人应当在慈善信托文件签订之日起七日内，将相关文件向受托人所在地县级以上人民政府民政部门备案。未按照前款规定将相关文件报民政部门备案的，不享受税收优惠。

根据《慈善法》的相关规定，经受益人同意，作为捐赠人的企业可以对其捐赠的慈善项目冠名纪念，法律法规规定需要批准的，从其规定。

同时，为了鼓励自然人和企业等法人捐赠，《慈善法》规定，自然人、法人捐赠财产用于慈善活动的，依法享受税收优惠。企业慈善捐赠支出超过法律规定的准予在计算企业所得税应纳税所得额时当年扣除的部分，允许结转以后三年内在计算应纳税所得额时扣除。

8.1.3　企业开展公益慈善的方式方法

企业履行公益慈善责任的方式大致经历了三个发展阶段。在企业公益慈善责任1.0阶段，大多数企业没有专门的企业社会责任部门，通常，企业只是遇到大的灾害时，或被动捐款时，才为灾区或社区的弱势群体捐款捐物。这一阶段，企业的公益慈善行为具有一定的偶发性，且大多属于输血式捐赠。企业除了捐款捐物之外，并不太关注捐赠的效率与效果。对于企业而言，表达了爱心就好。

企业公益慈善责任2.0阶段，一些企业开始设立社会责任部门，或者由公共事务部、公共关系部负责本企业的公益慈善事务，企业的公益慈善行为也从偶发行为逐步转变为常态行为。由于企业开始有专人负责公益慈善活动，其现代公益慈善知识与经验得以不断积累，企业的公益慈善行为朝专业化方向发展，其捐赠方式也逐步从传统的输血式捐赠转向造血式捐赠，企业不仅要表达爱心，而且关注捐赠的效果。

企业公益慈善责任 3.0 阶段，出现了一些新的变化与趋势。一方面是战略慈善、共享价值理念的兴起，另一方面是企业在从事公益慈善责任时更注重企业公益品牌的打造，注重利用自身的科技、资源等优势开展公益慈善活动，从而不断提升企业开展公益慈善活动的效率与社会影响。

8.1.3.1　企业捐赠

企业捐赠是企业参与公益慈善的重要方式之一，也是比较简单易行的方式。根据《2015 中国慈善捐助报告》，2015 年中国来自各界企业的捐赠是 783.85 亿元，捐赠额同比增加了 8.6%；占捐赠总额的 70.7%，所占比重同比增长 1.47%，仍为国内捐赠的最主要力量，并保持了增长势头。

从企业捐赠资金的支出渠道看，有的企业通过成立基金会的方式开展公益慈善活动，有的企业采用在企业内部设立公益基金的方式，也有的企业使用企业社会责任的预算或品牌部的预算开展公益慈善活动。不过，近年来，成立企业基金会正在成为企业履行公益慈善的新趋势。成立企业基金会的优势在于，有专门的资金用于公益慈善项目，而不再需要每次开展公益慈善项目都要报请企业领导批准。特别是遇到大的灾害时，通过企业基金会进行捐赠，更为便捷与快速。另外，成立企业基金会，也有助于打造企业公益慈善人才队伍，提升企业开展公益慈善项目的专业化程度。据统计，2017 年，我国新成立了 15 家企业基金会。截止到 2017 年 12 月，中国共有企业基金会 861 家。据不完全统计，企业基金会净资产为 141.69 亿元，年度公益支出为 44.25 亿元。企业基金会的公益支出已经成为中国公益慈善领域非常稳定的经费来源。

从企业捐赠资金的来源看，有的企业采取固定比例的方式进行捐赠。例如，阿里巴巴集团自 2010 年开始，每年将企业年收入的 3‰ 拨作公益基金，用于企业的公益慈善捐赠。也有的企业将每年利润的一定比例，例如，1% 用于公益慈善捐赠。这种捐赠模式的优点在于企业的捐赠相对稳定，便于企业开展战略性、长期性的品牌公益项目建设。不过，目前国内企业大多数并没有形成稳定的捐款机制，每年的捐赠数额不确定性较高，这对于企业公益慈善活动的持续性，特别是对形成公益项目品牌会有一定的影响。

从捐赠资金的流向看，企业的捐赠资金主要用于扶贫济困、教育、卫生与救灾、环保等领域。由于企业的性质不同、行业领域不同，不同企业在捐赠领域方面也会存在很大差异。例如，汽车领域的企业比较倾向于环保项目、儿童安全教育项目；医疗领域的企业比较倾向于卫生、教育项目，等等。近年来，企业积极响应国家号召，在精准扶贫领域的捐赠大幅度增加。

8.1.3.2　企业员工志愿活动

企业除了捐赠资金之外，动员员工从事志愿活动也是企业参与公益慈善的重要方式。

一般认为，志愿活动是指参与者自愿奉献时间、精力和知识，并不以报酬为目的的活动或服务，具有自愿性和无偿性的特征。企业志愿活动是由企业员工参与的志愿活动，向企业外部群体、公益组织和社区提供服务，也称员工志愿活动。大部分企业志愿活动是由企业高层计划并管理的，具有一定程度上的引导性。

员工志愿者活动是企业社区责任的重要组成部分，它不同于企业捐款捐物，而是通过贡献员工的时间和技能参与社区发展。企业鼓励员工参与志愿者活动，其价值不仅在于可以加强企业与社区的联系，最重要的是提升企业在社区的声誉、员工对工作的热忱和对企业的忠诚度与凝聚力。此外，员工在提供志愿服务的过程中，自身的领导与管理技能、沟通协调能力、团队精神也会得到一定程度的提升，同时将业务技能运用于新情境，获得新的体验，有利于激发创新。

企业在设计员工志愿者项目时，一方面要考虑社区的需求和公益慈善组织的需求；另一方面也需要考虑员工的需求和企业自身的需求。只有达成多方共赢，员工志愿者项目才更可持续。通常，企业的员工志愿者项目有多种方式，一是企业发出倡议，鼓励员工参与社区志愿活动，同时企业也会给予相应的激励。例如，阿里巴巴集团倡导员工每人每年"3 小时"志愿活动。二是企业鼓励成立志愿者协会，鼓励员工通过志愿者协会参与社区志愿活动。三是企业员工自发地以个人身份参与社区志愿活动。

从近年来的趋势看，越来越多的企业动员员工开展专业志愿服务，不断提升志愿服务的专业性与价值。例如，IBM 公司动员员工为公益慈善组织提供专业的大数据、人工智能志愿服务；毕马威公司动员员工为公益慈善组织提供财务审计等专业性较强的志愿服务，提升志愿服务的专有价值。

8.1.3.3　企业与公益慈善组织的合作 [①]

与公益组织合作是企业履行和推动社会责任的有效途径。由于公益慈善组织长期从事所关注社会领域的工作，具备相关专业知识和经验，并受使命感所驱动，能够采用创新的方式方法解决社会问题。此外，公益慈善组织可以通过直接、间接和交互影响来引导企业的社会责任投资，从而提升企业社会责任管理的绩效。

一般而言，企业通过与公益慈善组织合作，具有以下优点：

首先，能够将社会责任与企业战略结合起来。企业通过与公益慈善组织合作，可以改变传统以捐赠为主的慈善方式，用商业的和创新的方式与公益组织开展合作，可以在有效解决社会问题的同时，获得新的产品或市场机会。例如，一些商业保险公司通过与中国扶贫基金会合作开展顶梁柱公益保险项目，在解决建档立卡贫困户大病保险问题的同时，也拓展了新的业务，开拓了新的市场。

其次，通过与公益慈善组织合作，企业可以快速学习公益慈善组织的知识与技能，促进企业公益慈善活动的发展。对于大多数企业来说，由自己发展这些专门知识是高成本、低效率的，而通过与公益慈善组织合作，可以减少企业在公益慈善领域的不足，进入新的领域，获取丰富的人力资本知识。

最后，企业通过与公益慈善组织合作可以丰富企业的社会资本、拓展关系网络。企业通过与社区公信力强、影响力大的公益慈善组织建立持续的合作伙伴关系，有助于提升企业在社区的形象，获得信任、社会声誉和合法性。例如，一些中小企业可以通过与国内外知名的公益慈善组织合作，借助知名公益慈善组织的网络，拓展与地方政府、名人明星或媒体的关系。

---

① 本部分资料来源：叶丽清，《外企与公益组织形成合作的影响因素：基于企业志愿活动的多案例研究》，清华大学公共管理学院硕士学位论文，2015 年。

当然，企业并非所有的公益慈善项目都需要与公益慈善组织合作，在合作形式上也可以根据企业的不同目标或需求来进行选择。企业与公益慈善组织合作通常可以采取两种战略：一种是反应型合作战略，企业选择与公益慈善组织合作是出于环境压力，为了利用其资源来缓解与利益相关者的关系；另一种是前瞻型合作战略，企业与公益慈善组织之间的合作是主动的，互动性更强并有战略性。

不过，企业与公益慈善组织跨部门合作也会面临一些挑战。其主要原因在于企业与公益慈善组织特征的差异。企业与公益慈善组织有不同目标、文化和组织行为方式，企业的驱动力为商业利益，而公益慈善组织被社会使命所驱动，企业以资金为基础，而公益组织以志愿者等人力资源为基础。因此，企业在合作过程中一要考虑匹配程度，选择适当的公益慈善组织伙伴；二要根据结构特征及目标需求选择适当的合作形式。

8.1.3.4　企业开展公益慈善的新趋势 [1]

企业从事公益慈善越来越成为社会关注的热点。然而，做好事也需要精益求精，企业到底应该如何开展公益慈善活动，如何产生更大的作用，并不是一件容易的事情。以至于比尔·盖茨认为做公益慈善比挣钱更难。

近年来，国内外企业开展公益慈善活动出现了一些新的趋势：

一是企业开展公益慈善活动需要有明晰的理念与战略。作为社会的一员，企业具有明确的公益慈善理念与战略，并能够通过制度化的手段践行公益慈善责任是企业做好公益慈善的基础。例如，企业在其战略规划中有关于公益慈善责任的阐述，企业有负责公益慈善活动的组织架构，既可以设立企业基金会，也可以通过企业社会责任部门或其他部门从事公益慈善活动，企业有专人负责公益慈善活动，等等。

二是企业开展公益慈善活动，需要不断提升项目的效果与社会影响。企业开展公益慈善活动或项目不仅仅只是表达企业的爱心，更重要的是为受助人或社会带来实际收益或社会影响。例如，通过企业资助的公益项目，精准扶贫，帮助建档立卡贫困户脱贫致富。

三是企业公益慈善活动需要不断创新，精益求精。社会的公益慈善资源是有限的，企业的公益慈善资源也不例外。因此，企业在开展公益慈善活动时，也需要将企业的创新精神应用于公益慈善领域，采取创新性的或非传统的方式来解决社会问题。例如，结合企业自身的技术优势开展公益活动；整合政府或社会组织的资源，发挥各自的优势，共同开展公益项目；动员企业员工积极从事志愿活动，调动企业的相关利益方共同参与公益慈善项目；通过捐赠，推动公益慈善组织的透明与问责；采用新的方法解决社会问题等。

四是企业开展公益慈善活动要注重可持续性，即在项目结束后，项目能够持续运作或产生持续的影响。例如，通过企业实施的公益慈善项目，提升受益人的知识或技能；激发社区自身的资源或潜力共同解决社会问题；吸引更多人的支持或参与，使得项目或活动能够继续运作；项目产生的效益不会因为项目的结束而结束，具有持续性。

五是企业开展的公益慈善活动或项目具有示范效应，其经验可以在条件类似的其他地区推广。例如，企业所开展的公益活动或项目具有推广的价值与潜力；有其他机构前来参观学习；项目成功的经验被其他机构或地区所借鉴或推广。

---

[1]　林志刚：《企业的社会责任与公益慈善》，见邓国胜主编：《公益慈善概论》，济南，山东人民出版社，2015。

8.2 扶贫

摆脱贫困，自古以来就是人类梦寐以求的理想。作为社区的一分子，企业的扶贫工作历来是企业履行社区责任的重要内容之一。

8.2.1 精准扶贫

8.2.1.1 精准扶贫的含义

2013 年 11 月，习近平总书记在湖南湘西花垣县十八洞村考察时首次提出了"精准扶贫"，强调扶贫要实事求是，因地制宜[①]。2014 年，按照"县为单位、规模控制、分级负责、精准识别、动态管理"的原则，中央组织 80 多万人驻村逐户开展贫困识别。对贫困村，按照"一高一低一没有"（贫困发生率高于全省贫困发生率一倍以上、农民人均纯收入低于全省平均水平60%、没有集体经济收入）标准和"村申请、乡镇审核、县审定"的程序，以及"一公示一公告"（乡镇审核后公示、县审定后公告）的要求进行识别。对贫困户，按照收入低于国家扶贫标准，综合考虑"两不愁三保障"情况，采取"农户申请、民主评议、公示公告、逐级审核"的程序和"两公示一比对以公告"（村里民主评议后公示，乡镇审核后公示，县里比对后公告）的要求进行识别。共识别出 12.8 万个贫困村、2984 万贫困户、8962 万贫困人口，基本摸清了我国贫困人口分布、致贫原因、脱贫需求等信息，建立起全国统一的扶贫开发信息系统。2015 年6 月，习近平总书记在贵州就加大推进扶贫工作又全面阐述"精准扶贫"概念，提出"六个精准"，即"扶持对象精准、项目安排精准、资金使用精准、措施到户精准、因村派人精准、脱贫成效精准"[②]。2015 年 8 月至 2016 年 6 月，全国动员近 200 万人开展建档立卡"回头看"，不再分解指标和规模控制，补录贫困人口 807 万人，剔除识别不准人口 929 万，识别精准度进一步提高。

企业在全国建档立卡数据库信息基础上，针对帮扶地区实际，完善建档立卡信息，通过系统排查摸底、建立专项管理档案等方式，建立扶贫信息系统，确保工作精准落实。

随着脱贫攻坚的持续深入，越到最后越是"难啃的硬骨头"，这其中就包括因病因残致贫和内生动力不足的贫困人口。截至 2017 年年底，因病、因残致贫人口分别占贫困人口总数的42.3%，14.4%，65 岁以上贫困老人占 17.5%。针对特殊困难人群，需要量身定制帮扶计划。对于老年人及残疾人，一些企业通过健康扶贫等途径，避免因病返贫；对于未成年人，一些企业通过教育扶贫等途径为其提供摆脱贫困的知识与技能。如浙江吉利控股集团有限公司投入 166万元，在四川雅安、南充两地启动残疾人居家就业技能培训项目；内蒙古伊利实业集团股份有限公司实施"伊利营养 2020"项目，通过营养关爱、公益助学、科学哺育等形式，精准关注婴幼儿、孤残、老人等特殊群体。

---

① 资料来源：《习近平：坚决打赢脱贫攻坚战》，人民网—中国共产党新闻网，2017 年 11 月 03 日，http://cpc.people. com.cn/xuexi/nl/2017/1103/c385474-29626301.html。

② 资料来源：《习近平扶贫新论断：扶贫先扶志、扶贫必扶智和精准扶贫》，中国网，2016 年，01 月 03 日，http:// news.china.com.cn/txt/2016-01/03/content_37442180.htm?f=pad&a=true。

8.2.1.2　我国贫困地区的不同类型

2011 年，国家对扶贫开发重点县进行调整，鼓励减少重点县，但实际上，各省仍坚持"退一补一"，重点县总数仍为 592 个。与此同时，连片特困地区成为扶贫开发主战场，全国确定了 680 个片区县，其中包括 440 个重点县。重点县加上片区县，国家贫困县总数达到 832 个，成为我国扶贫工作的主战场。

习近平总书记指出"深度贫困地区是脱贫攻坚的坚中之坚"。党的十九大报告指出，打赢脱贫攻坚战，要重点攻克深度贫困地区脱贫任务。2018 年，国务院扶贫开发领导小组确定"三区三州"（"三区"指西藏、新疆南疆四地州和四省藏区，"三州"是指甘肃的临夏州、四川的凉山州和云南的怒江州）和中西部地区 169 个深度贫困县为深度贫困地区。

8.2.1.3　"两不愁三保障"的扶贫标准

"两不愁三保障"是到 2020 年我国扶贫开发针对扶贫对象的扶持标准，即"稳定实现扶贫对象不愁吃、不愁穿，保障其义务教育、基本医疗和住房安全"。

保障义务教育方面，企业大力支援教育基础设施建设、设立奖学金、开展教师培训、保障学生生活等。如亿利资源集团有限公司在库布齐投资 1.2 亿元建设了九年一贯制义务教育的亿利东方学校。中国民生银行股份有限公司在定点扶贫县河南滑县、封丘县捐资建设民生小学，新建和维修校舍 150 余所等。

保障基本医疗方面，企业通过提供医疗补充保险、远程医疗支援、送医下乡、医疗基础设施建设等方式，提升贫困地区医疗资源条件与诊疗能力。如国家开发投资集团有限公司设立"爱之光·国投集团防盲治盲专项基金"，为贵州省贫困群众开展免费白内障手术、遗传性眼病基因筛查、青少年眼视光矫正、眼科医护培训等医疗扶贫活动。东风汽车集团有限公司充分利用东风总医院资源优势和技术优势，先后选派 9 批共 30 多名业务精湛的医务工作者到西藏贡觉县人民医院开展医疗援藏，提升当地医务人员水平。

保障住房方面，企业通过异地搬迁、安置房建设、危旧房屋改造提升等方式，为贫困地区群众基本生活条件提供保障。如中国华能集团有限公司资助云南省"直过民族"贫困户建设新房，让他们告别低矮、潮湿、破烂的茅草房、土坯房、石棉瓦房，住进宽敞、明亮的砖混结构小洋房，保障扶贫对象住房安全。

8.2.2　企业扶贫的方式方法

8.2.2.1　选好扶贫人员

企业在扶贫过程中，除了捐赠资金外，另一个有效的办法就是选派好扶贫工作人员或挂职干部。"打赢扶贫攻坚战，干部是关键。干部有担当、有干劲，才能当好贫困群众脱贫的'催化剂''助推器'，也才能'撬动'贫困"[①]。扶贫工作人员要热爱扶贫工作，懂得扶贫工作或善于学习。扶贫工作人员需要深入扶贫一线，通过实地调研，走村入户，了解贫困现状，分析致贫原因，并充分发挥企业扶贫工作人员的桥梁纽带作用，为贫困地区整合企业、地方政府、社会组织、志愿者等各项资源。例如，恒大集团有限公司从全集团系统选拔 321 名扶贫干部和

---

① 资料来源：www.cpad.gov.cn/art/2017/4/13/art_624_61843.html。

1500名本科以上学历的扶贫队员，与大方县原有287人的扶贫团队组成2108人的扶贫队伍，常驻毕节市扶贫前线，与当地干部群众并肩作战，工作到村、包干到户、责任到人。

8.2.2.2　选好扶贫产业

与政府、社会组织相比，企业最大的优势就是懂市场、擅长发展产业。产业扶贫既是促进贫困人口较快增收脱贫的有效途径，也是巩固长期脱贫成果的根本举措。《中华人民共和国国民经济和社会发展第十三个五年规划纲要》将产业扶贫列为脱贫攻坚八大重点工程之首。随着精准扶贫工作的不断推进，企业在产业扶贫方面探索出了诸多有效的带贫益贫机制，通过特色种养带动脱贫、资产收益带动脱贫、直接就业带动脱贫、关联产业带动脱贫等方式，为贫困群体脱贫提供多重保障。

特色种养带动脱贫。企业利用贫困地区资源优势发展特色产品种养殖，将企业资本引入农业生产领域，发展生态高效农业和农产品加工业，打造贫困地区特色产业。如中国石油天然气集团有限公司2016年以来在新疆察布查尔县陆续投入1000多万元援建红花产业园，当地政府招商引进红花籽油龙头企业。2018年，该企业收购红花籽2500吨，生产红花油500吨，收益贫困大户800人，每户平均增收2000多元。广西万寿谷投资集团股份有限公司为广西凤山县、东兰县引入养殖周期短、见效快的万寿谷土鸡、万寿谷东兰乌鸡养殖产业，引导有发展能力的贫困户自己投资、自己养殖，县农投公司进行贴息补贴。形成了"自投资（贫困户、社会能人、合作社）+自养（贫困户、社会能人、合作社）+农投公司（政府贴息、水、电、路、鸡舍补助）"三位一体的扶贫模式。

资产收益带动脱贫。企业在开展产业扶贫项目时，将自然资源、公共资产（资金）或农户权益资本化或股权化，企业利用这些资产产生经济收益后，贫困村与贫困农户按照股份或特定比例获得收益。这种模式不依赖农户的独立经营能力，对失能和弱能贫困人口具有针对性。通过赋予贫困户产权或股权，有利于贫困农户积累资产并利用这些资产持续受益，实现持续脱贫。如牧原实业集团有限公司探索实施"县委政府+金融机构+龙头企业+贫困户+合作社"的"5+"资产收益扶贫模式，将贫困户零散的资金汇集起来，形成属于贫困户的优质固定资产并租赁给企业经营，有效解决了贫困户缺资金、缺技术、缺管理、缺项目的难题，降低贫困群众的市场风险和经营风险。

直接就业带动脱贫。通过发展当地产业，开展用工招聘，贫困户有了在家门口就业的机会，获得稳定收入，实现"一人就业，全家脱贫"。如北京德青源农业科技股份有限公司金鸡产业园提供800个就业岗位，其中专设爱心岗150个，专门招收建档立卡贫困群众，从事保安、保洁、保绿、门卫等岗位；专业技术岗650个，贯彻建档立卡贫困群众优先原则，鼓励通过技术培训的致富带头人在企业从事技术管理岗位。此外，每年设立212400个标准日工，从事公益岗（包含村级环卫、安保和护工等岗位）劳动，让有劳动能力的贫困群众通过力所能及的劳动创造收入实现脱贫。牧原实业集团有限公司对接地方政府，对建档立卡贫困户劳动力进行逐户筛选，梳理出具备正常劳动能力、非完全劳动能力、贫困大学生三类劳动力情况，分类施策、精准服务。通过直接吸纳成为养猪技术工人、安置公益性岗位、开辟大学生就业绿色通道等方式，使劳动者就业技能与就业岗位精准对接，激发贫困户内生动力，通过劳动致富脱贫。

关联产业带动脱贫。除利润分红、直接就业等方式使贫困户直接获得收入外，企业还带动上下游产业或相关产业发展，为贫困地区延长产业链，抵御可能存在的市场风险，带动帮扶地区经济长足发展。如中国远洋海运集团有限公司发展湖南安化最具特色的黑茶产业，建设茶园基地，带动茶农脱贫致富。同时，积极发展生态茶园和休闲茶园，建设中国黑茶博物馆，开展茶业人才培训、推广茶文化宣传。不仅直接带动当地黑茶产业产值增加，也营造浓厚茶文化氛围，带动旅游业发展。北京德青源农业科技股份有限公司通过上下游关联产业为贫困县提供稳定的采购订单，包括物流订单、包材（纸箱、纸盒、蛋托、砧板）订单、玉米订单等，带动当地物流合作社、包装合作社、玉米种植合作社发展。

8.2.2.3　打造销售渠道

2019 年 1 月 14 日，国务院办公厅印发《关于深入开展消费扶贫助力打赢脱贫攻坚战的指导意见》，意见指出，"消费扶贫是社会各界通过消费来自贫困地区和贫困人口的产品与服务，帮助贫困人口增收脱贫的一种扶贫方式，是社会力量参与脱贫攻坚的重要途径"。意见要求通过打通供应链条、拓展销售途径、加快流通服务网点建设，以大力拓宽贫困地区农产品流通和销售渠道。企业通过创新扶贫理念，加强市场运作，帮助贫困地区农户提高供给水平和质量，建立扶贫产品品牌，拓宽销售渠道，带动企业乃至社会各界通过消费等方式参与扶贫的积极性，推动贫困地区农产品融入市场。如中国石油化工集团有限公司充分发挥 2.6 万家易捷便利店的销售平台优势，将甘肃贫困地区面食、食用油、生鲜、牛羊肉、杂粮、养生茶等约 8 个种类，230 多个农产品纳入中国石化销售渠道。苏宁建立特色农业扶贫示范基地，依托中华特色馆、苏宁小店等载体，帮助拓展特色农产品销售渠道，建立特色品牌，拉动当地特色产业发展。

8.2.2.4　完善企业扶贫的体制机制

企业开展扶贫工作，同样需要完善体制机制。从扶贫机构的搭建、战略规划的制定、管理制度的完善、扶贫项目的策划执行、扶贫成效的评估监测、扶贫理论政策的研究交流、扶贫资源的保障等各个维度都需要加强管理，建章立制。企业要重视扶贫管理，制订扶贫中长期规划和年度计划，主要领导亲抓落实。完善扶贫相关管理制度，建立上下联动的扶贫机制，扎实开展扶贫监督检查，落实责任制，高度重视扶贫自评与第三方评估反馈。如中国兵器装备集团构建"rPDCA"定点扶贫循环管理体系，建立从研究、计划、执行到检查、总结的循环闭合，建立督促检查体系、三级监督体系，确保了脱贫攻坚各项政策措施的落实。苏宁控股集团有限公司在内部成立了由张近东董事长亲自挂帅的扶贫工作领导小组，并专门设立了由集团党委牵头负责的扶贫办公室和工作团队，整合集团内部的资源和力量，把助力扶贫攻坚、乡村振兴任务落实到各产业、各地区，并列入年度考核指标，确保集团扶贫工作的体系化管理和系统化推进。

8.2.2.5　结合企业主业优势，实现互利共赢

在扶贫中结合主业优势，既能提升扶贫工作的辨识度和持续性，也能充分发挥企业在行业中深耕的资源和渠道优势，保障扶贫项目的质量和进度，节约成本，更能在脱贫攻坚的实践中直接促进企业主营业务的发展，进而实现脱贫攻坚与企业发展的双赢。

农林牧渔业企业结合自身产业优势，为贫困地区提供全方位的产业扶助，如广西万寿谷投资集团股份有限公司在贫困地区发展土鸡养殖业，发展"育种 + 孵化 + 育雏 + 养殖 + 屠宰初加工 + 熟食（罐头深加工）+ 产业旅游 + 冷链物流 + 线上线下销售平台 + 体验销售"十位一体全产业链扶贫模式，建立了产业扶贫的长效机制，同时企业自身也在扶贫过程中不断发展壮大。

金融类企业结合主业，通过设立产业扶贫基金、提供扶贫保险、期货保价服务、发放扶贫小额贷款、创新贫困户信贷方式等途径，助力脱贫攻坚。浙商期货有限公司结合主业，运用金融工具开展服务"三农"、精准扶贫工作，创新推出了"保险＋期货"模式，分散了农业生产者的价格风险。成功在新疆阿克苏地区试点，当地棉农销售棉花，并购买保险；轧花厂根据政府文件和合作协议收购籽棉，保证棉农预期收入。若价格下跌，保险公司提供赔付，形成风险分散、保障各方收益的闭环。

互联网企业发挥自身技术优势，为贫困地区经济社会发展和脱贫攻坚提供网络和信息基础设施，提升贫困地区自身发展能力。如腾讯为村（北京）科技有限公司搭建集"党务、村务、商务、服务、事务"五大功能于一体的智慧乡村平台，发挥互联网在助力基层党建、改善农村治理、和谐村民关系、脱贫致富方面的作用。平台以"为乡村连接情感、连接信息、连接财富"为宗旨，致力于乡村移动互联网能力建设。村两委可以在这里发布党务公开、村务公开、财务公开，撰写村委日记；村支部书记可以在书记信箱回复村民提问，党员可以在这里亮身份、亮承诺、在线为群众服务亮实绩；村民可以在这里实名认证加入自己所属村庄公众号，随时随地参与村庄事务；村集体和村民还可以通过为村平台展示风土人情，卖出村庄土特产品，进而脱贫致富。

生态类企业通过发展绿色生态产业，将"绿起来"与"富起来"相结合。如亿利资源集团有限公司通过发展"生态修复、生态牧业、生态健康、生态旅游、生态光伏、生态工业"的"六位一体"产业体系，治理库布齐沙漠6000多平方公里，并带动沙区10.5万名群众脱贫。

旅游类企业推动扶贫地区旅游产业发展，充分发挥旅游产业的综合带贫作用。如中国旅游集团有限公司打造扶贫地民族文化和精品旅游线路产品，全面带动扶贫地脱贫致富。

8.2.2.6 开展生态扶贫，守住环保底线

2018年，国家发展改革委印发《生态扶贫工作方案》，要求牢固树立和践行绿水青山就是金山银山的理念，坚持扶贫开发与生态保护并重，通过实施重大生态工程建设、加大生态补偿力度、大力发展生态产业、创新生态扶贫方式等，使贫困人口从生态保护与修复中得到实惠。要求企业在扶贫过程中，守住发展和生态两条红线。如中国电子信息产业集团有限公司所属中电系统发挥生物质能源技术优势，推进农作物秸秆和农林废弃物综合利用，在河北省投产生物质热电联产项目，为贫困地区及周边地区打造清洁能源全产业链，每年秸秆收购投入超过4亿元，吸纳1万余农民从事农林废弃物收储运工作，带动至少2500名贫困群众脱贫增收。

8.3 教育、科技、文体、卫生[①]

企业履行社区责任的另外一个重要内容，就是开展教育、科技、文化体育和卫生方面的公益慈善项目。毫无疑问，教育、科技、文化体育和卫生是社会与经济发展的基础，也是社区特性的重要组成部分，对满足社区需求，提升社区凝聚力和促进社区发展方面具有十分积极的作用。

---

① 本部分主要参考：中国国际标准化管理委员会，《ISO 26000社会责任指南》（中文版），https://bbs.pinggu.org/a-1060087.html。

8.3.1　教育

教育是立国之本，也是社区发展的基础。教育不仅与居民的切身利益息息相关，而且也是居民、媒体关注程度最高的公共服务内容。国内外经验表明，支持社区教育事业的发展是企业履行社区责任的最主要内容之一。

根据 ISO 26000 等国际标准，企业在开展社区教育项目时，需要把握以下几个方面：

第一，要注重促进和支持各个层次的教育。根据受教育人口的年龄、教育内容的程度，教育可以划分为不同的层次。例如，0–3 岁儿童的早期教育、义务教育、职业教育、大学教育、老年教育，等等。企业在设计教育项目时，需要对整个社区的教育情况进行摸底，了解社区各个层次教育的基本情况和社区的紧迫需求，在此基础上，再设计具体的教育项目。企业不可能替代政府，包办教育，只能根据企业自身的特征、优势资源、量力而行，有选择地开展教育项目。例如，针对义务教育阶段的科普教育，针对外来儿童的学龄前教育，针对大学生的奖学金项目，等等。

第二，注重社区教育质量的提高，提升当地知识水平。企业在开展社区教育项目时，可以根据企业的资源，满足社区多样化的教育需求。例如，支持社区开展儿童的艺术教育、素质教育、领导力提升等项目，提升社区的教育品质，提升当地的知识水平。

第三，关注弱势群体或受歧视群体的学习机会。企业在社区开展教育项目时，特别需要关注的一个问题就是关注弱势群体或受歧视群体的学习机会，减少文盲或半文盲人口，提升教育的公平性。例如，为农村留守儿童开展的教育项目，为城市外来工子弟开设的图书项目，为农村妇女开设的扫盲项目，等等。

第四，鼓励儿童进入正规教育体系，帮助消除儿童获得教育的障碍。企业在支持或促进社区教育事业发展时，还需要鼓励儿童进入正规教育体系，特别消除童工。不仅企业自身不使用童工，而且要带动或促进上下游企业不使用童工，为儿童进入正规教育体系创造条件。

⭐ 案例

现代汽车（中国）投资有限公司的"梦想之屋"

现代汽车（中国）投资有限公司持续追求实现商业价值和社会价值的完美结合，使企业社会责任真正做到可持续发展。自 2008 年起，现代汽车集团以汽车的动感 "MOVE" 为核心词汇，形成了一套完整在华 CSR 公益体系。2016 年，集团更进一步完善和深化了 CSR 公益体系，在中国建立了由 "GREEN MOVE 共护绿色""SAFE MOVE 共建安全""HAPPY MOVE 共献关爱""DREAM MOVE 共筑梦想"四个板块构成的社会贡献活动体系，以环境、交通、顾客、社会弱势群体为对象，积极开展企业公益实践、提高企业的社会履责能力、增强企业的社会责任感，为打造"携手共进的世界"而努力。

"梦想之屋"是现代汽车集团 "Dream Move 共筑梦想"板块中的一个特色公益项目，旨在改善偏远地区小学教学条件，提高教学质量，推动乡村偏远地区基础教育发展。该项目由现代汽车（中国）联合北京青少年发展基金会发起，企业、经销商、车主、媒体四方共同参与，在偏远地区选择当地教育设施较落后的贫困小学，为其捐赠图书、文体用品、电脑、投影仪、打印机、复印机等设施，帮助筹建多功能教室，完善学校软硬件教育设施。力求为孩子们创造更好的学习环境，为孩子们的梦想增添羽翼。

自 2011 年 2 月开始，现代汽车先后在贵州、吉林、广西、云南、内蒙古等 26 个省市的贫困地区开展了"梦想之屋"系列公益活动。"梦想之屋"捐助的图书、多媒体教育设施及体育用品等有效地改善了受助学校的软、硬件设施，帮助学校老师更好地开展教学，学生们能够接触到更多的知识、增强体育锻炼，健康成长。

资料来源：http://www.xinhuanet.com//tech/2017−11/02/c_1121897141.htm。

8.3.2 科技

根据 ISO 26000 的国际标准，企业履行社区责任的另外一项内容就是促进社区科学技术水平的提升。为帮助促进社区的经济和社会发展，除教育之外，社区及其成员还需要充分且安全地获取现代科学技术。企业能够以促进人力资源开发和技术传播的方式采用专门知识、技能和技术，为所在社区的发展做出贡献。

信息和通信技术是当代生活的主要特征，是众多经济活动的宝贵基础。其关键是缩小国家、地区、代际、性别等方面获取信息的差距。企业可以通过培训、建立伙伴关系和其他行动，为社区扩大技术获取渠道做出贡献。

企业在推动社区技术开发与获取方面，可以考虑：

第一，帮助开发能够解决当地社区的社会和环境问题的创新技术。例如，一些企业通过研发创新技术，减少企业和当地社区的碳排放，促进社区环境的改善。

第二，帮助开发易复制且对消除贫困和饥饿有较大积极影响的低成本技术。例如，一些企业通过开发"互联网＋"公益项目，通过电商扶贫，帮助贫困地区销售特色农产品，帮助贫困地区脱贫致富。

第三，在经济可行的情况下，考虑发掘当地潜在的传统知识和技术，同时保护当地社区对该知识和技术所拥有的权利。例如，一些企业在扶贫过程中，帮助发掘当地的非物质文化遗产，同时保护当地对非遗的所有权。

第四，与诸如大学或研究实验室等组织合作，与社区伙伴共同推进科技发展，并雇用当地人员参与该工作。例如，一些跨国企业与高校合作，雇用当地研发人员，进行科技创新，推动社区科技进步。

第五，在经济可行的情况下，采纳那些允许技术转让和扩散的做法。如果可能，企业可以设定合理的技术转让或许可的条款和条件，以促进当地发展。企业应考虑并提高当地社区管理技术的能力等。

8.3.3 文化与体育

保护和促进文化和体育事业，对提升社区凝聚力、促进社区融合具有重要的意义。因此，企业在履行社区责任时，可以根据企业自身的特长，开展社区文化或体育方面的公益慈善项目。

企业在开展文化、体育项目时，需要注意以下问题：

第一，承认并尊重当地文化和文化传统。作为促进文化活动的具体行动，支持在历史上曾经处于弱势的群体获得能力，是非常重要的反歧视方式。

第二，帮助保存和保护文化遗产，特别是在企业活动会对它们产生影响的情况下。例如，一些电子产品的厂商，通过向贫困人口赠送手机、摄像机等设备，和培训当地人使用设备，记录当地的文化，并向社区和全球传播。

第三，在适当的情况下，推广使用原住民社区的传统知识和技术等。

第四，挖掘当地的传统体育赛事，促进社区开展体育活动，增强社区凝聚力。例如，一些企业资助社区开展当地的赛龙舟、舞狮等传统体育赛事，或向当地学校捐赠体育器材，资助体育活动等。

8.3.4　卫生与健康

卫生与健康是社会生活的一个基本条件，也是一项公认人权。公共健康受到威胁，会对社区产生严重影响并阻碍其发展。因此，所有组织，无论大小，都应尊重健康权，以适合各自情况的方式为促进健康、防范健康威胁和疾病、减轻对社区的危害做出贡献。这可以包括参与公共卫生运动。企业还可以在可能与可行的情况下，帮助提高获取卫生服务的机会，特别是通过加强和支持公共服务的方式 。即使是在由政府提供公共卫生体系的国家，每个企业也都可以考虑为社区健康做出贡献。健康的社区，减轻了公共部门的负担，并为所有组织制造了良好的经济和社会环境。

企业在促进社区健康方面，应该：

第一，寻求消除企业的生产过程和所提供的产品或服务对健康的消极影响。

第二，通过多种方式促进良好的社区健康水平，例如，帮助获得药品和疫苗；鼓励健康的生活方式，包括锻炼和良好营养，早日诊断疾病；提高对避孕方法的了解；以及阻止消费不健康的产品和物质。宜对儿童营养问题予以特别注意。例如，一些企业资助的儿童营养午餐项目、健康教育项目、村医培训项目等。

第三，提高对健康威胁和主要疾病及其预防的认识，例如：艾滋病病毒／艾滋病、癌症、心脏病、疟疾、肺结核和肥胖知识的普及与防治项目。

第四，作为疾病预防措施，考虑支持持久和普遍享有的基本卫生保健服务、清洁水源和适当的卫生条件等。例如，一些企业资助的农村卫生站建设项目、医疗设备捐赠与培训项目、保护水源项目等。

8.4　就业、财富和收入创造

就业、财富和收入创造是企业履行社区责任的重要内容之一。企业可以发挥自身的优势，帮助社区创业与就业，创造财富和促进社区收入的增长。

8.4.1　就业

就业是国际公认的与经济和社会发展相关的目标。所有组织，不论其大小，都能通过创造就业，为减少贫困、促进经济与社会发展做出贡献。在创造就业的过程中，企业应遵守 ISO 26000 的相关指南。

就业技能的开发，是促进就业和帮助人们维护体面的、富有成效的工作的重要组成部分，对经济和社会发展也至关重要。

企业在创造就业机会和促进技能开发时，应该：

第一，分析投资决策对就业创造的影响，并在经济上可行的情况下进行直接投资，以便通过创造就业机会来减少贫困。

第二，考虑技术选择对就业的影响，并在从长期看经济上可行的情况下，选择能够最大限度创造就业机会的技术。

第三，考虑外包决策对就业创造的影响，既包括对做出决策的企业内部的影响，也包括对受决策影响的外部组织的影响。

第四，考虑创造直接就业的益处而不是考虑使用临时性工作安排的益处。

第五，考虑参加当地和国家的技能开发计划，包括学徒计划、重点关注特定弱势群体的计划、终身学习计划，以及技能鉴定和认证计划。

第六，在技能开发计划不足的社区，可以考虑与社区内的其他机构合作，帮助发展或改善社区技能培训计划。

第七，在就业和能力建设方面对弱势群体给予特别关注。

第八，考虑帮助改善就业创造所必需的框架性条件。

⭐ **案例**

大连万达集团股份有限公司"支持大学生创业十年计划"

万达集团为帮助大学生成功创业，于 2013 年 9 月推出"支持大学生创业十年计划"。预计从 2013 年到 2022 年累计投入不超过 5 亿元，提供约 500 个万达广场店铺，支持 1000 名大学生创业。仅 2015 年，万达集团投入 5000 万创业资金，拿出了 50 个万达广场店铺，给予 100 名左右应届大学本科毕业生创业启动资金支持，助力大学生实现人生"第一桶金"的梦想。

资料来源：http：//www.wanda.cn/2013/special_reports_0929/25044.html。

8.4.2　财富和收入创造

企业对创造社区财富至关重要。企业能够帮助营造和催生创业精神的环境，从而为社区带来长远利益。企业能够对创造财富和收入产生积极影响，其方式可以是投资创业计划、发展当地供应商和雇用社区成员，以及在积累经济资源和社会关系方面付出更广泛的努力，以增进经济和社会福利或社区财富。此外，企业可以帮助当地创造财富和收入，并促进在社区成员中平均分配经济利益，从而在消除贫困方面发挥重要作用，尤其重要的是，发展针对妇女的创业项目和合作社。众所周知，妇女能力的提升能够极大地促进社会福祉。

财富和收入创造，还取决于公平地分配经济活动所带来的利益。政府有赖于企业履行纳税义务而获得解决重要发展问题的税收收入。

在许多情况下，社区的地理位置及在社会和经济中的隔绝状态，成为其发展的障碍。企业可以通过在自身活动或价值链中对当地居民、团体和组织进行整合，在社区发展中发挥积极作用。正是在这种意义上，企业能够成为社区的核心活动的有机组成部分。

企业在促进社区财富和收入创造方面，应该：

第一，考虑进驻或离开某个社区时的经济和社会影响，包括对社区可持续发展所需基本资源的影响。

第二，考虑能够对推动社区现有经济活动多样化提供支持的适当举措。

第三，考虑向当地的产品和服务供应商提供优先权，并尽可能帮助发展当地供应商。

第四，考虑采取措施来增强当地供应商进入价值链的能力，并为他们创造这样的机会，尤其要关注社区的弱势群体。

第五，在提高生产力和催生创业精神的过程中，考虑致力于建立持久计划和伙伴关系，以扶助社区成员，特别是妇女和其他处于社会不利地位的人及弱势群体，建立企业和合作社。例如，可以提供一系列培训计划，包括商业规划、营销、作为供应商所必需的质量标准、管理和技术支持、融资和合资企业便利等方面的培训。

第六，考虑以适当方式使社区组织更易于获得采购机会。例如，通过能力建设使其达到技术要求和提供采购机会的信息等。

第七，考虑支持那些向社区提供所需产品和服务的组织和个人，因为他们也能促进当地就业并建立当地市场、区域市场和城区市场之间的联系，因而有利于社区福利。

第八，履行纳税义务并向当地政府提供正确界定应缴税额的必要信息。

第九，为雇员提供退休金和养老金等五险一金。

8.5　社会投资

社会投资是指组织将自身资源投资于旨在提高社区社会生活质量的举措和计划。社会投资的类型可包括以下领域有关的项目，教育、培训、文化、卫生保健、收入创造、基础设施建设、增进信息获取或其他可能推动经济社会发展的活动。社会投资与企业的核心运行活动可能会有关系，但也可能没有关系。

企业在识别社会投资机会时，宜将其贡献与其运行所在社区的需要和优先事项相结合，并考虑到地方和国家决策者所确定的优先事项。信息共享、咨询和协商都是参与确定和实施社会投资项目的有效工具。

企业还应当鼓励社区参与社会投资项目的设计与实施，这将有助于社会投资项目在企业不再参与时，能得以继续生存并发展壮大。社会投资宜选那些从长远看切实可行并有利于可持续发展的项目。

　　企业在进行社会投资时，应该：

　　第一，在规划社会投资项目时考虑促进社区发展。所有行动都应为社区公民创造更大的机遇，如通过增加当地采购和各种外包来支持当地发展。

　　第二，避免社区对企业公益慈善活动的持久依赖。企业在开展社会投资时，一定要避免社区等靠要文化的形成，要注重企业社会投资项目的可持续性，通过激发社区内生动力，加强社区的能力建设，提升社会投资的可持续性。

　　第三，对企业的社会投资项目进行评估，并向社区和企业内部人员报告评估结果，以识别可能需要改进的领域。企业在开展社会投资项目时，需要加强项目的监测与评估，特别是第三方的监测与评估，并通过项目的监测与评估，促进项目的改进与完善。

　　第四，考虑与其他组织建立伙伴关系。企业在开展社会投资项目时，需要注重整合资源，加强与其他组织的合作，包括与政府部门、社会组织之间的合作，使得协同效应最大化，并利用互补的资源、知识和技能。

　　第五，考虑帮助向弱势或受歧视群体和低收入人群提供食品和其他必需品的计划，并考虑帮助他们提高能力、增加资源和机会的重要性。

🔔 **典型案例 1**

国投——以产业基金探索产业扶贫新路径

　　国家开发投资集团有限公司（以下简称"国投"）是中央直接管理的国有重要骨干企业，是中央企业中唯一的投资控股公司，是首批国有资本投资公司改革试点单位，在国民经济发展中发挥了投资导向、结构调整和资本经营的独特作用。自1995年成立以来，国投积极响应党中央、国务院的号召，先后共承担新疆维吾尔自治区疏附县、疏勒县，黑龙江省兰西县，贵州省德江县、三都县、罗甸县、平塘县和甘肃省合水县、宁县的定点扶贫开发任务，以及援疆援藏任务，逐步探索形成了"产业扶贫、教育扶贫、专项扶贫、工程扶贫、基金扶贫、干部扶贫"六大扶贫模式，创新推进对外劳务输出、技能培训、消费扶贫及"保险＋期货"等扶贫路径，真正实现精准扶贫，助力贫困县脱贫摘帽。

　　近年来，国投结合自身经营特点与优势，通过发展基金投资、股权投资等方式，主动服务国家脱贫攻坚战略，出资参与设立和受托管理国家级产业扶贫基金，以国家财政和中央企业资金为引导，带动社会资本投入，对贫困地区具有特色和发展潜力的产业进行投资，以市场化路径支持贫困地区产业发展，增强贫困地区的造血功能和内生动力，带动贫困群众就业，实现精准稳定脱贫。

一、扶贫实践

　　党的十八大以来，根据国务院领导批示，国投先后发起设立了贫困地区产业发展基金和中央企业贫困地区产业投资基金，两只基金募集到位资金182亿元。国投设立全资子公司受托管理两只基金，以产业基金为抓手全面推进产业扶贫，创新设计"产业基金＋企业＋贫困地区资源＋贫困人口"的产业扶贫模式，支持贫困地区产业发展，带动贫困人口精准脱贫。通过打造现代农业平台、资源开发平台、清洁能源平台、医疗健康平台、产销对接平台、产业金融平台、资本运作平台，为贫困地区产业发展提供资金支持，截至 2018 年年底，两只基金累计完成投决项目 101 个，金额 150.7 亿元，覆盖全部 14 个集中连片特困地区以及部分国家扶贫工作重点县、革命老区县，涉及全国 27 个省（市、区），引领撬动社会资本超 1700 亿元，投产后将带动 48 万贫困人口直接或间接就业，为贫困人口提供收入 32 亿元／年，为地方政府提供税收 15 亿元／年。

（一）发挥基金杠杆作用，撬动社会资本投入

国投主动对接有关部委资源，加强与地方政府、金融机构、产业龙头企业的战略合作，充分发挥国投作为国有投资公司专业委员会会长单位的优势，与宁夏固原、河南三门峡等市（地）有关部门和国有企业合作建立产业扶贫平台；与省属重点国有企业合作在贫困面广、贫困人口多、贫困发生率高的贵州、河南、江西、湖南、青海、陕西、云南、黑龙江、安徽 9 个省份设立子基金，成立了央企扶贫子基金联盟，总规模 54 亿元；与中国电建、华润、中铝、中广核等中央企业和牧原股份、中鼎联合、杨氏果业、天士力等民营龙头企业合作，依托当地优势特色资源，在中西部贫困地区尤其是深度贫困地区布局现代化、规模化的生产加工基地，推动产业转型升级；吸引先进制造基金、现代种业发展基金、中国农业产业发展基金等国家基金以及鼎晖投资、金石投资、云月投资等投资机构跟投，扩大企业融资规模。两只基金通过直接投资、在重点省设立子基金、发起扶贫基金联盟等方式，将引领撬动社会资本超 1000 亿元投入贫困地区。

（二）聚焦重点急需行业，打造产业扶贫平台

为加快产业基金扶贫模式的示范、复制和推广，国投统筹安排在不同行业的投资布局，依托产业龙头企业在贫困地区打造了七大扶贫平台，惠及更多贫困地区和贫困人口。

图 8-1　国投打造七大产业扶贫平台

1. 依托农业供给侧结构性改革，打造现代农业平台。依托杨氏果业在中国主要柑橘产业带布局种植和加工基地，依托益客食品带动现代化肉禽养殖和高端食品生产，依托牧原股份在全

国 22 个贫困县建设 60 个现代畜牧养殖项目，推动产业转型升级，吸收贫困群众就业。

2. 依托当地资源禀赋，打造资源开发平台。在贵州、湖南、河北和四省藏区投资 10 余个特色旅游项目，引导神农本草、陇药集团等发展中药产业链，投资山西中铝华润、云南铜业等，促进资源优势转换为产业优势。

3. 按照国家能源发展战略，打造清洁能源平台。利用贫困地区秸秆、水、光、风等资源优势，大力发展清洁能源，与国峰清源合作建设秸秆生产车用沼气项目，与中国电建合作建设新疆克州夏特水电站项目，与中广核合作在 12 个县建设 17 个风力发电项目等。

4. 防止因病致贫、因病返贫，打造医疗健康平台。与北京达康医疗、沈阳何氏眼科合作，按照"一县一科"模式，规划在 150 个央企定点帮扶县分别建设 100 家血透医疗中心和 50 家眼科医疗中心，与江西九峰医疗合作通过"人工智能＋远程诊断"方式为贫困地区群众提供全方位的远程诊疗服务。

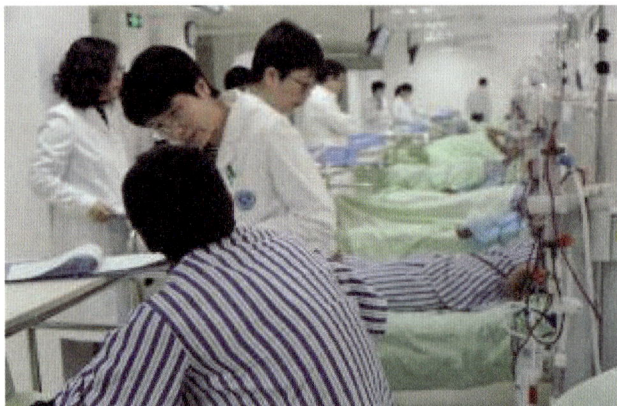

图 8-2　国投创益投资项目达康医疗

5. 解决农产品销售难题，打造产销对接平台。与中国农批合作，在延安、赣南等地建设农产品批发市场，打造全国农产品流通网络；拟投资"公益中国"电商平台，通过以央企为主的客户合作模式，为贫困地区农产品销售提供快速通道。

6. 为农业产业链提供融资方案，打造产业金融平台。积极探索"基金＋企业＋产业链金融＋农户／经销商"的股权投资与产业链金融相结合的模式，为益客食品、大伟嘉、中鼎联合等企业及其产业链上下游提供融资服务。

7. 发挥基金纽带作用，利用"绿色通道"，打造资本运作平台。引导发达地区拟上市企业和上市公司到贫困地区投资，支持贫困地区企业通过"绿色通道"登陆资本市场。目前，已有 8 家企业成功挂牌新三板。

（三）培育产业龙头企业，增强内生发展动力

产业扶贫基金投资的企业都属于贫困地区的优质企业，管理比较规范，但与资本市场的要求相比还存在差距。国投创益按照抓重点、补短板、强弱项的原则，建立了符合贫困地区企业现状的投后管理模式，成立了独立的投后管理团队，将投后管理划分为投后协议执行、项目动态跟踪、项目法人治理、投后增值服务四大部分，建立了资金监管机制、信息收集机制、分析报告机制、定期检查机制、年度评估机制、增值服务机制等六大机制，持续地专注于帮助企业

在运营过程中解决各类管理问题，通过良好的投后管理，从主动层面减少或消除潜在的投资风险，提升企业自身价值，促进企业健康发展。通过健全规章制度、加强人员培训、会计师事务所提供财务顾问、推广先进的财务软件和资金支付系统、协同开发业务、梳理发展规划等，进一步帮助企业完善法人治理架构、健全财务会计管理制度、规范生产运营。同时，国投创益将投资企业党建工作作为重点来抓，制定并下发了《国投创益投资企业党建工作指导意见》，对投资企业党建工作进行督促和指导。截至目前，80% 以上的投资项目在基金进入后保持平稳健康经营，一半以上的项目实现了后续股权和债权融资。

（四）扩大产业扶贫效果，建立脱贫长效机制

产业扶贫基金选择投资项目时，针对资源禀赋、产业规划、贫困人口结构等不同情况，紧紧围绕市场化机制保障产业扶贫效果的目标，将精准扶贫与区域发展协调推进，完善产业扶贫利益联结机制，确保贫困人口长效稳定脱贫。基金投资企业都是当地产业龙头，生产、加工、销售各环节利益联结机制健全，通过土地经营权入股、信用扶贫贷款入股、订单收购、利益分享等多种方式带动大量建档立卡人口脱贫，扶贫带动能力强；企业自身实力强、效益好、管理先进，具有较大的市场竞争优势，抗风险能力强，基金投资后能够稳定健康发展，扶贫效果有保障；企业在基金投资后，财务管理进一步规范，合规经营意识进一步强化，实现了依法纳税、透明纳税，在作为地方支柱性税源的基础上进一步增加了地方财政收入，为区域经济发展和脱贫攻坚提供了坚强的资金保障，让贫困户分享到农业全产业链和价值链增值收益，实现了社会效益和经济效益的统一，做到了以产业基金实现"扶真贫、真扶贫"。

二、扶贫成效

按照中央部署，国投承担贵州省平塘县、罗甸县和甘肃省合水县、宁县等 4 个县的定点扶贫任务，通过援建基础设施、援建学校、带动就业等方式，切实造福当地。积极探索基金扶贫新模式，以市场化手段引导、推进产业扶贫，助力贫困地区精准扶贫、精准脱贫。持续派驻挂职干部，深入贫困地区，携手当地干部、群众，共同推进小康社会建设。

表 8-1 数说扶贫 2018

指 标	2018 年	指 标	2018 年
无偿捐赠资金（万元）	4427.13	两只扶贫基金完成投资项目数（个）	101
定点扶贫投入资金总额（万元）	3608.7	两只扶贫基金带动贫困人口人数（万人）	48
惠及建档立卡贫困户（户）	5689	两只扶贫基金带动扶贫人口收入（亿元）	32
惠及建档立卡贫困群众人数（人）	20202	派出扶贫挂职干部人数（人）	9
捐赠教育资金总额（万元）	363.2	培训创业致富带头人（人）	238
发放慰问金总额（万元）	52	购买贫困地区农产品（万元）	83.5
两只扶贫基金完成项目投资金额（亿元）	150.97	帮助销售贫困地区农产品（万元）	109

三、扶贫经验

国投以习近平新时代中国特色社会主义思想为指引，坚决贯彻中央打赢脱贫攻坚战决策部

署，秉承"扶志、扶智、扶弱"理念，持之以恒做好扶贫工作，不仅致力于"输血"更加精准、更加有效，还着力增强贫困地区"造血"功能，让脱贫成效更加显著、稳固，防止返贫发生，为打赢脱贫攻坚战、全面建成小康社会做出积极贡献。

（一）规划先行，制度护航，实现顶层设计与基层实践良性结合

国投坚决贯彻习近平新时代中国特色社会主义思想和党的十九大精神，把精准扶贫工作作为公司重大政治任务来抓。成立了由党组书记、董事长担任组长的扶贫开发工作领导小组，设立了专职扶贫办，先后印发了《国家开发投资公司扶贫工作规划（2016—2020年）》《国家开发投资集团有限公司关于打赢脱贫攻坚战三年行动计划（2018—2020年）》《国家开发投资集团有限公司定点扶贫挂职干部工作联系制度》《国家开发投资集团有限公司扶贫领域廉洁从业若干规定》等扶贫专项制度，构建了系统完善的扶贫制度体系。同时，通过选派优秀干部到扶贫县挂职，督促指导定点扶贫县开展扶贫工作，主动与贫困市县对接研究，共同制订三年帮扶计划，落实具体帮扶的责任，切实做到底数清楚、任务清楚、目标清楚、责任清楚，与扶贫挂职干部签订了党风廉政建设责任书，实现了党建责任全覆盖。

（二）精准施策，补短民生，确保脱贫不返贫

国投围绕贫困地区"两不愁、三保障"突出问题，实施教育资助、基础设施、危旧房改造、饮水工程等帮扶项目，为贫困县补齐民生短板，助力打赢脱贫攻坚战。开展教育扶贫，在定点扶贫县及其他贫困地区积极援建希望小学、青少年活动中心及梦想中心等，不断改善教育基础设施，努力提高当地办学条件，为当地教育事业的发展贡献力量。国投发起"扶起新梦想"爱心筑梦结对帮扶活动，并在公司公众号设立"公益捐赠"网络捐赠入口，号召员工自发为贫困学生捐赠，进一步增强广大员工的社会责任感。补齐民生短板，通过开展慰问救济、参与资助建设"母亲水窖"、支持"集善工程·启明行动"项目等方式帮扶特殊人群，真心解决遭受自然灾害生存难、过年生活难、遇到疾病救治难问题。工程扶贫，国投75%的项目投资在西部，结合当地扶贫规划，做到工程建设与扶贫工作同步推进，累计投入工程扶贫资金120亿元，以改善生态条件为基础，以改善路、水、电等基础设施为重点，从依法缴纳税费、帮助贫困家庭改善生产生活条件、提高就业途径、增强致富能力、建设希望小学等方面促进当地经济社会发展，造福当地百姓。

（三）基金牵头，产业驱动，助力实现可持续脱贫

通过产业扶贫基金扶持地方龙头企业扩大再生产，引导产业资本到贫困地区投资，帮助贫困县培育优势产业，形成了国投提升贫困地区"自主造血"能力的特色扶贫工作模式。围绕贫困地区产业发展实际需要，国投不断创新帮扶方式，整合集团资源开展了劳务输出、保险＋期货、消费扶贫、远程医疗、技能培训等精准扶贫项目，带动更多贫困群众稳定脱贫，助力提升当地经济社会发展水平。开展劳务输出，通过旗下国投人力公司发挥首批"对外劳务扶贫"试点优势，出资400万元设立"扶智就业慈善基金"，在贵州和甘肃举办境外劳务输出和招聘会，组织当地农民去国外就业，学习先进技术，提高贫困群众收入；开展技能培训，结合贫困县产业发展需要，在合水县组织湖羊养殖培训班、在宁县举办"理性投资苹果期货知识巡讲"、在罗甸县举办电商创业致富带头人培训班，帮助贫困群众掌握职业技能、让致富带头人掌握互联网时代创业创富新趋势；开展"消费扶贫"，积极发挥"互联网＋"优势，搭建"公益国投"电商销售平台，将扶贫县农特产品与员工消费需求相对接，鼓励集团各级工会和员工积极参与消费扶贫，打通消费扶贫"最后一公里"，助力贫困群众增收；开展"保险＋期货"扶贫，积极践行党中央国务院对于金融服务实体经济、服务"三农"事业的定位，实施"保险＋期货"金融精准扶贫项目，贫困户"零成本"获得苹果价格保障，在"订单保障＋场外期权"模式构建下，合理转移了农户农产品价格风险，参保贫困户户均获赔 4500 元；开展信托扶贫，出资设立国内首单慈善信托，引导社会资金投向贫困地区慈善事业，完成资金募集 3000 万元，并全部投向贫困地区精准扶贫项目。2018 年 3 月，"国投泰康信托·2018 甘肃临洮产业扶贫慈善信托"成立，支持当地百合产业扩大百合收购及加工，每年帮扶 130 余家建档立卡贫困户脱贫致富，并带动 2600 户农户种植百合。

🔔 **典型案例 2**

华润集团——履行社会责任，创建希望小镇，助力乡村振兴

党的十八大以来，华润集团按照中央关于打赢脱贫攻坚战的决策部署，不断加大扶贫力度，进行扶贫工作模式创新，打出了一套扶贫领域的"组合拳"。华润扶贫的"组合拳"包括了"规定动作"和"自选动作"，"规定动作"是指华润积极承担国家下达的定点扶贫任务，在集团定点扶贫的海原县，创新了一种"基础母牛银行"模式，为助力海原打赢脱贫攻坚战贡献了华润智慧；"自选动作"是指华润主动履行社会责任，在全国的革命老区，创建了 12 个"华润希望小镇"，为央企参与乡村振兴贡献了华润经验。本文重点就华润在扶贫工作中的"自选动作"——华润希望小镇建设进行分享。

2008 年，华润提出利用华润企业和员工捐款，到贫困地区和革命老区的乡村，建设华润希望小镇的创想。十年来，华润共捐资 6.4 亿元，精准对接革命老区、贫困地区，以"环境改造、产业帮扶、组织重构、精神重塑"为四大愿景，在全国建成了广西百色、河北西柏坡、湖南韶山、福建古田、贵州遵义、安徽金寨、江西井冈山、宁夏海原 8 座华润希望小镇，贵州剑河、湖北红安、陕西延安、四川南江 4 座华润希望小镇也正在规划建设中。希望小镇直接受益农民总计 3000 余户，1 万余人。华润的扶贫工作，加上广昌、海原两县的定点扶贫项目，辐射带动贫困人口超过 30 万人。

2017 年，党的十九大报告明确提出了乡村振兴的国家战略，号召我们要按照产业兴旺、生态宜居、乡风文明、治理有效、生活富裕的五大总要求，加快推进农业农村现代化。从2017 年年底开始，我们联合中国社科院社会责任研究中心，结合希望小镇建设经验，用 8 个月时间，对"乡村振兴"进行了政策研究，发现华润希望小镇的四大愿景恰好全面响应了"乡村振兴"的五大总要求：

一、以环境改造为基础，实现希望小镇生态宜居

环境改造，是华润希望小镇建设的基础。华润对希望小镇统一开展的环境改造主要聚焦在

"和谐的民居改造""生态环保的市政基础建设"和"功能齐备的公共配套设施"三大方面。在民居建设过程中华润主要实施了"改厨、改水、改房、改厕、改圈、改院"六大工程；在改造市政基础设施时，华润本着生态环保的理念，对乡村水、电、路、气进行彻底改造，并通过三格化粪池、生态湿地等设施低成本、高效益地解决了农村排水难的问题；在公共配套设施方面，华润除了捐建希望小学、幼儿园、卫生院、综合服务中心、村民文化站、健身广场以外，还在每个希望小镇为村民改建新建了祠堂、公屋等专门的公共活动场所，方便村民集会和婚丧嫁娶使用。完善的教育、卫生、养老等市政及公共配套弥补了乡村基础设施严重匮乏的短板。

在全为旱厕的海原和延安希望小镇，华润发起了一场"厕所革命"，通过为一家一户引入一体化污水处理设备，彻底解决了当地原有旱厕排污难的问题，处理后的水质可达到一级B标准，可直接用于农户家庭的蔬菜灌溉和牲畜喂养。我们通过环境改造，彻底改变了乡村的人居环境，使希望小镇村民享受到了城市文明所带来的舒适、卫生与便利，在希望小镇基本实现了生态宜居，受到了村民和当地政府的普遍好评。

二、以产业帮扶为抓手，实现希望小镇产业兴旺、生活富裕

在乡村产业振兴方面，华润主要通过建立"企业＋合作社＋农户"的基本模式，利用华润企业自身优势，帮助希望小镇农民成立润农农民专业合作社，并以合作社为平台开展土地流转，充分发掘每个小镇的资源禀赋，因地制宜地发展现代特色农业和特色乡村旅游业。目前，华润在已建成的8个希望小镇全部成立了"润农农民专业合作社"，形成了能够发挥自身特点的特色种植业、养殖业和乡村旅游产业。

在2017年竣工的井冈山希望小镇，华润建设了米兰花乡村民宿示范酒店，并以此为龙头，引导村民将闲置房屋改造成为乡村民宿，大力发展红色旅游，推动小镇一二三产业融合发展。从2017年6月井冈山米兰花乡村民宿示范酒店开业至2018年11月，营业额已突破315万元，解决了20多名当地村民的就业问题，带动村民发展了20多间民宿客房，接待游客近2万人次，酒店盈利全部用于井冈山希望小镇的可持续发展，通过"酒店＋民宿＋小镇物业管理"的创新性现代新农村经营管理模式，开创了希望小镇产业扶贫的新模式，带动了革命老区旅游服务业的转型升级，推动了井冈山希望小镇乡村旅游的可持续发展。

图 8-3　井冈山华润希望小镇米兰花酒店

在希望小镇，90% 以上的村民都加入合作社，农民入股成为合作社的股东每年能领取分红，到合作社务工可以领取工资，土地流转到合作社还能领取土地租金，再加上一些边坡自留地的耕种、庭院经济，农民一年的收入，就由原来的一份变成了四份，村民收入普遍至少翻了两番。经过十年持续的产业帮扶，希望小镇"一镇一品"的产业格局已基本形成，产业兴旺、生活富裕的目标已基本实现。

三、以组织重构为依托，实现希望小镇有效治理

华润每建设一个希望小镇，都会将希望小镇原来的村委会升级为新型的农村社区居委会；在润农农民专业合作社的章程中，明确规定合作社的一部分利润将用于希望小镇集体开支，为希望小镇社区居委会开展公共服务、行使管理职能提供了稳定的经费来源。每个希望小镇建设伊始，华润都会从各个利润中心抽调 7—8 名优秀青年员工组成项目组，全面参与小镇建设。环境改造建设任务完成以后，华润还会继续派出产业帮扶小组，继续帮助村民发展特色产业。10 年来，华润累计派出 400 余名建设项目组和产业帮扶小组成员，我们把这种常驻扶贫一线的模式叫作华润青年员工的"新时代上山下乡"。

与此同时，华润还以润农农民专业合作社为突破口，帮助希望小镇加强基层党组织建设。每成立一个润农合作社，华润都要在具备条件的合作社内部成立党支部，并将合作社中条件成熟的党员吸纳为合作社理事，支持他们在产业帮扶过程中发挥党员的先锋模范作用，成为乡村经济发展的带头人。最终华润还将支持这些"经济带头人"参选小镇社区居委会党支部，从而实现小镇党、政、企三位一体交叉任职。通过华润的帮扶，把真正政治意识强、综合素质高的"乡村经济带头人"扶持成为村"两委"的领导人，真正实现村民"自治"。在当地政府的支持下，华润项目组和希望小镇的村"两委"紧密配合，民主自治的乡村治理结构日益稳固，基本实现了对小镇各项事务的有效治理。

四、以精神重塑为目标，实现希望小镇乡风文明

在扎实推进产业帮扶工作的过程中，华润十分注重物质文明和精神文明一起抓。在广西百色希望小镇，华润支持村民制定了《居民社区公约三字经》，用村民喜闻乐见的方式宣传社会主义核心价值观。华润非常注重保护发展农村优秀传统文化，高度重视对公屋、祠堂的保护性修缮，在有条件的希望小镇专门建设了文化站，并以公屋、祠堂、文化站为基地，通过树乡贤、立乡约、整乡风、塑乡情，大力倡导以乡贤文化为核心的优秀农耕文化，充分发挥乡约、家训等凝聚人心、教化群众的重要作用。在金寨希望小镇，华润对已荒废多年的徐家大院进行了保护性修缮，对徐氏家训进行了发掘整理并张贴在徐家大院最显著的位置。修葺一新的徐家大院不仅将整个徐氏家族的 46 户宗亲凝聚到了一起，也成为小镇开展公共事务、村民活动的场所。华润还按照"乡村＋互联网"的思路，将腾讯"为村"项目引入金寨、井冈山华润希望小镇，为小镇建立了自己的微信公众号和微信群，利用互联网思维为希望小镇村民搭建了一个虚拟的活动空间，弥合了城乡数字鸿沟。在华润和当地政府的积极引导下，希望小镇村民已经开始自觉摒弃赌博、迷信活动等不良生活习惯，乡风文明、积极健康的生活方式逐渐成为小镇村民精神生活的主流。

图 8-4　金寨华润希望小镇民居

华润希望小镇 10 年建设历程，是华润集团在履行社会责任、参与乡村振兴、推进脱贫攻坚方面做的一些初步探索。未来，华润集团以习近平新时代中国特色社会主义思想为指导，认真落实党中央、国务院决策部署，按照国资委工作要求，立足国情、农情、司情，切实增强责任感、使命感、紧迫感，继续履行好央企的社会责任，不断探索可持续发展的扶贫开发新模式，为新时代乡村振兴贡献华润的智慧和力量。

思考题

（1）企业为什么需要履行社区责任？社区责任包括哪些主要内容？

（2）什么是公益慈善？企业为什么需要开展公益慈善活动？

（3）《慈善法》对企业开展公益慈善有何影响？

（4）您所在的企业主要的扶贫领域是什么？请总结您所在企业扶贫工作的经验与教训。

参考文献

[1] 陈英 . 企业社会责任理论与实践 . 北京：经济管理出版社，2009.

[2] 程冠军 . 精准脱贫中国方案 . 北京：中央编译出版社，2017.

[3] 邓国胜 . 公益慈善概论 . 济南：山东人民出版社，2015.

[4] 国际标准化组织 . 社会责任 ISO 26000 国际标准 .2010.

[5] 胡富国 . 读懂中国脱贫攻坚 . 北京：外文出版社，2018.

[6] 卡罗尔，巴克霍尔茨 . 企业与社会——伦理与利益相关者管理 . 北京：机械工业出版社，2004.

[7] 李伟阳，肖红军 . ISO 26000 的逻辑：社会责任国际标准深层解读 . 北京：经济管理出版社，2011 年 .

[8] 孟令君 . 中国慈善工作概论 . 北京：北京大学出版社，2008.

[9] 莫文秀，邹平，宋立英 . 中华慈善事业 . 北京：人民出版社，2010.

[10] 曲天军，钟宏武，王大洋，汪杰 . 中国企业精准扶贫 50 佳案例（2018）. 北京：经济管理出版社，2019.

[11] 全球报告倡议组织 . GRI 可持续发展报告指南（G3 版）.2006.

[12] 孙笑侠 . 法的现象与观念 . 济南：山东人民出版社，2001.

[13] 佟丽华，白羽 . 和谐社会与公益法 . 北京：法律出版社，2005.

［14］王家华. 决战 2020：拒绝贫困. 北京：中国民主法治出版社，2016.

［15］王灵桂，侯波. 精准扶贫：理论、路径与和田思考. 北京：中国社会科学出版社，2018.

［16］习近平. 摆脱贫困. 福州：福建人民出版社，2014.

［17］杨团，葛道顺. 中国慈善发展报告（2009）. 北京：社会科学文献出版社，2009.

［18］叶丽清. 外企与公益组织形成合作的影响因素：基于企业志愿活动的多案例研究. 清华大学公共管理学院硕士学位论文，2015.

［19］詹姆斯·E. 波斯特，安妮·T. 劳伦斯，詹姆斯·韦伯. 企业与社会：公司战略、公共政策与伦理. 北京：中国人民大学出版社，2005.

［20］中国国际标准化管理委员会. ISO 26000 社会责任指南（中文版）.https：//bbs.pinggu.org/a-1060087.html。

［21］周秋光，曾桂林. 中国慈善简史. 北京：人民出版社，2006.

［22］朱信凯，彭超. 中国反贫困，人类历史的伟大壮举. 北京：中国人民大学出版社，2018.

第 9 章
企业社会责任管理

　　教材的第 4 章到第 8 章，分别讲述了企业履行消费者责任、员工责任、环境责任、公平运营以及社区责任与公益慈善的具体要求和方法。可以看到，社会责任议题非常多元，需要回应的利益相关方错综复杂，企业的资源和能力总是有限的，不能缺乏章法地随机开展相关工作，而必须通过建立一套管理体系，有目标、有重点、有计划地系统推进，切实提升履行社会责任的绩效，实现企业与社会的双赢。

　　企业社会责任管理的本质是管理企业与社会的关系，是企业根据其内外环境特征及要求，整合企业内部资源，制定社会责任目标和规划，将企业社会责任议题与企业经营管理有机融合，并对实施过程和实施结果开展评价与利益相关方沟通，最终达到企业与社会、环境共赢的动态管理过程。企业社会责任管理的目标可以分为三个层次：防范社会、环境风险，提升企业的竞争能力，实现企业基业长青。企业开展社会责任管理应当把握五项基本原则：一是着眼长期收益，二是坚持高层挂帅，三是遵循动态调整，四是纳入利益相关方参与，五是契合现有管理体系。

　　企业社会责任管理体系的"三步十法"由三个主要步骤十项关键工作构成。第一步是责任组织，是指构建社会责任工作的组织体系，明确社会责任工作的方向，建设工作推进的制度保障，以为统筹推进全公司社会责任工作打下坚实的基础。其下包含责任治理、责任理念、责任规划、责任制度四项社会责任管理工作。第二步是责任融合，指企业将社会责任理念、战略具体到社会责任议题，融入企业日常经营管理，推动各职能部门、各下属企业、各生产环节以更加负责任的方式运营，具体涵盖责任议题、责任流程、责任绩效以及责任能力四项工作。第三步是责任沟通，是指企业就自身社会责任工作与利益相关方开展交流，进行信息传递、接收、分析和反馈，包括责任报告、利益相关方参与两项关键工作。

　　检验企业的社会责任管理体系是否健全，可以从四个要点把握：第一，企业是否有涵义明确、高层一致认可并持续宣贯的社会责任理念。第二，企业社会责任理念是否通过制度设计融入了公司发展战略和运营之中，是否推动了日常工作的改进。第三，是否形成了 PDCA 的循环，让社会责任管理体系有持续的生命力。第四，是否与利益相关方保持了及时有效的沟通，是否在推进工作中吸纳了利益相关方的意见和建议。

学习目标

（1）掌握企业社会责任管理的基本框架。
（2）掌握企业社会责任管理各项工作的内容与要求。
（3）了解社会责任管理各项工作的领先实践。

导入案例

2016年7月，国务院国资委印发《关于国有企业更好履行社会责任的指导意见》，从多个方面对国有企业社会责任工作提出了明确的要求：

深化社会责任理念。要求国有企业增强社会责任意识，使履行社会责任成为企业的思想自觉和行动自觉。塑造社会责任理念，梳理形成富有特色的责任理念和经营哲学。

明确社会责任议题。要求国有企业把握社会责任重要内容，在守法合规、消费者权益维护、绿色发展、员工权益保护等方面积极作为。明确社会责任核心议题，作为履行社会责任的重点。

将社会责任融入企业运营。要求国有企业将社会责任融入企业战略和重大决策，融入日常经营管理，融入供应链管理，融入国际化经营，探索建立社会责任指标体系。

加强社会责任沟通。要求国有企业建立健全社会责任报告制度，加强社会责任日常信息披露，推动利益相关方参与。

加强社会责任保障工作。要求国有企业加强社会责任工作领导，完善社会责任工作制度，提高社会责任工作能力。

2008年国务院国资委"1号文"《关于中央企业履行社会责任的指导意见》更多是从企业社会责任内容的角度明确了中央企业要履行哪些方面的责任，而2016年的《关于国有企业更好履行社会责任的指导意见》则是从企业社会责任管理的视角，推动企业社会责任工作向系统化、制度化、常态化迈进。

9.1   企业社会责任管理概述

9.1.1   企业社会责任管理的概念、目标与原则

9.1.1.1   企业社会责任管理的概念

企业社会责任管理的本质是管理企业与社会的关系，是企业根据其内外环境特征及要求，整合企业内部资源，制定社会责任目标和规划，将企业社会责任议题与企业经营管理有机融合，并对实施过程和实施结果开展评价与利益相关方沟通，最终达到企业与社会、环境共赢的动态管理过程。

企业社会责任管理符合一般管理的属性，它是一种有目标、有计划、有执行、有评估、有改进的系统性过程。同时，企业社会责任管理也有特殊的属性，国内外关于企业社会责任管理的研究中，基本形成了一些共识，包括有：企业履行社会责任不应仅仅是企业对社会的被动适应，而应当是企业发展的战略安排和主动作为；企业社会责任管理突破了传统企业管理的内涵，是企业与社会关系管理，其本质仍然是"管理企业"而不是"管理社会"；企业社会责任管理应着眼于企业资源和能力、社会期望以及利益相关者利益的平衡与协调。

更进一步看，首先，企业社会责任管理是一种对企业决策和活动所带来的影响的管理，比如企业传统的产品管理，关注产品的质量、成本、交货期以及客户满意度等，但社会责任管理更关注产品从开发到消费的全过程对客户的影响以及对其他利益相关方的影响。其次，企业社会责任管理是创造综合价值的管理，要创造经济、社会和环境综合价值，而不仅是为股东创造利润和为社会创造经济价值。此外，企业社会责任管理还是适应和引领以共享经济为特征的可持续发展经济时代方向的管理，通过新的管理方式创造一种可持续的商业，最大程度地促进并贡献于全社会的可持续发展。

9.1.1.2   企业社会责任管理的目标

企业社会责任管理的目标可以分为三个层次。第一层次是防范社会、环境风险，这是开展企业社会责任管理的基本目标。通过企业社会责任管理有效识别经济、社会、环境风险点，并通过完善制度、改进实践，防范风险的发生，避免经营危机的产生。第二层次是提升企业的竞争能力，这是企业社会责任管理的高级目标。在防范社会、环境风险之外，获得利益相关方的支持、赢得优势资源，改善企业的经营环境，进而提升企业竞争能力。第三层次是实现企业基业长青，这是建立健全社会责任管理体系的终极目标。企业通过社会责任管理，紧跟甚至引领社会、环境的变迁，有效回应利益相关方的期望，始终能够做对社会发展有价值的企业，在不断解决社会问题、满足人类需求的过程中实现永续发展。

9.1.1.3   企业社会责任管理的原则

企业开展社会责任管理应当把握五项基本原则：

一是着眼长期收益。在传统管理模式当中，企业管理人员经常侧重于表面、短期的利益，而社会责任管理更强调在责任与期望的约束下，多考虑长期收益，通过有效回应和合作得到利

益相关方的青睐，使企业的收益始终可以得到保障。

二是坚持高层挂帅。企业履行社会责任涉及企业的各个部门、环节、岗位，企业社会责任绩效的改善必须要配套资源、投入成本，没有高层领导的支持和推动，企业社会责任管理的落地只能是纸上谈兵。

三是遵循动态调整。企业与社会的关系，利益相关方的诉求都在不断变化，企业开展社会责任管理必须持续评估企业运营对社会、环境的影响，不断审视企业外部环境和内部经营状况，进而对社会责任管理体系进行动态调整，符合企业和社会可持续发展的需要。

四是纳入利益相关方参与。企业社会责任管理的本质是管理企业与社会的关系，而社会是各个利益相关方的集合，管理成功的关键是深刻把握关键利益相关方的真实诉求并进行有效回应，形成互相支持的共赢局面，因此社会责任管理的每一个方面都必须纳入利益相关方参与。

五是契合现有管理体系。正如企业履行社会责任不是要做新的事而是以新的方式做事，企业开展社会责任管理也不是要脱离现有管理体系另做一套，而是在现有管理体系的基础上优化提升，因此社会责任管理体系要符合企业管理的一般逻辑关系，并与现有管理体系契合，用社会责任的现金理念推动传统管理手段、措施和方法的完善，抛开现有的管理体系另起炉灶，很难获得公司领导和各部门的支持。

9.1.2 企业社会责任管理"三步十法"

在全球比较有代表性的企业社会责任管理框架包括有 ISO 26000 的责任推进框架、美国学者沃多克提出的全面社会责任管理"4I"体系、日本研究所提出的社会责任管理架构（详见本节的延伸阅读）。上述几种框架对中国企业社会责任管理工作产生的实际指导作用有限，主要原因有：（1）假设过于理想，隐含假设企业对社会责任工作高度重视，愿意投入大量资源，不怕伤筋动骨。但现实中，多数企业是在没有充足资源的情况下开展社会责任管理工作；（2）目标过高，难以实现，中国企业负责社会责任的具体部门和具体人员很少有能力和资源去完成这些变革工作。中国多数企业社会责任管理工作刚刚起步，企业大多会利用现有资源、在有限条件下循序渐进地推进社会责任工作。

在《企业社会责任基础教材（第一版）》中，根据已有企业的群体行为逻辑梳理出了中国企业推进社会责任管理体系的现实路径，调整优化后提出中国企业推进社会责任管理体系的路线图，最终形成企业社会责任管理体系的"六维"框架，具体包含责任战略、责任治理、责任融合、责任绩效、责任沟通和责任能力等六个方面的推进工作，这六项推进工作中，责任战略的制定过程实际上是企业社会责任的计划（P）；责任治理、责任融合的过程实际上是企业社会责任的执行（D）；责任绩效和沟通是对企业社会责任的评价（C）；研究自身社会责任工作的开展情况、利益相关方意见的反馈以及将责任绩效反馈到战略的过程就是企业社会责任的改善（A）。这六项工作整合在一起就构成了一个周而复始、闭环改进的 PDCA 过程，推动企业社会责任管理持续发展。

随着中国企业社会责任管理研究与实践的发展，我们日益认为责任组织对社会责任工作全面推进的重要性，发现责任融入的关键在于工作流程的优化，也发现了原责任管理体系中列举的个别工作企业较难落地。因此在继承原模型的基础上，从实用、简明、重点突出出发，对模型进行了修正，从"六维"走向"三步十法"（如图 9-1 所示）。

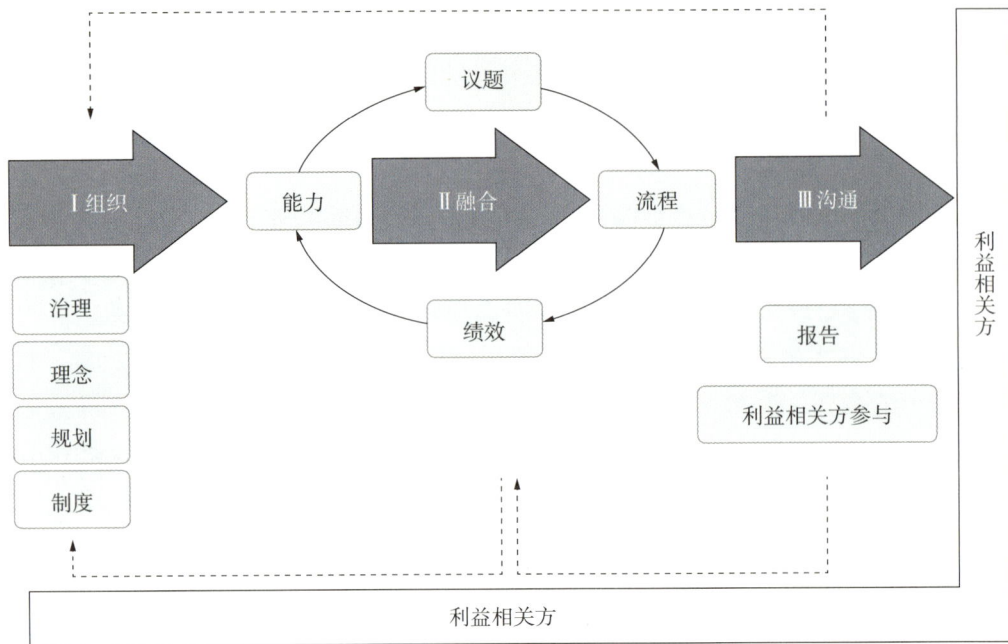

图 9-1　企业社会责任管理"三步十法"

　　企业社会责任管理由三个步骤十项工作构成，称为"三步十法"。三个步骤中，组织是社会责任管理体系建立的基础和保障，融合是履行社会责任的关键与具体落地，沟通是面向利益相关方的系统披露及参与机制。每一个步骤的工作都离不开利益相关方的参与，利益相关方诉求和期望，将反馈给责任组织和责任融合，推动社会责任管理的持续完善。

　　第一步组织，即责任组织，是指构建社会责任工作的组织体系，明确社会责任工作的方向，建设工作推进的制度保障，以为统筹推进全公司社会责任工作打下坚实的基础。其下包含四项社会责任管理工作：责任治理、责任理念、责任规划、责任制度。

　　（1）责任治理是公司推进社会责任工作建立的组织体系，通常由领导机构和协调部门构成，负责牵头、统筹社会责任工作在全公司的推进。

　　（2）责任理念是在企业社会责任思想的指导下对企业使命和价值观的再造，是对公司与社会关系的重新定位。比如中国建筑以"拓展幸福空间"为理念，坚持"传承红色基因、凝聚蓝色力量、推动绿色发展"；松下电器始终坚持创始人松下幸之助提出的"企业是社会的公器"理念，该理念成为松下电器经营百年的立身之本。

　　（3）责任规划是对企业履行社会责任的总体方向、重点领域以及行动路线的长远计划，指明了社会责任工作的着力之处和阶段目标。中国移动、南方电网、东风汽车等企业都坚持滚动制定社会责任规划，统筹推进公司不同发展阶段的社会责任工作。

　　（4）责任制度是确保社会责任理念得以贯彻、社会责任规划得以实施的制度保障，是协调推动全企业开展社会责任工作的重要支撑。

　　第二步融合，即责任融合，指企业将责任理念、责任规划融入企业日常运营，推动各职能部门、各下属企业、各生产环节以更加负责任的方式运营，具体涵盖责任议题、责任流程、责任绩效以及责任能力四项工作，它们构成 PDCA（计划 Plan，执行 Do，检查 Check，处理 Act）循环。

　　（5）责任议题是通过外部环境扫描和内部经营状况分析，找出企业最需要关注和解决的

CSR 问题，使得企业有限的资源用到最能够为社会创造价值，也最有益于企业长期发展的领域。

（6）责任流程是确保责任议题在日常工作中得以落地的制度设计，通过将责任议题的具体要求嵌入工作流程中，优化关键岗位的工作方式，切实提升履行社会责任的绩效。华为通过"流程打点"的方式，将社会责任要求融入供应商筛选、考评流程，推动供应链社会责任。

（7）责任绩效是指企业建立社会责任评价体系，对履行社会责任的绩效进行考核评价，确保社会责任目标的实现。比如，南方电网、中国建筑建立了较为完善的社会责任指标体系，对社会责任表现进行系统评价；而中国电建、中国华电等企业通过开展社会责任优秀案例评选，激励下属企业在履行社会责任的重要议题方面做出亮点。

（8）责任能力是指企业通过组织或参与社会责任培训、开展社会责任调查研究工作，提高企业社会责任工作水平、提升社会责任工作团队能力。比如，现代汽车（中国）2018 年在六个地区开展了覆盖所有在华法人的企业社会责任培训，提升全员社会责任意识。

第三步沟通，即责任沟通，指企业就自身社会责任工作与利益相关方开展交流，进行信息双向传递、接收、分析和反馈，包括报告、利益相关方参与两项关键工作。

（9）责任报告。"报告"在这里是一个动词，不仅指编制发布社会责任报告，也包括通过企业官网、官微、新闻媒体等媒介将企业履行社会责任的信息告知利益相关方。责任报告重在信息传递。

（10）利益相关方参与。参与重在双向沟通，核心是倾听相关方的真实诉求，给予反馈和回应，用于指导责任组织、责任融合中各项工作改进。

图 9-1 中的虚线表示第三步沟通中获取的关键信息要反馈到第一步组织和第二步融合阶段，通过相关工作的优化，以给予利益相关方有效的回应。同时，第二步融合中的议题分析结果、流程改进成效、绩效考核结果以及组织能力提升也需要反馈到第一步组织，以推动责任规划、责任制度的调整完善。从而，整个企业社会责任管理也形成了 PDCA 的循环改进。

检验企业的社会责任管理体系是否健全，可以从四个要点把握：第一，企业是否有含义明确、高层一致认可并持续宣贯的社会责任理念。第二，企业社会责任理念是否通过制度设计融入了公司发展战略和运营之中，是否推动了日常工作的改进。第三，是否形成了 PDCA 的循环，让社会责任管理体系有持续的生命力。第四，是否与利益相关方保持了及时有效的沟通，是否在推进工作中吸纳了利益相关方的意见和建议。

延伸阅读

ISO 26000 的社会责任融入步骤

ISO 26000 提出将社会责任融入组织的经营过程需要经过以下几个步骤：

（1）从社会责任角度理解组织的性质和特征。诸如组织经营所在地区的法律、社会、环境和经济特征；组织的类型、目的、经营性质和规模；组织的职工或雇员的特点；组织参与的社会机构；内外利益相关方的期望和要求。

（2）理解组织的社会责任内涵。知晓组织的社会责任核心议题；明确组织的影响范围；确定优先项目。

（3）将社会责任融入组织。将社会责任纳入组织的管理体系和管理程序；确定组织的社会责任工作方向；提高社会责任意识和构建社会责任能力。

（4）社会责任的沟通。制订沟通计划；根据沟通对象的类型选择相应的沟通手段；利益相关方参与。

（5）提升社会责任绩效的可信度。组织可以通过利益相关方的参与、参加专门的认证、加入某些协会等方式来提升组织社会责任绩效的可信度。

（6）审查改进组织的社会责任相关行动与实践。组织可用监督、审查、提高数据信息可靠性等技术手段来改进组织社会责任绩效。

延伸阅读

全面社会责任管理"4I"体系

美国学者沃多克等通过对跨国公司社会责任工作的考察发现，在一些跨国公司中已初步形成一套完善的管理社会责任的方法系统，而企业社会责任的管理从内容、性质等很多方面类似于全面质量管理，因此，他们提出全面社会责任管理的概念。所谓全面社会责任管理就是用系统的流程管理企业对利益相关方和自然环境的责任，包括管理企业与利益相关方之间的关系以及管理企业运营对利益相关方和自然环境所造成的影响。接着，他们提出全面社会责任管理的"4I"体系，即内在动力（Inspiration）、融合（Integration）、创新和持续改进（Innovation and improvement）以及绩效指标体系（Indicators）。

另外，他们还认为全面社会责任管理的实施程序需经历三个主要环节（如表9-1），即制定企业社会责任活动的愿景；将社会责任与公司战略、人力资源和管理系统相整合，形成行动；建立评价系统进一步改善和提高社会责任管理的水平。

表9-1　全面社会责任管理的三个步骤一览表

步骤	实践	要点
步骤1	制定企业社会责任活动的愿景	企业愿景和价值观体现出对各利益相关方要求的满足，其中最低程度，是要符合最基础的价值要求，只有这样，企业才能避免社会的各种批评和指责
步骤2	将社会责任与公司战略、人力资源和管理系统相整合，形成行动	将战略、愿景转化为行动。企业应组建专门的社会责任管理部门/团队来负责实施社会责任管理，企业社会责任主管部门的职责包括协调责任政策和执行社会责任行为准则，与利益相关方就社会责任政策和实践沟通，保持并修正行为准则
步骤3	建立评价系统进一步改善和提高社会责任管理的水平	通过衡量社会责任的指标和从经验中的学习而改善和创新。全面社会责任管理只有循环往复地进行才会发挥作用，企业要不断地学习过去的经验，改善和提高企业社会责任管理水平

资料来源：［美］沃多克，［美］鲍德成（2009）。

企业推进社会责任五步法

日本野村综合研究所的伊吹英子提出企业推进社会责任五步法（如表 9-2），认为企业推进社会责任工作应依次进行 CSR 的现状分析和议题选择、CSR 愿景的选定、CSR 战略制定、PDCA 的结构和推进体制的整备、构筑交流的战略和结构五个方面的工作。

表 9-2　企业推进社会责任的五个步骤一览表

步骤	实践	要点
步骤 1	CSR 的现状分析和议题选择	将企业现状与适应的 CSR 指南进行对照，对企业进行 SWOT 分析（强项、弱项、机会、威胁），辨析企业 CSR 的优势/劣势，机遇/风险，提出企业应该关注的重点课题和行动次序
步骤 2	CSR 愿景的选定	确定本企业在 CSR 实践问题上的姿态、基本的思想和想法、基本方针等，形成企业社会责任的独特性
步骤 3	CSR 战略制定	确定社会责任重点课题、对象和战略的区分方式，让业务部门意识到"CSR 是竞争力的源泉"，进行自发地、主动地实践
步骤 4	PDCA 的结构和推进体制的整备	建立 CSR 推进体制，增强行政部门和业务部门的关联性，提升基层机构的重视程度
步骤 5	构筑交流的战略和结构	通过各种交流手段，向内外部展示自己的 CSR 实践活动，让政府、顾客、社区、股东、员工等认识到本企业的社会性，增加对企业的信赖

日本综合研究所认为，企业社会责任管理系统的构建需要三个要点：第一，把利益相关方参与纳入计划；第二，要兼顾网罗性和伸缩性；第三，将 CSR 管理体系建立在现有的管理体系之上，从而使得 CSR 融入组织日常活动中去。基于上述三大要点，日本综合研究所构建了一个企业社会责任管理的系统：首先是社会责任目标，明确目标方向为何；其次是企业社会责任战略，说明企业重视什么、要做什么；再次，形成把战略融入企业日常运营之中的 PDCA 循环；最后，把企业社会责任报告诉诸企业的利益相关方，开展利益相关方参与。

日本综合研究所还提出了检验企业社会责任管理体系的五大要点：（1）企业社会责任的意义、目的是否明确；（2）为实现预定目标，企业社会责任战略是否明确；（3）是否将履行社会责任纳入了公司的中期经营规划和年度计划；（4）是否建立了企业社会责任的监督、评价和改善机制；（5）是否确保利益相关方参与到企业社会责任活动中来。

9.2 责任组织

9.2.1 责任治理

责任治理是企业开展社会责任工作的组织基础，没有高层领导的支持，具体部门的协调推进，社会责任工作只能是纸上谈兵。责任治理由三个层级构成：

（1）集团或总部社会责任工作领导机构

企业社会责任工作涉及企业管理的各个方面和日常运营的各个环节，建立由企业高层任职的社会责任领导机构，是企业履行社会责任的组织保障和决策体系保障。企业一把手亲自挂帅的社会责任委员会是国内外企业社会责任工作领导机构的主要形式，这一委员会通常负责审定社会责任理念和口号，领导社会责任管理体系建设，审批社会责任工作规划，审批发布社会责任报告，组织开展重大社会责任活动等。若企业没有条件建立专门的社会责任委员会，也应当将推进公司履行企业社会责任作为董事会的一项重要职能。对于规模较小的企业，至少应当明确企业高管中有一人分管企业社会责任工作。

2012年5月，中国石化股份第五届董事会专门设立了董事会社会责任管理委员会，社会责任管理委员会成员全部由董事组成。社会责任管理委员会职责为：研究公司社会责任管理的政策、治理、战略、规划；审阅公司年度社会责任计划、对外捐赠计划、审阅公司年度社会责任的执行情况及可持续发展报告。同月，中国石化集团在第一届董事会第一次会议上审议通过董事会5个专门委员会设置方案，其中包括社会责任委员会，中国石化也成为首家设立董事会社会责任专门委员会的中央企业。该委员会的主要任务是从战略高度推进集团公司社会责任管理，从顶层进行设计，对集团公司社会责任管理工作进行总体规划，建立起公司全系统的社会责任体系，将社会责任理念渗透到公司战略、公司形象、公司品牌和公司日常经营等全方位管理之中，做到规划、计划、执行、检查的统一管理。

中铝公司在集团层面设立社会责任工作委员会，由党组书记、董事长担任委员会主任，党组副书记、副总经理担任委员会副主任。中国三星于2012年设立了社会责任委员会，由大中华区总裁全权指挥中国三星的社会责任实践。

（2）集团或总部社会责任工作执行机构

社会责任工作执行机构的确立有两种形式：一是新设社会责任工作专职部门；二是指定相关职能部门作为社会责任归口管理部门。执行机构的主要职能包括社会责任工作决策部署的落实，协调社会责任管理体系建设，编制社会责任工作规划，编制社会责任报告，组织社会责任培训等。比如，中国兵器工业集团的质量安全与社会责任部、中国五矿的新闻与社会责任部，是在原有部门中加入了社会责任工作职能并体现到部门名称上。国投集团的党群工作部、中国移动的发展战略部、中国黄金集团的企业管理部、伊利集团的公共事务部分别归口管理企业的社会责任工作。总的来说，规模大、社会影响力广泛、社会关注度高的企业，有必要设立专职部门统筹推进社会责任工作。

资料链接

中央企业社会责任工作执行机构

截至 2018 年年底，有 11 家中央企业建立了以"社会责任"命名的专职部门。其中，中国华能集团有限公司、国家电网有限公司、中国南方航空集团有限公司、国家能源投资集团有限责任公司的社会责任部门仅称为社会责任部门，其他企业的社会责任部门多是与其他职能混称，如中国五矿集团有限公司设立"新闻与社会责任处"，中国电子科技集团有限公司设立"质量安全与社会责任处"。

9 成以上中央企业确定了社会责任主管部门，其中由党群 / 党委 / 党建工作部主管社会责任工作的中央企业占比 15.58%；由董事长 / 总裁办公室主管的占比为 12.99%；由宣传部和办公厅主管的占比为 11.69%。

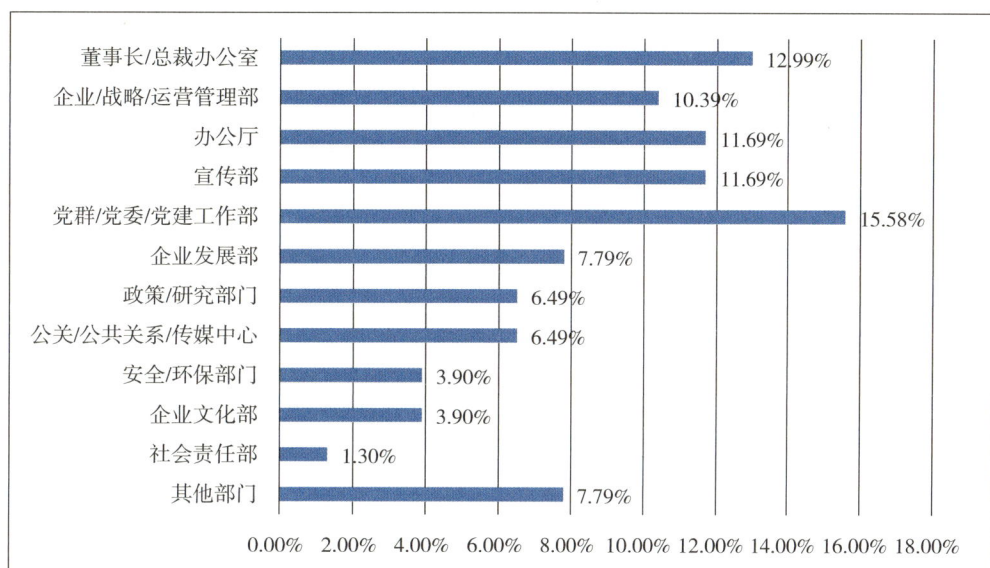

图 9-2　中央企业社会责任主管部门情况

（3）下属机构社会责任工作执行机构

在分子公司、下属机构确立社会责任工作执行机构是社会责任推进工作落地、社会责任理念切实融入企业经营的组织保障，企业需要通过在下属机构设立社会责任归口管理部门、明确社会责任工作负责人来推动社会责任工作的有效开展，保证总部社会责任工作部署的具体落地，有条件的下属机构还可结合自身经营特点开展社会责任专项工作。比如，中铝公司在集团社会责任工作委员会的领导下，下属各板块和试点企业也设立了社会责任领导小组，实施集团委员会的社会责任战略部署。

案例

中国移动企业社会责任管理组织架构及职责

中国移动建立了从集团社会责任领导小组到战略策划部，再到分子公司战略部门的三级企业社会责任管理体系，明确了各级部门的社会责任工作职能，确保企业社会责任在公司有高层支持、有部门牵头、有人员落地。

表9-3　中国移动社会责任工作职能设置一览表

部门	社会责任工作职责
1.社会责任领导小组	（一）负责集团公司整体企业社会责任管理的领导和决策工作； （二）审定、批准集团公司企业社会责任管理相关政策及制度； （三）审议、批准集团公司企业社会责任战略目标、规划、年度计划以及重大项目； （四）审议、批准集团公司年度企业社会责任的相关目标、计划和重大项目的调整方案； （五）审议、批准集团公司年度企业社会责任报告； （六）审议、决策集团公司企业社会责任管理中的其他重大事项
2.战略策划部	（一）负责集团公司社会责任管理体系建设及整体企业社会责任管理工作； （二）负责组织制定集团公司企业社会责任管理相关政策及制度； （三）负责组织制定集团公司企业社会责任战略目标、规划、年度计划及重大项目； （四）负责指导、推进、监督集团公司所属各公司的企业社会责任工作，对口指导各公司的战略管理责任部门履行企业社会责任管理职责； （五）负责及时跟踪监控总部各部门、集团公司所属各公司企业社会责任目标、计划和重大项目的完成情况，并根据需要提出调整建议； （六）负责组织编制集团公司年度企业社会责任报告； （七）负责对集团公司的企业社会责任推进工作进行统筹协调； （八）负责与企业社会责任相关协会、组织的日常沟通与联络
3.分子公司战略部	（一）负责根据集团整体框架建立并完善企业社会责任管理的规范制度和流程，并根据实际不断改进提升管理效能； （二）负责本单位企业社会责任年度实施计划编制、申报、落实及效果评估； （三）负责组织落实集团整体企业社会责任重大项目并组织开展具有当地特色的企业社会责任实践活动； （四）负责本单位企业社会责任相关信息、数据的收集、整理和报送工作； （五）负责强化企业社会责任内部宣贯培训及外部利益相关方沟通工作，有效树立和传播负责任的企业形象

资料来源：企业调研。

9.2.2　责任理念

社会责任理念包括使命、愿景和价值观三个方面，使命说明企业的社会功能定位，愿景描述企业的发展目标，价值观是说明企业的基本原则和行为规范。企业社会责任理念具有重要意义：第一，社会责任理念是企业行动和决策的积极指南，避免行动、决策的盲目性；第二，理念帮助企业确立哪些事情应该做，哪些事情不应该做；第三，理念赋予员工把社会责任履行好的内在动力；第四，理念为企业利益相关方提供了一个富有意义和价值的关系框架；第五，理念创造了一种新的意识，推动全员提出新的思想，做出新的贡献。树立企业社会责任理念是企业社会管理组织体系确立后，推进社会责任工作所必须解决的首要问题。

企业确定自身的社会责任理念需要注意五个方面：第一，社会责任理念要与企业发展战略相契合，是企业从上到下都真心想做的事；第二，社会责任理念要明确易懂且富有意义，企业内外部利益相关方容易理解，并与国际认可的基础价值观相符合；第三，企业领导人必须就企业社会责任理念做出公开承诺，在公开场合不断倡导；第四，要配合宣贯和培训，让社会责任理念成为全体员工的共识，成为员工的行动指南；第五，要推动利益相关方参与，企业在社会责任理念的提炼过程中应当与其利益相关方充分沟通，企业社会责任理念制定后要让重要利益相关方充分理解。

⭐ **案例**

中国华电的社会责任理念

2013年，中国华电首次创新性提出"中国华电 度度关爱"社会责任理念，表达公司承担社会责任的初衷、意愿和态度。"度"是电力热力的计量、时间空间的延转、合作共赢的共享，每一度电，都包含着一份关爱，每一度电，都担当着一种责任。

2016年，结合公司发展战略与核心议题，中国华电将社会责任理念与公司战略相融合，赋予完整的体系架构，形成更加具体的"中国华电 度度关爱"责任品牌实施战略和责任品牌"4C"计划：璀璨你我，持续创造价值，点亮美好生活；绿色家园，致力低碳环保，盎然碧水蓝天；携爱伙伴，搭建发展平台，实现互赢共享；聚善公益，感恩回报社会，唤起多彩希望。这也是央企第一次提出社会责任品牌实施战略和行动计划。

2019年6月，在中国华电发布的《华电文化纲要》中，提出了"奉献清洁能源，创造美好生活"的公司使命，并通过核心价值、安全环保观、员工守则等体现出中国华电将责任理念深植于心灵、融汇于战略、体现于制度、外化于行动的担当。

9.2.3 责任规划

企业社会责任涉及企业运营的方方面面，缺乏目标和规划，推进工作将会缺乏头绪。企业制定社会责任规划要明确社会责任工作目标、工作任务、基本思路、履责重点、保障措施以及资源投入等内容，此外，还要把握三个要点：第一，社会责任规划一定要根据企业的核心业务的发展来制定；第二，社会责任规划要体现关键利益相关方的核心诉求；第三，社会责任规划要与企业的战略规划同步，以便与企业业务发展协同推进。企业社会责任规划可帮助企业系统梳理社会责任工作面临的形势，树立社会责任工作的目标，明确社会责任工作的中长期发展路径。

⭐ **案例**

东风本田的社会责任规划

东风本田 2016 年制定了《社会责任中期（2017—2019）规划》，以"悦"行动为理念，明确了三项重点议题：悦·环保，秉承"为孩子留下一片蓝天"为环保理念，持续开展削减环境负荷、保护大自然的行动；悦·安全，加强履行汽车企业的本职责任，在交通安全知识普及、倡导安全文明出行等方面开展更多活动；悦·教育，持续在助力于教育（包括文化、体育等各方面）事业发展等方面为社会的和谐与进步贡献更多力量。

同时公司制定了社会责任规划的实施路径（如图 9-3 所示）。

2017.2—2017.12 体制落实阶段	2017.2—2019.6 行动落实阶段	2019.6—2019.12 成效检验阶段
·发布《东风本田社会责任中期规划》 ·发布《东风本田社会责任管理办法》 ·对全公司社会责任工作的日常机制、人员、培训、沟通等工作进行全面落地	·按照计划有序推进规划重点项目的落地实施 ·推动社会责任理念与企业生产经营、供应链发展的全面融合	·对本期规划中各方面工作落实情况进行效果检验及PDCA，在此基础上，着手开展下期规划制定

图 9-3 东风本田《社会责任中期（2017—2019）规划》实施路径

9.2.4 责任制度

企业社会责任工作的开展落实需要有力的制度保证，要通过制定社会责任专项工作制度明确权责分工、工作办法、工作流程等，常见的社会责任制度包括社会责任组织管理办法、社会责任沟通制度、社会责任报告编制发布制度等。南方航空为理顺规范公司的社会责任管理工作，制定了《南航社会责任管理手册总册》《南航社会责任管理手册分册》，其中，总册明确了南航社会责任的组织架构、管理流程、业务范围、监督检查等方面的工作，明确公司社会责任工作"由谁管、管什么、怎么管、如何评价"等内容，对公司社会责任管理进行顶层设计；分册则具体明确了南航重点社会责任管理工作的管理流程、管理内容，解决了公司各部门/单位社会责任工作"做什么、怎么做"的问题。

🌟 **案例**

华润集团社会责任管理制度体系

华润在推进社会责任管理的过程中，十分重视社会责任管理制度的建设，通过建立健全制度规范，促进公司社会责任推进工作的制度化和常态化，形成较为完善的社会责任制度体系，以促进集团对各业务单元的有效管理。

表 9-4　华润集团社会责任管理制度体系

制度分类	主要制度
基础管理制度	华润社会责任工作管理办法、社会责任工作手册、华润慈善公益活动管理办法、华润企业公民建设指引、华润 EHS（环境、健康、安全）管理体系建设指引
责任落实和考评制度	华润社会责任管理关键绩效体系、华润社会责任关键绩效统计指标
信息披露制度	华润重大信息报告制度、华润媒体宣传工作制度
利益相关方管理制度	华润人力资源政策、签订雇佣合同问题的规定、华润经理人守则、华润招聘指引、华润建立和完善职工代表大会制度的实施办法、华润客户满意度调查工作指引
其他制度	华润规章制度管理办法、华润企业文化建设工作指引、华润建立廉洁诚信体系实施办法

资料来源：华润集团 2017 社会责任报告。

9.3　责任融合

企业社会责任管理的第二步，是将社会责任分解落实到企业中的每一个部门和每一个岗位，并通过业务流程的优化使得从管理层到执行层的每一个员工都能够落实责任理念、规划和制度安排，在日常工作中践行社会责任。再辅以考核评价总结经验、发现短板，并通过履行社会责任能力的提升改进绩效，持续改进，实现 PDCA 循环，切实将本书第 4 章到第 6 章讲述的社会责任议题落实到位。在整个责任融合的过程中，都应当设置利益相关方参与的机制，以确保企业关注的各项细化责任议题是利益相关方所关切的，企业改进的业务流程是有助于提升利益相关方满意度的，绩效考核结果纳入了利益相关方的感知和评价，改进方向体现了利益相关方的期望。

9.3.1　责任议题

每个企业会接触到的社会责任议题众多，企业履行社会责任应根据自身所处行业、企业规模、经营地域、产品特征等，关注与运营活动最为相关、对利益相关方具有重大或潜在影响的实质性议题。这些实质性议题需要能够反映企业对经济、环境和社会的重大影响，或是对利益相关方的判断及决策有着重要影响。要使社会责任全面融入企业，社会责任工作领导机构和执行机构要推动职能部门、下属企业、生产单位，结合日常工作将关键的社会责任议题进一步细化、具体化。确认社会责任议题需要掌握一些要点：第一，要分析企业所处行业、所处区域、经营规模、产权性质、员工构成等因素对企业社会责任议题的影响；第二，要充分理解重要利益相关方的期望和要求，选择能为社会、为环境创造更多价值议题；第三，要充分发挥企业优势、善用企业独特资源。企业在进行议题选择时，可以开展全面的内外部环境扫描，以此选择出既被利益相关方重视，又对企业可持续发展有重要作用的 CSR 议题。表 9-5 提供了进行环境扫描可考虑的方面。

表 9-5　议题识别的环境扫描

信息类别	信息来源
宏观形势	重大国际共识，如推动和落实联合国 2030 可持续发展目标（SDGs），积极应对全球气候变化等； 国家整体规划，如国民经济和社会发展第十三个五年规划； 国家重大政策，如"四个全面"战略布局； 相关部委推动的全局性重点工作，如扶贫办主导的精准扶贫、工信部主导的绿色制造、国资委主导的国企改革等； 媒体关注和报道的国家改革发展过程中存在的突出矛盾和迫切需求，如资源环境约束、各类腐败问题等
政策标准	社会责任国际主流标准，如 ISO26000、GRI Standards 等； 社会责任国内主流标准，如中国社科院《中国社会责任报告编写指南》、国家标准委《社会责任国家标准 GB/T36000》等； 政府部门的社会责任政策要求，如国务院国资委《关于国有企业更好履行社会责任的指导意见》、中国保监会《关于保险业履行社会责任的指导意见》等； 资本市场的社会责任政策要求，如香港联交所《社会、环境与管制报告指引》、沪深两市《关于进一步完善上市公司扶贫工作信息披露的通知》等； 行业协会的社会责任倡议标准，如中国集团公司财务公司协会《社会责任公约》
利益相关方关注点	各职能口日常工作中与利益相关方的沟通交流，如人力资源部与员工的沟通，采购部与供应商的沟通，GR 部门与政府的沟通等； 专门的利益相关方沟通交流活动，如一些企业每年举办企业公众开放日； 专门的利益相关方沟通交流会议，如专题性或综合性的圆桌会议利益相关方调查，如企业社会责任报告开设的意见反馈专栏； 与社会责任研究推进机构沟通交流，如与研究机构、行业协会等沟通，更加宏观和系统了解利益相关方对企业的诉求
企业经营管理实践	企业使命、愿景、价值观； 企业中长期发展战略； 企业社会责任战略； 企业经营管理制度

资料来源：《中国企业社会责任报告指南基础框架 CASS-CSR4.0》。

⭐ **案例**

中国旅游集团议题清单构建

2017 年中国旅游集团根据社会责任议题实质性分析模型，分析比较不同社会责任议题对相关方的影响和对公司自身发展的重要性，识别关注度高的实质性议题。

第一步：识别阶段

基于国内外社会责任标准、政府政策要求、标杆企业对标、利益相关方调研，并结合企业自身发展规划，中国旅游集团建立了社会责任议题池，共计 24 项。

表 9-6 中国旅游集团社会责任议题

议题分类	社会责任议题
责任管理	1. 责任治理 2. 责任能力提升　3. 利益相关方沟通
经济责任	4. 经济回报 5. 信息披露 6. 优质产品和服务 7. 创新旅游产品 8. 客户隐私保护 9. 客户满意度提升
社会责任	10. 守法合规 11. 响应国家战略 12. 强化党建与反腐倡廉 13. 责任供应链 14. 公益慈善 15. 精准扶贫 16. 权益保障 17. 职业发展 18. 员工培训 19. 员工关爱 20. 安全生产
环境责任	21. 环境管理 22. 绿色景区 23. 倡导低碳旅游 24. 环保公益

第二步：议题分析

针对 24 项可持续发展议题开展利益相关方专项调查，通过在线问卷方式，邀请不同类别相关方反馈不同议题对他们的重要程度，共计回收 390 份问卷。通过建立"利益相关方关注度"和"对中国旅游集团可持续发展的重要性"二维矩阵，识别出中国旅游集团的实质性社会责任议题。

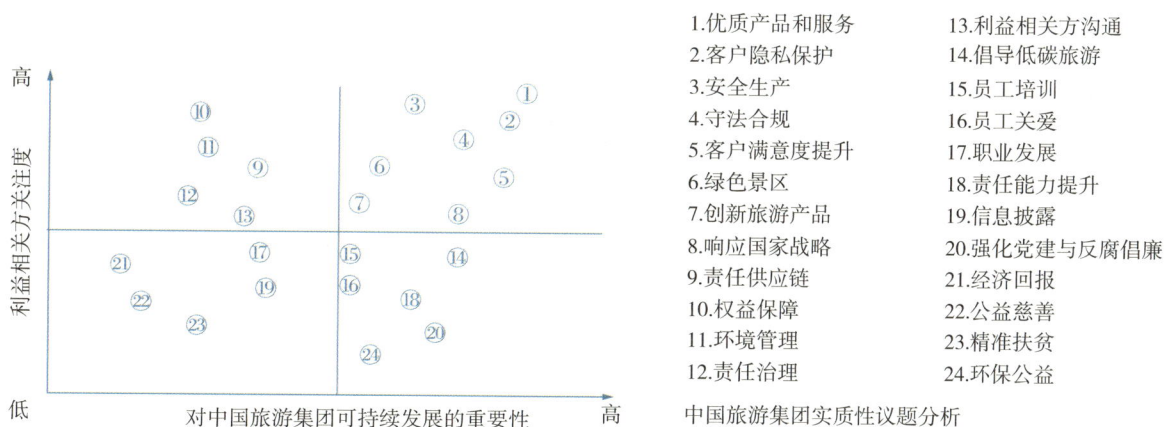

1. 优质产品和服务　　13. 利益相关方沟通
2. 客户隐私保护　　　14. 倡导低碳旅游
3. 安全生产　　　　　15. 员工培训
4. 守法合规　　　　　16. 员工关爱
5. 客户满意度提升　　17. 职业发展
6. 绿色景区　　　　　18. 责任能力提升
7. 创新旅游产品　　　19. 信息披露
8. 响应国家战略　　　20. 强化党建与反腐倡廉
9. 责任供应链　　　　21. 经济回报
10. 权益保障　　　　　22. 公益慈善
11. 环境管理　　　　　23. 精准扶贫
12. 责任治理　　　　　24. 环保公益

中国旅游集团实质性议题分析

图 9-4 中国旅游集团实质性议题分析矩阵

资料来源：《中国旅游集团有限公司 2017 年社会责任报告》。

9.3.2 责任流程

确定重要的社会责任议题，仅仅是责任融合的企业要用社会责任的要求来梳理各部门、各单位、各岗位的职责和工作；用社会责任的理念来审视与企业社会责任重要议题相关的管理制度、流程；通过调整或者加入体现社会责任理念的内容，优化原有的工作流程，使经营行为符合社会责任的规范和标准。要指导员工把社会责任理念融入日常工作，使员工充分理解流程优化背后的逻辑，更进一步地，员工除了完成既定工作之外，主动考虑工作过程中可能对社会、环境造成的影响，考虑到关键利益相关方的期望，有意识地调整工作方法，努力降低或消除负面影响，增加积极影响。

社会责任不仅要融入内部工作流程，还要融入外部合作，比如供应链、销售链、业务合作等。融入供应链在第8章有详细的阐述；融入销售链是在营销工作的流程中加入对经销商、零售商的社会责任考量；与其他机构开展业务合作时，也应当在合作对象选择、合作机制建立等相关流程中融入企业社会责任因素。

企业推进社会责任管理体系、促进工作方式的转变并非一蹴而就，将社会责任理念融入运营是一个循序渐进的过程。在推进之初，企业可以选择某些容易做出亮点的社会责任重要议题为突破口和抓手，通过流程变革在较短的时间展现出社会责任工作的成效，树立榜样，增添信心，再逐步推进社会责任理念渗透到各个职能部门和业务单位。

9.3.3 责任绩效

9.3.3.1 指标体系

企业社会责任绩效管理是基于企业社会责任规范要求，紧密结合企业自身的社会责任理念、战略、议题，建立企业社会责任评估体系，评估企业社会责任绩效表现，以促进履行社会责任绩效的提升。构建企业社会责任指标体系是企业社会责任管理工作的重要组成部分，也是企业社会责任绩效评估的前提。构建社会责任指标体系可以分为四个步骤：（1）筛选体现企业重要 CSR 议题的关键指标；（2）建立指标衡量方法和标准；（3）形成指标体系；（4）指标体系试运用并不断完善。

构建企业社会责任指标体系要着眼于两点：一是现状与未来并重。社会责任指标体系既是对当前社会责任管理、实践的引导和评估，也是对长期发展所需要的可持续发展能力的综合评估，因此指标体系不仅要体现当前的要求，还要体现长期战略导向，促进企业关注长期发展。二是内部与外部兼顾。社会责任指标体系既要强调企业自身能力建设，又要强调与外部利益相关方和环境的协调发展，坚持全面、均衡。

从企业应该履行好哪些社会责任的角度构建指标体系，是开展 CSR 考核常用的思路，比如本节中国建筑的案例；但也有企业采用了不同的方式，从着眼短板、防范风险的角度拟定指标体系。中铝集团建立企业社会责任"负面清单"，列举社会责任领域不可为的事项，为社会责任管理和实践设定底线，以起到预防发生社会责任危机的作用，例如，社会责任工作决策方面的负面指标包括"无社会责任工作年度计划""无社会责任理念体系"等，利益相关方沟通方面的负面指标包括"没有识别本企业利益相关方""不让利益相关方参与重大决策活动"等，治理方面的负面指标包括"没有建立畅谈的监督机制和信息披露机制""没有设立外部董事"等。

⭐ **案例**

中国建筑的社会责任指标体系

中国建筑建立了包含战略与治理、股东/投资者、客户、供应链、环境、行业、员工、社区 8 个领域、38 个议题、188 个指标的社会责任指标体系，并编制《中国建筑社会责任指标管理手册》，以普及社会责任指标管理基础知识、指导员工在日常工作中开展社会责任指标管理、服务公司编制精品社会责任报告，并开展了社会责任指标信息化工作。

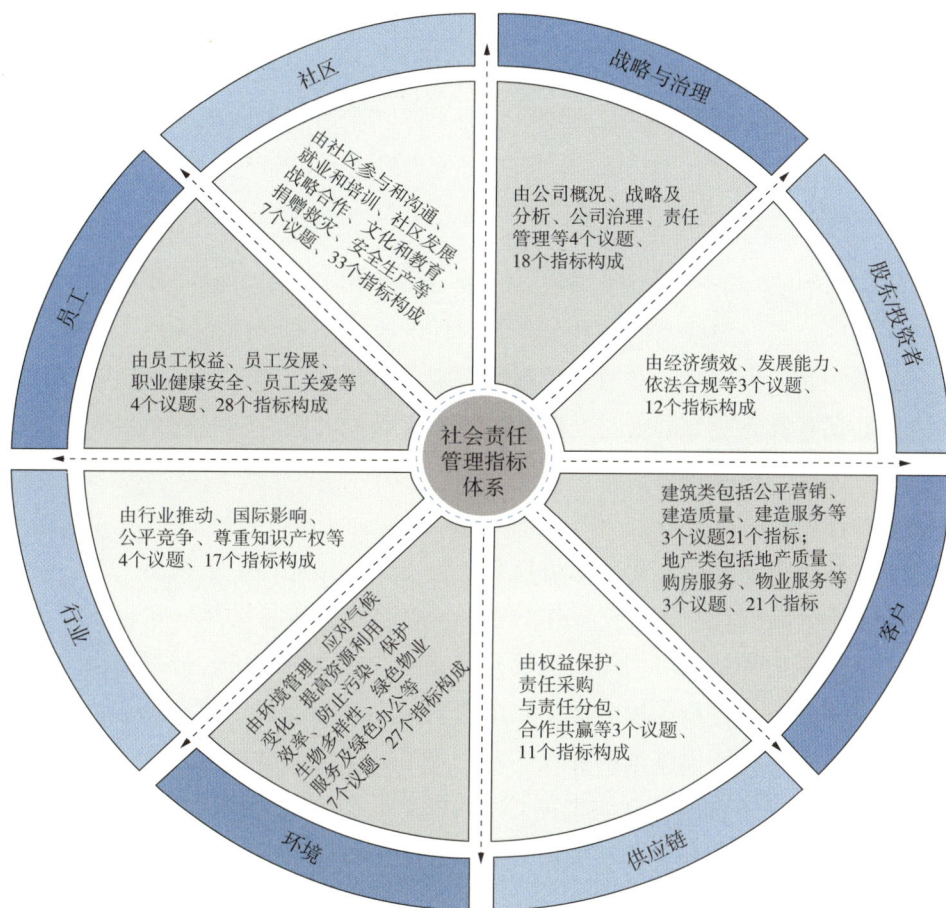

图 9-5　中国建筑企业社会责任指标体系构成

资料来源：企业调研。

9.3.3.2　考核评价

企业社会责任考核评价是社会责任推进工作落到实处，推动下属单位、部门和个人切实转变工作思想，优化工作流程，提升履责绩效的关键所在，也是社会责任闭环改进的核心。社会责任考核评价可以采取的方式包括四种：第一，专门设立的社会责任考核评价指标体系，开展全面、系统的社会责任考核评价；第二，把社会责任指标纳入企业已有的业绩考核体系，社会责任绩效作为经营业绩考核的组成部分；第三，与同行业企业社会责任领先企业开展对标，找出缺陷和弱项；第四，定期开展社会责任优秀评选，树立典型，促进部门学习，激励全员改进。企业可以根据管理基础以及社会责任工作进程选择适合的考核方式。

华润集团建立多角度的社会责任考核评价方式，一方面，参照中国社科院出台的社会责任报告五星评级标准，对下属各利润中心社会责任报告编制情况进行系统评价，并在年度社会责任大会上公开评价结果，督促落实；另一方面，在 2018 年度华润集团优秀业绩奖奖项中特别设置了"集团社会责任奖"，评出金银铜奖 5 类获奖项目，获奖单位除获得表彰外，在年度业绩中可获额外加分；此外，集团办公厅还对集团部室以及利润中心社会责任工作表现突出的先进个人进行了表彰。南方电网公司连续 3 年开展"感动南网"先进履责团队、履责员工评选，从一线员工中寻找真切的感动，树立社会责任就在手边、身边的意识。中国移动自 2008 年开始，面向全集团各单位开展年度社会责任优秀实践评选，邀请公司内外部相关方共同参与，一方面树立和推广集团内部的优秀实践典范；另一方面有效吸纳相关方的反馈和建议，引导社会责任实践创新。

9.3.4　责任能力

责任理念的落实是一个持续纠偏、改进、创新和组织学习的循环过程。企业开展社会责任绩效评估之后，应当根据评估结果制订针对性的改进计划，调整战略、议题、流程等，并推动落实，形成 PDCA 的循环。在改进过程中，提升责任能力非常重要，企业务必持续学习，具体来说，包括提升管理层与员工的责任意识，学习领先实践，掌握社会责任工作的相关技能，深化对社会责任重要专题的研究等。

（1）责任培训

组织或参与企业社会责任培训是提升社会责任工作能力，增强员工社会责任意识的重要手段。对于刚刚开始推动社会责任工作的企业，社会责任工作的领导机构、执行机构的管理者和员工都必须通过接受系统培训深入理解社会责任的概念、理论，把握社会责任运动现状，学习领先企业优秀实践，进而将社会责任与企业自身实际结合，构建出既符合社会责任一般要求又体现企业经营特点的管理体系和实践体系。对于社会责任管理体系初步构建、社会责任工作逐步深化的企业，有必要组织全员社会责任培训，提升全员社会责任意识，促进员工理解并支持企业正在开展的社会责任工作，更重要的是通过培训帮助员工将社会责任理念融入日常工作，转变传统的工作方式。

企业社会责任是一个充满活力和动态性的议题，一方面，跟随着社会、环境的变化，社会责任议题不断更新，对企业提出新的要求；另一方面，各种组织不断在社会责任的多个方面创造出新的标准、工具、优秀实践。因此，坚持培训、学习知识、把握新动向是企业提升社会责任能力不可或缺的重要工作。

（2）责任调研

企业社会责任在中国的起步较晚，如何将社会责任理念融入中国企业的发展战略、管理体系和日常运营尚缺乏可供借鉴的经验。又由于各企业的经营特性和管理基础不同，企业社会责任在各个企业的落地方式往往具有一定的特殊性。基于此，企业有必要结合自身情况开展责任调查研究，为社会责任理念的确立、社会责任战略规划的制定、社会责任管理体系的建立健全等提供理论指导，提升开展社会责任工作的能力。同时，也通过开展责任研究来完善社会责任各项工作、传播企业社会责任理念、为相应社会责任标准的制定做出贡献，使社会责任推进成为一个持续改进的螺旋上升过程。

企业开展社会责任调研工作的形式主要有：（1）根据企业社会责任理论与实践的需要自行开展社会责任调查、研究课题，以深入了解现状，改善社会责任管理，优化企业社会责任实践。（2）与教研机构共同开展企业社会责任研究工作。合作研究不仅有利于企业借鉴教研机构的研究优势，弥补自身社会责任理论与专业知识方面的不足，而且也有利于企业根据自身需要设置研究方向，确保研究的针对性和有用性。（3）参与社会责任标准制定。近年来，中国政府、行业协会、研究机构等为促进和规范中国企业社会责任的发展，相继制定了有关社会责任方面的标准。一些大型企业积极参加社会责任标准的制定，既促进了自身社会责任相关议题的深入研究，也提升了社会责任标准的专业性、可操作性。另外，国际社会责任标准也在积极制定中，中国企业参与国际社会责任标准的制定，将有助于争取国际社会责任标准制定的话语权，提升中国企业的国际影响力。

9.4　责任沟通

开放和透明是企业社会责任的基本要求，既然要对利益相关方负责，那么履行社会责任就不能是闭门造车，必须在管理过程中纳入利益相关方。将企业社会责任的理念、战略、绩效等披露给利益相关方，倾听利益相关方的期望和诉求，建立利益相关方参与企业重大决策和重要社会责任活动的机制，是企业社会责任管理的第三步，其下包括责任报告和利益相关方参与两方面工作。

9.4.1　责任报告

这里的责任报告中的"报告"是一个动词，是指将企业履行社会责任的信息披露给利益相关方，常用的途径是编制发布 CSR 报告、在企业官网或者官微建立 CSR 专栏。

（1）发布社会责任报告

企业社会责任报告是企业就社会责任相关信息与利益相关方进行沟通的主要平台，编制和发布企业社会责任报告是中国企业开展社会责任工作的重要突破口，也是企业社会工作的重要抓手。许多企业都是从编制第一份社会责任报告开始深入理解企业社会责任，在编制报告的过程中伴随着社会责任理念的提炼、社会责任培训的开展、企业利益相关方的明确以及重要社会责任议题的梳理等。因此，编制企业 CSR 报告的部门通常会成为企业社会责任工作的主要推进部门。同时，编制和发布 CSR 报告也促使企业社会责任正式进入高层管理者的视野，开启了企业的社会责任推进工作。近年来，一些企业不仅发布社会责任报告，还积极发布专项社会责任报告。如中国石化、华润集团、国投集团、东风汽车等发布扶贫报告，中国电建、中国交建、中国兵器工业集团、中国中钢发布海外社会责任报告或国别社会责任报告。此外，企业社会责任报告的形式也在逐渐丰富，除了传统的纸质版和电子版的报告，很多企业做了一张图报告、H5 等简版报告，还有企业发布视频版报告。

第 10 章将对企业社会责任报告进行详细的介绍。

（2）社会责任网络专栏

CSR 网络专栏是企业信息披露的重要窗口，在企业主页设立 CSR 网络专栏或者在企业官方微信设立 CSR 板块甚至专门建设 CSR 官方微信，是企业披露社会责任信息、开展社会责任沟通的重要渠道。具有良好沟通功能的 CSR 网络专栏应当具备五个特点：（1）信息的完整性，涵盖责任管理、社会责任和环境责任相关信息，提供企业社会责任报告的下载链接；（2）信息的动态性，及时更新企业的最新社会责任实践；（3）信息的互动性，提供企业社会责任工作者的联系方式，使利益相关方能就相关问题与企业进行交流；（4）访问的友好性，提供清晰的导航设计和信息检索功能，以图表、图片等增加信息的可读性；（5）视野的国际化，跨国运营的企业要提供 CSR 专栏的英文版本以及企业海外主要运营地的其他语言版本，实现与国外利益相关方的社会责任沟通。

9.4.2　利益相关方参与

所谓利益相关方参与是指企业通过制度安排、资源保障，构建企业与利益相关方之间的沟通、监督机制，使企业在运营中深入了解并充分考虑利益相关方需求，使利益相关方参与、监督企业决策，促进企业发展与利益相关方满意的双赢。

利益相关方参与意味着：企业与利益相关方之间有互动关系；以企业和利益相关方之间的双向沟通为基础；通过相互对话流程共同识别问题，并一同寻找问题的解决方法；在某些情况下，要采取尽可能平等的方式将相关各方会聚在一起；确保利益相关方发表意见提供机会，否则企业无法了解他们所关注的问题；无论是企业还是利益相关方，可能都需要作出改变。

一般来说，企业做好利益相关方参与需要注意五个方面：第一，要确定主要的利益相关方。第二，要在企业与利益相关方之间构建一种信任关系，以更好地沟通。第三，确保利益相关方参与的过程和企业向利益相关方传递的信息透明化。第四，参与的过程、讨论的问题要有一个共同的议程，并确保关于目的和过程的共同理解。第五，要做好应对变化的准备。利益相关方来自不同的领域，利益相关方参与也并不意味着心平气和，有些沟通甚至建立在针锋相对的基础上，所以沟通过程中要做好应变的准备。

为了让社会公众全面了解公司履责理念和行动，中国华电将每年 5 月 20 日定为公众开放日。2017 年 5 月 20 日，以"我为度度关爱代言"为主题，中国华电举行第一届公众开放日活动。覆盖了 80 个城市、90 余家电厂，从海内到海外，从高山到高原，各地企业精心策划科普讲座、展板展示、小记者进企业、电厂参观、慈善公益和扶贫培训等各类活动，近万名参观者走进中国华电，亲近绿色能源，共同收获一个"可感知的中国华电"。

⭐ **案例**

中国石化聘社会监督员

中国石化集团公司建立了社会监督员机制，以更加开放的方式接受社会监督，内力外力结合改进自身工作。首批聘请 12 名来自高校、媒体、能源行业、财经界和消费者群体等社会各界人士担任社会监督员。

社会监督员的权力包括：有权反映在监督过程中发现的公司总部、各企事业单位的各种违法违纪和不规范行为；有权收集社会公众、各类组织机构对中国石化各方面的意见和建议；有权及时、准确、客观、公正地向中国石化反映公司工作中和行业内存在的问题，并提出改进意见和建议，同时协助公司调查、核实所反映的问题；有权就事关国计民生的专项课题在公司系统内开展调查研究。中国石化社会监督员将一年一聘，连任不得超过四年。

资料来源：企业调研。

🔔 **典型案例1**

万家灯火　南网情深——南方电网公司的社会责任管理路径

中国南方电网公司成立于2002年12月，负责投资、建设和经营管理覆盖广东、广西、云南、贵州、海南五省区的南方区域电网，供电面积100万平方公里，供电服务总人口2.54亿。公司总部设在广州。

自成立以来，南方电网公司始终按照党中央、国务院的部署，坚持以人民为中心的思想，始终践行为人民谋幸福的价值追求，把满足人民对美好生活的电力需要作为公司一切工作的出发点和落脚点，发挥电网企业联系千家万户的基础服务作用，为全面建设小康社会提供安全可靠的电力保障，走出了一条有南方电网特色的履责道路。南方电网公司的社会责任实施路径融合了公司高层的意志，将公司战略、责任治理、责任融合、绩效管理、责任沟通联结为一个有机的整体，确保公司社会责任实践及管理以企业文化为驱动，持续推进、深化和提升。

一、以责任理念为引领，找准了履责方向

公司深刻认识自身性质和定位，认真落实中央各项决策部署，牢牢把握社会主义办企方向，自觉把公司工作摆在党和国家的工作大局中来谋划。坚持以"人民电业为人民"为企业宗旨，明确公司肩负的使命和存在的目的，为找准企业定位、确定企业愿景、做出战略选择、制定政策措施提供方向指导和价值指引，从战略高度驱动公司主动履行社会责任，为公司战胜各类严峻挑战、积极主动承担社会责任提供了原动力和价值基础。

公司在成立之初，就确定了"对中央负责　为五省区服务"的企业宗旨，明确了"电网安全稳定"的公司生命线，体现公司所强调的安全供电责任。2005年，公司在中央企业中较早提出"主动承担社会责任"，并在日常管理和运营中认真实践。10余年来，公司在台风、旱灾、暴雨、地震、泥石流等自然灾害面前，在重大保供电任务中，形成了"大灾当前　责任在先""我们的责任体现在每一分、每一秒""水退、人到、旗到、电通"等一系列履责理念，从不同角度生动注释和演绎了主动承担社会责任的南方电网公司。

2019年，公司颁布了《南方电网企业文化理念》(以下简称"南网文化理念")，明确了公司国家队地位、平台型企业、价值链整合者的基本定位，做新发展理念实践者、国家战略贯彻

者、能源革命推动者、电力市场建设者和国企改革先行者，推动公司向智能电网运营商、能源产业价值链整合商、能源生态系统服务商转型。这一目标，与国务院国资委打造具有国际竞争力的世界一流企业的要求完全一致。

南网文化理念是习近平新时代中国特色社会主义思想在南方电网公司的具体贯彻，是社会主义核心价值观的具体传扬，是全体南网人内化于心、外化于行的价值公约。南网文化理念确立了"人民电业为人民"的企业宗旨、"为客户创造价值"的服务理念、"企业第一资源　发展竞争之本"的人才理念、"勇于变革　乐于奉献"的南网精神和"建成具有全球竞争力的世界一流企业"的战略目标等理念，无不体现着南网人对"万家灯火　南网情深"品牌形象的矢志追求，对南方电网的社会责任工作起到积极的引领和推动作用。

二、以完善责任治理为方向，奠定了发展基础

早在 2010 年 3 月，公司就成立社会责任工作领导小组，公司主要负责人任社会责任工作领导小组组长，各部门主任、分子公司一把手担任成员。公司社会责任领导小组办公室设在战略策划部，总部各部门、各直属机构指定专人参加工作小组，分、子公司按照统一部署明确职责和对口工作人员，形成了从总部到三级单位的完整的社会责任工作体系。

根据形势发展和工作需要，2010 年 7 月在相关部门专门设立社会责任处，充实专门人员。当时在中央企业中是仅有的设有专门部门或处室的 8 家单位之一。公司所属子公司中，大部分均承接成立了社会责任科，并配备了专职人员。现今，公司将社会责任与品牌建设相结合建立处室，更好地体现社会责任发展的前瞻性、实效性和延展性。

为了加强对社会责任知识的认知，公司每年组织分子公司社会责任管理人员参加社会责任管理培训班，了解社会责任理论前沿，提升社会责任工作水平，如今已连续开展 6 年。

公司注重建立健全社会责任制度。先后制定《社会责任工作规划》《社会责任管理办法》和《社会责任示范基地管理办法》，有序开展责任管理、责任实践、责任沟通和责任研究，使社会责任管理横向到边、纵向到底，上下贯通、协调一致，最大限度地发挥好整体合力。

三、以融入管理为手段，夯实了履责基础

2008 年 1 月，国务院国资委发布《中央企业履行社会责任指导意见》（国资发研究〔2008〕1 号），提出中央企业要做履行社会责任的表率。同年，公司发布首份社会责任报告，是《中央企业履行社会责任指导意见》印发后第二家发布社会责任报告的中央企业，很好地承接了1 号文件的要求。

"十二五"期间，公司深入贯彻落实科学发展观，全面承接《中央企业"十二五"和谐发展战略实施纲要》，发挥重点联系企业的作用，以公司中长期发展战略为指导，以创先工作为载体，将企业社会责任融入战略、纳入经营、进入管理，致力与各利益相关方实现和谐共赢，积极推进公司与经济、社会、环境的和谐发展。"十三五"期间，公司进一步完善社会责任管理，在企业决策、业务运营、日常管理、运行机制中贯彻落实社会责任管理理念构建，管理企业决策和活动对利益相关方、社会和自然环境的影响，推进企业的可持续发展。10 余年来，主要把握了以下五个环节：

一是明晰责任指标。建立了较为完善的社会责任指标体系，包含5大系列、12个核心指标和146方面、180多个关键指标，较全面地覆盖了公司需要对政府、员工、客户、合作伙伴、环境等利益相关方履行的责任。指标分解到各专业部门，由各专业部门分解到各分子公司和基层单位，按年披露，促使社会责任绩效全面持续提升。

二是推动责任实践。公司注重处理好社会责任工作和各业务部门工作的关系，处理好网省市县四个层级的承接关系，确保社会责任管理融入业务、融入岗位。公司编制《中国南方电网公司社会责任ABC》分发至班组，详尽解答了电网企业为什么要履行社会责任、公司社会责任实践的主要领域、企业社会责任和员工工作的关系等重要问题。公司在中央企业中创新设立"社会责任示范基地"，围绕主营业务，紧密结合公司社会责任工作重点领域，积极建设展示公司主动履行社会责任的精品窗口。作为脱贫攻坚的主力军，南方电网接国务院扶贫办、国资委以及南方五省区各级党委政府布置的570个定点扶贫任务，派出扶贫干部580名，帮助240个贫困村，其中8.1万人达到脱贫标准，公司连续两年获得中央单位定点扶贫工作考核最高等次评价。公司连续六年开展"感动南网人物"评选活动，一大批感动南网、感动社会的履责先锋展示了一线员工爱岗敬业、乐于奉献的良好形象。

贵州毕节威宁县板底乡，南方电网公司员工指导当地妇女擦拭南网幸福母亲光伏扶贫电站光伏板

三是加强责任沟通。在连续两年开展"社会责任日"效果良好的基础上，公司从2013年起连续七年开展"社会责任周"活动，启动"责任南网行"调研，邀请国务院国资委综合局领导、国内知名社会责任专家、中央企业社会责任专家和媒体代表现场指导，将社会责任管理诊断送到基层一线。五省公司、广州、深圳供电局七家单位依次发布自身社会责任实践报告，开展上门服务，组织客户、社团组织、意见领袖等参观社会责任示范基地，召开大客户座谈会等丰富多彩的活动，传递南网真情，得到各级政府多个部门、电厂、客户、第三方专家学者等社会各界的高度评价。2019年5月，公司首次将社会责任和国企开放结合，举办了南方电网公司2018年社会责任报告、绿色发展年刊发布暨2019年国企开放日（社会责任周）活动，展示公司在透明运营、创新发展、优质服务等方面的做法和成效，树立了新时代国企新形象。

2019 年国企开放日（社会责任周），参观者在粤港澳大湾区电力营商环境体验中心了解南方电网的充电服务

四是打造责任品牌。打造网公司＋系统所属单位的品牌活动矩阵，以此为载体广泛邀请利益相关方代表参与，联动线上线下媒体精准传播，持续扩大完善南网"朋友圈"，彰显南网企业宗旨和理念，营造良好的社会舆论环境。在网公司层面，先后实施了"电亮民族美""电亮三沙南网情""电亮青春梦""电亮新长征路""电亮小康梦"和"电亮新生活"等系列"电亮＋"品牌活动。在所属分子公司层面，组织名人、媒体记者等走进企业，开展"一度电的旅程""央企创客""梦圆南粤"等活动，唱响南网好声音，扩大品牌知名度，树立公司的良好企业形象。

五是注重责任考评。公司成立绩效考核委员会，围绕公司核心价值观，重建核心指标体系，系统梳理和优化业务流程，在全网推广最佳实践模板，切实提升服务利益相关方的水平。公司选取电网安全稳定、减少客户停电时间、客户满意度等12个指标，在经营业绩考核中明确分解到分、子公司，重点跟踪，年度检查，确保了社会责任绩效考核落实到位。

六是编制精品报告。公司注重发挥社会责任报告对管理的促进机制，创新报告编制流程，增加监控环节，将报告编制过程转变为企业战略实施和责任管理的过程。按照这一思路，连续十二年发布社会责任报告，近九年的报告连续获得中国社科院企业社会责任研究中心五星级最高评价，获得中国企业社会责任报告评级委员会颁发的"企业社会责任报告评级特别纪念奖"。五省公司和广州、深圳供电局也连续发布了自身的年度社会责任报告，积极回应当地利益相关方的关切。

四、以利益相关方满意为标准，获得了各方的高度认可

让广大用电客户用上电、用好电、用绿色的电，最大限度地满足用电客户的用电需求是公司一直以来的努力方向。公司对标先进，跟踪和识别业务范围内利益相关方关注的热点、重点问题，构建起利益相关方议题库，积极回应利益相关方关切和期待。公司对接世界一流"获得电力"指标，增强客户体验，持续优化营商环境，主动让各利益相关方成为企业开放运营的见证者、传播者、促进者。

公司顺应利益相关方期望和诉求呈现类型多样化、个性化的新趋势，以利益相关方满意为标准，探索以议题管理为抓手的社会责任管理新思路，动态把握利益相关方的关切和期望，明确公司在日常管理和运营中需要优先解决的议题，推动议题管理落地，有效推动了公司各项

工作的开展，长期保持了利益相关方高度满意的和谐局面。2018年，公司在所辖省区的公共服务行业客户满意度调查中名列前茅，第三方客户满意度达82分，进入国际先进行列。在客户满意度评价背后，公司更为关注的是工作中的不足和差距，制订针对性的改进计划，通过各专业、各层面的共同努力，公司的社会责任工作走上了持续改进的良性轨道，电力供应、经济绩效、绿色环保、社会和谐等责任绩效持续提升。公司连续12年获得国务院国资委经营业绩考核A级。公司作为区域能源资源优化配置的重要平台，一直致力于建设资源节约型和环境友好型企业，始终坚定不移地推进绿色发展，2018年，公司单位发受电量化石能耗142.2克标准煤/千瓦时，万元产值综合能耗0.146吨标准煤/万元，带动上下游节能减排折合减少标准煤4934万吨，相当于减排二氧化碳13124万吨。公司负责任的形象获得社会广泛认可。

展望新时代，南方电网将以习近平新时代中国特色社会主义思想为指导，坚决贯彻落实党中央重大决策部署，统筹推进保安全、稳增长、抓改革、调结构、促转型、增活力、强党建等各项工作，在建成具有全球竞争力的世界一流企业征程上迈出新的步伐，为促进国家经济社会持续健康发展做出新贡献，为满足人民对美好生活的电力需求不懈努力！

🔔 **典型案例2**

东风汽车——强化战略引领　构建体系化履责路径

为适应国家经济社会发展要求和企业发展战略，东风公司制订并发布社会责任"润"计划2.0，以进一步加强战略引领，深化责任融入，体系化开展履责工作，打造卓越的汽车企业公民。"润"计划2.0是东风公司"十三五"社会责任工作的行动指南，它是对东风"十二五"期间"润"计划战略思想、行动实践的传承与发展，对提升东风社会责任工作整体水平，不断增强经济新常态下的可持续发展力，具有重要意义。

一、背景

随着中国经济的不断发展和现代企业制度的建立，履行社会责任成为越来越多企业的共识。作为一家中央企业，履行社会责任更是东风公司与生俱来的使命。面向"十三五"，东风公司履责环境发生了一系列重大、深刻的变化：一是党和国家对中央企业履行社会责任提出了新要求，深化国有企业改革，贯彻五大发展理念等一系列决策部署需要认真贯彻落实；二是汽车产业新常态对履行社会责任提出更高要求，提质增效、供给侧改革、绿色发展、智能化与新能源发展成为汽车企业发展的内在要求和核心驱动力；三是实现东风"十三五"战略发展对社会责任提出新任务，东风致力成为"为用户提供全方位优质汽车产品和服务的卓越企业"，履行社会责任是东风"十三五"战略规划的题中之义；四是东风社会责任工作面临新课题，社会责任工作仍存在理念和认识有待进一步深化，社会责任融入运营还不够深入，社会责任管理体系还不够健全等问题。为此，东风公司制定并实施了新一轮社会责任五年规划——"润"计划2.0。

二、实践

为有效推进规划编制工作，东风公司成立课题组，通过理论研究与实际调研相结合的方式，对东风各单位及利益相关方进行问卷调查，与国内外先进企业进行对标分析，广泛征求专家学者意见，数易其稿，形成东风公司社会责任"十三五"规划——"润"计划2.0。

2016年，东风公司正式发布社会责任"润"计划2.0，全面开启东风"十三五"社会责任工作。"润"计划2.0明确了东风"十三五"社会责任工作的目标、愿景、理念、实践体系和支撑体系等，它是"十二五"版"润"计划的完善和提升，是东风"十三五"战略规划的重要组成部分，是东风"十三五"社会责任工作的行动指南。

（一）责任理念

东风化雨 润泽四方。

（二）责任愿景

致力于成为卓越的汽车企业公民。

（三）三大目标

通过完善布局、深耕实践、固化提升"三步走"方式，实现"社会责任实践的文化引领、战略导向和多方协同，责任文化和实践获得利益相关方普遍认同，社会责任发展水平保持领先并持续提升"三大目标。

（四）实践体系

"润"计划2.0将东风社会责任实践体系科学、系统地划分为政治责任、经济责任、利益相关者责任、环境责任和社会公益责任五大方面。

1. 履行政治责任

坚持正确的政治方向，认真贯彻落实党和国家大政方针，为完善国家基本经济制度和巩固党的执政经济基础做出积极贡献；扎实开展援藏、援疆、援桂及润楚工程等精准扶贫工作，推进受援地区同步进入小康社会。

精准扶贫方面，2018年，东风公司认真学习、贯彻落实习近平总书记关于脱贫攻坚的重要论述，将定点扶贫工作作为公司重要的政治任务，扎实推进。全年共投入扶贫资金2646万元，帮助引入扶贫资金53.05万元，培养基层干部73人，培训技术人员255人，帮助销售贫困地区农产品128万元，超额完成国务院扶贫办下达的2018年度定点扶贫责任目标。

构建东风全价值链扶贫体系，全力推进"赋能工程"，2018年，广西马山县20个贫困村实现脱贫摘帽，贫困人口由2017年的54400人减少到27400人，有27000人摆脱贫困；新疆柯坪县14个贫困村实现脱贫摘帽，农村贫困人口的人均纯收入由2017年的9012元提高到10088.76元，增幅达11.9%，贫困人口由2017年的14820人减少到14633人，有187人摆脱贫困。全年两县合计共有27187人摆脱贫困。在扶贫工作中积极引入帮扶资金，引进龙头企业帮助就业，通过东风惠购、爱心团购、扶贫县农产品进食堂上餐桌等方式，助力本地销售，定点扶贫成效明显。

东风帮扶地西藏贡觉

在广西马山培育沃柑产业

开展扶贫领域专项巡视

开展消费扶贫

2. 履行经济责任

东风公司不断提升经营质量，实现国有资产保值增值，并促进地方经济社会发展；深入贯彻"一带一路"倡议，推进国际化经营。深入落实公司《商德公约》，推动构建更加规范、诚信、公平、透明的市场经济秩序。

2018 年，东风公司全年销售汽车 383.1 万辆，产销规模稳居行业第二。其中，自主品牌销售超过 120 万辆，位居百万辆以上自主企业前三；出口达到 7.3 万辆，增长 12.8%；"五项费用"同比下降 4.2%，资产负债率下降 2.8 个百分点；坚持本地化雇佣和采购，2018 年，东风公司吸纳就业 19208 人，本地化雇佣比例为 98%。

此外，先后制定并发布东风公司《企业主要负责人履行推进法治建设第一责任人职责实施办法》等制度，严格遵循公平竞争，诚信经营和廉洁经营，将守法合规培训作为依法治企的一项基础性工作，有力推动维护市场秩序运作。

3. 履行利益相关者责任

东风公司不断完善利益相关方责任体系和沟通机制，提升责任实践水平，精准、有效回应利益相关方诉求；努力追求客户满意，促进员工开心工作、快乐生活，实现与合作伙伴共享共赢，保护股东权益。

外部满足客户需求，提供优质服务，内部关注员工成长。2018 年，东风公司组织了形式多样的安全教育活动，共培训职工 171414 人次。供应商层面，针对供应链管理和产品责任，每一年举行一次会议，每半年进行准入会议，以达成双方协作共赢的最终目标。经销商层面，不定期开展培训，提供全方位优质服务的制度建设，实现经销商能力提升，建立与经销商共生共荣、持续盈利的模式。股东层面，针对业绩报告、分红派息等，每年举行一次股东大会，若有特殊情况举行临时股东大会或类别股东会议。2018年，东风集团股份向公司股东分红金额为30.16亿元，东风集团自上市以来累计分红197.3亿元。

4. 履行环境责任

东风公司坚持"节能环保地造车，造节能环保的车"的理念，着力保护生态环境，全面开展"绿色东风2020"行动，加快构建绿色全价值链，积极提供绿色产品，努力培育绿色东风文化。

截止到2018年，东风公司共有14家企业通过了ISO50001能源管理体系认证，22个工厂（子公司）建立了能源管理在线监测信息系统，进一步提升了系统化、规范化、智能化能源管理水平。同时，实施能源使用效益计划，降低能源消耗，采用清洁能源，控制节能减排。结合工信部关于绿色制造体系建设的要求，在绿色工厂、绿色供应链、绿色产品设计三个方面示范建设有序推进，2018年管理取得初步成效。

5. 履行社会公益责任

东风公司以东风公益基金会为平台，协同旗下企业参与减灾赈灾，促进教育事业发展，支持大众创业、万众创新，促进文明汽车社会构建等，打造了"东风润苗行动""东风梦想车"大赛等特色公益项目，提升东风社会形象。其中，通过"东风润苗行动"累计投入资金2277万元，在湖北、四川、云南等地援建了20所东风希望小学，并策划开展"东风希望课堂""东风希望夏令营"等微公益活动百余场。同时，构建了200支"三化四有"（规范化、机制化、常态化，有组织、有制度、有计划、有活动）志愿服务队，注册志愿者5000余人。

三、成效

2018年，东风公司在国务院国资委的指导下，按照社会责任"润"计划2.0的总体部署，以"责任25载　东风笃行"为主题，紧紧围绕"社会公益"和"精准扶贫"两条主线全面开展工作，社会责任发展指数位居国有企业第9位，连续三年入围"卓越社会责任企业"。同时，荣获由国务院国资委、国务院扶贫办、新华网等单位授予的"责任十年·国企十佳""中国社会责任特别贡献奖""企业扶贫优秀案例奖"等多项荣誉。下一阶段，东风公司将继续在社会责任"润"计划2.0的指引下，秉承"东风化雨　润泽四方"的履责理念，强化责任管理和实践，树立东风的责任央企形象，为汽车强国梦和中国梦的实现贡献力量。

东风公司青年志愿者开展志愿服务　　第二届"我是责任东风人"志愿实践活动

微公益活动

东风希望小学竣工

思考题

（1）对照社会责任管理体系"三步十法"的具体要求，对南方电网公司和东风汽车集团的社会责任管理体系进行评价。

（2）请选择一家您所熟悉的企业，结合行业特点和企业现状，为其拟定企业社会责任战略，明确战略目标、重点议题和推进步骤。

参考文献

[1] 国际标准化组织.社会责任 ISO 26000 国际标准，2010.

[2] 沃多克，鲍德成.全面责任管理［M］.北京：中国电力出版社，2009.

[3] 伊吹英子.CSR 经营战略［M］.东京：东洋经济新报社，2006.

[4] 日本综合研究所.一看就懂 CSR［M］.东京：过刊住宅新闻社，2007.

[5] 钟宏武，汪杰，张蒽，雷思远.中国企业社会责任报告指南基础框架（CASS-CSR4.0）［M］.北京：经济管理出版社，2018.

[6] 钟宏武，张敏湘，赵秀富.中央企业社会责任蓝皮书，2018.

[7] 刘瑞平，肖啸，社会责任管理理念下的新企业管理模式，《中国商论》，2018 年 10 月.

[8] 卢勇，贾创雄.企业社会责任管理：定义与探讨［J］. 企业经济，2011 年第 2 期.

[9] 赵曙明，企业社会责任的要素、模式与战略最新研究评述，《外国经济与管理》，2009 年第 1 期.

[10] Sandra Waddock,Charles Bodwell.Total Responsibility Management:The Manual[M], Routledge，2002.

第 10 章
企业社会责任报告

本章导读

　　透明时代的到来要求企业履行社会责任，并及时准确地向利益相关方披露履行社会责任的信息。目前，发布社会责任报告已日益成为越来越多企业深化履行社会责任、积极与利益相关方沟通的载体和渠道，这对于企业充分阐释社会责任理念、展现社会责任形象、体现社会责任价值具有重要意义。

　　本章主要从企业社会责任报告概述、企业社会责任报告指南、企业社会责任报告编制流程、企业社会责任报告质量评价四个方面详细阐述"什么是企业社会责任报告""为什么要编制企业社会责任报告""如何编制企业社会责任报告""什么是一份好的企业社会责任报告"，以给予企业开展社会责任工作和社会责任报告编制工作更好的参考和借鉴意义。企业社会责任报告概述篇章主要阐述了社会责任报告的基本定义、发展现状、报告类型和报告功能。企业社会责任报告指南篇章主要阐述了全球报告倡议组织 GRI 标准、港交所《环境、社会及管治报告》、中国社科院《中国企业社会责任报告指南》等国内外社会责任标准或指引对企业社会责任报告信息披露的要求。企业社会责任报告编制流程篇章主要从组织、策划、界定、启动、研究、撰写、发布和总结八项要素阐述社会责任报告的全生命周期管理，以及编制和应用社会责任报告的操作方法和技巧。企业社会责任报告质量评价篇章主要从过程性、实质性、完整性、平衡性、可比性、可读性、创新性七大指标来衡量报告的质量和管理水平。

学习目标

（1）了解社会责任报告概念、类型和现状。
（2）熟悉社会责任报告的功能及原则。
（3）熟悉社会责任报告的编制标准。
（4）熟悉社会责任报告的编制流程。
（5）熟悉社会责任报告的质量要求。

导入案例

　　作为中央企业，中国石化高度重视可持续发展和社会责任工作，不断深化社会责任理念，完善社会责任管理，探索社会责任实践，以社会责任报告为重要载体加强责任沟通，打造独具公司特色的社会责任工作机制，保障社会责任工作的有效推进，充分发挥公司在带动经济、社会和环境可持续发展中的不可替代作用。

　　自2008年以来，中国石化结合国家战略、社会关注和内外部利益相关方需求，创新形成"1+N"报告体系及常态化发布机制，鼓励有条件的所属企业积极发布社会责任报告，加强沟通与交流，传播责任理念与实践，塑造企业责任形象。

"1"	集团社会责任报告	连续发布12份年度社会责任报告	连续8年被中国企业社会责任报告评级委员会评为五星级（最高级别）
"N"	精准扶贫报告	连续发布2份中国石化精准扶贫白皮书	《中国石化精准扶贫白皮书（2002—2016）》《中国石化精准扶贫白皮书（2017—2018）》
	海外履责报告	连续发布2份海外履责报告	《中国石化在巴西》《中国石化在非洲》
	环境履责报告	发布2份环境履责报告	《中国石化环境保护白皮书（2012）》《中国石化页岩气开发环境、社会、治理报告》
	区域发展报告	连续发布11份中国石化区域发展报告	《中国石化在安徽》《中国石化在广西》《中国石化在湖北》《中国石化在湖南》《中国石化在山东》《中国石化在天津》《中国石化在新疆》《中国石化在浙江》等
	集团所属企业社会责任报告	所属企业连续多年发布社会责任报告、可持续发展报告	中国石化股份、中国石化油服等

图10-1　中国石化"1+N"报告体系

10.1　企业社会责任报告概述

10.1.1　企业社会责任报告定义

企业社会责任报告，又叫非财务报告，是企业就其履行社会责任的理念、内容、方式和绩效所进行的系统信息披露，是企业与利益相关方进行全面沟通交流的重要过程和载体。企业社会责任报告萌芽于 20 世纪 70 年代的雇员报告，其发展经历了一个从单项报告向综合性社会责任报告演变的过程。

（1）单项报告，主要有雇员报告和环境报告。雇员报告出现于 20 世纪 70 年代的欧美国家，主要形式是企业印制内部发行的文件或小手册，通过文字、图形等方式提供必要信息，包括：企业执行雇员权益法律的状况，本年度维护雇员权益的重要事件等。20 世纪 90 年代，社会对企业环境信息关注程度的提高、环境保护相关立法的出台以及生态环境破坏的重大负面事件都推动了环境报告的兴起。环境报告的主要内容包括：环境战略、环境管理、企业活动对环境的影响、环境管理绩效等。

（2）综合性报告。随着人们不断提高对企业社会责任的期望，企业需要披露的社会责任议题也不断拓展，从环境问题扩展到包括雇员健康和工作场所安全等社会问题。与之相适应，企业环境健康安全报告逐步取代了原有的单一环境报告，并在全球社会责任相关报告中占据了较高的比例。但从发展趋势上看，更多的企业特别是跨国公司进一步把环境健康安全报告扩展为综合性的企业社会责任报告。进入 21 世纪以来，企业可持续发展的观念日益深入人心，西方发达国家的政府对企业全面披露社会信息的期望和要求越来越高，社会公众全面关注企业社会责任各项议题，此时，涵盖了经济责任、环境责任、社会责任的综合性企业社会责任报告应运而生。

10.1.2　企业社会责任报告发展现状

10.1.2.1　全球发布企业社会责任报告的现状

自 1993 年以来，毕马威会计师事务所就连续发布国际企业社会责任调查的报告，提供一个不断变化的国际趋势，其发布的 2017 年企业社会责任全球调查显示，N100 和 G250 企业在发布社会责任报告方面呈现不断增长的态势。图 10-2 为 1993—2017 年全球企业社会责任报告率的增长情况，其中 N100 是指由全球 49 个国家和地区各自收入排名前 100 家企业，G250 是指由全球收入最高的 250 家企业构成的样本，以《财富》的 2016 年世界 500 强榜单为准。

10.1.2.2　中国发布企业社会责任报告的现状

2018 年，为系统分析我国企业社会责任报告的发展现状，中国企业社会责任报告评级专家委员会根据《中国企业社会责任报告编写指南（CASS—CSR4.0）》以及《中国企业社会责任报告评级标准（2018）》，对我国发布的 2097 份社会责任报告进行了分析与研究，辨析中国企业社会责任报告的最新进展，以期进一步推动中国企业社会责任报告水平的提升。

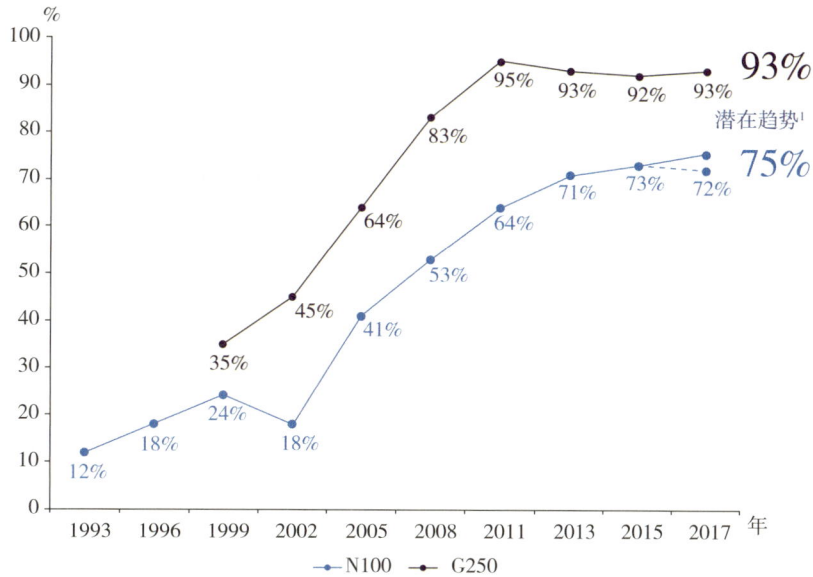

图 10-2　1993—2017 年全球企业社会责任报告率的增长情况

资料来源：毕马威 2017 年企业社会责任报告调查。

通过研究发现，在我国政府、资本市场、行业协会等多方力量的推动下，中国企业社会责任报告数量继续增长，由 2017 年的 1913 份增至 2018 年的 2097 份，同比增长 9.6%，增长速度相对放缓。

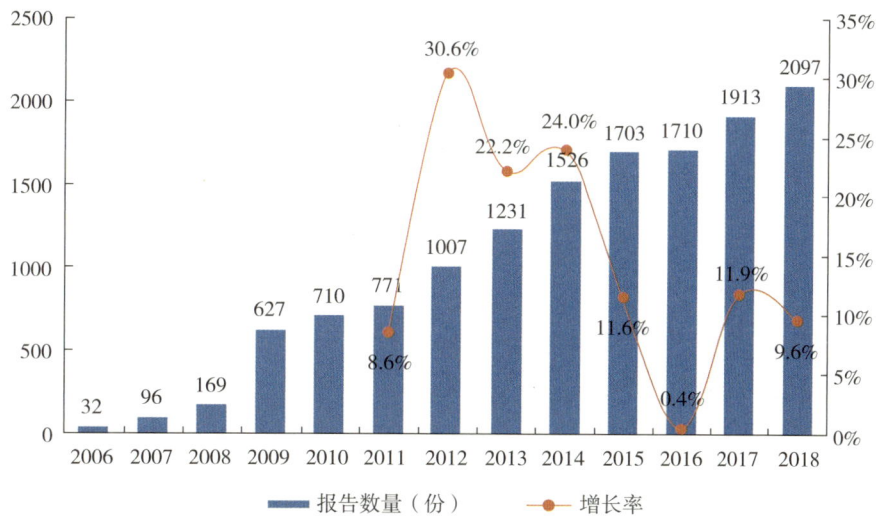

图 10-3　中国企业社会责任报告数量年度变化（2006—2018）

其中，从企业上市情况来看，2018 年发布社会责任报告的 2097 家企业中，有 1779 家为上市公司（占比 84.8%），318 家企业未上市。值得一提的是，受港交所《环境、社会及管治报告指引》"不披露就解释"的要求，港交所上市企业发布报告数量在 2017 年急速增长后，于 2018 年趋于稳定，但总体数量依旧领先于深交所和上交所。

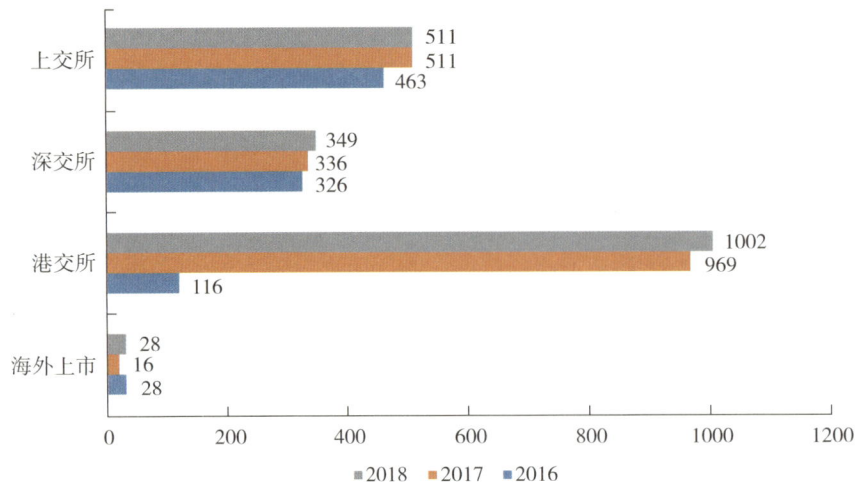

图 10-4　2016—2018 年不同上市地点企业分布情况

　　从企业性质来看，2018 年，国有企业和民营企业发布社会责任报告数量有不同程度的增长，外资企业发布报告数量呈下降趋势。其中，国有企业共发布 823 份社会责任报告，占报告总数的 39.2%；民营企业共发布 1128 份报告，占比 53.8%；外资企业相对最少，仅 146 家，占比 7.0%。值得注意的是，民营企业报告数量占报告总数比例首次超过 50%，成为报告发布的主力军。

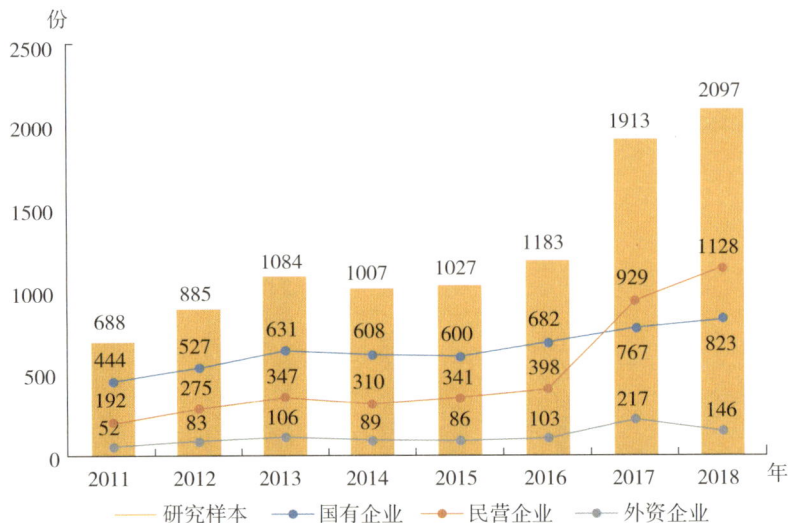

图 10-5　不同性质企业社会责任报告发布情况

　　从报告发布次数来看，2018 年 166 家企业首次发布社会责任报告，798 家企业发布第二份社会责任报告，共占比 46.1%。受港交所《环境、社会及管治指引》"不披露就解释"规定的影响，在 2017 年度首次发布报告的企业，2018 年继续发布了第二份报告。报告发布在 6 次及以上的有 761 家，占比 36.4%。总体来说，我国企业发布社会责任报告的连续性较好，体现了企业对责任管理和实践等信息披露的重视和关注。

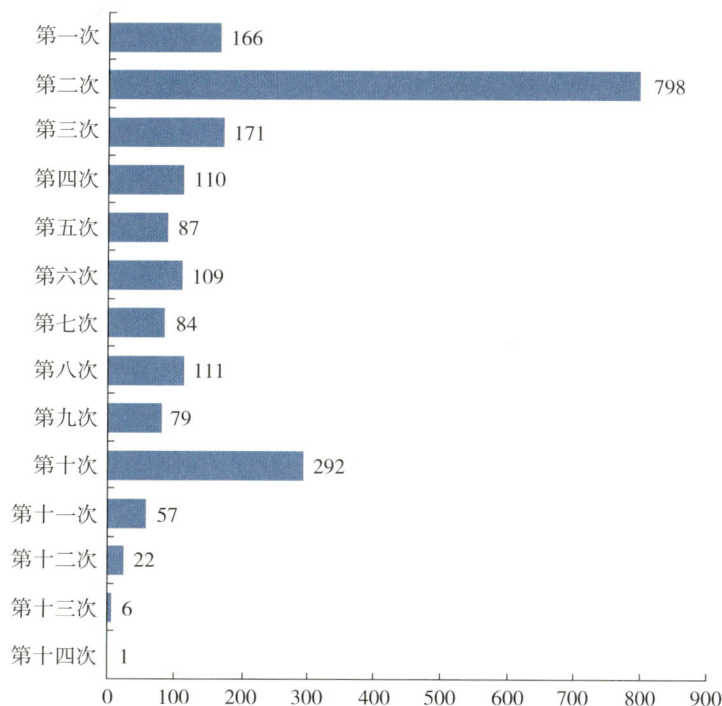

图 10-6　报告发布次数分布

10.1.3　企业社会责任报告类型

10.1.3.1　常规报告

常规报告，即通常所说的综合性社会责任报告，或可持续发展报告，或 ESG 报告，指企业依据国内外社会责任政策、标准，披露企业履行经济责任、环境责任和社会责任的理念、措施和绩效，内容全面，图文并茂。一般而言，综合性社会责任报告为年度社会责任报告，也是目前发布较多的报告类型。

自 2008 年起，华润（集团）有限公司（简称"华润集团"）以利益相关方社会责任理论为依托，连续 12 年编制发布社会责任报告，披露其对股东、员工、客户、环境、伙伴、公众的履责做法和成效，传播"引领商业进步，共创美好生活"的理念，加强利益相关方对公司的深度了解，助力提升运营透明度和品牌美誉度。华润集团除了连续发布集团公司社会责任报告外，积极推动所属单位发布社会责任报告，加强社会责任信息披露系统化管理，打造责任品牌，塑造商业新形象。2018 年，华润集团社会责任信息披露实现三级全覆盖，共发布 32 本独立报告，含集团公司社会责任报告、SBU/ 一级利润中心社会责任报告、大区公司社会责任报告 / 事业部社会责任报告。

10.1.3.2　议题报告

随着人们不断提高对企业社会责任的期望，企业需要披露的社会责任议题也不断拓展。越来越多的企业结合国际可持续发展趋势、国家战略、社会关注焦点、企业自身可持续发展需求等，发布议题专项报告，深度披露企业在某一议题方面的履责做法和成效。如党建报告、创新发展报告、精准扶贫报告、环境报告、公益报告，等等。

（1）精准扶贫报告

党的十八大以来，以习近平同志为核心的党中央把脱贫攻坚摆到治国理政突出位置，广泛凝聚社会各界力量，大力推进精准扶贫方略，确保到 2020 年所有贫困地区和贫困人口一道迈入全面小康社会。作为社会公民，企业认真贯彻落实党中央、国务院关于扶贫开发工作的一系列方针政策和决策部署，主动承担定点扶贫和对口支援任务，帮扶贫困地区提升可持续发展能力。此外，企业在做好精准扶贫工作的同时，积极通过发布精准扶贫报告，向社会披露企业履责信息，传播正能量，带动更多社会力量参与扶贫开发这项伟大事业中。

截至 2018 年，中国石油天然气集团有限公司、中国石油化工集团有限公司、中国南方电网有限公司、中国华能集团有限公司、国家开发投资集团有限公司、中国华电集团有限公司、国家电力投资集团有限公司、华润（集团）有限公司、国投创益产业基金管理有限公司、碧桂园控股有限公司等企业发布扶贫开发或精准扶贫或乡村振兴报告。2017 年，国投首次发布《扶贫白皮书（1995—2017）》，以"家国情怀，社会责任"为主题，全面梳理公司 1995 年成立以来至 2017 年开展扶贫开发工作的做法和成效，获得社会各界的广泛认可和赞誉。

（2）环境报告

党的十八大以来，以习近平同志为核心的党中央高度重视社会主义生态文明建设，并将生态文明建设纳入中国特色社会主义事业"五位一体"总体布局，将生态文明建设融入经济建设、政治建设、文化建设、社会建设各方面和全过程，推动生态文明建设在重点突破中实现整体推进。

助力生态文明建设是企业义不容辞的责任和义务。企业结合自身业务特点，积极研发先进技术、推进节能减排降碳、集约利用能源资源等，努力实现低碳、循环、绿色发展的同时，为守护碧水蓝天、建设美丽中国、应对全球气候变化贡献力量。为进一步增进企业与利益相关方的沟通与交流，越来越多的企业编制发布环境报告，披露企业环境履责信息，提升品牌美誉度。截至 2018 年，中国石油化工集团有限公司、中国南方电网有限公司、中国华电集团有限公司、中国铝业集团有限公司等企业发布环境履责报告，披露企业环境履责信息，提升品牌美誉度。比如，2017 年以来，中铝集团连续 3 年举办降碳节能活动，并发布《降碳报告》，披露企业在绿色管理、开发清洁能源、节能减排、创新绿色科技、应对气候变化、引领行业绿色发展等方面的履责做法和成效，促使利益相关方感知中铝集团的责任担当。

（3）国别报告

21 世纪以来，尤其是共建"一带一路"倡议提出以来，中国企业"走出去"步伐不断加快，海外投资不断增加，在推动海外业务持续发展的同时，坚持负责任经营，带动当地产业链发展、带动当地就业、注重环境保护、开展公益慈善、加强社区关怀等，对东道国经济社会环境的协调发展做出贡献。为进一步增进企业与当地利益相关方的沟通与交流，越来越多的中资企业编制发布全球报告或国别报告，披露企业在全球或东道国（地区）的履责做法和成效，促使当地更加认知和了解企业，提升品牌美誉度。

截至 2018 年，中国石油天然气集团有限公司、中国石油化工集团有限公司、中国海洋石油集团有限公司、中国中钢集团有限公司、中国电力建设集团有限公司、国家开发投资集团有限公司、国家电力投资集团有限公司、中国交通建设股份有限公司、中兴通讯股份有限公司、华为技术有限公司等企业发布全球报告或国别报告或"一带一路"报告。

⭐ **案例**

南方电网连续发布2份海外报告

2017年，中国南方电网有限公司（简称"南方电网"）发布首部国别报告——《中国南方电网社会责任国别报告（老挝）》。报告从奉献优质服务、改善民生水平、推动可持续发展、加强伙伴关系、促进本地化就业五大方面，详细回顾了南方电网在老挝履行社会责任的理念、举措、典型实践和绩效。

2018年，南方电网继《社会责任国别报告（老挝）》后，发布第二份海外社会责任报告——《中国南方电网"一带一路"履责报告》。报告共分为"树立标杆，共谋发展""保障安全，共建生态""融汇文明，共赢成长""惠及民生，共创美好"四大部分，系统回顾了南方电网公司在"一带一路"沿线国家和地区投资运营中履行经济、环境和社会责任的理念、举措、典型案例和绩效。

南方电网通过两份海外社会责任报告，积极回应联合国可持续发展目标，同时让更多利益相关方理解、认可和支持公司的海外事业，感受南网真情。

10.1.4 企业社会责任报告功能

企业社会责任报告的具体功能如下：

（1）防风险

"防风险"指通过编制和发布社会责任报告，满足政府、行业协会、资本市场、研究机构、社会组织、新闻媒体等利益相关方对于企业信息披露的强制、半强制或倡导性要求，避免"合规风险"和"声誉风险"。

（2）强管理

"强管理"指通过编制和发布社会责任报告，在全流程工作推进过程中提升责任管理水平（"以编促管"）；同时，在宣贯理念、发现短板、解决问题过程中强化基础管理水平，进而促进企业持续、健康发展。

（3）促经营

"促经营"指通过编制和发布社会责任报告，一方面为资本市场的研究、评级机构提供充分信息，获得资本市场好评，提升投融资能力和效率；另一方面，通过对重点项目、重点产品社会环境影响的梳理，提升其影响力。

（4）塑品牌

"塑品牌"指通过编制和发布社会责任报告，传递企业社会责任理念、愿景、价值观以及履责行为和绩效，展现企业负责任形象，提升品牌美誉度。

10.2 企业社会责任报告指南

在企业社会责任报告的发展过程中，相关的参考标准不断涌现，不仅包含国内政府部门、监管机构、行业协会、学术机构的指引，还包含国际社会责任领域的标准要求，促进了报告质量的提升。2018 年，中国企业社会责任报告评级专家委员会研究发现，我国发布的 2097 份社会责任报告中，有 1692 份报告披露报告编写的参考标准。其中，925 份报告参考港交所《环境、社会及管治指引》，406 份报告参考全球报告倡议组织《可持续发展报告指南》，311 份报告参考《中国企业社会责任报告指南》，构成我国企业编制社会责任报告最为青睐的三大主流标准。

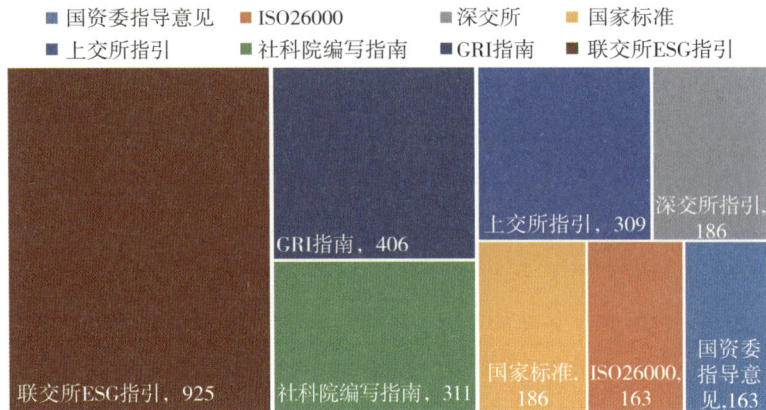

图 10-7　报告参考标准分布（份）

10.2.1　全球报告倡议组织GRI指南

全球报告倡议组织（Global Reporting Initiative，简称 GRI）成立于 1997 年，其发展历程如下：

表 10-1　全球报告倡议组织发展历程概况

时间	关键事件
1997 年	美国的一个非政府组织，对环境负责的经济体联盟（Coalition for Environmentally Responsible Economies）和联合国环境规划署（United Nations Environment Programme）共同发起一个组织，即全球报告倡议组织（Global Reporting Initiative，简称 GRI）
2000 年	GRI 发布第一代《可持续发展报告指南》（G1），这一指南影响了南美、北美、大洋洲、欧洲及日本，有 50 个机构参照《可持续发展报告指南》发布了他们的可持续发展报告
2002 年	GRI 正式成立为一个独立的国际组织，同年在南非约翰内斯堡的世界可持续发展峰会上正式发布了第二代《可持续发展报告指南》（G2）
2006 年	全球报告倡议组织于荷兰阿姆斯特丹发布第三代《可持续发展报告指南》（G3）
2011 年	全球报告倡议组织 GRI 发布了新的可持续发展报告指南 3.1 版，同 GRI3.1 一同发布的还有技术协议，也即适用于报告的内容原则。GRI3.1 涵盖更多的可持续发展领域，更加完善了目前 GRI 的可持续发展报告指南，相比于 GRI3.0，GRI3.1 版新增了关于人权、性别和社区方面的报告指引
2011 年	GRI 发布第四代《可持续发展报告指南》（G4）。新的 G4 指南增加了关于选择实质性议题的详细指南，增强了报告关注点及与当地和区域性报告要求和框架整合的灵活性，引用了对其他国际认可的报告指南文件等
2016 年	全球报告倡议组织发布英文版的 GRI 标准，并于 2018 年 7 月 1 日全面取代 G4 指南

GRI 标准由通用标准（100 系列）、议题专项标准（200 系列—经济议题、300 系列—环境议题、400 系列—社会议题）构成，包含 36 个模块化的独立结构标准，以帮助企业在诸如温室气体排放、能源、水的使用和劳工实践等这些议题上的报告。

GRI 通用标准 100 系列由 GRI 101—103 构成，主要包含报告原则、GRI 标准使用、组织概况、战略、道德和诚信、管治、利益相关方参与、报告实践、报告管理办法等内容。

GRI 议题专项标准 200 系列由 GRI 201—206 构成，主要包含经济绩效、市场表现、间接经济影响、采购实践、反腐败、不当竞争行为等内容。

GRI 议题专项标准 300 系列由 GRI 301—308 构成，主要包含物料、能源、水资源、生物多样性、排放、污水和废弃物、环境合规、供应商环境评估等内容。

GRI 议题专项标准 400 系列由 GRI 401—419 构成，主要包含雇佣、劳资关系、职业健康与安全、培训与教育、多元化与平等机会、反歧视、结社自由与集体谈判、童工、强迫或强制劳动、安保实践、原住民权利、人权评估、当地社区、供应商社会评估、公共政策、客户健康与安全、营销与标识、客户隐私、社会经济合规等内容。

10.2.2 中国社科院《中国企业社会责任报告指南》

为了给中国企业披露社会责任信息、编制社会责任报告提供一个完整的框架和指导，中国社会科学院于 2009 年、2011 年、2014 年分别发布《中国企业社会责任报告编写指南（CASS-CSR1.0）》《中国企业社会责任报告编写指南（CASS-CSR2.0）》《中国企业社会责任报告编写指南（CASS-CSR3.0）》。

为适应新形势、新要求，进一步提升指南适用性和解释力，推动我国企业社会责任报告在更大程度、更广维度发挥价值，2016 年 9 月，中国社会科学院启动《中国企业社会责任报告编写指南（CASS-CSR4.0）》（以下简称《指南 4.0》）修编工作。《指南 4.0》继承了指南 1.0—3.0 的优秀成果，精简《指南 3.0》冗杂的指标，更新部分指标的描述解释，吸纳最新社会责任政策、标准、倡议，结合中国社会责任政策趋势，为企业编制一份高质量的企业社会责任报告提供更加有效的指导。

理论基础：《指南 4.0》创造性地提出企业社会责任"方圆模型"，对过往的"四位一体"企业社会责任模型进行较大幅度改造。该模型一如既往突出了责任管理的重要作用，认为责任管理是企业履行社会责任的重要保障，是企业社会责任的重要内容；同时，对"四位一体"模型中的责任实践部分进行了丰富，纳入了"本质责任"。本质责任不是新的责任领域，而是具体到特定企业，在国家战略、社会需求、行业定位、企业禀赋等综合因素决定下，原有的，归属到市场、社会或环境领域的某些责任议题对国家、社会和企业可持续发展的战略意义凸显。本质责任因企业所处的行业不同而各不相同。

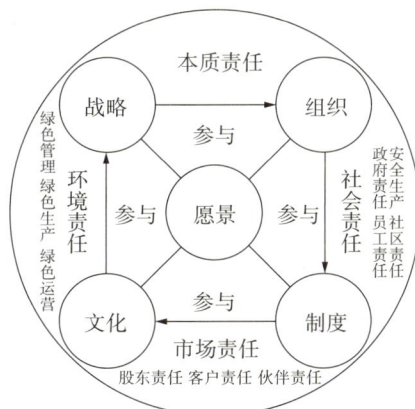

图 10-8 社会责任方圆模型

指标体系：《指南 4.0》通用指标体系所包含的指标是未考虑行业特征性社会责任议题的一般指标，是分行业指标体系的基础。指标体系由六大部分构成：报告前言、责任管理、市场绩效、社会绩效、环境绩效和报告后记。

表 10-2　《指南 4.0》指标体系概览

一级指标	二级指标	一级指标	二级指标
报告前言	报告规范	社会绩效	政府责任
	报告流程		员工责任
	责任聚焦		安全生产
	企业简介		社区责任
责任管理	愿景	环境绩效	绿色管理
	战略		绿色生产
	组织		绿色运营
	制度	报告后记	未来计划
	文化		关键绩效表
	参与		企业荣誉表
市场绩效	股东责任		报告评价
	客户责任		参考索引
	伙伴责任		意见反馈

10.2.3　港交所《环境、社会及管治报告指引》

香港联合交易所于 2015 年 12 月 21 日发布《环境、社会及管治报告指引》（简称"新《指引》"）的咨询文件，确认了对《上市规则》的修改内容，要求在港上市公司须每年披露环境、社会及管治报告。报告原则为重要性、量化、平衡、一致性。

新《指引》分为环境和社会两大范畴，范畴 A 环境下有 3 个层面，范畴 B 社会下有 8 个层面。在 2011 年《指引》的基础上，新《指引》上升到了"不遵守就解释"的半强制性高度。新《指引》的披露责任要求分为两个层次：（a）"不遵守就解释"；及（b）建议披露。如果企业没有对被列为"不遵守就解释"的指标进行披露，则需在其环境、社会及管治报告中解释原因。强制性的要求对于促进联交所上市公司加强社会责任管理、防范 ESG 风险起到了更加积极的推动作用。

表 10-3 《环境、社会及管治报告指引》指标对照表

	不遵守就解释		建议披露
A. 环境			
A1 排放物	一般披露		
	关键绩效指标 A1.1		
	关键绩效指标 A1.2		
	关键绩效指标 A1.3		
	关键绩效指标 A1.4		
	关键绩效指标 A1.5		
	关键绩效指标 A1.6		
A2 资源使用	一般披露		
	关键绩效指标 A2.1		
	关键绩效指标 A2.2		
	关键绩效指标 A2.3		
	关键绩效指标 A2.4		
	关键绩效指标 A2.5		
A3 环境及天然资源	关键绩效指标 A3.1		
B. 社会			
雇佣及劳工准则			
B1 雇佣	一般披露		
		关键绩效指标 B1.1	
		关键绩效指标 B1.2	
B2 健康与安全	一般披露		
		关键绩效指标 B2.1	
		关键绩效指标 B2.2	
		关键绩效指标 B2.3	
B3 发展及培训	一般披露		
		关键绩效指标 B3.1	
		关键绩效指标 B3.2	
B4 劳工准则			
		关键绩效指标 B4.1	
		关键绩效指标 B4.2	
运营惯例			
B5 运营商管理	一般披露		
		关键绩效指标 B5.1	
		关键绩效指标 B5.2	

续表

	不遵守就解释		建议披露
B6 产品责任	一般披露		
		关键绩效指标 B6.1	
		关键绩效指标 B6.2	
		关键绩效指标 B6.3	
		关键绩效指标 B6.4	
		关键绩效指标 B6.5	
B7 反贪污	一般披露		
		关键绩效指标 B7.1	
		关键绩效指标 B7.2	
社区			
B8 社区投资	一般披露		
		关键绩效指标 B8.1	
		关键绩效指标 B8.2	

10.3 企业社会责任报告编制流程

作为社会责任管理体系中的重要专项工作，社会责任报告编制具有特殊和完整的流程。主要包括：组织、策划、界定、启动、研究、撰写、发布、总结 8 项要素（见图 10-9）。重视和加强流程管控，不断优化和做实报告编制过程，能够有效提升社会责任报告的质量。

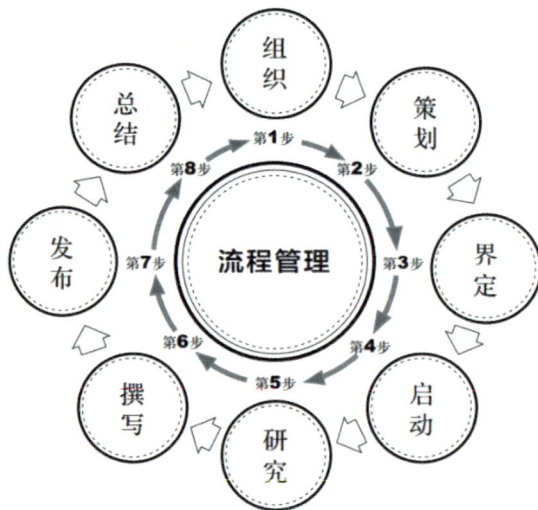

图 10-9 企业社会责任报告流程管理模型

10.3.1 组织

10.3.1.1 工作组组成原则

社会责任报告编制工作组是报告编制工作的责任主体，参与并主导报告编制的全过程。工作组的组成、运作水平将直接决定报告编制的效率与质量。工作组的组成应秉承以下原则：高层参与，担任最高负责人；外部专家与内部人员结合，保障报告专业性；注重团队稳定性，保证工作的连续性。

10.3.1.2 工作组职责分工

社会责任报告编制工作组成员分为核心团队和协作团队两个层次。其中，核心团队包括企业高管、牵头部门和社会责任专家；协作团队包括总部各部门 CSR 联络员、下属单位 CSR 联络员。由于角色和重要性不同，在报告编制的不同阶段，工作组组成人员的分工和职责各异（见图 10-10）。

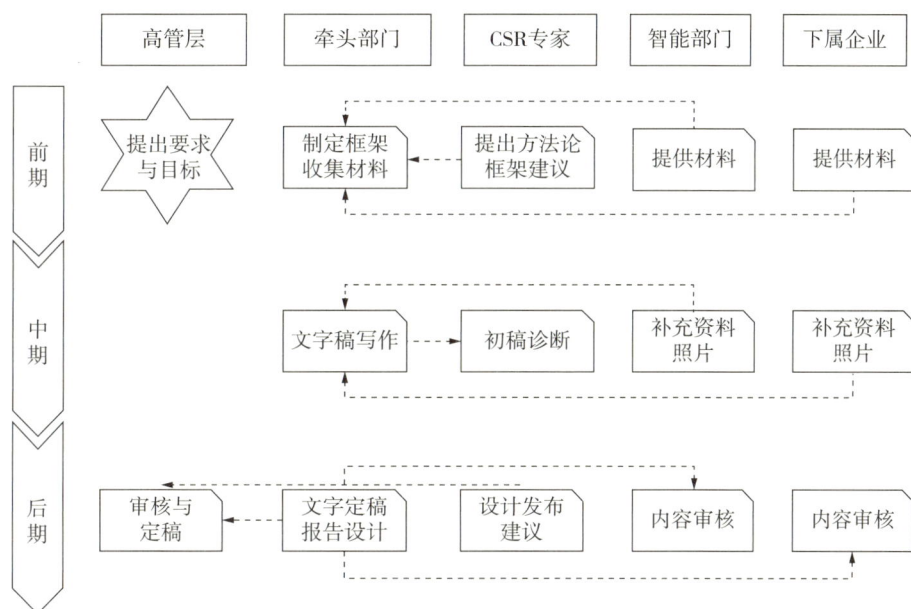

图 10-10 工作组成员与分工

10.3.1.3 工作组运作机制

要构建一支能力突出、尽职高效的工作团队，并有效发挥工作组的价值，必须不断完善运作机制，确保工作组成员在素材搜集、智力支持、沟通协调方面充分发挥主动性和创造性。具体来说，主要包括专项会议、日常沟通、激励约束等。

10.3.2 策划

10.3.2.1 明确功能定位

工作组成立后，报告编制工作拉开帷幕。对报告进行系统策划成为工作组面临的第一要务。但在策划报告前，企业必须先思考报告编制工作希望达成的目标，并分清主要目标和次要目标，进而对报告进行明确定位。在此基础上，才能针对性地策划报告的内容、风格、流程、工作重点和资源匹配等问题。具体来说，企业对社会责任报告的定位主要包括合规导向、品牌导向、管理导向。

10.3.2.2　报告短期策划

好的顶层设计是提升报告编制水平的重要保障。短期策划主要针对当年度社会责任报告，包括主题、框架、创新、时间等要素的策划。

表 10-4　报告短期策划要素详解

	意义	策划的要点	思路或案例
主题	主线串联 形散神聚	文化元素导入	借鉴或应用企业已有的愿景、使命、价值观构思报告主题，如华润集团的报告主题为"与您携手、改变生活"
		责任元素导入	借鉴或应用企业已有的社会责任理念或口号构思报告主题，如南方电网的报告主题为"万家灯火、南网情深"
		价值元素导入	紧贴经济、社会和行业发展需求，通过凸显企业价值主张构思报告主题，如中国电子的报告主题为"链接幸福世界"
框架	提纲挈领 彰显特色	经典理论型	按照"三重底线""五大发展"、利益相关方等经典社会责任理论，完整借鉴或升级改造后，形成社会责任报告框架
		特色议题型	梳理出由企业特定的行业、定位、属性、发展阶段等要素决定的重大性社会责任议题，直接形成社会责任报告框架
		责任层次型	对企业所承担的社会责任进行重要性辨析，划分层级，形成框架，如中国电子："唯一性责任——第一性责任——之一性责任"；按照社会责任影响的范围与可及性构思报告框架，常见的有"企业—行业—社会—环境"及在此基础上的改进类型
		行动逻辑型	对企业履行社会责任的行动逻辑进行阶段切分，形成框架，常见的有"理念—战略—管理—实践—绩效"及在此基础上的改进类型
		功能划分型	为满足沟通、合规等不同功能要求，用上下或上中下篇来构思报告框架。如民生银行：上篇责任故事，下篇责任实践
		主题延展型	用解读和延展报告主题内容构思报告框架。如光大银行：报告主题为"力·道"，框架为"风险防控力，持续发展之道；经济推动力，金融普惠之道；阳光服务力，客户信任之道……"
		剑走偏锋型	按照充分发挥思维创意的原则，结合企业特有的战略、文化、行业属性、商业生态等要素，构思极具个性化的框架，凸显辨识度。如阿里巴巴："责任之本、本立道生、道生万物"
创新	匠心独具 提升质量	报告体例	各章节通过构思相同的内容板块、表达要素或行文风格，凸显报告的系统性和整体感，同时确保章节自身履责逻辑完整、连续、闭环，报告内容丰富、亮点突出。如中国电科，各章都按照"新布局、新实践、新成效"来展开论述
创新	匠心独具 提升质量	报告内容	紧跟社会责任发展的宏观形势，立足国家改革发展的新政策、新要求、新方向，结合企业转型升级的重大战略、创新推出的拳头产品服务以及年度重大事件策划报告内容，确保战略性与引领性。同时，适时适当延伸，增强内容的知识性、趣味性
		表达方式	应用多种表达方式，让报告更简洁、更感人、更悦读。常见的有将文字变为"一张图读懂……"；将常规案例变综合案例，把故事说深、说透、说动人；使用有冲击力、生动具象的图片等

续表

	意义	策划的要点	思路或案例
时间	详细计划统筹推进	时间分配	组织和策划、界定与启动、撰写与发布、总结与反馈4个环节，时间一般按照15%、15%、60%、10%进行时间分配
		推进方式	报告周期大于6个月，按月制订推进计划；报告周期4—6个月，按周制订推进计划；报告周期小于3个月，按日制订推进计划
		效率提升	时间规划要预留出节假日、资料搜集、部门会签、领导审核等不可控因素，通过工作梳理实现相关流程和事项并行

10.3.2.3　报告长期策划

长期规划体现了企业对报告编制工作的战略思考，是在更长的周期里，明确报告编制的目标、路径和支撑体系。具体包括报告体系、设计风格、管理制度等。

表10-5　报告短期策划要素详解

	意义	策划的要点	思路或案例
报告体系	系统披露立体沟通	内容	从内容看，社会责任报告包括常规报告、专题报告、国别报告等。如中国华电：先后编制城市供热报告、分布式能源报告、应对气候变化报告等，组成了内容丰富的社会责任报告体系
		形态	从形态看，社会责任报告包括全版报告、简版报告、PDF报告、H5报告、网页报告、视频报告等。质版报告PDF版报告是主要形态，H5报告和视频报告渐成趋势
		周期	从周期看，社会责任报告包括年度报告、季度报告、专项报告、日常报告等，企业应根据沟通频率需求，确定报告周期组合
设计风格	传承特色打造品牌	横向延续	一定周期内（3—5年），保持社会责任报告视觉风格和创意要素的一致性、渐进性，形成有辨识度的设计。如中国交建，"十三五"时期报告在统一视觉风格和设计元素下延展
		纵向一致	若下属单位编制社会责任报告，可根据需要统筹集团报告和下属单位报告设计风格。让全集团社会责任报告以统一形象展示
管理制度	建章立制夯实基础	建立制度	报告编制前或编制实践过程中，完善编制体制机制，以正式制度形式，对报告编制进行内容释义、流程固化和执行分工。如中国海油，2017年初发布《可持续发展报告编制管理细则》

10.3.3　界定

10.3.3.1　构建议题清单

议题清单的导入质量决定了企业是否能够以及在多大程度上能够识别出自身的重大性社会责任议题。因此，构建一个全面、科学、与时俱进的议题清单至关重要（见表10-6）。议题清单的识别来源于企业对社会责任背景信息的分析，在构建议题清单的过程中，需要分析信息类别和信息来源（具体可见第9章表9-5）。

表 10-6　议题清单的组成要求

	释义	控制点
全面	覆盖企业内外部利益相关方诉求和有影响力的社会责任政策、标准、倡议所要求的责任要素	广泛度
科学	以企业的行业、属性、发展阶段为基本立足点，纳入与企业自身社会责任活动相关的议题	精确度
与时俱进	紧跟国内外社会责任发展趋势以及经济社会发展的最新战略方向和现实需求	准确度

10.3.3.2　界定实质性议题

构建了社会责任议题清单后，企业可以通过"对企业可持续发展的重要性"和"对利益相关方的重要性"两个维度，对议题进行排序，界定出实质性议题（如图 10-11 所示）。

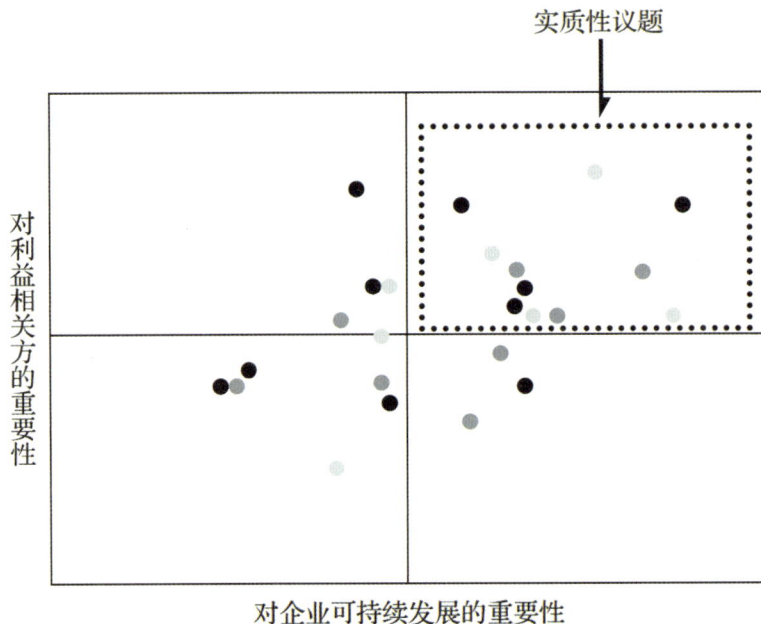

图 10-11　实质性议题筛选模型

如何判定议题对企业可持续发展的重要性以及对利益相关方的重要性，需要采取多种理论、工具和方法。要判断议题对利益相关方是否重要，需要股东、客户、合作伙伴、政府、员工、社区代表等利益相关方的参与。可以采取有针对性的利益相关方访谈，也可大范围发放议题调查问卷，还可综合采取以上两种方式。要判断议题对企业可持续发展是否重要，则可参考表 10-7 的原则标准。

表 10-7　议题对企业可持续发展的重要性判别标准

类别划分	类别划分	类别划分
服从区	底线要求，企业必须要做的事，否则会影响企业生存	五星
选择区	对企业品牌有价值，但对企业核心业务的促进作用不明显	一至四星
结构区	对社会有价值，但对企业价值不明显	一至四星
战略区	极富社会公共价值，又能发挥企业专业优势，强化自我，形成壁垒	五星

在初步筛选出一定规模的实质性议题后，应征询内外部专家意见，并依照专家意见进行微调后，报送企业可持续发展领导机构审核批准。

在实质性议题得到企业可持续发展领导机构审批后，企业应对重大性议题进行应用和管理。在企业社会责任报告中集中重点披露重大性议题的界定过程和企业在重大性社会责任议题方面的管理、实践和绩效，并对议题进行定期更新升级。

10.3.4　启动

10.3.4.1　召开启动会

启动会是社会责任报告编制的重要环节和仪式，需要企业高层领导出席，报告编制工作组全体成员参加。启动会主要完成两项工作，即能力培训和工作部署。能力培训即是向全体人员进行培训，培训内容主要为什么是社会责任和社会责任报告，为什么要履行社会责任和发布社会责任报告，如何履行社会责任和编制社会责任报告，社会责任发展的宏观形势等。工作部署即是社会责任报告编制思路、框架、材料收集、时间进度等进行相关说明。

10.3.4.2　签发启动通知

一些企业通过"签发启动通知"的方式来启动年度社会责任报告编制工作。通知要素包括：总体要求、组织及前期准备工作、编写内容要求、发布与传播要求、设计和咨询辅导等。

10.3.5　研究

10.3.5.1　研究内容

社会责任报告是规范、专业、展现企业价值的沟通工具，在报告撰写前，企业必须围绕"规范性""专业性"和"价值性"进行基础研究，占有大量报告撰写所需的素材和方法，能够提升报告编写的质量和效率。研究的内容包括：

（1）指标体系

社会责任报告必须符合相关标准的规范性要求。企业可从权威性、针对性和操作性三个维度综合选择确定自身参考的报告编写标准。然后对报告参考标准中的具体指标进行研究，并围绕指标准备素材。具备条件的企业，可以研发企业自身的社会责任报告指标体系，将指标固化、内化。指标研发遵循以下原则：

> ➤ 综合参用国内外权威标准的指标内容；
> ➤ 与企业已有的经营管理指标尽量结合；
> ➤ 围绕主要业务板块策划企业特色指标；
> ➤ 区分定性指标和定量指标，短期指标和长期指标；
> ➤ 数量适中，每个指标都能有对应部门落地实施。

（2）工作亮点

工作亮点即企业在报告期内社会责任管理和实践领域的创新做法、突出成绩及典型案例，是企业经济、社会和环境价值的集中承载，是报告中需要着重突出的内容，梳理、总结和挖掘年度工作亮点意义重大。它涵盖责任管理、本质责任、市场责任、社会责任和环境责任等方方面面。梳理工作亮点秉承以下原则：

> ➤ 全人类共同关注和致力于解决的；
> ➤ 符合国家战略且取得成绩的；
> ➤ 有重大创新，引领行业甚至世界的；
> ➤ 有重大突破，显著弥补过往短板的；
> ➤ 形成了特色、体系和模式的；
> ➤ 具有高度社会、环境价值的。

（3）报告技巧

研究和采用丰富的报告编制技巧，能够显著提升社会责任报告出彩的概率。企业在编制报告过程中需要重点把握的编制技巧包括：

> ➤ 体现报告的前瞻性与引领性；
> ➤ （建模）体现报告的理论性与系统性；
> ➤ 确定报告主题，并使主题成为主线；
> ➤ 搭建报告体例，并使体例成为暗线；
> ➤ 处理"简明扼要"与"生动表达"之间的关系；
> ➤ 处理"共性"与"个性"的关系；
> ➤ 处理"传承"与"创新"的关系；
> ➤ 处理"国际化"与"本土化"的关系；
> ➤ 提升报告的交互性；
> ➤ 与众不同。

10.3.5.2 研究方法

为全面深入了解指标、亮点工作和报告技巧，企业可综合采用文献分析、调研访谈和对标研究方法。其中文献分析主要对应指标和亮点工作研究；调研访谈主要对应亮点工作研究；对标研究主要对应报告技巧研究。

（1）文献分析

研究报告指标时，参考文献主要包括：社会责任国际主流标准、社会责任国内主流标准、政府部门和资本市场的社会责任政策要求、行业协会的社会责任倡议标准、其他研究机构的标准、企业自身经营管理指标等。

研究工作亮点时，参考文献主要包括：

> ➤ 董事长、总经理年度重大会议讲话（如半年工作会、年度工作会）；
> ➤ 职能部室年度工作总结；
> ➤ 下属单位年度工作总结；
> ➤ 专题简报（如安全生产、节能减排、精准扶贫等）；
> ➤ 报纸、刊物；
> ➤ 企业志及其他内部出版物；
> ➤ 重要影像资料（如企业宣传片）；
> ➤ 其他。

（2）调研访谈

从报告编制的角度看，调研访谈的主要目的是挖掘企业年度社会责任工作亮点。除此之外，前头部门也可利用调研访谈的机会，向被调研、被访谈单位和对象进行社会责任理念宣贯和社会责任工作意见征求等。调研访谈的对象包括企业高层领导、职能部室、下属单位和利益相关方。

（3）对标研究

对标是社会科学中经常采用的研究方法。对标研究的关键在于，确定与谁对标及对标什么？即选取对标对象和对标维度。社会责任报告对标的维度主要参考报告技巧的研究内容，如报告主题选取、框架搭建、体例设计、表达方式等。除此之外，企业在对标报告写作技巧的过程中，也可就相关企业的社会责任管理情况进行对标，为提升企业社会责任管理水平奠定基础。选取对标对象原则如下：

> ➢ 社会责任工作领先企业，如中国社会责任发展指数领先企业、入选 DJSI 企业等；
> ➢ 社会责任报告获奖企业，如社科院五星级报告、CRRA 获奖报告企业等；
> ➢ 行业中影响力大的企业，如行业中规模前 5 企业；
> ➢ 国内与国外企业兼顾，适度侧重国外企业；
> ➢ 行业内与行业外企业兼顾，适度侧重行业内企业；
> ➢ 对标对象在精不在多，深度对标的企业数量控制在 10 家左右为宜。

10.3.6 撰写

10.3.6.1 确定撰写方式

根据社会责任发展的不同阶段和实际情况，企业可以采取两种报告撰写方式，即核心团队撰写（牵头部门 + 外部专家）和部门分工撰写，具体见表 10-8。

表 10-8 报告撰写方式

类别	释 义	适合企业	关键要素	优点
核心团队撰写	以社会责任牵头部门和外部专家组成的核心团队为主，撰写社会责任报告。职能部室和下属单位负责提供素材和审核内容	起步期企业	深度挖掘素材精准语言表述	降低风险提高效率
部门分工撰写	以职能部室为主，按职能条线分工撰写社会责任报告。核心团队规定编制要求、制定版位表、开展培训和汇总统稿。下属单位向集团各职能部室分别提供相关素材支撑并审核内容	成熟期企业	稳定的人员精确的版位表高质量的培训强有力的管控	完善机制形成合力培育文化

10.3.6.2 明确撰写流程

社会责任报告从初稿撰写到文字定稿，是多次修改完善，数易其稿的结果。从过程上看，包括：素材搜集、报告分工、初稿撰写、初稿研讨、素材补充、修改完善、报告统稿、部门会审、修改完善、领导审核、修改完善、文字定稿。

10.3.6.3 搜集撰写素材

充足、有针对性的素材是报告质量的保证。企业在收集报告编写素材时可采用但不限于下发资料收集清单和开展研究。资料清单的要点是：

> ➢ 针对不同部门和单位制作针对性清单；
> ➢ 内容包括定量数据、定性描述（制度、举措）、优秀案例、利益相关方评价、照片和影像等；
> ➢ 填报要求要清楚、翔实，如数据要规定年限，定性描述要规定描述的维度和字数；
> ➢ 优秀案例要规定案例的撰写要素和字数，图片要规定大小等；
> ➢ 有明确的填报时间要求；
> ➢ 明确答疑人员及其联系方式。

10.3.7 发布

10.3.7.1 选择发布时间

为确保社会责任报告的时效性，原则上一般在每年的 6 月 30 日前发布上一年度社会责任报告，但没有强制要求。另外，资本市场对上市公司社会责任报告发布时间有一定要求，如上海证券交易所要求上市公司与年报同步发布社会责任报告，香港联合交易所要求上市公司在年报发布 3 个月内发布社会责任报告。除此之外，企业可根据自身需要，灵活选择社会责任报告发布时间。发布时间结合公司重大纪念日或全球、国家的主题节日能够产生较为广泛的社会影响。

10.3.7.2 确定发布方式

当前，社会责任报告最主要的发布方式有两种，第一种是挂网发布；第二种是召开发布会。同时，企业还可根据需要进行重点发布，如表 10-9 所示。

表 10-9　社会责任报告发布方式

类别	释　　义	优点	缺点
挂网发布	将定稿的电子版报告上传企业官网或以官微推送，供利益相关方下载阅读。这是报告最常见的发布形式	成本低 难度小	影响小
召开发布会	可分为专项发布会和嵌入式发布会。专项发布会即专门为发布报告筹备会议，邀请嘉宾和媒体参与；嵌入式发布会即将报告发布作为其他活动的一个环节如企业半年工作会、企业开放日等	影响大	成本较高 工作量较大
重点发布	对于重要的利益相关方（高度关注企业或企业高度关注），将社会责任报告印刷版直接递送或将社会责任报告电子版或网站链接通过邮件推送	影响精准	需跟其他方式 组织发布

10.3.7.3　策划发布会

企业必须对发布会进行精心策划，才能达到理想的效果。通常包括嘉宾策划、材料策划、宣传策划、设计策划、会务策划等，如表 10-10 所示。

表 10-10　发布会考虑要素

类别	释　义
嘉宾	企业内外 VIP 嘉宾邀请，参会嘉宾邀请等
材料	议程、邀请函、领导讲话稿、主持词、流程 PPT、现场展示材料等
宣传	媒体邀请、预热稿、新闻通稿、后期系列宣传稿等
设计	主视觉、现场展板、KT 版、易拉宝等
会务	场地、礼仪、物料、餐饮、小礼品等

10.3.8　总结

10.3.8.1　准备复盘材料

对报告编制的全过程进行回顾，对报告预设目标的达成情况进行评估，对内容和形式上的创新与不足进行总结，既是报告编制流程管理的必要环节，也是循环提升报告编制质量的有效方式。复盘材料应包括但不限于以下内容：

> ➢ 报告编制全流程工作回顾；
> ➢ 报告的主要创新点；
> ➢ 报告取得的成绩；
> ➢ 报告编制存在的不足（包括流程控制、沟通协调、内容形式、沟通传播等）；
> ➢ 下一年报告编制工作的初步设想；
> ➢ 下一年社会责任整体工作的初步设想。

10.3.8.2　召开复盘会议

复盘材料准备完毕后，择机召开报告复盘会。在组织复盘会时应注意考虑以下因素：

> ➢ 复盘会时间：原则上报告发布 1 个月内；
> ➢ 复盘会参与人员：核心团队（牵头部门 + 外部专家）必须参加；高层领导原则参加；
> ➢ 工作组其他人员（职能部室、下属单位、利益相关方）建议参加；
> ➢ 复盘会形式：工作负责人主题发言 + 参会人员充分讨论；
> ➢ 复盘会结果：形成会议总结和工作决议。

10.3.8.3　反馈复盘结果

在报告编制复盘会后，企业应向外部利益相关方和内部相关职能部室和下属单位进行反馈。反馈的主要形式包括但不限于会议、邮件、通信等。反馈的内容主要是本次报告对内外部利益相关方期望的回应、报告编制工作的得失和未来社会责任报告编制及社会责任整体工作的行动计划。

10.4 企业社会责任报告质量评价

一份企业社会责任报告的质量，可以从过程性、实质性、完整性、平衡性、可比性、可读性、创新性七大指标进行评价。

10.4.1 过程性

过程性即社会责任报告全生命周期管理，是指企业在本报告期内进行社会责任报告编写和使用的全过程中对报告进行全方位的价值管理，充分发挥报告在利益相关方沟通、企业社会责任绩效监控中的作用，将报告作为提升公司社会责任管理水平的有效工具。过程性涉及在本报告期内企业是否按照社会责任报告全生命周期管理中的组织、策划、界定、启动、研究、撰写、发布和总结八个过程要素编制报告。

比如，中国华电集团办公厅新闻中心牵头成立报告编写组，高层领导把控报告编写关键环节；企业将报告定位为回应利益相关方期望、提升企业品牌形象、满足信息合规披露的工具；通过公司重大事项、国家相关政策、行业对标分析、利益相关方访谈等识别实质性议题；计划召开专项发布会发布报告，将以电子版、印刷品、H5版、简版、视频版等形式呈现报告，并将结合"'度度关爱'社会责任月"系列活动对报告进行传播，具有卓越的过程性表现。

10.4.2 实质性

实质性是指报告披露企业在本报告期内的可持续发展的关键性议题及其识别过程，以及企业运营对利益相关方的重大影响。具体来说，企业社会责任报告披露内容的实质性由企业所属行业、经营环境和企业的关键利益相关方等决定。企业需对关键性议题进行识别，并做重点披露。

1.公司治理	12.员工本地华
2.正道经营	13.职业健康与安全
3.合规经营	14.职业发展
4.风险管理	15.青少年关爱
5.产品质量与服务	16.社区贡献
6.科技创新	17.节能减排与应对气候变化
7.Solution Partner 解决方案	18.绿色产品研发
8.客户隐私与信息安全	19.危险化学品管理
9.供应链管理	20.水资源管理
10.安全生产	21.循环经济
11.劳工权益与保护	22.环保公益

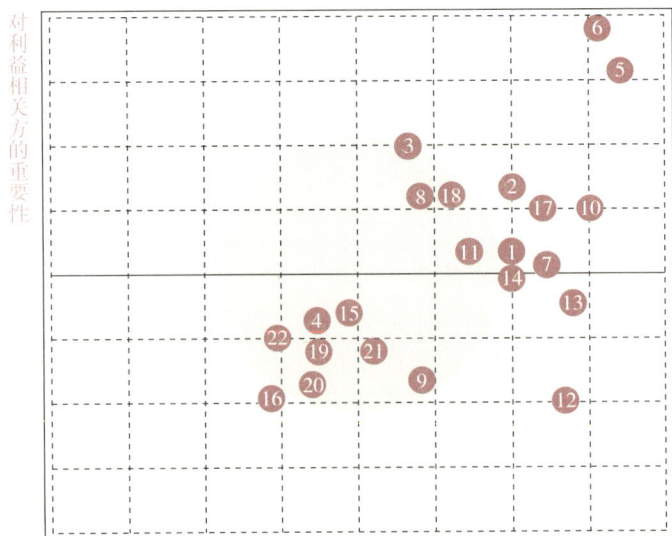

图 10-12　LG 化学社会责任议题矩阵

10.4.3　完整性

完整性是指社会责任报告所涉及的内容较全面地反映企业在本报告期内对经济、社会和环境的重大影响，利益相关方可以根据社会责任报告知晓企业在报告期间履行社会责任的理念、制度、措施以及绩效。

比如，《中国电力建设集团有限公司 2017 年社会责任报告》主体内容从"凝心创新　聚力品牌责任""凝心合作　聚力开放责任""凝心关爱　聚力人才责任""凝心环保　聚力绿色责任""凝心助困　聚力扶贫责任"等方面系统披露了所在行业　核心指标的 83.9%，完整性表现领先。

10.4.4　平衡性

平衡性是指企业社会责任报告应中肯、客观地披露企业在本报告期内的正面信息和负面信息，或客观分析企业经营过程中面临的风险和机遇，以确保利益相关方可以对企业的整体业绩和可持续发展能力进行准确的评价。

例如，《中国石油化工集团有限公司 2018 社会责任报告》披露了"涉油犯罪案件""损害生物多样性事件"等负面数据信息，并就"某网络节目认为中国石化汽油颜色有偏差，质疑油品质量"事件作出详细回应。

案例：成品油颜色无关质量，国六标准并肩国际标准

2018年，一档网络节目将德国汽油和中国石化汽油做了对比，发现二者颜色不同，中国石化汽油颜色偏黄，于是便得出结论："从颜色上可见，中国石化的汽油就像没有加工好的半成品一样"。针对观众和广大消费者关于中国石化油品质量的质疑，中国石化回应：成品油颜色和质量没有关系。

●汽油的颜色各有不同

一方面，不同产油地开采出的油所含成分及其比重不同，颜色自然不同；另一方面，同标号油品颜色的差异和炼厂的加工工艺不同有关；第三，油品存放油库不同、存放时间长短不同，也会导致颜色不同。

无论是国内还是国外，汽油生产一般都由催化汽油、重整汽油、烷基化油等调和而成，正常的颜色是淡黄色，也有因为没有催化装置生产的汽油是无色的。所以淡黄色、淡黄绿色和无色都是正常的汽油颜色，并不能通过颜色确定汽油的性质。油品检测和油品标准是既定统一的，颜色的差异事实上并不能说明品质的好坏。

●汽油颜色差别无关质量高低

据国家标准化管理委员会2016年12月23日最新发布实施的车用汽油国家标准，对汽油外观的技术要求仅有无机械杂质及水分一项，并没有颜色方面的指标。欧盟标准、美国标准等国际标准方面也没有对车用汽油的颜色提出明确标准，汽油颜色差别也无关质量。

●中国油品标准和欧盟一致

目前，欧洲已经全面执行欧六汽油标准，但依然要求汽油中添加清洁剂，以清除发动机内的积碳。而中国的汽油标准是国六标准，是世界上标准要求最高的汽油之一。相较于国五车用汽柴油标准，国六车用汽柴油标准全面达到欧盟现阶段车用油品标准水平，个别指标超过欧盟标准。

扫一扫，了解更多关于油品质量回应的信息

图 10-13　中国石化油品质量回应

10.4.5　可比性

可比性是指报告对信息的披露应有助于利益相关方对企业的责任表现进行分析和比较。可比性体现在两个方面：纵向可比与横向可比，即企业在披露相关责任议题的绩效水平时既要披露企业历史绩效，又要披露同行绩效。

⭐ **案例**

中国华能集团有限公司 2018 年可持续发展报告可比性

《报告》披露了"装机容量""发电量""低碳清洁能源比重""厂用电率""上缴税金""全年吸纳就业人数"等 42 个指标连续 3 年及以上的对比数据；并通过"世界企业 500 强排名第 289 位""中国企业社会责任发展指数 300 强第 6 名""中国煤炭产量 50 强第 12 位"等进行横向比较，可比性表现卓越。

经济责任绩效						
指标名称	单位	2014 年	2015 年	2016 年	2017 年	2018 年
装机容量	万千瓦	15149	16063	16554	17182	17657
火电装机容量	万千瓦	11867	12348	12662	12928	12869
发电量	亿千瓦时	6461	6146	6216	6496	7026
煤炭产能	万吨／年	8660	8330	6733	7790	7760
煤炭产量	万吨	7418	6515	6220	7107	7086
资产总额	亿元	9282	9719	10029	10396	10733
营业总收入	亿元	2921	2682	2461	2607	2786
利润总额	亿元	268	306	139	119	144

图 10-14　中国华能经济绩效可比数据

10.4.6　可读性

可读性指报告的信息披露方式易于读者理解和接受。主要体现在报告获取方式多元，如可通过发放、邮寄、网站、微博、微信、二维码等方式获取；结构清晰，条理清楚，篇幅适中，板块平衡；语言流畅、简洁、准确、通俗易懂；通过流程图、数据表、图片等使表达形式更加直观；对术语、缩略词等专业词汇做出解释；方便阅读的排版设计，图片清晰，且有文字说明；案例脉络清晰，叙事完整，切合主题，表述感人；通过第三方讲述或评价使得报告表述形式更加丰富，内容更加可信。

例如，《现代汽车集团（中国）2017 社会责任报告》主题为"携手共创更好未来"，以"携手"为主线，围绕"顾客、员工、伙伴、环境、社会"五大利益相关方展开叙述，章节布局清晰，诠释了企业对履行社会责任的深刻理解和价值追求；开篇设置"责任聚焦"板块，通过"2017 履责轨迹"聚焦企业履责重点实践，彰显了企业履责的引领性和报告内容的时代感；设置"责任专题"板块，重点呈现企业在关键议题上的履责实践和成效，提升了报告的可读性和趣味性；多处嵌入二维码进行影像化延伸，强化了报告的传播性和沟通力，具有卓越的可读性表现。

10.4.7 创新性

创新性是指企业社会责任报告在内容或形式上具有重大创新。将报告内容、形式与国内外社会责任报告以及企业往期社会责任报告进行对比，判断其有无创新，以及创新是否提高了报告质量。

比如，《中国建筑股份有限公司 2018 可持续发展报告》设置"建证·改革开放伟大历程""建证·脱贫攻坚伟大事业"和"建证·'一带一路'伟大倡议"三个专题，聚焦改革开放、精准扶贫、"一带一路"等热点时政议题，彰显了中央企业贯彻宏观政策的责任担当与价值追求；主体章节回应联合国可持续发展目标 SDGs，展示重点议题的履责成效，凸显了企业的全球视野；报告封面设计以"红蓝交织的眼瞳"符号为主元素，诠释企业持续把政治优势转化为发展优势，把传承于历史文化的"红色基因"转化为企业的"蓝色力量"的丰富内涵，寓意高远。

🔔 **典型案例**

黄金品质　黄金为民——中国黄金责任始于实践，汇于报告

一、公司简介

中国黄金集团有限公司（以下简称"中国黄金"）是我国黄金行业唯一一家中央企业和最大的黄金企业，是中国黄金协会会长单位、世界黄金协会在中国的首家董事会成员单位、世界黄金协会中国委员会主席单位，以及"上海金"首批提供参考价的成员单位。

中国黄金的前身中国黄金总公司成立于 1979 年，与中国人民解放军基建工程兵黄金指挥部、冶金工业部黄金管理局合署办公，管理全国的黄金地质勘探、生产建设、科研设计等工作。2003 年 1 月，经国务院批复同意组建中国黄金集团公司，2017 年年底由全民所有制企业改制成为公司制企业。

中国黄金的主业是：贵金属及伴生金属资源开发、冶炼、加工、贸易；辐照加工业；相关工程技术服务。中国黄金具有完整的上下游产业链优势，拥有行业内唯一的国家级黄金研究院、设计院和自主创新的生物氧化提金、原矿焙烧提金等重大核心技术。同时，还拥有国内 AAA 最高信用评级，穆迪和标普公司两大国际评级机构对中国黄金长期信用评级为 Baa3 和 BBB，展望为稳定，与国际一流黄金公司保持在同等水平。"中国黄金"品牌已经被国家工商总局注册，投资金条及黄金珠宝营销网点 2000 多家，遍布全国大中城市。目前，中国黄金下设中金黄金、中金香港、中金珠宝、中金建设、中金资源、中金辐照、中金贸易七大业务板块，以及内蒙古矿业公司、贵州锦丰公司等骨干企业和中国黄金报社等文化传媒企业，并拥有两家

上市公司，分别是境内 A 股上市公司"中金黄金"和加拿大、中国香港两地上市公司"中金国际"。中国黄金经过摸索起步、快速发展、战略转型，已逐步发展成为集地质勘探、矿山开采、选矿冶炼、产品精炼、加工销售、科研开发、工程设计与建设于一体的大型矿业公司。

二、社会责任报告基本情况

作为中央企业，中国黄金历来重视履行社会责任，但和大多数国内企业一样，由于早期缺少专业的理论指导，各项工作独立开展，未形成系统的管理体系，虽然很早就开始撰写社会责任工作报告，但由于缺乏对社会责任的正确理解，报告还停留在每年的内部总结上。2008 年国务院国资委下发《关于中央企业履行社会责任的指导意见》以后，中国黄金在充分调研的基础上，结合自身行业特点，依据《中国企业社会责任报告编写指南 1.0》等，逐步系统开展社会责任工作，构建社会责任组织体系，建设社会责任制度体系，建立社会责任报告发布机制，并于 2011 年成功自主编制并对外发布了中国黄金第一份社会责任报告——《中国黄金集团公司 2010 年社会责任报告》，并确定了该报告为年度报告，每年都进行编制、发布，积极向社会发布履行社会责任工作情况。中国黄金的社会责任报告坚持自主编制，9 年来，社会责任报告编写投入、人员、时间、素材搜集保持稳定，座谈会和外部经验交流逐步增加。其中，2017 年度报告编写过程中多次召开座谈会与经验交流会，最终形成了 6 万余字的报告文稿。完整的社会责任报告编写、发布机制已经形成，社会责任报告编写水平稳步提升，得到社会责任领域专家的高度肯定。

从 2015 年开始，中国黄金开始构建集团公司社会责任报告体系。纵向上，要求有条件的各级子公司编制发布社会责任报告，2018 年，又进一步对重点二级子公司社会责任报告编制发布提出明确要求；横向上，集团公司和各级子公司均已将专题报告编制列入计划。截至目前，中国黄金已有 10 余家子公司编制发布社会责任报告，向社会披露履责信息，社会责任报告体系已初步构建。

三、社会责任报告管理

经过 8 年多的实践和探索，中国黄金建立健全了"责任规划、责任治理、责任沟通、责任调研、责任推进、责任融合"六维一体的社会责任管理体系，理顺了社会责任管理制度流程；以"黄金品质，黄金为民"为理念，以"质量提升、守法合规、责任组织、道德经营"等措施为手段，以实现"经济发展、绿色环保、安全健康、和谐共赢"为核心目标，构建社会责任工作模式；践行"黄金为民，矿业报国"的宗旨，将社会责任理念与集团公司战略规划、日常经营逐步结合，强化社会责任管理与实践，明确了社会责任工作重点，全方位履行社会责任，将责任实践通过社会责任报告综合体现，完善社会责任报告管理，并通过社会责任报告管理提升企业管理。

（一）建立健全社会责任组织机构

组织机构建设是社会责任报告编写的基础保障，中国黄金逐步形成了三层立体组织架构，全面推进集团公司社会责任工作开展，为社会责任报告的编写提供了组织保障。一是加强顶层设计，成立中国黄金社会责任工作指导委员会，董事长担任主任，总经理担任副主任，集团公司领导班子成员、各相关部门主要负责人全员参与，全面指导集团公司社会责任工作开展。二是加强横向沟通，要求集团公司总部各部门设立社会责任联系人，统筹负责部门职责范围内社会责任工作统筹开展。社会责任工作指导委员会办公室设在企业管理部，设立社会责任专职处室，负责社会责任管理工作，横向协调集团公司各职能部门，纵向对各级子公司开展企业社会责任工作指导。三是加强纵深推进，要求各子公司按集团公司的机构构架模式确定相应的社会责任管理机构，明确社会责任职责部门，并指定固定联系人与集团公司沟通。同时，中国黄金依托国务院国资委、中国社科院等，每年组织内部社会责任专题培训，不断提升社会责任工作人员业务素养。截至目前，已组织培训 8 期，培训人员 500 余人次。中国黄金建立起企业社会责任的统一组织和有效管理体系，为全面推进社会责任工作、编制发布社会责任报告提供了坚实的组织保障。

（二）合理界定社会责任议题

社会责任核心议题是构建社会责任报告框架的基础。利益相关方是企业履行社会责任的对象，更是披露企业履责信息的受众，中国黄金报告编制和发布过程中全程引入了利益相关方参与机制，通过收集、分析各利益相关方对公司的需求和期望，明确与各利益相关方的沟通方式，确定指标，按照以下六个步骤逐步实施推进，最终形成中国黄金社会责任核心议题，更好地实现了报告披露社会责任信息的针对性和有效性。

第一步：确定社会责任目标，即借鉴 CSR 标准和最佳责任实践确立社会责任目标；

第二步：了解利益相关方的期望，即积极与利益相关方进行沟通了解对方关切的重大议题；

第三步：进行重大议题筛选，即根据利益相关方的关切程度与相关议题对公司发展的影响来筛选并排序；

第四步：制订工作计划并付诸实践，即拟定行动规划，确定参与的范围，提供行动资源；

第五步：利益相关方的反馈，即通过内部交流与外部沟通评估规划的实施效果；

第六步：总结与改进，即总结经验，持续改进。

目前，围绕社会责任理念，中国黄金根据企业实际，在充分了解利益相关方需求的基础上，确定社会责任核心议题共四大类 14 小类：

改革发展：维护国家金融稳定、可持续开发、科技创新、合规经营，党的建设；

绿色环保：绿色管理、绿色生产、绿色矿山；

安全健康：安全生产、安全教育与培训、职业健康；

和谐共赢：员工责任、社区共建、慈善公益。

近年来，中国黄金的社会责任议题总体表现为核心议题相对稳定，重大议题根据利益相关方诉求、国家政策变化及公司年度重点工作等动态调整，其他议题结合年度实践微调。

（三）完善社会责任报告指标体系

完善的指标体系是丰富社会责任报告内容的必然要求。指标是报告的基本组成元素，也是议题的细化，完善的指标体系可以更好地回应利益相关方诉求，展示议题，丰富报告内容。中国黄金根据行业特点，结合确定的社会责任议题，参考联合国可持续发展目标（SDGs）、国务院国资委《关于国有企业更好履行社会责任的指导意见》、中国社科院《中国企业社会责任报告编写指南（CASS-CSR4.0）》、GRI标准、ISO 26000等标准，建立了完善的社会责任报告指标体系。指标按照确定的核心议题，以及报告编制的标准等，分为6个方面221项指标，具体指标根据总部各部门职责分工，分解到各部门，并要求各部门根据实际确定责任人，确保指标落实。

该指标体系是衡量集团公司总部部门和子公司工作实施进展的指标全集。通过对指标的归口管理、定量采集、分析和反馈，可以及时了解企业在履行社会责任工作方面的具体表现。

（四）形成闭环的社会责任报告管理流程

通过多年的编写实践，中国黄金社会责任报告的编制逐步形成了"总体策划、启动编制、内容撰写、宣传发布、分析研究、总结提升"的闭环管理流程，有效地提高了报告编写效率，提升了报告质量。

1. 总体策划

中国黄金每年第四季度对本年度社会责任工作进行总结，并根据实际，制定下年度工作计划，对社会责任报告编制工作及相关工作进行总体策划和部署，明确年度社会责任工作目标，提出集团公司及子公司报告编制要求，确定编制时间表，系统安排报告编写人员、费用、调研范围、设计、修改、外部评价、发布及总结等各个环节，并统筹安排社会责任培训、专家调研、案例评选、制度建设等工作。

2. 启动编制

中国黄金每年采用召开社会责任报告编制启动会或下发启动通知的形式，启动当年社会责任报告编制工作。启动会或启动通知主要完成以下几项工作：（1）对前一年报告编写情况进行总结；（2）根据议题形成报告主体框架；（3）确定各部门需提供的材料范围及在报告编写中的职责；（4）确定专题内容；（5）确定报告编写日程安排。

3. 内容撰写

（1）形成报告基本框架。结合集团公司年度战略规划及发展的实际要求，对核心议题进行细化，明确集团公司年度社会责任议题，根据议题形成报告的基本框架。

（2）素材收集。中国黄金在收集报告素材的过程中坚持"三个结合"。一是平时收集与年终总结相结合。二是集团总部各部门横向收集和自上而下按企业收集相结合。三是数据资料和实践案例相结合。

（3）编写设计。中国黄金社会责任报告的编写设计过程至少需要经过四次修改完善。一是征求素材提供单位意见，确保资料的准确性；二是征求利益相关方意见，确保报告能有效回应利益相关方关切；三是提交专业机构评价，确保报告的公信力；四是提交集团公司领导层审阅，确定报告发布安排。

4. 宣传发布

中国黄金已连续8年发布社会责任报告，报告宣传和发布形式使用过专题发布会、嵌入式发布会、报告集中和系列发布、网上发布等多种形式。

2018年8月31日至9月4日，中国黄金举办历时五天，主题为"五年五星路，黄金责任情"的社会责任报告系列发布活动。

5. 分析研究

中国黄金在报告发布后，结合报告编写过程中指标情况、报告编写设计情况及案例选取情况等进行分析研究，并与国内外优秀社会责任报告进行对标分析，找出存在的问题和差距。主要集中在：

（1）指标体系。确定需进一步披露的指标，对指标体系进行调整完善。

（2）报告素材。通过研究具体议题素材情况，在对子公司调研取材时，有针对性地要求相关企业组织利益相关方进行座谈和提供相关素材。

（3）编写技巧。对其他企业优秀报告进行分析研究，寻找报告框架搭建、文字表达、内容呈现、案例处理以及元素使用等方面存在的不足。

6. 总结提升

中国黄金每年对上年度报告编制工作进行总结，有针对性地对报告框架、指标体系、素材收集、整体设计等进行统筹规划，以解决存在的问题和不足。并就报告编制过程中外部专家、地方政府、员工及社区居民等利益相关方给予的关注、意见和建议进行梳理和反馈，实现报告编制工作闭环提升。

四、社会责任报告对管理的推动

2011 年首次发布社会责任报告，即获得中国企业社会责任报告评级委员会四星级评价，目前已经连续 5 年获得五星级评价；社会责任发展指数 6 年保持在卓越者序列；中国黄金与中国社科院合作完成了第一本分行业社会责任报告编写指南——《中国企业社会责任报告编写指南 3.0 之一般采矿业》，并参与编修《中国企业社会责任报告指南 4.0 之一般采矿业》，指导并带动行业社会责任工作的开展；中国黄金多个企业社会责任实践案例被国务院国资委、国务院扶贫办、全球契约中国网络等评为最佳实践。湖北三鑫、内蒙古矿业、西藏华泰龙三家子公司被中国社科院授予"企业社会责任示范基地"。

社会责任报告成绩的取得源自中国黄金整体社会责任工作的良好开展。一是领导高度重视，搭建管理架构，建立社会责任组织体系。二是完善管理体系，构建工作模式，明确社会责任工作重点和目标。三是强化责任研究，打造国内标准，注重行业社会责任推进。四是健全发布机制，强化信息披露，构建社会责任报告体系。

多年来，中国黄金牢记央企使命，认真贯彻落实党中央国务院决策部署，落实国资委要求，全面履行社会责任，多层次推进责任管理、责任实践、责任沟通。特别是党的十九大以来，中国黄金顺应经济社会发展趋势，以更加积极的姿态，更加饱满的热情，深入实施和谐发展战略，把"黄金品质，黄金为民"的社会责任理念融入企业发展全过程，逐步完善社会责任组织体系、管理体系和报告体系，在优化资源配置、保护生态环境、提高生产效率、构建和谐劳动关系、投身精准扶贫等多个方面发挥更加积极的作用，为"建设世界一流黄金产业集团"，促进经济社会可持续发展做出更大的贡献。

思考题

从本章提及的案例中选择一家企业，登录其官方网站下载并阅读一本社会责任报告。

（1）分析该报告披露了哪些实质性议题，这些议题的披露内容与方式是否有益于利益相关方沟通？

（2）请运用报告质量的七大评价指标，对该报告的质量进行评价。

参考文献

［1］Accountability：AA100 原则标准（AA1000APS）、AA1000 审验标准（AA1000AS）和 AA1000 利益相关方参与标准（AA1000SES）.

［2］LG 化学（中国）2017 社会责任报告，2018.

［3］毕马威会计师事务所 . 2017 年企业社会责任报告调查 .

［4］国际标准化组织（ISO）：《社会责任指南：ISO 26000》，2010 年 .https：//www.iso.org/iso-26000-social-responsibility.html.

［5］国际审计与见证准则委员会（IAASB）：ISAE3000.http：//www.iaasb.org/about-iaasb.

［6］国际综合报告委员会（IIRC）：整合报告框架（2013）.http：//www.theiirc.org/.

［7］国家标准化管理委员会：GB/T 36000—2015《社会责任指南》，2015.

［8］国家开发投资集团有限公司扶贫白皮书（1995—2017），2018.

［9］华润（集团）有限公司 2017 社会责任报告，2018.

［10］联合国：联合国可持续发展目标（SDGs）.http：//www.un.org/sustainabledevelopment/zh/sustainable-developmentgoals/，2015.

［11］联合国全球契约组织：《全球契约十项原则》.https：//www.unglobalcompact.org/what-is-gc/mission/principles.

［12］全球报告倡议组织（Global Reporting Initiative，GRI）：《可持续发展报告指南（G-standards）》，2016 年 .https：//www.globalreporting.org/standards.

［13］现代汽车集团（中国）2017 社会责任报告，2018.

［14］香港联合交易所：环境、社会及管治报告指引，2015.

［15］中国电力建设集团有限公司 2017 年社会责任报告，2018.

［16］中国华电集团有限公司 2017 年度可持续发展报告，2018.

［17］中国华能集团有限公司 2018 年可持续发展报告，2019.

［18］中国铝业集团有限公司降碳报告（2015/2016/2017）.

［19］中国南方电网"一带一路"履责报告，2018.

［20］中国南方电网社会责任国别报告（老挝），2018.

［21］中国企业社会责任报告评级专家委员会 . 中国企业社会责任报告评级标准（2018），2018.

［22］中国石油化工集团有限公司 2018 社会责任报告，2019.

［23］中国移动通信集团有限公司 2017 可持续发展报告，2018.

［24］钟宏武等 . 中国企业社会责任报告编写指南（CASS—CSR 4.0）. 北京：经济管理出版社，2017.

［25］钟宏武等 . 中国企业社会责任报告研究（2018），2019.

附录1 中国社会责任百人论坛简介

"中国社会责任百人论坛"（以下简称"责任百人论坛"）（英文名称为：China Social Responsibility 100 Forum），是由致力于推动中国社会责任发展的专家学者、企业家、社会活动家等自发建立的公益性机制，是中国社会责任领域的高端平台。

责任百人论坛通过持续举办重点热点问题研讨会、重要成果发布会等，实现汇聚责任思想，共享责任成果，提升履责绩效的论坛宗旨，为政府推进社会责任发展建言献策，为企业履行社会责任指明方向，助力中国走出一条经济繁荣、社会进步、环境优美的可持续发展之路，携手共筑中国梦。

一、中国社会责任百人论坛发起人名单

彭华岗	国务院国资委秘书长
李　扬	中国社科院学部委员、国家金融与发展实验室理事长
欧晓理	国家发改委社会司司长
张晓刚	国际标准化组织（ISO）主席
刘兆彬	中国质量万里行促进会会长
曹宏瑛	中国外商投资企业协会常务副会长
宋志平	中国建材集团有限公司董事长
王小康	全国政协委员、原中国节能环保集团有限公司董事长
郑崇华	台达集团创办人暨荣誉董事长
刘　冰	中国黄金集团有限公司董事、总经理、党委副书记
史正江	中国南方电网有限责任公司党组副书记、副总经理
蓝　屹	华润集团秘书长、办公厅主任
陈晓龙	圣象集团董事长
王　彤	中国三星首席副总裁
张　凯	松下电器（中国）有限公司副总裁
潘家华	中国社会科学院城市发展与环境研究所所长、中国社会科学院学部委员
黄群慧	中国社会科学院经济研究所所长
刘纪鹏	中国政法大学商学院院长
李雪松	中国社科院工业经济研究所党委书记
邓国胜	清华大学公益慈善研究院副院长
张洪忠	北京师范大学新闻传播学院副院长、教授
周祖城	上海交通大学安泰经济与管理学院教授
倪鹏飞	中国社会科学院城市与竞争力研究中心主任

吕建中　　博然思维集团创始人
钟宏武　　中国社会科学院教授（论坛秘书长）
张　蒽　　中国社会科学院教授（论坛执行秘书长）

二、理事会单位（37 家）

理事会单位（32 家）：中国石化、国投集团、招商局、华润集团、南方电网、东风汽车、中国一汽、中国华电、中国电建、中国旅游集团、中国黄金、华润电力、国家电投、华润燃气、华发集团、上海家化、中国民生银行、阿里巴巴、海航集团、华夏幸福、伊利、圣象、碧桂园集团、蒙牛、中国三星、现代汽车、SK 集团、台达、松下电器、Apple、LG 化学、东风悦达起亚

副理事会单位（5 家）：中国兵器工业、中国移动、安利、华润健康、北大资源

三、责任百人论坛秘书处联系方式

秘 书 长：钟宏武　13911200188　zhonghw@cass-csr.org
副秘书长：崔修楠　18519189684　cuixn@zerenyun.com

附录 2　责任云研究院简介

责任云研究院是专注于企业社会责任与可持续发展的民间智库。研究院以中国社科院、清华大学、北京师范大学等教研机构学者为依托，汇集国内外顶级专家参与，打造连接政商学界的专业平台。

一、组织架构

顾　　问：邓国胜、张洪忠、魏秀丽
名誉院长：钟宏武
院　　长：汪　杰
首席专家：张　蕙
执行院长：王娅郦、张闽湘、叶柳红、马　燕

二、研究领域

1. 标准研究

制定本土最大报告编写标准——《中国企业社会责任报告指南》，打造国内首个报告评级标准。

2. 政策研究

承接国家发改委、自然资源部、农业农村部、国家市场监督管理总局、国务院国资委、国务院扶贫办、中国银保监会等部委课题30余项。

3. 行业研究

发布《中国企业社会责任研究报告》，以及汽车、保险、互联网等行业，上海、西三角等区域，中央企业、上市公司等类群企业社会责任研究报告。

4. 大数据研究

研究、管理和运营中国300强企业社会责任数据库和责任云ESG数据库。

后 记

　　《企业社会责任基础教材（第二版）》是集体劳动的成果。编写工作历时一年，先后有50余位专家学者、企业管理者投入其中。全书的内容架构由彭华岗、钟宏武、张蕙提出，并于2019年2月和5月召开编写启动会和初稿研讨会，与各章作者、企业代表充分讨论，听取各方意见，最终全书框架由主编彭华岗调整确定。

　　"第1章企业社会责任的概念和主要理论"由暨南大学沈洪涛教授编写。"第2章全球企业社会责任发展"由中山大学岭南学院陈宏辉教授编写，并吸收借鉴了《企业社会责任基础教材（第一版）》（以下简称"教材第一版"）中"ISO 26000社会责任指引"章（国家电网公司李伟阳编写）的相关内容，北方工业大学经济与管理学院的黄晓蓓教授写作了该章的"延伸阅读：企业社会责任投资的全球发展"。"第3章中国企业社会责任发展"由《南方周末》企业社会责任研究中心主任孙孝文和中国社会责任百人论坛秘书长、责任云研究院名誉院长钟宏武共同编写，并吸收借鉴了教材第一版中"中国传统文化与企业社会责任"章（台湾实践大学江岷钦教授编写）的部分内容。"第4章消费者责任"由华南理工大学教授晁罡编写，并借鉴了教材第一版中"消费者责任"章（厦门大学郑若娟教授编写）的部分内容。"第5章员工责任"由全国中华总工会崔征副处长编写。"第6章环境责任"由北方工业大学经济与管理学院魏秀丽教授编写。"第7章公平运营"由曾在微软、亚马逊等知名企业担任可持续发展高级经理的刘小军编写，并借鉴了教材第一版中"供应链责任"章（中国纺织工业协会梁晓晖编写）的部分内容。"第8章社区责任与公益慈善"由清华大学公益慈善研究院副院长邓国胜教授和责任云研究院院长汪杰共同撰写。"第9章企业社会责任管理"由国务院国资委彭华岗秘书长和中国社会责任百人论坛执行秘书长、责任云研究院首席专家张蕙共同撰写。"第10章企业社会责任报告"由责任云研究院资深研究员马燕撰写。上海交通大学安泰经济与管理学院的周祖城教授亦对本书的编写做出了贡献。

　　各各章的典型案例由中国南方电网有限责任公司、中国电力建设集团有限公司、中国黄金集团有限公司、中国移动通信集团有限公司、东风汽车集团有限公司、国家开发投资集团有限公司、华润（集团）有限公司、内蒙古伊利实业集团股份有限公司、内蒙古蒙牛乳业（集团）股份有限公司等提供支持。对这些企业在社会责任优秀实践方面的分享以及对教材的支持表示由衷的感谢。

　　本书还有不少不足之处，真诚希望专家学者、业界朋友不吝赐教，共同推动中国企业社会责任教育，共同促进中国企业可持续发展。

　　最后，感谢所有为本书的顺利出版而付出努力的人！

本书编写组

2019年6月